JN312453

世界政治叢書 4

ロシア・拡大EU

羽場久美子・溝端佐登史 編著

ミネルヴァ書房

世界政治叢書刊行によせて

　新世紀に入って数年が経ち，政治の新しい方向性が見え始めた。政治という営みは，一方で経済，情報，軍事，科学技術により侵食され自立性を失った。とくに先進諸国における政府の弱体化，福祉より効率の優先，公共空間の凋落と市民の私生活重視の傾向は，脱政治化の表れといえるかもしれない。

　しかし，他方で今日ほど民主化の不可逆的な波が各地を覆い尽くしている時代もない。かつての開発権威主義はなりを潜め，およそどのような国家であれ，リベラルデモクラシーの基本原理である市民の自由と人権，また政府の説明責任を無視することができなくなったという意味で，われわれは政治化の時代に生きている。

　このようななかで，学問領域としての政治学は，国家主権をはじめ前提とされていた基本概念を組み直す必要に迫られている。とくに，国際政治や比較政治という枠組みではカヴァーしきれないほど地域差が拡大している点が重要であろう。国家主権の衰退とナショナリズムの終焉を口にする欧米先進諸国や日本の傍らには，独立後間もない国家建設と国民アイデンティティ育成が政治の最大目標であるような国が多数存在するのである。

　政治における新しいトレンドとは何か，政治における21世紀性とは何かを追究するには，いま一度各地域の政治を生き生きと描き出しながら，「持続」と「変容」という二重の視点から世界政治を俯瞰し直すことが必要であろう。「世界政治叢書」は，何よりもそのような課題と要請に応えるテキストとして構想された。

　本シリーズは，最も血なまぐさい地域から最も平和な地域に生まれ変わったヨーロッパ，多文化主義の政治モデルを発展させている北米，新しい文明圏を生み出しつつあるオセアニアならびにラテンアメリカ，紛争解決と平和構築がなお課題であり続けるアフリカと中東，どこよりもダイナミックに変動しているアジア，21世紀には自らの時代を築くであろう中国，そして日本・韓国を網羅している。

　自由な探求精神に基づき，他国の動向にも目を配った実証的な政治学が日本に導入されて50年以上が経過した。日本で初めて世界政治の総体をカヴァーした本シリーズが，政治学の一つの道標を示しつつ，初学者を含む幅広い読者層に最新の情報と新しい知見を提供することを願ってやまない。

2008年1月

監修者　天児　慧
　　　　押村　高
　　　　新川　敏光

　　　　　　　　　は　し　が　き

　本書は，21世紀における世界の政治潮流を探究するために刊行される「世界政治叢書」シリーズの一巻として，ロシアと拡大EU（中・東欧）の政治経済を，主として，冷戦終焉後の政治・社会・外交変容に焦点を置きつつ，各国，各主題ごとに，分析したものである。
　既にミネルヴァ書房からは，「現代世界経済叢書」の一巻として，大津定美・吉井昌彦編『ロシア・東欧経済論』（2004年）という良書が出されている。是非合わせて参照されたい。
　冷戦終焉以降，あるいはそもそも20世紀に入って以降，ロシアおよび中・東欧地域は，帝政の崩壊，ロシアの社会主義体制，中・東欧の民主制の導入，1930年代の独裁体制とナチズム，ファシズムの影響，第2次世界大戦後の冷戦の始まりと中・東欧の社会主義体制の導入，1989年の冷戦体制の終焉と3度の民主制の導入など，体制が変わるたびに180度の政治経済転換を遂げつつ，それぞれの時代をしたたかに多様に生きてきた。
　「ヨーロッパの危険地域」の政治変容は，冷戦終焉後の20年余においても，社会主義から資本主義への体制転換，EBRD・IMFの経済支援とショック療法（あるいは漸進主義的な経済政策），NATO・EU加盟申請，NATO加盟と対テロ戦争への加担，EU加盟と西側との関係，PHARE，CEFTA，西バルカン，近隣諸国政策，東方パートナーシップ，地中海連合や西バルカンなどの地域政策，2008年のリーマン・ショックと世界経済危機の影響，さらに欧米先進国の影響など，国際政治経済全般の知識なしには語れない。
　その意味で，冷戦終焉後のロシアおよび中・東欧の移行経済20年と，2008年世界金融危機の影響を押さえた上で，ヨーロッパ東半分と拡大EUの各国の政治・外交戦略について，それぞれの研究の第一人者の方々に展開していただいたことは，この複雑な地域の国際政治経済を理解する上で，きわめて重要な作業であったと思われる。
　巻末の資料編については，羽場久美子『拡大ヨーロッパの挑戦』（中央公論新社，

2004年）と羽場久美子・小森田秋夫・田中素香編『ヨーロッパの東方拡大』（岩波書店，2006年）のEU加盟国の資料・データ，年表，政党変容をたたき台とし，京都大学大学院経済学研究科博士後期課程の伏田寛範氏と里上三保子氏に，ロシアの政党表，ロシアCISの年表，2006年以降の国の選挙結果と政党表，最新の年表について，それぞれ詳細な形で作成していただいた。お忙しい中，煩雑で緻密な作業をなさってくださったお二人に，心より感謝申し上げたい。

　この企画は，もともと2007年に始まり，2008年の「夏」に各執筆者から原稿をいただいた。しかしその直後に，リーマンショックを皮切りとする世界経済危機が起こり，激しく状況が変化する中で，長期にわたってテキストとして使えるように，という出版社側の要請もあり，作業が長期化することになった。そのような中，最新の状況を反映するのに腐心して下さったそれぞれの執筆者の皆様に，心より感謝を捧げたい。なお，本書での各章の分析視角は，各々の研究者の判断に基づいており，統一された見解に基づくものではないということを御了解いただきたい。

　この書が，ヨーロッパでありながらいまだよく知られておらず，旧社会主義国から体制転換を遂げ，現在も変革の途上にある，きわめて複雑な各国が織りなす政治経済状況を日本に紹介し，それを理解する縁（よすが）となるよう期待したい。

　　2010年11月

　　　　　　　　　　　　　　　　　　　　　　　　羽場久美子・溝端佐登史

ロシア・拡大EU

目　次

はしがき

序　章　冷戦終焉後の「ヨーロッパの危険地域」……………羽場久美子…1
　　　　　──社会主義から民主主義へ，ソ連ブロックから拡大EUへ──

　1　「ヨーロッパの危険地域」………………………………………………………1
　2　冷戦期の「ソ連ブロック」とソ連・東欧関係………………………………3
　3　「冷戦の終焉」はなぜ起こったか……………………………………………4
　4　冷戦終焉のドラマとその後……………………………………………………5
　　（1）中国・天安門との明暗──歴史の皮肉　6
　　（2）鉄のカーテン開放の意義　8
　　（3）ドイツとの折衝　9
　　（4）ベルリンの壁崩壊と東欧革命のドミノ　10
　5　冷戦終焉20年──何が変わったのか………………………………………12
　　（1）EU・NATOの東方拡大と加盟　12
　　（2）「社会主義ノスタルジー」　12
　　（3）転機──NATO加盟とコソヴォ空爆　13
　　（4）9・11からイラク戦争へ──「新しいヨーロッパ」のアメリカ支持　15
　　（5）極右ナショナリズムの成長　16
　6　成功か，新たな危機か？……………………………………………………17

第Ⅰ部　大国ロシアの再編

第1章　ロシアの移行経済とEU関係………………………溝端佐登史…25

　1　ロシア経済の大きさと市場移行………………………………………………25
　　（1）ロシアのイメージ　25
　　（2）市場経済化の道　27
　2　経済成長と制約要因……………………………………………………………28
　　（1）経済成長とその原動力　28
　　（2）シベリアの呪い・オランダ病・経済格差　32
　3　ロシアの経済構造………………………………………………………………34
　　（1）国家化するロシア　34
　　（2）不安定な企業行動　36
　　（3）グローバル化とパラレル化　37

4　ロシアにとってのEU関係 …………………………………………39
　　　　（1）ロシア・EU関係の推移　39
　　　　（2）経済から見るロシア・EU　41

第2章　ロシアの政治社会変容 …………………………袴田茂樹…47
　　1　大国ロシアの復活と古いロシアへの回帰 …………………………47
　　　　（1）「自由軌道」に乗ったロシア　47
　　　　（2）ゴルバチョフ，エリツィン時代がむしろ例外　49
　　　　（3）ロシアの強硬姿勢に対応できない米国とEU　50
　　2　ターニング・ポイントとしてのグルジア紛争 ……………………51
　　　　（1）ロシア，グルジア関係の歴史的背景　51
　　　　（2）敵対的ではなかったエリツィン時代　53
　　3　バラ革命によって欧米への猜疑心を強める ………………………55
　　　　（1）「キューバ」となったグルジア　55
　　　　（2）心理的な悪循環の構図　57
　　4　「領土保全」から「自決権」へ ……………………………………59
　　　　（1）「帝国」意識の復活　59
　　　　（2）ロシアと米国，EUの質的に新たな関係　60

第3章　プーチン大統領から双頭体制へ ………………下斗米伸夫…63
　　1　ロシア政治とプーチン政権 …………………………………………63
　　　　（1）エリツィン権力と継承問題　63
　　　　（2）大統領プーチン　66
　　　　（3）プーチン主義の展開　67
　　2　メドヴェージェフ・プーチン双頭制への移行 ……………………70
　　　　（1）大統領メドヴェージェフ　70
　　　　（2）メドヴェージェフ大統領の綱領　72
　　3　メドヴェージェフ・プーチン双頭政治の可能性 …………………74
　　　　（1）「誰が誰を？」　74
　　　　（2）2010年の動き　76

第4章　ロシア政治と対米外交 …………………………横手慎二…79
　　1　構造的要因と歴史的背景 ……………………………………………79

（1）対立要因　79
　　　（2）近い過去——冷戦の開始　81
　　　（3）近い過去——冷戦の展開　82
　2　ゴルバチョフの政治と対米外交…………………………………84
　　　（1）ゴルバチョフの改革　84
　　　（2）ゴルバチョフの対米外交　85
　　　（3）冷戦の終焉——ゴルバチョフの対米外交が遺したもの　86
　3　エリツィン時代の対米外交………………………………………87
　　　（1）エリツィンの親米路線　87
　　　（2）プリマコフの反米路線　88
　　　（3）民主化と1990年代の米ロ関係　89
　4　プーチン登場後の対米外交………………………………………90
　　　（1）9・11事件とプーチンの対応　90
　　　（2）エネルギー価格の高騰と対米外交　92
　　　（3）米ロ関係の将来　94

第Ⅱ部　拡大EU・NATOと各国政治

第5章　EU・NATOの拡大と中・東欧の「民主化」……羽場久美子…99

　1　EU・NATOの拡大と「民主化」・市場化の波……………………99
　2　中・東欧の「民主化」………………………………………………101
　　　（1）民主主義の定義と中・東欧　101
　　　（2）中・東欧の「民主化」の歴史的試みと挫折　103
　3　中・東欧の「民主化」と拡大EUの課題達成要求………………106
　　　（1）1989年の体制転換と「民主化」　107
　　　（2）体制転換後6度の自由選挙の特徴　108
　4　NATOの拡大と地域紛争…………………………………………116
　　　（1）ヴィシェグラード協力時代　116
　　　（2）NATO拡大とセルビアの空爆　117
　　　（3）9・11同時多発テロ——「国際対テロ包囲網」と中・東欧　119
　　　（4）イラク戦争——欧州の共通外交から，アメリカの安全保障戦略へ　119
　　　（5）NATO・アメリカ支持による中・東欧のメリットとデメリット　120

5　拡大EUにおけるネオ・ナショナリズムとセットバック……………121
　　　　（1）　EUの保護主義，ダブルスタンダードへの不満　121
　　　　（2）　拡大EUの境界線での「民主化」の波と内での国益擁護　122
　　　　（3）　加盟後の動きと欧州憲法条約の拒否，リスボン条約の延期　123
　　　　（4）　EU憲法条約拒否，リスボン条約の延期　124
　　6　残された課題——拡大EU・NATOと中・東欧の「民主化」……………125

第6章　ポーランドの民主化………………………………………小森田秋夫…129
　　　　——プロセス・制度化・課題——

　　1　ポーランドという国……………………………………………………129
　　2　ポーランドの「1989年」………………………………………………130
　　　　（1）　1970年代——危機の深化と変革主体の形成　130
　　　　（2）　「社会契約」とその破綻　132
　　　　（3）　「社会契約」の再生へ　134
　　　　（4）　連鎖の中の跳躍
　　　　　　　　——「円卓会議」，部分的自由選挙，「連帯」主導政府　135
　　3　民主化の現実……………………………………………………………138
　　　　（1）　「民主的法治国家」の制度設計　138
　　　　（2）　低い政治参加——民主主義の質の一側面　143
　　　　（3）　政党システム　144
　　4　社会的公正のゆくえ……………………………………………………147
　　　　（1）　出自からイデオロギーへ——政党システムは安定するか？　147
　　　　（2）　「第三共和国」と「第四共和国」　147
　　　　（3）　EU加盟国として　149

第7章　体制転換後のチェコとスロヴァキアの政党政治………林　忠行…153

　　1　チェコとスロヴァキアの政党政治の特徴……………………………153
　　　　（1）　歴史的連続性と断絶　153
　　　　（2）　旧共産党の位置　156
　　2　体制転換と政党システムの形成………………………………………157
　　　　（1）　私有化と連邦解体　157
　　　　（2）　市民民主党と民主スロヴァキア運動　160
　　　　（3）　チェコにおける政党システムの形成　162
　　　　（4）　スロヴァキアにおける政党政治の展開　163

3　EU 加盟をめぐる政党政治 ………………………………………… 165
（1）　チェコの政党政治と EU 加盟問題　165
（2）　スロヴァキアの政党政治と EU 加盟問題　166

4　EU 加盟後の政党政治 ……………………………………………… 167

第8章　「バルト」の国・ラトヴィアの対外政策と
　　　　EU・NATO 加盟 ………………………………… 志摩園子 … 173

1　EU・NATO 加盟の必要性 ………………………………………… 173
2　ラトヴィアの対外政策 …………………………………………… 175
（1）　対外政策の背景　175
（2）　政治変容と対外政策　176
（3）　ロシアとの関係　177

3　EU・NATO 加盟への道 …………………………………………… 178
（1）　ラトヴィアと国際環境　178
（2）　対外政策と国内政策　180
（3）　環バルト海地域として　180

4　EU・NATO 加盟後のラトヴィア ………………………………… 182
（1）　加盟後の課題　182
（2）　ラトヴィアとバルト三国間の協力　184
（3）　多様な協力の可能性を探って　184

5　安全保障の重要性 ………………………………………………… 185
6　金融危機の影響 …………………………………………………… 186

第9章　クロアチアの「ヨーロッパ」入り ……………… 月村太郎 … 187

1　「ヨーロッパ」とバルカン地域 …………………………………… 187
2　クロアチアの独立と内戦 ………………………………………… 189
（1）　旧ユーゴの成立と解体　189
（2）　トゥジマンとクロアチア民主同盟　191
（3）　クロアチア内戦　192

3　「ヨーロッパ」への道 ……………………………………………… 194
（1）　EU, NATO 加盟への手続き　194
（2）　トゥジマン政権期　196
（3）　ラチャン連立政権期　198
（4）　サナデル連立政権期以降　199

4　クロアチアの「ヨーロッパ」入りに立ちはだかる難問……………201

第10章　コソヴォ独立と EU 加盟に揺れるセルビア………柴　宜弘…205
　　1　「民衆革命」までのセルビア政治………………………………………205
　　　（1）　ミロシェヴィチ政権の特徴　205
　　　（2）　ミロシェヴィチ政権の確立　206
　　　（3）　ユーゴ紛争とミロシェヴィチ政権　208
　　　（4）　「民衆革命」　209
　　2　コソヴォ問題とセルビア…………………………………………………210
　　　（1）　国連暫定統治下のコソヴォ　210
　　　（2）　不安定なセルビア政治　211
　　　（3）　コソヴォの独立　213
　　3　EU との関係………………………………………………………………215
　　　（1）　安定化連合協定交渉とセルビア政治　215
　　　（2）　EU 加盟と世論調査　217
　　　（3）　EU 加盟を阻む要因　218
　　　（4）　今後の可能性　220

第11章　EU 第5次拡大と環境政策……………………………市川　顕…223
　　1　EU のエクスターナル・ガバナンス……………………………………223
　　2　EU 第5次拡大と環境政策………………………………………………224
　　　（1）　第5次拡大と環境政策　224
　　　（2）　EU のアキ・コンディショナリティの問題点　228
　　3　「社会学習モデル」としての「欧州のための環境プロセス」………229
　　　（1）　「欧州のための環境プロセス」　229
　　　（2）　EfE プロセスの意義　231
　　　（3）　EfE プロセスと加盟候補国──ポーランドの例　232
　　　（4）　「社会学習モデル」としての EfE プロセス　233
　　4　環境政策分野から見た第5次拡大と環境政策の展望…………………234
　　　（1）　環境政策分野から見た第5次拡大　234
　　　（2）　環境政策をめぐる今後の展望　234
　　　（3）　今後の EfE プロセスの動向　234
　　　（4）　EU の境界を挟む環境問題　235
　　　（5）　加盟後の中東欧諸国と欧州委員会との対立　237

第Ⅲ部　ワイダー・ヨーロッパの行方
―― EU・NATO の周辺

第12章　EU とコーカサス・中央アジア ………………… 廣瀬陽子 … 243

1　EU とコーカサス・中央アジアの関係 …………………………… 243
（1）　地図上の定義　243
（2）　EU の対コーカサス・中央アジア政策の性格　244
（3）　旧ソ連・東欧地域の外交志向　245
（4）　EU のソ連解体直後の対コーカサス・中央アジア政策　248

2　欧州の安定拠点としてのコーカサス ―― EU の東方政策を中心に …… 249
（1）　ENP と南コーカサス　249
（2）　南コーカサス三国に対する ENP の特徴と南コーカサスの和平問題　252
（3）　東方ディメンション重視政策 ―― ENP プラスと東方パートナーシップ　254
（4）　南コーカサス側の対 EU 外交における積極性の濃淡　256

3　EU のエネルギー拠点としての中央アジア ………………………… 257
（1）　EU と中央アジアの関係の変化　257
（2）　EU の対中央アジア政策の強化　259
（3）　EU の対中央アジア政策の今後　260

4　EU と中央アジア・コーカサスの関係の展望 ……………………… 260
（1）　両地域の EU にとっての重要性　260
（2）　EU の対中央アジア・コーカサス外交の障壁　261
（3）　EU 関係の今後　262

第13章　広域黒海地域の国際政治 ………………………… 六鹿茂夫 … 265

1　広域黒海地域の位置づけ …………………………………………… 265
（1）　広域黒海地域とは？　265
（2）　周辺からハブへ　266
（3）　「狭間の地政学」とフォーカル・ポイント　268

2　広域ヨーロッパの国際政治構造 …………………………………… 269

3　国家間レベルの二極構造 …………………………………………… 270
（1）　地域諸国の多様性　270
（2）　修正主義　271
（3）　現状維持　273

4　トランスナショナルな二極構造……………………………………274
　　　　（1）下位国家アクターの二極構造　274
　　　　（2）エネルギー輸送ルートをめぐる二極構造　275
　　　　（3）民主化をめぐる二極構造　276
　　　　（4）「凍結された紛争」をめぐる二極構造　277
　　　5　広域黒海地域協力………………………………………………………280
　　　6　広域黒海地域と広域ヨーロッパの連動性……………………………281

第14章　EU・NATOとウクライナ政治………………藤森信吉…285
　　　1　ウクライナの対ヨーロッパ外交の3要因……………………………285
　　　2　独立と民族主義化………………………………………………………288
　　　　（1）ソ連邦からの独立　288
　　　　（2）民族主義的な外交政策　289
　　　　（3）民族主義的外交の破綻　290
　　　3　ヨーロッパとの統合・ロシアとの経済協力拡大……………………291
　　　　（1）1994年ウクライナ大統領選挙　291
　　　　（2）バランス外交の進展　292
　　　　（3）ウクライナ・ヨーロッパ関係の停滞　294
　　　4　オレンジ革命と「ヨーロッパ・欧州大西洋統合政策」の動揺……296
　　　　（1）オレンジ革命　296
　　　　（2）2度の天然ガス戦争と金融危機　297
　　　5　何がウクライナの対ヨーロッパ政策を促進したのか………………298

終　章　ポスト市場移行と経済危機……………………………溝端佐登史…303
　　　1　東欧の市場移行は終わったのか？……………………………………303
　　　2　成長から危機へ…………………………………………………………305
　　　3　危機の深化と連鎖………………………………………………………308
　　　4　危機後の展望……………………………………………………………311

資　料　編　315
人名索引　341
事項索引　344

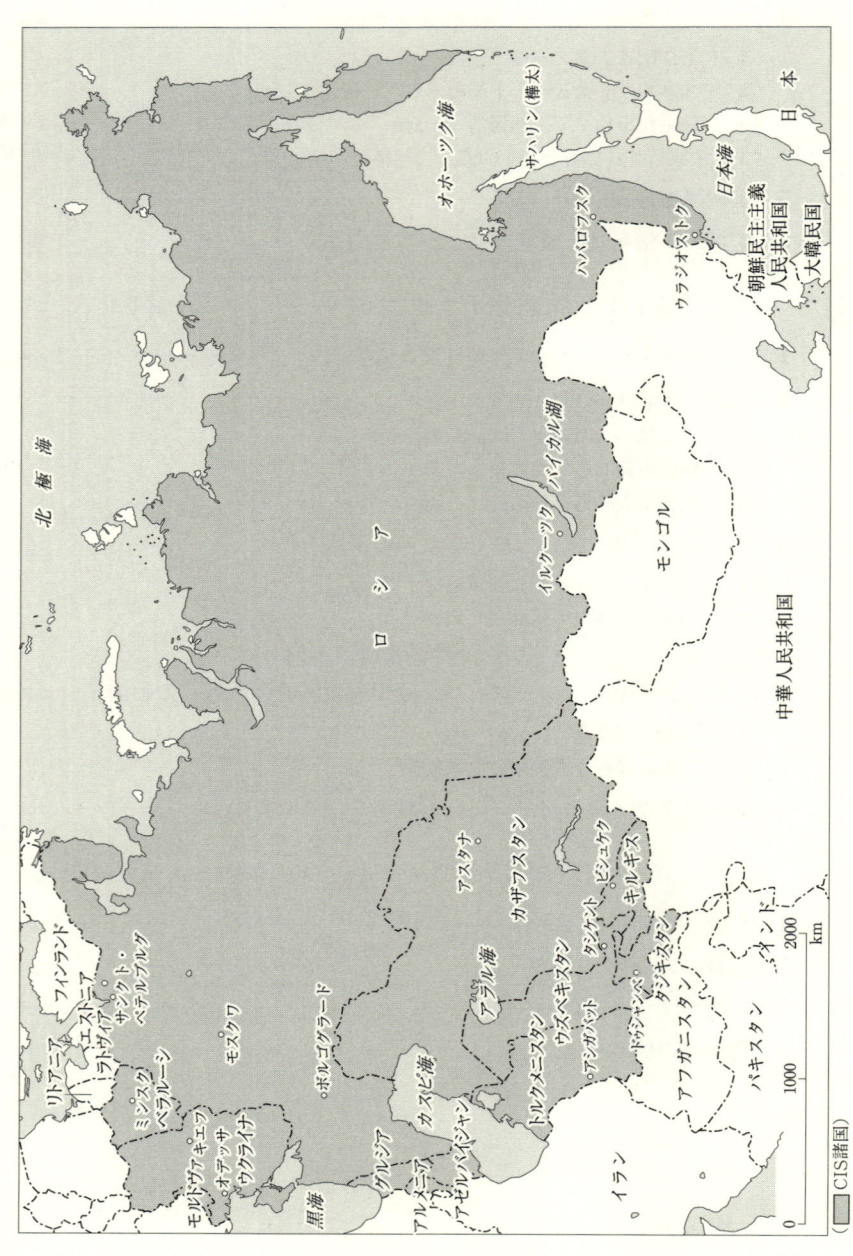

地図 - 1 CIS 構成諸国

地図-2　拡大EU，中・東欧諸国

- ■ 原加盟国(6)
- ■ 第1次拡大(1973)(2)
- ■ 第2次拡大(1981)
- ▨ 第3次拡大(1986)
- ▧ 第4次拡大(1995)(3)
- ▤ 第5次拡大①(2004)(10)
- ▥ 第5次拡大②(2007)(2)
- ▦ 第6次以降拡大候補(2010～)
- ▱ 国民投票で承認されれば加盟可能な国(3)

序　章

冷戦終焉後の「ヨーロッパの危険地域」
　　──社会主義から民主主義へ，ソ連ブロックから拡大EUへ──

羽場久美子

要　約

　ロシア，中・東欧地域は，20世紀の2つの大戦と冷戦の3つが，始まり終わった「ヨーロッパの危険地域」といわれる。
　西欧の近代化・自由化の波に乗れなかったがゆえに，20世紀，ボリシェヴィズム，ナチズム，共産主義に翻弄された「ヨーロッパの危険地域」は，主権の回復，自由と豊かさ，「ヨーロッパ回帰」を目指して，半世紀にわたる主権回復への強い希求の結果，連帯運動，鉄のカーテンの開放，人間の鎖，ベルリンの壁崩壊に至り，冷戦体制を終焉させた。
　他方，にもかかわらず，冷戦終焉後20年を経た現在，問題はいまだ解決しているとはいいがたい。この20年に何が起こり，これらの地域は現在どのような地平に立っているのかについて，課題と問題点を概観する。

1　「ヨーロッパの危険地域」

　東欧経済史の泰斗であるベレンド・イヴァーンは，『ヨーロッパの危険地域──東欧革命の背景を探る』（岩波書店）という著書を，1990年に出版している。そこで彼は，「ドイツからロシアに広がる，中部ヨーロッパ，東部ヨーロッパ，東南ヨーロッパという広大な地域，この地域に住む様々な国民は，世界史に大きな影響を及ぼしてきた。これまでのところ，人類史上でもっとも破壊的な2度の世界大戦がはじまったのは，この地域であった。」と述べ，この地域を「ヨーロッパの危険地域」と称している。20世紀で3度目の戦争である「冷戦」が始まりそして終わったのも，この地域であった。
　この地域は，世界地図上で見れば，古代のメソポタミア・中国の文明や，近代

の西欧文明からは，いずれも周辺ないし半周辺に位置し，中世の宗教世界においては独自の民族文化を持った時代がありつつも，常に近隣大国の文明圏の影響を受け自己を規定してきた。

しかしベレンドは，伝統的資本主義への大きな反抗が現れたのも，この地域であり，それがナチズムとボリシェヴィズムであった，としている。

近代資本主義に対する内在的な異議申し立てと独自の社会秩序を目指したナチズムとボリシェヴィズムは，いずれも一定の地域を魅了し，かつ多くの犠牲者を出した後，前者は第2次世界大戦後に敗戦で短期に崩れ去った。後者は第2次世界大戦後，アジア・アフリカ・ラテンアメリカなど，一時は世界の3分の2を占めんとした時期もありながら，結局，冷戦の終焉とともに，短い20世紀に崩れ去った（例外は中国であるが，ここでは検討の対象ではない）。

1989年以降，共産主義から民主主義へ，ソ連ブロックから拡大EU（ヨーロッパ連合）へ，と華麗な跳躍を遂げたかに見える「ヨーロッパの危険地域」は，冷戦終焉後20年，21世紀10年目に入った。果たして，彼らは自らの20世紀を，社会主義体制を，冷戦と冷戦崩壊を，その後の20年を，そしてEU加盟とこれから向かおうとする方向を，どのように位置づけているのだろうか。また自分たちの人生と自分の国の不幸な地政学（決して中心ではなく多くの遅れと問題と緊張，そして素晴らしい独自性と多様性を孕んだ領域）を，どのようにとらえ直しているのだろうか。

再びベレンドに戻ろう。彼は，東欧の大転換の翌年の1990年，次のような示唆的な問題提起をしている。

「歴史家は予言できない。しかし歴史過程の傾向，それに代わる新しい道は姿を現しつつある。……中東欧の21世紀の進路を決定するかもしれない2つの両極端の道は，第1は民主主義・市民社会を発展させていく成功の道，第2は極端の道，経済危機の道である」。

「西欧と東欧の分離，2つのヨーロッパの宿命的な存在は，純然たる経済的根拠からまたもや再現してくるであろう。……新しい挫折，新しい反抗，新しい非合理的な急進主義が発生してくるのは時間の問題に過ぎない（ピエール・ハスナー）」。

「それが現実の危機に成長すれば，『短かった20世紀』に一度ならずそうなったように，この地域は，地球規模の危機の発生源となるかもしれない」。

20年前ベレンドは，いかに歴史家として，正確に未来を予見したことか。新たな「危機の20年」は，欧州を揺るがしたユーゴスラヴィアの解体と民族地域紛争の泥沼化に始まり，大国ロシアの政治経済危機，ナショナリズム，政党対立，中・東欧の移行経済危機，欧州全域におけるゼノフォビア（よそ者嫌い）・ナショナリズムの広がりと民主主義のセットバック，グローバリゼーションによる西欧・米をも巻き込んだ経済・金融危機へと発展した。

他方で，「成功の道」として，今や中・東欧のほとんどが，「拡大EU」へと組み込まれ，ロシアはEU，アメリカと経済・政治関係を結び，バルカン諸地域は，今や10年に亘る「ヨーロッパの危険地域」を克服して，数年から10年でEU・NATO加盟を展望する。拡大EUは，ロシア・中央アジアとの経済的連携を強めている。2011年，ハンガリー・ポーランドは交代でともにリスボン条約体制下のEUの議長国となる。

以下，「ヨーロッパの（歴史的）危険地域」，ロシアと中東欧における冷戦終焉20年，社会主義から民主主義へ，ソ連圏から拡大EUへ，という経緯とその正否を概観することにより，本書の序章としたい。

2 冷戦期の「ソ連ブロック」とソ連・東欧関係

「短い20世紀」の100年間でも，ロシアと東欧がひとくくりに語られる時代に，実は長くはない。歴史的には，中・東欧の多民族地域は，バルト地域を含め，プロイセンやハプスブルクの影響下にあった時代が長く，ロシア帝国の影響下にあったのは，旧ソ連の領域とポーランドの一部であり，それを除けば，文化的にはほとんどが「中欧」，ドイツ，ハプスブルク帝国の影響を受けてきた。

イデオロギー的には，既にロシア革命前後から，中・東欧の知識人や労働運動，一部の急進左派の間には，ロシア・ソ連共産主義の影響が広がっていた。他方で戦間期は，ソ連は一国社会主義の時代，中・東欧では短期の議会制民主主義の洗礼の後，1920年代後半から1930年代には権威主義的独裁や急進主義の成長の下で，ドイツとともに，ソ連に対する軍事的政治的防波堤を形作っていた。

第2次世界大戦後のソ連による「解放」・占領と冷戦の開始前後から，スターリンによる大量の中・東欧の共産主義者の粛清と暴力的・軍事的支配の中で，反ソ感情は現実政治においてむしろ高まり，東欧において残っていたソ連への共感

は，消えていった。冷戦期のソ連・東欧関係は，いわれるような「ブロック」と衛星国というよりも，セベスチェンの『東欧革命』(2009)がいう「ソ連帝国の植民地」に近く，中・東欧では1956年のポズナニ事件・ハンガリー事件や，68年のプラハの春（チェコスロヴァキアの春)，ポーランドの連帯運動の広がりに見られるように，ソ連の軍事的・政治的支配に対する民族解放の要求が，(「12年おき」に）通奏低音のように継続していた。

すでに70年代末においてすら，ソ連・東欧関係の鬱屈した状況は，この体制が自発的な同盟関係ではなく，いずれ東欧の諸民族は自由と解放を求めて立ち上がるだろうという改革・変革の機運が色濃く存在していた。

他方で，多くの識者が指摘するように，ソ連・東欧の体制は，社会主義時代，社会経済面では，安定的素地を提供していた。雇用は完全雇用であり，生活必需品や医療教育は安く，格差は形式上は存在しなかった。やがてノーメンクラツーラが特権的権力を独占していき，政治的・経済的自由もなかったが，庶民には低レベルでの平等，経済的安定が存在し，彼らは，「働かなくても食べていける」緩やかで競争とは無縁な社会主義体制を，それなりに満喫していた。

これが変わっていくのは，1980年代におけるグローバリゼーションの成長，「情報化」革命，改革経済・収斂理論の試みと破綻，市民生活の向上と自由度の拡大の結果であった。

3　「冷戦の終焉」はなぜ起こったか

冷戦（Cold War）は，通常，国際関係においては，米ソ2大ブロックの対立，軍事・政治・経済・イデオロギーなどすべての分野での競争と対立をはらんだシステムとして機能し，少なくとも中心においては，熱戦（Hot War）は起こり得ない状態として定義されてきた。

しかしこの「冷戦」を，その東のブロックに組み込まれた中・東欧の小国の側から眺めてみると，冷戦の二極構造とは，自発的に同盟を結んだブロックの一員というよりは，圧倒的にソ連の強制的な軍事支配によってのみ成り立っていた枠組みであるという認識の方が強かった。そうした国々からみた場合，冷戦とは米ソのイデオロギーと軍事システムによる「ヨーロッパの分断」であるとともに，東側世界においては，同一の文化もイデオロギーも持たない，ソ連超大国の軍事

支配による「自己統治機能の喪失」,「主権の喪失」の時代だった。

こうした怨嗟は冷戦の40数年間,脈々と生き続け,冷戦の後期に,ゴルバチョフとソ連の指導部がペレストロイカの流れの中で「体制選択の自由」,独自の意思決定を許可する動きに出ると,雪崩を打って独立の方向へと,「東欧革命のドミノ」が広がっていくことになる。選択の「自由」が認められた時,中・東欧の誰も,ソ連の側には残らなかったのである。

それは,ソ連邦内部においてもそうであった。だからこそ,その後ウクライナ,ベラルーシ,中央アジアの独立により,ソ連は,ペレストロイカと自由化,東欧革命に続く変革の中で,解体していくこととなる。

その意味で,「冷戦」の主役は米ソであったとしても,「冷戦崩壊の主役」に米ソ超大国ではなかった。それは,1989年に幾千もの出版物が出されたように,基本的にはソ連の影響下におかれ主権を制限された諸小国の独立・主権回復の動きであった。冷戦の終焉とは,ソ連の軍事力によって抑えられていた諸国家が,グローバリゼーションによる地域経済圏の広がり,情報化の広がり,地域間競争の広がりの中で,超大国の強制支配によるブロック経済では立ちいかなくなり,人々の自由な声を抑えきれなくなった結果であった。冷戦の崩壊は,ヨーロッパにおいては,米ソ超大国の「融和の結果」としてではなく,中・東欧の市民による歴史的に繰り返された「自立と主権回復の継続的な試み」の最終段階として現れた。それらが総体となって,最終的に1989年12月のマルタにおける米ソ会談による冷戦の終焉を「導いた」のである。こうした諸民族の「自立と独立の動き」は,ソ連の諸地域にも飛び火し,最終的には1991年のソ連邦の解体をもたらした。

そうした「自立への飽くなき試み」は今でもCISの中にくすぶり,各国の経済・政治戦略の思惑からロシアとEU・NATOの狭間で揺れつつも,「自立へのあくなき試み」は継続し,「ヨーロッパの危険地域」を覆い,ユーゴスラヴィアの10年に及ぶ独立・自立の動きや,グルジアや南オセチアでの紛争に見られるように,ロシア,中央アジア,バルカン,中・東欧を未だ覆っているのである。

4 冷戦終焉のドラマとその後

1980年代に続く89年の一連の変化と歴史的ドラマの1つの頂点は,89年6月のポーランド連帯運動による複数政党制導入の選挙と連帯の圧勝であり,同6月の

ハンガリー・オーストリア国境における鉄条網の撤廃であり（この時は自国民のみ），それに続く東ドイツ市民のハンガリーへの国境脱出計画であった。これに時のハンガリー政府が呼応し，8月末に東ドイツ市民がハンガリーの開かれた鉄のカーテンから西に大量に逃れるという，鉄のカーテンとベルリンの壁を一挙に無力化する行為に及びはじめると，その「結果」としてベルリンの壁は意味を持たなくなり，崩壊に向かった。それが最終的に，12月の冷戦の終焉，1990年のドイツ統一，1991年のソ連の解体へと，世界的な歴史の転換に発展していった。

しかし，それが20年後の欧州においてどのような意味を持ったかを問い直すことは決定的に重要であろう。それこそ，冷戦終焉後の現実の20年を客観的に総括することになる。

冷戦終焉後20年を経た後，生命を賭して再獲得した市民の「主権の回復の成果」は，どうなっているのだろうか。20年間，成功裏に発展しただろうか。ならばなぜ人々は，さらなる格差と不満に苦しんでいるのか。

冷戦とは何だったのか，冷戦終焉20年を過ぎた現在，人々は本当に解放されたのか，冷戦終焉を牽引したヨーロッパ東半分の市民層にとって，今何が課題であるのか，拡大EUは何をもたらしたのか。

1989年の冷戦終焉時に重要だったのは，それが，権力対権力，国対国の力でその主権を奪い返したのではなく，普通の市民が「自分で自国のあり方を決める」行為に参加したことであった。しかしそれは偶発的で無計画でもあった。10年後，20年後を展望した戦略があったわけではなかったともいえる。それらを，脅威を持ってしかし冷静に見つめ，そこから何がしかを学んだ政治家集団がいた。

(1) 中国・天安門との明暗――歴史の皮肉

東欧革命のピークと中国・天安門との明暗は，対照的である。

1989年6月，ポーランドの民衆が自由選挙を手にし，連帯が圧勝したその時，中国・北京の天安門事件が起こり，学生たちの民主化の動きは政府によって徹底的に弾圧された。天安門で学生たちが政権の軍事的弾圧によって血を流して倒れているその時，ポーランドでは連帯運動と市民は，民主化へと大きく歩を進めた。

欧州と中国は，民主主義をめぐって，ここではっきりと明暗を分けた。中国では天安門をめぐって，現在まで暗然と非難が続いている。明らかに道義的には許し難い暴挙であった。しかしそこで中国の「民主化」運動が中・東欧やソ連邦と

同じような進展を見せたら，どうなっていただろうか。歴史のうねりは中国をも巻き込み，中国もソ連邦の解体と近似した道を歩んだとしたら，アジア全体，いや世界に大変動を起こした可能性がある。しかし中国は，学生の運動を鎮圧し，その後見違えるほどの経済発展によって，民衆の不満を解消する方向を選択した。

少なくとも中国の共産党指導者たちは，東欧革命およびその後のソ連邦の崩壊に「連動しない」ことで，10年20年の計を積んだのである。

歴史というのは，塞翁が馬。何が正しかったかは，後世の歴史が決める。その評価が100年後になって変わることもありうる。必然と偶然が重なり合って，歴史が進行する。

歴史に「if」はない。しかし現実の歴史の大きな転換点における選択に際しては，目の前に無数の「if」がある。しかし選択した後にはもはや決定の必然として，その選択に従って，新たな歴史が構築されていく。将来を見据えて目の前で何を選択・決定するかは，時の権力と民衆の動向に託されている。

中・東欧，ソ連邦のうねりはもはや後戻りできなかった。中国はそこに至るまでの下からの自然発生的な運動などまだ存在していなかったと言い捨てることもできる。

しかし少なくとも中国は，1989年半ば，ヨーロッパと違う道を選択し，冷戦の終焉を拒否した。1989年に欧州で冷戦が終わりを迎え，各地で民主化が達成されユーフォリア（熱狂）が世界を覆う中，それを拒否した。それは本能的ともいえる歴史の洞察力でもあったかもしれない。政治的弾圧を経て，中国はソ連の解体とは異なり，13億に及ぶ国家の一体性を保った。その代わり，理念としての共産主義を捨て，グローバル化の中で世界経済競争に参入し，経済発展を選択することで生き延び，成長し，日本を超えた。今日の中国の発展は，天安門を弾圧することで始まったともいえる。

他方，「民主化」を選択したソ連邦では，ウクライナ・中央アジアを初めとする国々の独立と混乱が長期に渡り続いた。ソ連は崩壊し，ゴルバチョフは更迭された。混乱の中で，エリツィンを経てプーチンがロシアの新しい「強権的」指導者として登場し，ソ連の「安定化」が始まる。他方，中国は，民主化運動を弾圧しつつ，その後GDPでは，日本を抜きアメリカに迫ろうとする底力を持つ経済発展を20年で作り上げた。一方で，国民の不満は，内部でくすぶっている。

中・東欧，ソ連の「冷戦終焉20年」を考えるにつけ，ソ連と中国の指導者，ど

ちらが歴史を深く読み込み，その流れに答えたか，いまだに判断は難しい。中国の指導者は，目の前で展開される東欧・ソ連の混乱に直感的に学び脅威に感じ，それとは別の道を選択した。それが，「正義」であったとは到底いえない。しかし，多民族国家たる大国が「民主主義」を選択することで分裂するリスクは，極めて大きかった。ソ連邦，チェコスロヴァキア，ユーゴスラヴィアなど多くの社会主義連邦国家は解体し，世界は「民主化」の夜明け以降，長期にわたる民族地域紛争に苦しむこととなる。

（2） 鉄のカーテン開放の意義

では，鉄のカーテン開放からベルリンの壁崩壊への意義は何だったのだろうか。1989年2月，ソ連科学アカデミー会員ボゴモロフは，「たとえハンガリーがワルシャワ条約機構から脱退しても，中立ハンガリーはソ連の安全保障に危害を及ぼすとは考えない」と発言した。6月には，民主化運動を弾圧した中国の天安門事件を背景に，西ドイツで，ゴルバチョフ・ソ連邦書記長は，中・東欧がいかなる体制をとってもソ連はそれに介入しないという「体制選択の自由」を表明した。この2人の発言は，1956年のハンガリー動乱や1968年のプラハの春の時とは異なり，ソ連軍が戦車により各国の内政に干渉することはありえないという保証となった。その結果，中・東欧は，最初は注意深く自国の自由化を図り，その後8月以降は加速度的に，ソ連支配から離脱していくこととなった。

ハンガリー政府（ネーメト・ミクローシュ首相）は，オーストリア国境との鉄のカーテンは現代世界に見合わないとし，6月11日，国境の開放を決定，6月27日には，ハンガリーの外務大臣ホルン・ジュラとオーストリアの外務大臣アロイス・モックが，両国の鉄条網を開放した。これを聞いた東ドイツ市民が，ハンガリーを通れば西に逃れられると考え，次々とハンガリーに旅行申請を始めた。8月には，東ドイツの人々がハンガリーの西部国境ショプロンに集まった。その数は，600～700人に膨れ上がった。

しかしこの時点では，ハンガリー国境は自国民には開放されていたものの他国の社会主義国の人々には認められなかった。他国民への移動の許可を決断することは，西側世界と断絶している東欧各国の体制を脅かす内政干渉，さらにはソ連・東欧の社会主義体制全体を危機にさらすことにつながったからである。

ハンガリーという小国の指導者と民衆は，それをやってのけた。これはウィー

ン大学とハンガリーのアンドラーシュ・ジュラ大学教授であるオプラトカが冷戦終焉20年の国際会議で述べたように，まさに「小国が世界の歴史を転換させる決断をした」瞬間であった。

当時ハンガリーでは，多党制承認の結果，政党を結成していたNGO，民主フォーラム，自由民主同盟が，東ドイツ市民解放の動きを支援した。さらに，政治改革をリードしたポジュガイ・イムレ国務次官，汎ヨーロッパ連合運動（会長はハプスブルク帝国の皇位継承者で欧州議会議員を務めたオットー・フォン・ハプスブルク）の事務局長ヴァルブルガ・ハプスブルク・ドゥグラスなどが，鉄条網の開放を支持し，これらすべての政・官・民の共同認識の中で，鉄のカーテンは，まず小国ハンガリーの国境から，風穴が開けられたのである。

1989年8月19日，3時から6時までの3時間，東ドイツ市民に対して国境の鉄条網が開かれた。「鉄のカーテン開放」に際し，東ドイツ市民は信じがたい思いで，我先に国境線を走って渡った。兵士たちは発砲しなかった。むしろ，親から手が離れて転んだ子どもを抱き起こし親に渡した。ハンガリー政府と軍は，東ドイツ市民の西への逃亡を支持したのである。

（3） ドイツとの折衝

その後，ハンガリーの首相ネーメトは，ボンに飛び，西ドイツ宰相コールと直談判を行った（これについては，1994年にNHKのドキュメンタリー番組でも紹介され反響を呼んだ）。ハンガリー・ネーメト首相が，鉄のカーテンを永遠に開く決断を西ドイツの宰相コールに伝えた時，コールは感動のあまり涙したといわれる。それは東西ドイツのみの問題ではなく，冷戦を象徴する鉄のカーテン・ベルリンの壁が無意味となる大事件であった。

当時防衛大学校の教授だった佐瀬昌盛氏は，この時，西ドイツの宰相コールからハンガリーに多額の金が渡されたと指摘し，西側の安保研究者を納得させた。これに対しハンガリー政府はあくまでハンガリー主導の決断であり，金が流れたという噂は正しくないと反論している。

どちらが正しいかは不明である。しかしその後の動向をみる限りにおいては，ドイツ政府が関与する以前に，あるいはその後たとえ金が渡されたとしても，人々の手によって歴史がいやおうなく前に進められたと考える方が自然に思える。

1989年9月11日0時，ハンガリー政府の決定により鉄のカーテンが永遠に開放

され，東ドイツ市民が第三国に行くことに何の妨げもなくなった。国連の（ジュネーブ）難民協定により，10月1日以降，ハンガリーに集まった東ドイツ人はすべて西側に引き渡された。以後，東ドイツより，国を捨てて西ドイツに移動する国民が数千に及んだ。東ドイツの党機関紙「ノイエス・ドイッチェラント」は反対派のアピールを掲載し，次のように呼びかけた。「私たちは大衆的な動きに対し言葉がいかに無力であるかを自覚している。が，私たちには言葉の他に手段はない。国を去る人々……あなた方にお願いする。祖国にとどまってほしい。私たちと共にいてほしい」（セベスチェン，2009，507頁）。

（4） ベルリンの壁崩壊と東欧革命のドミノ

1989年11月9日夜半，ベルリンの壁が突然開かれた。これは翌日から「旅行の自由の規制緩和」の法令を施行しようとしていた東ドイツ政府と，プレス広報官の誤解，「史上最大の行政管理上の過ち」によって起こった，当局も予測しなかった突然のベルリンの壁の開放であった。

当初東ドイツ政府は，翌日執行される予定の，出国検問所における「旅行の自由の規制緩和」の法令を承認し，それをプレス広報官に渡した。それは単にパスポートとビザの取得と承認を簡略化するものにすぎなかった。その夕方に会見した広報官シャボウスキは，充分正確に認識しておらず，記者の「その法令はいつ発効するのか」という質問に対して答えに窮し，「……直ちに，遅滞なく」と答えた。さらに，「人々は壁を通れるのか」という質問に，「境界線を通れる」と答えた。夜7時半，世界中の通信社がベルリンの境界線開放の速報を流し，夜8時には西ドイツの公共放送が，「今日は歴史的な日だ。東ドイツが国境を開いている。ベルリンの通行ゲートは開いている」と放送した。東西のベルリン市民が壁の検問所に詰めかけ，指令を受けていない検問兵ともみ合いになり，それが数万に膨れ上がった夜半10時半過ぎ，検問所は突然，現場の独自の判断で開かれていった（経緯はセベスチェン（2009）に克明に描かれている）。壁には東西ベルリンからの市民が多数詰めかけ，夜半には壁の解体が始まった。ポーランドでワレサ（ヴァウェンサ）と会談していたコールはその夜「パーティを間違えた」と言い残し，東西ベルリンの壁での祝賀の祭りにむかったという。

この出来事は東西ドイツ市民，さらに世界の大きな感動の渦の中，中継で世界に伝えられ，最終的に翌1990年10月3日の東西ドイツ統一に発展した。ベルリン

の壁の崩壊は，ここで対峙していた米ソの軍事的対立を無に帰すこととなり，冷戦の終焉を促した。

ここでも東ドイツ市民によるハンガリーの鉄のカーテン開放を通っての大量出国が，東欧革命における一連の変革誘因となり，ベルリンの壁崩壊をもたらした。以後，12月にはチェコの堅固な共産党体制の倒壊，ルーマニアのチャウシェスク政権の転覆に至り，東欧革命のドミノ現象が現出する。ここに見られる各国各地域の市民の（ルーマニアを例外とした）流血なき解放こそ，社会主義体制に風穴を開け，最終的にソ連を含む東の体制を地滑り的に崩壊させた要因であった。

東欧ドミノ革命を推進した今一つの要因は，情報革命であった。グローバリゼーション，テレビ，衛星放送が，西側の自由と豊かさを伝えただけでなく，近隣の中・東欧各国で，人々が街頭に出て，堅固と見えた権力体制が次々と倒壊していっているのを目の当たりにして，普通の人々が「自発的に」街頭に出はじめ，各地の市民運動が盛り上がっていった。こうして「連帯10年，ハンガリー10ヵ月，チェコ10日」という数え歌で歌われ，加速度的に広がった「東欧革命」が遂行されたのである。

転換を促した第3の要因は，社会主義国中・東欧の経済停滞である。特に，アジアNIEs諸国の経済成長が，「資本主義では豊かさと貧しさはコインの裏表」，「貧しいものはさらに貧しく，豊かなものはさらに豊かに」という世界の社会主義国の教科書で描かれてきた従属理論の定式を現実によって覆した。今や旧植民地国が，旧宗主国の1人当たりGDPに迫り追い抜かそうとする経済成長を遂げはじめた。それに対して自分たちはどうだ。アジアが植民地下にあった時代にハプスブルク帝国の心臓部と言われていた中欧は，いまやNIEs諸国に及ばない経済水準ではないか。これを契機に，各国のマルクス主義経済学者は，1968年以来の「社会主義と市場主義の収斂理論」による経済改革を放棄し，続々と近代経済学を学びはじめた，とある経済学者は語っている。

1989年12月3日，マルタ島で米ソ首脳が冷戦の終焉を宣言した。が，これは東欧の一連の大転換の結果を，事実上追認したにすぎない。

ソ連の東欧支配はこれをもって終焉し，さらにゴルバチョフの改革は，1991年12月のソ連邦の解体にまで突き進むのである。

5　冷戦終焉20年──何が変わったのか

（1）　EU・NATO の東方拡大と加盟

　中・東欧の国々にとって，冷戦とは何よりもソ連支配，主権の制限であり，冷戦の終焉とはソ連からの解放と主権の奪還であったはずである。

　ところが，中・東欧の新政権は，「自由，民主主義，市場」と「ヨーロッパ回帰」を掲げて，自国が解放されて以降，まず NATO の門をたたいた。彼らにとって冷戦終焉後の自由と主権を守る最大の課題は，「ソ連の支配下に2度と入らない」ための制度的保証の実現であったからである。

　各国の新体制がまず着手したのは，「ヨーロッパ回帰」，「EU・NATO への加盟」であった。「ソ連からの決別」を達成するや否や，旧ソ連を仮想敵とした NATO に「ソ連に対抗する安全保障」を第一義的に求めた。この180°の政策転換自体が，半世紀のソ連・東欧関係の内実を物語っているともいえる。だからこそ，旧東欧諸国の新政権は，ゴルバチョフが期待した「平和と中立」ではなく，NATO・アメリカ主導の軍事体制の下に積極的に自国を組み込む行動をとろうとした。その結果，最終的に1999年にハンガリー・ポーランド・チェコが，2004年には他の7カ国が NATO に加盟，他方 EU については2004年にキプロス・マルタと中欧8カ国，その3年後にはルーマニアとブルガリアが加盟を果たした（xiii頁地図参照）。

　EU と NATO への加盟──。これは，以後自由選挙で繰り返し行われるめまぐるしい政権交代の中でも，極右と極左の急進主義を除き，どの政党にも共通する，最もぶれることのない外交政策となる。

（2）　「社会主義ノスタルジー」

　中・東欧の民衆は，ソ連からの完全な決別を望みつつ，他方で社会主義政党に対しては，生活と社会保障の充実として，一定の評価を与えていた。社会主義に対する忌避は，1990年直後の民主派には見られたものの，1990年代半ばには，全体的に体制転換後の生活・社会保障の悪化故に，市民の間に強烈な「社会主義ノスタルジー」が現れた。それ故，冷戦後に西欧に現れた「社会主義＝全体主義」と一律に規定するような乱暴な議論は，政党はともかく，中・東欧の民衆には比

較的浸透しにくい状況にあった。

　「ソ連型」共産主義については，もはや欧州では政治的正当性を失ったものの，改革派社会主義や社会民主主義は大手を振って，自由選挙以降の二大政党制の一翼，ないし多党制の重要な一勢力となった。1990年初めに民主・市民フォーラム系が強かった中欧諸国ですら，第2回選挙では社会主義政党が政権を奪還し，小選挙区制と比例代表制の導入の中で，確実に政権政党の一翼を担った。

　1990年代後半は，イギリス・フランスなど西欧諸国でも，社会主義政党復活の時代であり，ブレアの労働党，ジョスパンの社会党，シュレーダーの社会民主党がそれぞれ力を盛り返していた。これらが1990年代 EU の思想的基盤ともなり，世紀転換期の欧州では，アメリカや日本とは異なり，Regulation（規制）や Social Europe（社会的ヨーロッパ）が各国で議論される素地があった。

　1990年に始まる中・東欧の自由選挙でも，各国の社会主義政党（改革派）は，ハンガリーでもポーランドでも既成政党の一翼として繰り返し政権に返り咲いた。チェコでは，共産党は2割の得票率を確保していた。

　他方，バルカン地域では，最初から名前を変えた元共産党が長く生き残った。旧共産党の生活安定主義的な側面は，格差が拡大し経済状況も困難な旧中・東欧において，その後も続く社会主義ノスタルジー，東ドイツのオスタルジーとして，庶民感情を支配した。

　冷戦の遺産として，中・東欧の人々は，ソ連支配のもとには2度と戻りたくないものの，人々の生活と社会保障，年金を守ってきた社会主義体制は，政権の現実的選択肢として存在していた。

　しかしこうした状況は徐々に変化する。現実にグローバルな競争社会に投じ出された中・東欧にとって，政権がたとえ社会主義政党になっても，旧体制のように労働者の社会保障に重点的な財政政策を行うことはもはやできなかった。21世紀に入ると，生活を改善できないばかりか汚職と財政危機を繰り返す社会主義政党への幻滅が広がり，右派急進主義が，生活に不満を抱く市民層を引き付けて，成長してくるのである。

（3）　転機――NATO 加盟とコソヴォ空爆

　体制転換後，新加盟国は，安定と発展のために，EU・NATO への加盟を，外交政策の基本的国家枠組みとして持っていたことは指摘したとおりである。

転機は，1999年のコソヴォ空爆であった。

　この頃まで，「ヨーロッパ回帰」という用語は，豊かさと繁栄，平和と安定を意味していた。しかし「アメリカに守ってもらおう」と考える中欧諸国のNATO加盟に対し，アメリカのフリー・ライダー批判とバードンシェアリング，軍の近代化要求と相まって，自国を守るNATO加盟とは，アメリカの保護だけではなく，現実の戦争に自国民が積極的に参加すべきという姿勢が問われはじめる。

　その最初の踏み絵が，中欧3カ国のNATO加盟とコソヴォ空爆であった。1999年3月12日にハンガリー・ポーランド・チェコの3カ国はNATOに加盟するが，その12日後にコソヴォ空爆が勃発し，3カ国はこれへの参加を余儀なくされた。

　ポーランド，チェコなど積極的参戦派（ハヴェル，ワレサを含む）は，民主主義防衛のため，バルカンの「非民主主義勢力を一掃」することが平和につながると解釈し，空爆に参与していった。しかしハンガリーはセルビアと国境を共有し，セルビア国内の多数のハンガリー系少数民族が空爆に参加するなと訴えたこともあり，NATO空爆については後方支援に留まるという苦渋の選択を迫られた。

　NATO自体も冷戦終焉後，大規模な政策転換に直面した。

　ワルシャワ条約機構が解体を宣言する中，NATOも一時その役割を喪失したため，対ソ軍事同盟から，「危機管理」の同盟に転換し存続を図った。それは軍事戦略上極めて重大な意味を持った。すなわち旧来の米ソ対立に基づく同盟関係は，敵と同盟国との領域が明確であり，同盟国のいずれかが敵の攻撃の危機に直面すれば，「第5条任務」に基づき出動が要請された。これに対し，「危機管理」の同盟は，相手がこちらを攻撃対象としないばかりか敵意を持っていなくとも，一定の規模の紛争があり，それが「人道的に無視できない状況」にある場合，「非5条任務」が新たに加わることとなった。つまり攻撃される可能性がなくともどこでも必要な場に出動可能な態勢が「人道的介入」によって想定しうることとなり，それによってワルシャワ条約機構が解体したにもかかわらず，冷戦時代に比べてより広範に，必要な時に必要な領域に，介入に協力する要請が想定されることとなったのである。

　こうしてコソヴォ空爆を契機として，NATOは，人道的に緊急性と必要性が認められた場合，危機管理の軍隊として，域外派兵の可能性を持つこととなり，地域安全保障機関と，国際機関との整合性が問われることとなる。

加えてNATO加盟は，アメリカのバードンシェアリングと実戦参加要請と重なっていた。アメリカの軍事的庇護を求めてNATOに加盟した中欧3カ国は，加盟と同時に軍事力の近代化とアメリカ兵器の購入を求められ，財政支出とのバランスや市民の説得に苦悩することとなる。

（4）9・11からイラク戦争へ——「新しいヨーロッパ」のアメリカ支持

2001年9月11日のアメリカの同時多発テロ以降，ロシアのプーチン大統領は即座にアメリカに接近することによって，コソヴォ空爆以降の孤立を脱した。以後，積極的に対テロ国際協力網を提起することにより，アメリカとロシアの蜜月を現出させた。これはNATOに加盟することによってロシアからの防波堤を作ろうとする中・東欧を警戒させることとなった。

プーチンは「バルト諸国のNATO加盟よりロシアの軍事力の協力が何倍も（対テロの）役に立つ」と豪語し，中東欧を警戒させた。

その後2003年3月に始まったイラク戦争への中・東欧の参加は，国際社会に対する彼らの規範を問うものとなった。EUのうち独仏は，イラク戦争に反対し，査察継続という国連の戦略を支持したが，アメリカはイラクの大量破壊兵器疑惑を打ち出し，査察は無意味とし，有志連合とともにイラク戦争に突入した。こうした中，中・東欧諸国は，早期にアメリカ支持を打ち出し，結果的に独仏の選択に対抗することとなった。シラクは，EU加盟を控えた中・東欧のこの行動に対し，「子どもじみた戦略」と吐き捨て不快感を示した。他方，アメリカの国防長官ラムズフェルドは，中東欧を「新しいヨーロッパ」と賞賛し，独仏の「古いヨーロッパ」に対抗させようとした。以後，ポーランドの当時の左派政権（左翼民主連合）などは，EU内の「トロイの木馬」と呼ばれ，ヨーロッパ内部の親アメリカとしての評価が定着することとなった。

独仏首脳が，査察継続と国連とのマルチラテラル（多国間協調的）な連携を唱導したことは，決して平和主義ではなく，イラク戦争に反対することで国内の他党との政治戦に勝利したのだ，という説明もある。それも事実，またEU内で独仏派は少数派であり，EUの多くがイラク戦争に組したということも事実だ。ただし独仏はそれにより，国際社会で面目を保った。ブッシュ政権崩壊後の歴史は，米英のイラク戦争介入の失敗と，独仏の反対，国際規範の重要性を浮きぼりにすることとなる。

なぜ中・東欧は，イラク戦争への有志連合の参加の中で，安全保障上はEUよりNATO，アメリカの核の傘の下で自国を守ることを選択したのか。「これでヨーロッパに戻ってきた，2度と大国の支配を受けない」と宣言してNATOに加盟した中欧諸国は，自国の平和を守る名目で遠い中東の前線の危険地帯に軍を送ることを余儀なくされた。

　これらは苦渋の選択であり，こうした矛盾に対して国民の間には不満が高まり，戦争反対のデモなど政府との温度差を示した。が，体制としては結局，安全保障はアメリカとNATO，経済はEUという路線を変えることはできなかったのである。

　その後，チェコ，ポーランドは，2007年，アメリカの対テロ・レーダー，ミサイルの配備計画にも積極的に協力した（ただし，国民は反対した）。その背景には，ロシアのチェチェン，中央アジアでのテロリストへの軍事力強化や，グルジアと南オセチアをめぐる「新冷戦」とも呼ばれるような新たな対立構造があったことは否めない。

　しかし2009年1月，アメリカがオバマ政権になってから，アフガン戦争は長期化したものの，イラク戦争からは撤退を決め，またポーランド，チェコのレーダーと迎撃ミサイルについても，慎重化の方向が示された。この地域に迎撃ミサイルを配備する有用性が充分立証されえないこと，またこの計画がロシアを過度に刺激することが，慎重化を検討する理由となった。

　以上，冷戦終焉後，中・東欧は「ヨーロッパ回帰」による平和と安定を望みながら，コソヴォ空爆からイラク戦争まで，NATO軍及び親アメリカの有志連合としてこれに参与せざるを得なかった。冷戦終焉後20年，最大の課題として，「ロシアの軍事支配下に2度と入らない」という安全保障上の姿勢が，逆に遠い戦争に兵を送らざるをえないという皮肉な結果を生んだのである。

（5）　極右ナショナリズムの成長

　21世紀に入り，欧州では，グローバル化と経済自由主義への反発として，極右ナショナリズムが各国で急速に成長してくる。

　1990年代初期の段階では，ハンガリーでは，チュルカの「正義と生活党」，クロアチアのトゥジマン，セルビアのミロシェヴィチなど，領土回復主義や自民族中心主義が台頭し，周辺国との軋轢を生んだ。スロヴァキアでは，1990年代長期

にわたり，メチアルの民主スロヴァキア運動が民族社会主義への高い支持を誇った。ポーランドではEUの農業補助金の既得権益保持に対して，レッペル率いる家族同盟などポーランド農民の利害を強力に代弁する右翼政党が成長した。ナショナリストが国民の不満の受け皿となるという，こうした傾向は近年まで続き，ポーランドにおける民族主義的なカチンスキ政権の樹立や，2010年のハンガリー総選挙におけるヨッビクなど極右急進主義の成長を生み出した。

これらはそれぞれの国における国民の不満を代弁する形で成長し，多様な民族主義を形成し，新たな形で欧米の普遍主義，規制主義に対抗しようとしており，一概に，独裁，反動的ナショナリズムとして切り捨てることはできない。

冷戦期45年間軍事支配を行ったソ連と東欧の関係は大きく変わった。

しかし中・東欧の国々でもロシアとCISの国々でも，民衆の不満は沈殿したままである。欧州では，特に2004～07年のEU拡大後，EU益，国益，市民益の三者が対立する状況が，EUの拡大，リスボン条約の発効，移民の流入などをめぐって続き，「国益」，「自己利害」を守る民族主義が，既成政党や急進主義政党とともに大きく成長してきている。

西と東，あるいは北と南の成長の格差，賃金・物価の格差の拡大の中で，「2速2元のヨーロッパ」，「多様性の中の統合」が語られはじめた。これは格差の固定化，西側の保護主義ではないかという批判も強い。

2011年，EU議長国のハンガリー，ポーランドは，リスボン条約改定後の大国の影響力の拡大と中央集権化に対し，いかなる形でEUの共通利害と各国利害を調整していくのだろうか。その力量が問われている。

6　成功か，新たな危機か？

20世紀，この地域では，幾多の革命と戦争が交錯してきた。

ドイツ，ロシア，ハプスブルク帝国の崩壊とロシア革命に始まった20世紀の「ヨーロッパの危険地域」では，ソ連の一国社会主義，中欧の独裁体制，第2次世界大戦と戦後の社会主義体制と冷戦，冷戦体制の崩壊とソ連邦の崩壊，体制移行の混乱，バルカンの民族主義と空爆，中欧のNATO加盟，という危機の100年を経てきた。そして21世紀もいまだ，イラク戦争，EU・NATOへの加盟と政治・金融危機，グルジア，中央アジアやコーカサスの変動など，戦争と紛争の10

年が継続している。

　この100年を踏まえ，21世紀のロシア，中・東欧は，どのような教訓と課題を抱えているだろうか。20世紀，変動の100年の後半を覆った「ソ連・東欧圏」の解体と冷戦終焉後20年，彼らは今，いかなる地平に立っているのだろうか。

　第1の最大の課題は，日々進行しているグローバリゼーションの下で，深刻な格差が各地で拡大していることであろう。それはもはや後発国や「ヨーロッパの危険地域」のみならず，米欧日の先進国のメガロポリスでも，最大の格差が広がっている。先進国の格差拡大の原因は，今やグローバリゼーションの競争力の担い手が先進国にあるのではなく，中国・インドなど底力を持つ新興工業国にあるということである。すなわち，安い労働力，安い製品，安い資源，高い教育力，高い労働意欲を「持つ」後発国が，先進国に挑戦状を突きつけている。

　欧州でも同様である。欧州の東西格差，世界史の中心と周辺の格差の問題は，ベレンドが指摘するように，19世紀以降の基本的課題である。問題は現在である。1990年代，西欧を長期停滞とユーロペシミズムから救ったのは，21世紀初頭のEU拡大，すなわち東の国々の経済発展のエネルギーであった。これに大量のムスリム系移民も巻き込むことにより，欧州は息を吹き返した。しかし，2008年の金融危機以降，最も深刻な打撃を受けているのはそうした東の国々の経済の落ち込みと格差の拡大である。これを1世紀以上前から指摘される「遅れ」として片づけてしまうのでなく，現在の相互関係から生まれ再生される構造的問題としてとらえていく視点が必要であろう。

　21世紀に入り，リスボン条約の発効以降，EUの問題を再び2，3の「大国」から語ろうとする傾向が強まっているだけに，「拡大EU」27カ国という枠組みこそ，中東欧経済を足がかりに，EU経済の競争力をつけ，世界の頂点に立たせた，という構造的な問題を理解する必要がある。

　第2は，多元的・多層的な地域主義の拡大と内部相克である。

　欧州に限らず，アジアや世界で，欧州を超えるさまざまな地域組織・地域機構が成長している。今や何らかの地域機構に加入していない地域を探す方が困難なほどである。ポーランド出身のオックスフォード大学教授ジエロンカが述べるように，拡大欧州は，多中心的で多様でファジーな，しかし否応なく共通の規制・規範を基盤とする帝国である。ここに各国のヨーロッパ諸国，さらにはその周辺の国々すら自発的に，多元的に，たとえ加盟に至らずとも包摂・統合されつつあ

る。

しかしこうした地域全体の利害に対し，「2級市民」の差異は歴然とある。

多くの不満と逡巡を持ちつつも，既にこの地域とEU・NATOは，切り離しがたく結びついている。問題はそれにいかに国益や市民利害との折り合いをつけていくかであろう。

第3は，グローバリゼーションや地域主義に対抗するかのような，1990年代の社会主義政党へのノスタルジーから，21世紀のゼノフォビアに象徴されるような，各地域でのネオ・ナショナリズムの成長と社会保障要求である。

ロシアを含むヨーロッパ全体で，あるいは広くは世界全体で，グローバリゼーションの発展の下で，自国内で犠牲となっている層を保護するため，90年代は社会主義政党，21世紀にはナショナリストに依拠した，社会保障要求の動きが高まりつつある。

2008年のアメリカのリーマン・ショックに始まる世界金融危機以降，かたやナショナリズム，かたや社会保障・雇用保障の掛け声は進行するばかりである。これが一方では，アメリカのオバマ政権，日本の民主党の歴史的な勝利とその後の混迷と失望を生み出した。同様に，欧州でも，グローバリゼーションと地域主義拡大への忌避として，ナショナリズムの波を成長させ，社会的弱者がさらなる弱者を排斥する構図を生んでいる。

1990年代から21世紀にかけて急速に各国で成長してきている極右急進主義の動き，あるいは既成政党保守派がそれを取り込み社会を安定化させようとする動きは，本書の各章でも，政党対立，スラブ派とナショナリズム，ユーラシア主義，中央アジア，黒海の地域主義と各国利害対立の問題として指摘されている。今後，長期的に検討していくべき課題であろう。

冷戦の時に作られた東西分断は，鉄のカーテン開放とベルリンの壁崩壊によって，「物理的には」開かれた。しかし経済危機を経て，都市の垂直格差とともに東西格差が再び広がる今，東西の経済的・心理的分断は，いまだ解消されていない。

しかし，それでもこの「ヨーロッパの危険地帯」から，第1次世界大戦，第2次世界大戦，冷戦が始まり，そしてこの地で冷戦が終焉し東西欧州が統合されたことは，歴史的重要性を持つ。

西欧の自由化・近代化の成功に遅れた挫折感と，であるからこそ西欧とは異なる「新たな道」を独自に発見し達成しようとするこの地域のエネルギー，大国の巨大な軍事機構や世界システムをものともせず，素手で対抗しようとする反骨精神こそが，この地域に，歴史的な原動力を与えている。また，世界の眼を引きつけて離さない。

　ヨーロッパ東半分の諸小国・諸地域の自由と自立を求める動き，ロシアの大国たらんとするエネルギーは，グローバリゼーションや拡大EU，NATOとの折り合いにおいても，西欧・アメリカとは異なる独自の利害と価値，国際関係における独自の位置を占め，中小国の気骨を代弁していくであろう。

　本書が，現在の世界政治を読み説く上で，不可欠の書の1つとなることを期待するものである。

　＊　本章は，羽場久美子「冷戦終焉20年と中・東欧」（特集：ベルリンの壁崩壊から20年を経て）『歴史評論』2009年12月号の論文に大幅に手を加えたものである。ほとんどは書き下ろしであるが，注出典については元論文を参照のこと。また，本研究は，文部科学省科学研究費基盤研究A「国際政治に見る欧州と東アジアの地域統合の比較研究」（研究代表：羽場久美子）の研究成果の一部である。記して感謝したい。

● 参考文献

セベスチェン，ビクター（2009）『東欧革命1989――ソ連帝国の崩壊』三浦元博・山崎博康訳，白水社．
ダーレンドルフ，ラルフ（1991）『ヨーロッパ革命の考察――「社会主義」から「開かれた社会」へ』岡田俊平訳，時事通信社．
羽場久美子（1998）「東欧と冷戦の起源再考」『社会労働研究』法政大学，45巻2号，12月．
―――（2008）「拡大EUのフロンティア――ポスト冷戦秩序の再構築・規範と現実」山内進編『フロンティアのヨーロッパ』国際書院．
―――（2009）「冷戦終焉20年と中・東欧」「特集：ベルリンの壁崩壊から20年を経て」『歴史評論』12月．
ベレンド，イヴァン・T（1990）『ヨーロッパの危険地域――東欧革命の背景を探る』河合秀和訳，岩波書店．

Berend, T. Iván (2009) *From Soviet Block to the European Union*, Cambridge University Press.

Frank, Robert, Kumiko Haba and Hiroshi Momose (2010) *The End of the Cold War and the Regional Integration in Europe and Asia*, Aoyama Gakuin University, Tokyo.

Gaddis, John Lewis (1997) *We Now Know: Rethinking Cold War History*, Oxford University Press(赤木莞爾・斉藤祐介訳(2004)『歴史としての冷戦——力と平和の追求』慶應義塾大学出版会).

Lundestad, Geir (1978) *The American Non-Policy toward Eastern Europe*, Oslo.

Mastny, Vojtech (1979) *Russia's Road to the Cold War*, Columbia University Press.

Oplatka, András (2008) *Egy döntés története*(ある決定の歴史), Helikon.

第 I 部

大国ロシアの再編

第1章

ロシアの移行経済とEU関係

溝端佐登史

要　約

　ロシア経済は1992年以降,新しい国の建設とともに,市場経済移行というルールの構築とその定着の過程に入っている。転換に伴う危機を経て,1999年以降経済成長を持続し,ロシアの市場経済の輪郭が明らかになっている。グローバル市場に完全に組み込まれ,2008年世界経済危機が伝幡している。ロシアの経済成長の実像とその成長・危機要因を明らかにする。エネルギーだけでなく巨大な消費市場の存在に注目すると同時に,ロシアの成長に潜む制約要因として,シベリアの呪い,資源の呪い（オランダ病）,そして経済格差を析出する。さらに,ロシアの経済構造を国家化の動き,独自の企業行動,グローバル化・パラレル化から特徴づける。最後に,ロシア・EU（欧州連合）関係に光をあて,パートナーシップと協力協定の周辺,その背後にある両者の経済的関係から,EU東方拡大において,ロシアとヨーロッパとの関係には摩擦と緊密化の両方の契機が見出される。

1　ロシア経済の大きさと市場移行

（1）ロシアのイメージ

　ロシアでまず思い浮かべるのは,石油・天然ガスをはじめとする豊富な天然資源を抱えるその広大な国土であり,広さは1709.8万 km^2（日本の45倍）である。連邦制国家は83の連邦構成主体からなり（2010年初め）,そのもとに約2万4000の地方自治体が存在している。80％ほどのロシア人以外に多種多様な民族が存在し,民族を反映した連邦構成主体・自治体は1992年以来合併される傾向にある。人口は1億4190万人（2010年初め）で,1992年初めに比べるとおよそ660万人減少して

いる。全国一律に減少しているわけではない。南連邦管区，都市部では増加しているが，周辺部，農村部で減少しているのである。1990～2009年にモスクワでは人口が18％増加し1050万人を超えたが，極東管区では20％減少し，70％ほどもいなくなった地域さえある（チュコト自治管区）。人口変動の内訳では，自然減が2006年68.7万人，2007年47.8万人にもなるが，移民すなわち社会増が2006年13.2万人，2007年24万人と減少分をカバーしており，移民受け入れ大国になっている（2009年の自然減は29万人，社会増は25万人であった）。1989年から2002年の間に，ロシアは1100万人の移民を受け入れ，年間平均84.6万人で，アメリカ，ドイツに次いで多い。移民は大部分旧ソ連圏の CIS 諸国からで，当然その分だけ外国人労働者は増加している。公式のロシアへの移民就労者ではウズベキスタンが20％を占め，次いでタジキスタン（15％），中国（13％），ウクライナ（12％）が多い（*Компания*, №21, июня 2008）。

　ロシアは2000年代に入り経済成長を維持しており，G8（主要国首脳会議）のメンバーとして影響力が強く，日本においても海外事業を展開する有望な地域として重視されている（国際協力銀行，2009）。実際，日ロ貿易は輸出入合計で2000年52億ドルから2005年107億ドル，2008年296億ドルと急増しているが，2009年危機で急減している（121億ドル）。日本は自動車を輸出し（輸出額の76％），原油（輸入額の38％），非鉄金属（同21％）を輸入している（2008年）。2009年から天然ガスの輸入も始まっている。

　ロシアは大国，先進国のイメージとは別に，途上国に共通する顔をのぞかせる。World Economic Forum 2009, The Global Competitiveness Report 2009-2010 によると，世界の競争力ランキングでロシアは63位にあり，日本（8位）を含め先進諸国を大きく下回っている。制度，財市場の効率性，金融市場に限れば100位以内にも入ることができない。汚職ランキング（Transparency International, 2009）でも，ロシアはウクライナとともに146位でアフリカ諸国並みである。最後に，市場の自由度や所有権の保護の度合い評価に基づく経済的自由の指数（2010 Index of Economic Freedom, Heritage Foundation）によると，ロシアは143位（日本19位）で，アフリカ諸国よりも低い。ロシアは普通の先進国，普通のヨーロッパの国とは明確に区別される制度を作り上げており，後発途上国に共通する個性を持っているのである。特に汚職の強さはロシアの政府と企業の関係，官僚制の問題を鮮明に映し出している。

(2) 市場経済化の道

ロシアの市場経済移行は1998年金融危機を画期に様相を大きく違える。1992年から1998年までのB.エリツィン大統領の時代には，GDPが42.3％下落しており，インフレも激しい。これとは対照的に，2000年から2007年のV.プーチン大統領の時代にはGDPは約80％上昇し，インフレもようやく年間10％程度に落ち着いている。経済成長だけを見れば，暗闇の90年代とバラ色の2000年代となる。市場移行の経過を概観しておこう。

1992年にエリツィン政権のもとで開始した市場経済化は自由化（価格，取引，外国貿易などの自由化），民営化（私的所有化，銀行などの市場の制度形成），安定化（緊縮政策など）を柱とするショック療法型の経済政策に基づいていた。IMFをはじめ西側からの経済的・知的支援に依存して市場移行が始められた。しかし，実際の移行の現場には複雑な力が働いていた。政治的に，多数の政党が乱立し，エリツィン大統領と議会の対立は法制度を不安定化させ，法の執行を形骸化させた。また，中央（連邦政府）と地方（連邦構成主体）は対立し，中央の経済政策は地方にまで十分に浸透することはできなかった。税徴収の失敗が典型的な事例となるが，地方は独自の権力基盤を構築し，連邦政府の財政基盤そのものが脆弱なものになった。経済政策は自由化一辺倒で進行したわけではなかった。

ロシアに形成された市場はきわめて不安定なものであった。1992～1995年に激しいインフレと急激な実体経済の縮小（転換不況）を経験した。ショック療法型の厳しい安定化・自由化政策は経済への打撃が大きく，政治的な抵抗から維持されず，経済政策は実施と停止を繰り返す有り様であった。ようやく1995年7月コリドール制（ドルペッグ）により為替レートとインフレが安定したが，低迷する経済状態は変わらず財政赤字を抑えるために，政府は未成熟な金融・資本市場において短期国債への依存に傾斜した。そして，政治の失敗（非効率な民営化，徴税率の低下と現物化・未払い化）と市場の失敗（独占の温存と税未払いを含む企業への実質的な補助）が重なり，赤字財政下で国債の財政への歳入効果は著しく低下していった。

1996年に短期国債が外資に開放され，外国投資家がロシア国内の商業銀行を介して先渡し取引で国債を購入した。それゆえ国債依存は国際金融機関からの借り入れを含めて，外資依存にほかならなかった。その一方で，企業はバーターなどの非通貨取引を拡大させ経済活動は縮小しただけでなく，バウチャー民営化とオ

リガルヒと呼ばれる政府と結びついた大規模な企業・銀行による貸付を条件とした国家資産の取得（担保競売）により，大規模企業は投機的に政府の資産を手に入れた。投資・生産活動は高揚することはなく，歯止めのきかないマイナス成長が続いた。こうして経済活動の縮小が財政赤字をさらに悪化させる悪循環を形成したが，この不安定性は石油価格の下落による財政基盤の崩壊とアジア通貨危機の伝播（国際的な短期資本の移動）により，1998年ロシア金融危機を招いた。ロシア国内通貨ルーブルは暴落し，国債は借り換えられ，資本取引は一時停止に，対外債務支払は事実上返済不履行（デフォルト）に至った。政治はさらに混迷し，信頼を完全に喪失したエリツィンにかわり2000年にプーチンが大統領に就任した。

負の遺産を引き継いだプーチン政権がまず手掛けたのは政治の安定化であり，「強い国家」，「法の独裁」に基づき中央・地方関係，法制度（たとえば，会社法の改正など）が整備され，それはビジネス環境の改善を意味した。危機後，経済制度の編成と安定化が実施され，経済成長が優先された。ロシア経済は1999年から暴落したルーブルと石油価格の上昇に引っ張られて急成長を遂げており，安定化，財政黒字を達成している。しかし，十分にグローバル経済に統合されたロシア経済は2008年世界経済・金融危機の影響をうけ，マイナス成長に転じ，2009年GDPマイナス7.9%を招いている。

2 経済成長と制約要因

(1) 経済成長とその原動力

ロシアの経済成長は図1-1のような結果を示している。2004年にEUに加盟したエストニアほどではないが，1998年を底に急激に成長し2008年には転換前の水準を凌駕するまでに至っているが，2008～2009年に危機に直面している。ロシアの経済力が国際的に注目されるきっかけは，2003年10月に公表されたGoldman & Sachs の *Global Economics Paper* No. 99「BRICsと夢見る——2050年までの道」というペーパーである。今後50年間にブラジル（B），ロシア（R），インド（I），中国（C）が世界経済における大国になり，その経済力はドルベースで先進工業国G6を追い抜き，現G6のうちアメリカと日本だけがこの大国群に加わると結論された。

表1-1はBRICsの経済力を比較している。ロシアの名目GDPは急激に伸び

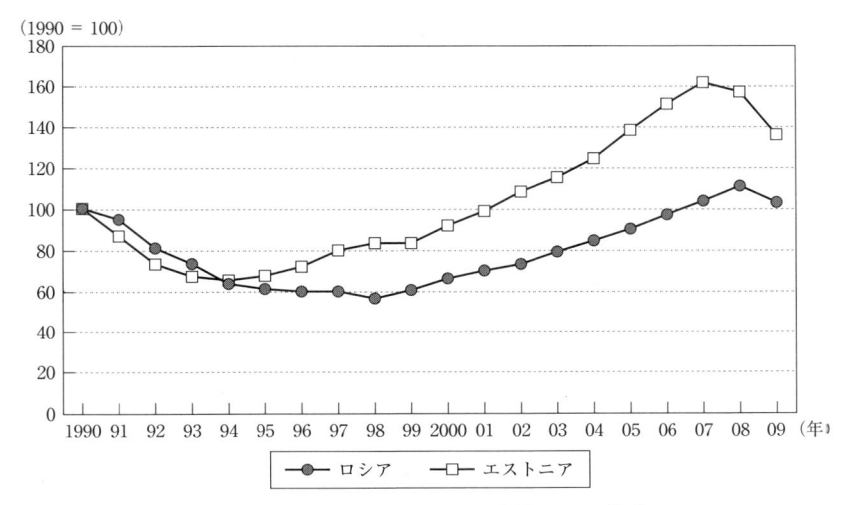

図 1-1　ロシアとエストニアの実質 GDP の推移

出所：EBRD, *Transition Report*（各年度版）.

表 1-1　GDP 国際比較（2008年）

	名目額（兆ドル）	1人当たり（ドル）	実質額（兆ドル, PPP）	同1人当たり（ドル）
ブラジル	1.57(10)	8,197 (63)	1.98(9)	10,326 (76)
ロシア	1.68 (8)	11,807 (51)	2.26(6)	15,922 (51)
インド	1.21(12)	1,016(142)	3.29(4)	2,762(128)
中　国	4.40 (3)	3,315(104)	7.92(2)	5,963 (99)
日　本	4.92 (2)	38,559 (23)	4.35(3)	34,100 (24)

注：（　）内は世界の順位。
出所：IMF, *World Economic Outlook Database,* April 2009.

ており，ドルベースでは1999年から2008年に8.5倍に上昇している。1人当たりでは1万ドル（実質で1.5万ドル）を超え，BRICs 最大の成長国になっている。Goldman & Sachs のロシア GDP の予測は2015年に総額1.23兆ドル，2017年に1人当たり1万ドルなので，夢を大幅に上回るスピードで成長している。ただし，2009年にロシアは名目 GDP 1.23兆ドル（12位）に低下し，中国は4.91兆ドルと高成長を持続している。

　経済成長は直接には1998年金融危機後の有利な経済環境，特に原油価格の高騰と政治的な安定化を拠り所にしているが，それは分裂により混迷を深めた1990年

表1-2 ロシアの石油・ガス輸出動向

年	1997	1998	1999	2000	2001	2002	2003	2004	2005	2006	2007	2008	2009
原油100万トン	114	118	116	144	165	190	228	260	253	248	259	243	248
10億ドル	13.4	8.8	12.9	25.3	25.0	29.1	39.7	59.0	83.4	102.3	121.5	161.1	100.6
石油製品100万トン	60.2	57.5	53.9	62.6	63.3	75.5	77.7	82.4	97.1	103.5	112.3	118	124.5
10億ドル	7.0	3.9	5.1	10.9	9.4	11.3	14.1	19.3	33.8	44.7	52.2	79.9	48.1
天然ガス10億 m^3	121	125	131	194	181	186	189	200	209	203	192	195	168
10億ドル	10.7	11.1	11.6	16.6	17.8	15.9	20.0	21.9	31.7	43.8	44.8	69.1	42.0
合計（10億ドル）	31.1	23.8	29.6	52.5	52.2	56.3	73.8	100.2	148.9	190.8	218.5	310.1	190.7
輸出比重（％）	34.9	31.8	39.1	50.0	51.2	52.5	54.3	54.7	61.1	62.9	61.7	65.8	62.9
原油輸出価格				23.9	20.8	21.0	23.8	31.0	45.2	56.3	64.3	90.7	55.6
ガス輸出価格				85.8	98.3	85.7	105.5	109.1	151.4	216.0	233.7	353.7	249.3

注：輸出価格は石油1バレル当たり，ガス1000 m^3当たりで，年平均。
出所：ロシア中央銀行（http://www.cbr.ru，2010年8月13日アクセス）。

代との対比で言えば，統合化の結果でもあった（Я. Лисоволик, Возвращеие России, Ведомости, 21 апреля 2008）。第1に，経済システムにおいて，危機後企業間の連鎖，貨幣の循環が正常化し，市場統合化が進み，バーターは急減した。第2に，地域間の分断・地域の保護主義により単一市場ではなかったロシアにおいて単一の取引空間が形成された。第3に，公式経済システムへの統合が進み，ヤミ経済，非公式経済は漸進的に公式化した。さらに，国際経済への統合化が進んだ。こうした統合化こそがロシア経済成長の推進力と見なすことができる。

　成長の要にあるのは，石油・ガスの生産と輸出である。ソ連時代末期1980年代にピークを迎えた生産は転換後にいずれも低下したが，2000年代に再び軒並み成長している。ことに石油部門は，開発の遅れから埋蔵量は減少してきたが，ようやく2006年に埋蔵量が増加し，2007年半ばの推計では795億バレルと2001年の450億バレルを大きく上回っている（Я. Лисоволик, Возвращеие России, Ведомости, 21 апреля 2008）。天然ガスは世界最大の埋蔵量を誇り（47.8兆 m^3），うち29.8兆 m^3（62％）はガスプロム（国家が株式の50.002％所有）が保有している。ガスプロムそれ自身はガス供給契約を履行するために中央アジア諸国からのガス買い付けを大幅に増加させるとともに，「2030年までのロシアエネルギー戦略」（2009年）はロシア東部地域開発とアジア太平洋地域への進出をうたっている。

　石油・ガスの採掘量と輸出能力は2000年代に安定している。表1-2は石油・

第1章　ロシアの移行経済とEU関係

表1-3　ロシアの外貨準備高の変動（期首）

	金額（億ドル）	対年間GDP比（％）
1997年	153	3.8
1998年	178	4.4
1999年	122	4.5
2000年	125	6.4
2001年	280	10.8
2002年	366	11.9
2003年	478	13.8
2004年	796	18.4
2005年	1,245	21.0
2006年	1,822	24.2
2007年	3,037	30.0
2008年	4,788	36.8
2009年	4,263	25.6
2010年	4,394	34.6
2010年8月	4,753	38.6

注：前年名目GDPで対年間GDP比を算出。為替レートは年間平均。例えば，2009年のGDPは1兆2311.25億ドル，1ドル＝31.73ルーブルとして算出。
出所：ロシア中央銀行（http://www.cbr.ru，2010年8月13日アクセス），ロシア統計局（http://www.gks.ru，2010年8月13日アクセス）。

図1-2　買い物客で賑わうハイパーマート（アシャン，モスクワ市，2008年）
出所：筆者撮影。

ガスの輸出動向を指し示している。経済成長に伴い石油・ガスの輸出量が増大し，2000年に輸出の半分を占める。その後，輸出量は停滞的であるが，価格高騰から輸出額は急増し，2008年に輸出総額の3分の2を占めるエネルギー輸出大国に変貌している。このような輸出主導の経済成長の結果は，ロシアの外貨準備高に明確に現れる（表1-3）。金融危機後100億ドル余りであった規模は，2008年8月には6000億ドルほどに急増し，（経済危機でその後低下するが）中国，日本に次ぐ位置にある。

　産業部門からGDPを見ると，エネルギー部門だけがその成長に貢献しているわけではない。建設部門，商業・サービス部門の成長率が高い。消費および投資が経済成長率に貢献している。消費の伸びは大きく，輸入の増加はそれをはるかに上回っている。その結果，ロシアは2008年にはヨーロッパ最大規模の消費地にまで成長している。消費規模は2007年の5050億ドルから2008年に6440億ドルとなり，ドイツ，フランス，イギリスを超えると予想されている（*Ведомости*, 21, апреля 2008）。この消費の大きさがロシアでの乗用車売上の伸びに表現される。トヨタ，GMなど国外企業によるロシア国内での生産が伸び，それを上回る勢

いで輸入が増加している。外資がロシア市場に注目する背景にはエネルギーだけではなく，成長しつづける巨大消費市場があるが，2008年経済危機はそれに翳りをもたらし，輸入・国外企業の生産にも影響している。

（2） シベリアの呪い・オランダ病・経済格差

経済成長にはそれ自身を制約する要因が含まれる。3つの要因に注目しよう。

第1は，広大な版図を持つロシア固有の制約であり，領土の大きさと気候のコストが市場の競争にとり負荷となることであり，「シベリアの呪い」とさえ言われる（Hill and Gaddy, 2003）。都市（地域）間の経済格差が大きく，地域間の結びつきは希薄で，効率的な国内分業の編成は困難になる。また，厳しい気候条件は国民の生存条件だけでなく，輸送コストを高め，その分経済構造は高コスト体質になる。歴史的に，このような制約要因の影響は国家の強制力（人為的な都市建設や資源移動，強制労働など）により抑えられてきたが，この要因は引き続き経済成長を制約している。

第2は，資源保有・輸出国に付きまとう制約要因であり，オランダ病（資源の呪い）と呼ばれる。これは，1960年代における天然ガスの発見に伴うオランダでの製造部門とそこでの雇用の低下，すなわち天然資源による富の増加とその輸出あるいはそれに伴う大規模な外貨流入がもたらす外的なショックを意味する。ロシアでは，輸出部門が資源関連に限られ，国家が石油・ガスレントを取得するので，直接にこの病を引き起こすわけではないが，それに類似する現象は見いだされる。何よりも，為替レートは傾向的に切り上がっており（2002年初めから危機前の2008年6月にかけて対ドル名目為替レートは24％切り上がっている），輸入の急増は食品産業・消費財・機械など製造業を中心に国内産業の競争力の弱さと結びついている。インフレーションは決しておさまっていない。

オランダ病が生じているとすれば，貿易・外貨管理は重要な処方箋になる。外貨準備高とは別に，ロシアは2004年から政府系ファンドの安定化基金を設置した（ロシア中央銀行は多額の経常収支黒字に対し外貨買いでルーブル高を抑えてきた。しかし，介入はベースマネーの増加をもたらし，インフレ要因になるが，基金はルーブル発行を引き起こさない不胎化政策となる）。これは原油価格が低下した場合の均衡財政，さらにはインフレおよびルーブル高の抑制を目的とする。原油価格が基準価格を超えた場合に，輸出関税，天然資源採掘税の一部を財源とする基金で，基準価格を下

表 1-4　安定化基金の推移（期首）

	金額（10億ドル）	金額（10億ルーブル）
2004年	3.73	106.30
2005年	18.60	522.30
2006年	50.70	1,425.69
2007年	89.13	2,346.92
2008年	156.81	3,849.11
2009年	225.06	6,612.13
2010年	152.08	4,599.53
2010年8月	128.83	3,888.93

出所：ロシア財務省（http://www1.minfin.ru，2010年8月13日アクセス）。

回ると財政補塡に用いられ，残高が5000億ルーブルを超えた場合には補塡以外の用途に利用される。

　表1-4にあるように，原油価格の上昇に伴い安定化基金は拡大し，2005年以後対外債務返済，年金基金，国家コーポレーションの資本金に利用された。安定化基金は2008年2月準備基金と国民福祉基金に分けられ，前者（全体の80％）は石油・ガス収入下落時の財政赤字への備えで，後者は天然資源収入の維持を目的とする。2010年8月初め時点で準備基金406億ドル，国民福祉基金882億ドルにのぼる。安定化基金は国際市場への影響力の拡大を意味するが，非鉄金属などその他の資源の輸出増から不胎化政策として限界があることも指摘される。石油・ガスを中心とした資源輸出→外貨収入の累積→為替切り上げ圧力・インフレーション・輸出産業の競争力の低下，という連鎖だけでなく，資源そのものを国家の対外政策に利用する経済の国家化の強まりという形で，資源の呪いもまたロシアの経済成長の不安定要因として消えていないのである。

　第3の制約は，国内の著しい経済格差である。ロシアの所得・資産格差はアメリカに近い水準で，ラテンアメリカほど大きくないが，ヨーロッパに比べるとはるかに大きい（表1-5）。世界の億万長者を輩出する反面，貧困層も大きく，住民の生活水準の回復は消費の伸びに比して低い。階層間の垂直的な移動は起こりにくく，階層の固定化が生じている。その結果，中間階級はヨーロッパ（住民の55〜60％）に比べて，ロシアでは相当薄い（20〜25％）。中間階級が市民社会の基盤となる以上，階層間の相互信頼，権力や官僚制への安定した態度は形成されず，

表 1-5 不平等水準 (2005年)

	ロシア	アメリカ	ドイツ	ポーランド	ブラジル
1人当たりGDP (1000ドル, PPP)	12.1	43.4	31.1	14.9	9.1
所得第1分位 (最小所得層)	5.5	5.4	8.5	7.5	2.6
同第2分位	10.2	10.7	11.4	13.7	11.9
同第5分位 (最高所得層)	46.4	45.8	36.9	42.2	62.1
ジニ係数	0.405	0.408	0.283	0.345	0.58

注：所得の分位は所得総額に占めるそれぞれの比重（％）。2008年のロシアのジニ係数は0.423で，モスクワは0.535。
出所：Коллектив экономист СИГМА, *Коалиции для будущего*, 2007, РИО, с. 42.

社会が不安定化しやすくなる（Коллектив экономист СИГМА, 2007, с. 41-48）。

ロシアの経済格差は著しい地域間格差を伴う。連邦構成主体間の格差では，1人当たり GRP（域内総生産）は1995年の20倍から2005年の44.8倍になり，失業率の格差は2007年にモスクワの0.8％から，チェチェンの53％まで広がっている。最低生存費以下の所得層の比重は全体として2000年の29％から2006年の13.4％に改善しているが，世界随一の天然ガス産地ネネツ自治管区の6.7％とアンガラ川上流のウスチオルダ・ブリヤート自治管区の57.4％，繊維の集積地イワノヴォ州の31.9％とではまったく別の国を想起させよう。地域間経済格差は地域での生活そのものの格差，平均余命の格差にまで投影し，非公式制度の肥大化や市場の分断化を促す。

3 ロシアの経済構造

(1) 国家化するロシア

プーチン政権は国家の介入を基盤にした競争国家への転換を指向しており，競争力，近代化が政策のキーワードになっている。2008年 D. メドヴェージェフ政権になり，制度，インフラストラクチャ，イノベーション，投資，知識が重視されている。「2020年までの長期社会・経済発展コンセプト」（経済発展貿易省）では，ロシアをグローバル経済のリーダーにするために，高度技術部門の GDP に占める比率を高め，石油・ガスセクターの比重の引き下げること，イノベーション企業を拡大・集約化し，高度技術製品の輸出を拡大することが指向され（バイオ，IT，水素エネルギー，新世代原子力，航空機，ロケット・宇宙企業など），アメリカの

シリコンバレーを模してイノベーションセンター「スコルコヴォ」が開発されている。同時に，地域間格差を抑え，人々の生存条件を確保する地域政策を実施することが政策に盛り込まれている。ロシアは政府主導で成長の制約条件を取り除くことを目指しているのである。

　政策の転機は2003年のユコス事件であった。ユコスは民間の石油会社として成長した政府に影響力のある政商（オリガルヒ）である。同社は，ロビー活動，M&A，オフショアを利用して拡張しただけでなく，国際市場への進出，外資誘致にも積極的であった。しかし，2003年10月，CEOのM. ホドルコフスキーが，横領・脱税などを理由に逮捕され，ユコス社の資産は最終的に政府の手を介して，ロスネフチ，ガスプロムといった政府系企業に譲渡された。介入の背景には，同社のコンプライアンスの不備とともに，石油資産への政府の関心，ビジネスへの秩序導入と国家介入の考え方，払い下げられた国家資産の買い戻し，国家資本主義構想，グローバル競争と国家安全保障，国家によるレント（資源にかかわる税，ライセンスから得られる利益）取得の意向などがある。この事件を契機に，政府は企業活動への介入の度合いを強め，明確な産業政策を打ち出す。政府の役割として，保健，教育，住宅，農業分野における優先的国家プロジェクトの策定，税特恵を付与する経済特区の形成，投資基金の形成があり，インフラ建設などに官民共同投資プロジェクトが利用されている。

　戦略的産業・企業は，ロシアの独立と安全保障を確保するためにコントロールを必要とする経済領域と見なされた。インフラ，国防発注対象企業，戦略的意義を持つ鉱物資源産地などがそれに該当し，当該領域への外資参入は制限対象となる。戦略的産業部門として2006年に軍事品，特殊機械，原子力施設建設と同処理，燃料エネルギーを含めて39事業種が指定され，政府は外資の資本参加に制約をかけることが可能となった。そして，2008年経済危機時には，政府は戦略重要企業295社を指定している。

　政府は直接に企業に影響する。第1に，戦略的産業部門において国家の所有・管理が強まっている。たとえば，ガスプロムは総合エネルギー会社構想に基づいて石油会社シブネフチ買収，ガス企業の買収，電力会社株の取得，金融など他分野の資産取得と再編，国家過半数所有化を進めるとともに，欧州，CIS諸国に戦略的に参入している。ロスネフチはユガンスクネフチェガス（ユコス）のコントロール，ウドムルトネフチ（51％）買収などにより事業を拡張させている。さ

らに，軍需・大手企業の国家持ち株会社化が進行し，その事例には，統合航空機製造株式会社，ロスオボロンエクスポルト（武器貿易会社），原子力関係の大規模国家持ち株会社化，ズベルバンク，ノリリスク・ニッケルなどがあげられる。所有権から見れば完全国有化が実施されているわけではなく，国家はブロック株あるいは経営参加に関心を持っている。このほか，国家規模の政策にたずさわる国家コーポレーション（会社形態の管理だが，大統領の任免権が働く）として，預金保険公社，開発・対外経済活動銀行，ロスナノテフ，住宅公共経営改革促進基金などがある。

　第2に，所有権・経営だけでなく，政府は経済的措置を利用して企業に影響している。大資本にとり強力な政府機関として次のものがあげられる。第1に税務機関であり，ユコス事件が最も象徴的にその力を指し示している。第2に反独占機関であり，大資本の拡張戦略において M&A が採用される限り，反独占局の許可が必要条件となる。第3に環境保全機関であり，典型的にはサハリンプロジェクトでの政府介入があげられる（*Ведомости*, 22 мая 2007）。この形は外資に限られず，環境問題を理由に多くのロシアビジネスが自然監督局から介入されている。たとえば，バイカリスクセルロース・製紙コンビナートは水利権と汚水排出による自然保護違反を理由にクレームを受けている（*Коммерсанть*, 22 декабря 2007）。排出権取引などの環境ビジネスもまた政府の介入領域になる。

（2） 不安定な企業行動

　ロシアの大企業は先進諸国とは異なる独自の姿をあらわす。オリガルヒにみられるように政府との関係が強い以外に，企業は所有権を集中し，グループを編成する。その際に，M&A が典型的な企業拡張方法になる。少数持ち株の所有権は侵害されやすいだけでなく，違法な企業の乗っ取りも生じている。その結果，企業経営者は所有者化し，経営を規律づけるコーポレート・ガバナンスは効果的なものにはならない。

　企業は所有権の取得による経営拡大に関心をもつと，借入金に基づいた買収・拡大といった投機行為をとる。こうした借入金に依存する行動は世界金融危機が伝播し，株価が下落すると，担保価値が下落し，そのために借入金の返済が困難になる。つまり，2008年秋の世界経済危機はロシアの不安定な企業行動に直接結びついて影響する。金融危機－銀行の危機と貸し渋り－企業における資金不足と

表1-6　国際収支・対外債務

(10億ドル、債務は年末)

年	1997	1998	1999	2000	2001	2002	2003	2004	2005	2006	2007	2008	2009
経常収支	-0.08	0.2	24.6	46.8	33.9	29.1	35.4	59.5	84.6	94.7	77.8	103.7	49.5
貿易収支	14.9	16.4	36.0	60.2	48.1	46.3	59.9	85.8	118.4	139.3	130.9	179.7	111.6
輸出	86.9	74.4	75.6	105.0	101.9	107.3	135.9	183.2	243.8	303.6	354.4	471.6	303.4
輸入	72.0	58.0	39.5	44.9	53.8	61.0	76.1	97.4	125.4	164.3	223.5	291.9	191.8
直接投資	4.9	2.8	3.3	2.7	2.7	3.5	8.0	15.5	12.9	29.7	55.1	75.0	37.1
対外債務(国家部門)	149.9	158.4	148.9	128.6	111.1	104.3	106.0	105.7	82.1	48.6	39.3	32.3	45.9
内、旧ソ連向け	95.1	98.2	96.8	65.8	61.0	55.9	58.3	55.9	34.3	9.4	7.1	4.6	3.2
対外債務(非政府部門)	33.0	30.0	29.2	31.4	35.2	48.0	80.0	108.0	175.1	264.6	424.7	447.2	425.7

出所：ロシア中央銀行 (http://www.cbr.ru, 2010年8月13日アクセス)。

いう負の連鎖が形成されており，その根元には企業経営者の投機的行動とモラルハザードが存在している。ロシアにおける2008年経済危機は見た目以上に根が深い。

(3) グローバル化とパラレル化

ロシア経済は国際的な経済関係のなかで成長しており，このことは国内経済が国際経済と緊密に結びついていること（パラレル化）を意味している。

国際収支（表1-6）は，資源輸出により大幅な貿易黒字を示している。ただし，資本収支は一貫して赤字で，貿易黒字の一部は海外に流出している。さらに，次の特徴が浮かび上がる。第1に，これまでの国内からの流出資本の回帰を含めて，直接投資の流入が2003年以降に急速に拡大している。経済成長と外資流入にに相関が見られる。第2に，対外債務が経済回復のなかで急激に変化している。政府の債務は1998年から2007年に75％減少し，特に2005年以降，急速に返済されている。第3に，2003年から民間部門への外国からの資金流入（対外債務）が急増している。2007年の対外債務総額は1998年の2.5倍にもなり，政府部門での縮小と対照的に，民間（混合）部門のそれは14倍ほどに膨れ上がっている。借入は主に国家のコントロール下にある準国家的な企業・銀行に向かっており，2008年10月の世界経済危機は国家の救済を証明している（May, 2008）。

それではロシアが稼いだ多額の黒字部分はどこへ行くのか。図1-3はロシアへの民間部門への資金の流入規模と対照的に，ロシアからの資本逃避規模が大き

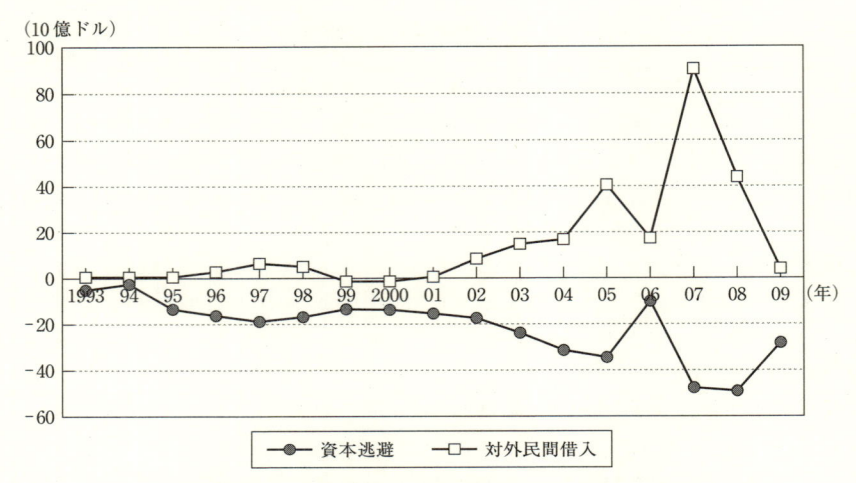

図1-3 資本逃避と対外民間借入（10億ドル）

注：資本逃避は，(1)国際収支表の未収輸出代金，輸入品の受け取りのない輸入代金支払い，架空有価証券取引送金＋(2)誤差脱漏。対外民間借入は債務分，借入のその他分の年間の増減額。Hanson (2007, p. 873) を参考にした。
出所：ロシア中央銀行（www.cbr.ru, 2010年8月13日アクセス）。

くなっていることをあらわしている（Хейфец, 2007 を参照。財務省によると4073～4273億ドルの純輸出であり，ロシア銀行連盟によると8000億～1兆ドル規模と見積もられている）。この場合，直接投資・間接投資よりもその他の投資の形での資金の流れが大きい。ロシアへの投資国とロシアからの投資国では，キプロス，オランダなど租税回避地域（オフショア）がいずれにも上位を占めており，このことはロシア資本の流出と国内への還流，すなわち国際的な資本移動を伴う国内資金の移動が存在していることを意味している（パラレル経済）。このような国内の資金の流れの国際的な資金の流れとの結合の事例として，ガスプロムによるシブネフチ買収があり，両社とも海外子会社を介して取引されている（Хейфец, 2007）。

　ロシア経済がオフショアを中心に国際金融と結びついていることは，ロシア企業がすでに多国籍化していることを意味する。ロシア企業の海外での資金調達経路として IPO（新株発行）が用いられ，2006年に中国，アメリカに次いで調達規模を拡大させている。M&A は国際的に活発に行われており，2007年にロシア社による外国資産買収（In-out）が外資によるロシア社の買収（Out-in）を上回っている。UNCTAD 基準ではオフショア企業以外に5000から1万社が多国籍化していると推計されており，特に CIS 諸国およびヨーロッパに傾斜している。主要

な多国籍企業として，石油・ガス部門のガスプロム，ルクオイル (37.8)，金属分野のノリリスク・ニッケル (32.3)，ルサル (33.7)，セヴェルスタリ (25.0)，メチェル (25.6) がある（（　）内は多国籍企業指数，Хейфец, 2007）。ロシア企業の多国籍化の度合いは先進諸国に比して低く，その出自に付随する属性（国家の影響力）がグローバル化のなかで強く作用している。

4　ロシアにとってのEU関係

（1）　ロシア・EU関係の推移

ロシアは欧州にとり潜在的に安全保障の脅威として存在しているが，ロシアは同時に欧州内の国であり，経済面でEUの基準を事実上受け入れてきた。しかし，両者の関係は，市場移行の度合いだけでなく，双方の政治状況，国際関係に規定されて変動する。さらに，両者の関係は，二国間とロシア・EU間の交渉の間のずれにも影響され，このずれはEUの側に観察された。ヨーロッパ化と主権の相関がEU構成諸国の対ロシア政策とその交渉に影響したのである（以下，Бордачев, 2007 を参照）。

ロシアとEUの関係は1992年以後すぐに協定交渉を開始し，93年には政治協力強化に関する声明が調印される。さらに，1994年にパートナーシップと協力協定（PCA）が調印される。もっとも，チェチェン進攻から協定が発効されたのは1997年であった。EUの拡大・深化の方針において，ロシアは冷戦の遺物NATO（北大西洋条約機構）の拡大には欧州の安全保障を損なうものとして反対であったが，EU東方拡大には事実上賛成していた。だが，1999〜2003年の時期に，ロシア-EU関係はブレーキの時代となる。1999年にユーゴスラヴィアに対するNATOの行動，1999年6月にEUが採択した「ロシアに対するEUの共通戦略」（EU側はロシアを対等のパートナーよりも単一のヨーロッパの外交政策の対象と見なしていた）が転機であった。共通戦略は，民主主義の強化や法の支配，ヨーロッパの共通経済社会空間へのロシアの統合，安定と安全保障の協力，共通エネルギー政策などの共通の課題への取り組みという4つの原則を含んでいる。これに対し，ロシアが採択した「ロシアのEUとの関係にかんする中期的展望の戦略」は将来のヨーロッパとの関係を「戦略的パートナー」と規定し，欧州の制度に加わることには距離をおいている。ひとつの争点はカリーニングラードロシア

市民のトランジット問題であった。

　それでも，PCA が存在することは，ロシアを欧州市場および WTO（世界貿易機関）の法的枠組みに対応するように，法制度の接近を意味するものであり，その意味では実質的にアキ・コミュノテールはロシアに浸透したことになる。ブレーキをかけつつも，両者の接近は着実に進んだ。ロシア・EU サミットは2000年にエネルギー対話と経済面での協力拡大を，2001年に共通ヨーロッパ経済圏を公表し，それには相互の法的調整が含まれていた。EU は東方拡大を前に，2003年ワイダー・ヨーロッパを掲げ，東および南への新しい近隣政策を採択した。また，ロシア・EU は4つの共通空間（経済，対外安全保障，公正と内務，文化と科学）を合意している。EU は2002年にロシアが完全な市場経済国に転換したとして「市場経済の地位」を認定し，2004年には WTO 加盟交渉を完了している。この結果として，ロシアは京都議定書に批准し，同議定書を発効させている。

　しかし，EU 東方拡大が実現する2004年を前に，両者の関係は悪化し，プラグマティズムの時代を迎える。ロシア・EU 関係における対立点として以下のものがある。第1に，エネルギー分野の対立が生じた。ロシア側は戦略的産業への国家コントロールを明確にし，エネルギー安全保障が影響した。第2に，両者の間でポスト共産圏の空間が分裂した。この場合，EU 拡大それ自体がロシアとの関係を悪化させるものとなった。EU 加盟を目指しながらもモルドヴァは EU とロシアの圧力の狭間にある。第3に，中東欧・バルト諸国の EU 加盟が対立を強めた。新規加盟諸国における反ロシアの空気は，旧加盟諸国をはるかにしのぐものであった（バルト諸国とは差別化政策がとられ，エストニア，ラトヴィアとの間にはロシア語系住民の問題，国境協定が争点となった。2005年にエストニア・ロシアの国境協定が締結されたが，歴史認識から棚上げとなった）。新規加盟国への PCA の拡大はロシアにとっても関税の損失を意味した。第4に，エネルギー対話など主要な統合過程が停滞的であったが，このことは双方の接近にとり悲観的にとらえられる。もっとも，ロシアはエネルギーチャーター条約に批准していないが中心的原則には従っている。第5に，ロシアとの関係で EU 内に混乱が生じていた。

　2004年4月 PCA に EU 新規加盟国を加え，2005年には4つの共通空間の「ロード・マップ」が確認され，環境対話（2006年），環境面での地域プロジェクト（Northern Dimension Environmental Partnership）も実施されている。しかし，新規加盟国はロシアとの PCA に反対の意向を示し，両者の摩擦が強まった。

ポーランド産食肉の禁輸，リトアニアとの間の石油会社買収の対立と同国への原油供給（パイプライン・ドルージュバ）の停止，ラトヴィアに対し積み出し港向けの石油輸送の停止，エストニアとのブロンズ像兵士問題（2007年4月）での対立をその事例としてあげることができる。EU・ロシア間の交渉はポーランドやリトアニアの反対により暗礁にのりあげ，ようやくロシアは2008年6月EUと2007年に期限満了し自動延長されていたPCAに代わる経済統合を進めた包括的枠組み協定（自由貿易および段階的なビザ廃止の共通経済圏の形成，地域紛争の解決での協力が新しい条約の議論対象になっている）の交渉開始共同声明が公表されている。ロシアとEUとの関係はエネルギーと安全保障の狭間のなかで，相互の利益を追求するが，それは単にEUという経済統合体のそれだけではなく，個別の構成国の利害を複雑に絡み合わせたものになっている。少なくとも，EU東方拡大は摩擦を増幅させながら，相互の結びつきを強める方向に推移した。もっとも，政治変動の影響力は大きく2008年8月のロシアのグルジア侵攻で新PCA交渉は延期され，12月に再開したが不透明感は強まっている。2010年「近代化のためのパートナーシップ」が合意されている。

（2）経済から見るロシア・EU

一国の国際経済関係は貿易結合度（ロシアのEUに対する貿易結合度は，ロシアの対EU輸出入総額／ロシアの対世界輸出入総額を，EUの対世界輸出入総額／世界の輸出入総額で除した値で，値が1を超えると関係は緊密と見なされる）にあらわされる。ロシアのそれを見ると，旧ソ連構成諸国（CIS）との結びつきが著しく強いことは当然である。旧体制の遺産はなかなか消えないのである。CISを別とすれば，EUが最も緊密な関係を構築している。ここでも，パイプラインによるエネルギー供給というソ連時代以来の遺産が強く作用している。表1-7はEU27ヵ国とロシアの貿易額の推移を示している。貿易額はEU拡大によって急増を示している。EU・ロシア貿易は，EUが機械を輸出して，エネルギーを輸入する関係にあり，EUの貿易赤字は一貫して大きく，それは拡大している。EUにとりロシアは域外貿易ではアメリカ，中国に次ぐ地位にあり，消費市場としてだけでなく，エネルギー依存先としても重要なパートナーとなっている。もっとも，貿易が双方に占める位置は非対称的である。ロシアにとってEUは貿易の40％ほどを占めるが，EUにとってロシアは10％ほどにすぎない。量だけの問題ではな

表1-7 ロシア・EU (27カ国) 貿易

(10億ユーロ, ( )内%)

年	1999	2000	2001	2002	2003	2004	2005	2006	2007	2008	2009
EU輸出	16.9	22.7	31.6	34.4	37.2	46.0	56.9	72.3	89.1	105.0	65.7
内, 機械類	5.9 (35)	8.4 (24)	13.0 (41)	14.8 (43)	16.7 (45)	21.5 (47)	26.9 (47)	33.6 (47)	43.3 (49)	53.4 (51)	28.4 (43)
EU輸入	35.9	63.8	65.9	64.5	70.7	84.0	112.6	140.9	144.3	177.8	115.4
内, エネルギー	18.3 (51)	35.8 (56)	38.5 (58)	38.6 (60)	43.0 (61)	50.4 (60)	75.8 (67)	94.2 (67)	94.8 (66)	118.1 (66)	85.2 (74)

出所:EUROSTAT (http://epp.eurostat.ec.europa.eu, 2010年8月13日アクセス).

く,貿易品目の重要性から見た目以上に関係は緊密なのである。

　貿易から見て,ロシアと新規加盟諸国,EUとの関係は,古いEUと新しいEUへのEUの分断という方向に作動したわけではなかった。ロシアと新規加盟諸国,EUとの貿易関係はかえって拡大した。たとえば,エストニアとの間にあった二重課税は廃止され,EU共通関税化し,エストニアの対ロシア貿易関係は緊密になった。エストニアとロシアの政治的摩擦は直接に貿易高の変動に影響したが,エストニアの対ロ貿易は輸出では1996年の30.1億クローン (14.5%) から2000年の12.8億クローン (2.4%) に減少した後,2008年には138億クローン (10.4%) に回復し,輸入では1996年の39.2億クローン (11.2%),2000年の57.6億クローン (8%),2006年の217億クローン (13%) と変化している (ただし,2009年は輸出94億クローン (9.3%),輸入93億クローン (8.2%) に減少している)。なお,エストニアの対EU15 (旧加盟国) 貿易は対ロ貿易と逆の動きを示しており,2007年に輸出620億クローン (49.4%),輸入1010億クローン (57.1%) を占めている。また,エストニアにとってロシアとのトランジット貿易は重要な利益取得源泉であるが,それもEU拡大の結果増加している。EU東方拡大の経済効果は単なる政治的対抗とは異なっているように見える。

　EU自身のエネルギーの輸入依存度 (輸入量/消費量) は2007年に53%と1996年の44%から一段と上昇している。キプロスなど小国は完全に依存しており (96%),輸出国であるデンマークを除いて最も低い依存率はポーランドおよびイギリス (20%) であった。エネルギー輸入の大部分を占めるのはガス,石油で,それらのロシアへの依存度は図1-4,図1-5に示している (ロシアの石油輸出の83%はヨーロッパ向け)。ロシアおよび中東への依存度を引き下げ,安定した供給

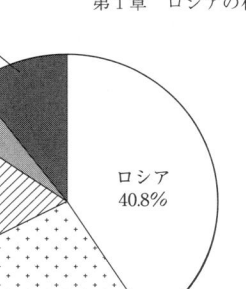

図 1-4 EUのガス輸入先（2007年）

その他 10.5%
ナイジェリア 5.1%
アルジェリア 16.9%
ノルウェー 26.7%
ロシア 40.8%

注：EU27カ国の輸入量に占める比率（%）。
出所：European Commission, EU Energy in Figures 2010.

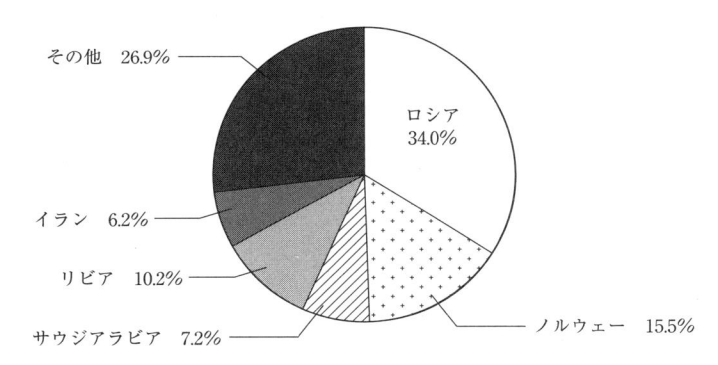

図 1-5 EUの石油輸入先（2007年）

その他 26.9%
イラン 6.2%
リビア 10.2%
サウジアラビア 7.2%
ノルウェー 15.5%
ロシア 34.0%

注：EU27カ国の輸入量に占める比率（%）。
出所：European Commission, EU Energy in Figures 2010.

を確保することが課題となっているにもかかわらず，原油価格上昇によりロシアへの依存度は高まっている。ロシアはEUにとり最大のエネルギー供給地であり，次いでノルウェーが高い比重を占めている。このほか，EUはロシアから核エネルギー燃料の割り当てを受けており，2004年に中東欧向けに割当量が引き上げられている。少なくとも，エネルギー部門ではロシアとヨーロッパは相互に必要とする関係にある。同時に，EU内でのエネルギー依存度の差，パイプラインの配置を含めてロシアエネルギーへのアクセス度の差から，EU域内であっても

表1-8 ロシアとEU25の直接投資のフロー

(100万ユーロ)

年	2001	2002	2003	2004	2005	2006	2007	2008	2009
ロシアへのEU25のFDI	2,495	2,454	7,705	6,013	9,734	11,308	17,171	25,561	−958p
EU25へのロシアのFDI	752	342	705	260	2,832	1,515	9,899	2,327	3,063p
EU25の純FDIフロー（対外分−対内分）	1,743	2,112	7,000	5,735	6,902	9,793	7,272	23,234	4,021

注：pは暫定値。
出所：EUROSTAT (http://epp.eurostat.ec.europa.eu, 2010年8月13日アクセス).

各国間の対ロ政策に格差が生ずる。

　エネルギーがロシア・EU双方の安全保障の生命線とすれば，パイプラインの配置とエネルギー価格そのものがEU・ロシア関係に強く影響しており，ロシアは強硬なスタンスのエネルギー外交政策を働かせている。実際，ベラルーシ，ウクライナ，リトアニアなどとのパイプラインをめぐる紛争はそれを指し示す。そして，一方でロシアは中央アジア諸国からガス輸入を拡大させ，ヨーロッパ向けのパイプラインを対EU政策に用いている（バルト海経由のノルドストリームと黒海経由のサウスストリーム）。これに対し，EUサイドもオデッサーグダンスク，BTC（バクー・トビリシ・ジェイハン），トルコーオーストリア間のナブッコ（NABUCCO）などロシアを回避する供給経路を模索し，対抗しているが，EUが一体となっているわけではないし，利害関係者には中央アジア諸国も含まれ複雑化する。さらに，ロシアガスプロム社の売上の62％が欧州向けである以上，欧州市場戦略が同社の中軸にすわるが，同時にパイプライン，市場，ガス田開発の多角化もまた同社の戦略に含まれる。たとえば，ウクライナのガス供給はウクルガスエネルゴを通して，ウクライナの国営ガス会社ナフタガスウクライナに供給されるが，ウクルガスエネルゴはガスプロムとナフタガスウクライナの共同出資会社になっている（*Ведомости,* 29 февраля 2008）。

　さらにロシアとEU間の資本の移動にもEU東方拡大はプラスに影響した。表1-8はロシアとEU間の直接投資の流れを示しているが，拡大により急激に増加していることがわかる。特に，ロシア資本のEU25への投資は2005〜2007年に急増しており，ロシアとヨーロッパの間でのM&Aの増加がこの変化の背後にある。このことはロシアの主要多国籍企業がヨーロッパに進出していることを意味する。EU圏はロシアのM&A対象であり，CIS諸国を上回っている。

東方拡大は EU とロシアの関係を政治的に一方的に希薄にしたのではなく，逆に経済面で緊密化させている。市場移行は国際経済関係の再編を内包しているのである。そのうえ，EU とロシアの関係を見るときに，企業の利害をも無視できない。ロシア企業の多国籍化，パラレル経済化は，ロシア・EU 関係が国家関係であるだけでなく，企業利害をはらんだ重層的なものとなっていることを示唆している。冷戦思考的な国家間の安全保障の見方は，企業利害と重ねあわせて理解されなければならない。

●参考文献
国際協力銀行（2009）『我が国製造業企業の海外事業展開に関する調査報告』。
田中素香（2007）『拡大するユーロ経済圏』日本経済新聞社。
田畑伸一郎編（2008）『石油・ガスとロシア経済』北海道大学出版会。
吉井昌彦・溝端佐登史編（2011）『現代ロシア経済論』ミネルヴァ書房。
レーン，デービッド／溝端佐登史ほか（2007）『国家社会主義の興亡』明石書店。
Hanson, P. (2007) The Russian Economic Puzzle, going forwards, backwards or sideways? *International Affairs* 83, no. 5.
Hill, F. and C. G. Gaddy (2003) *The Siberian Curse*, Brookings Institution Press.
Бордачев, Т.（2007）*Пределы европеизации,* ГУ-ВШЭ.
Коллектив экономист СИГМА（2007）*Коалиции для будущего,* РИО.
May, В.（2008）Экономическая политика 2007 года: успехи и риски, *Вопросы экономики,* №2.
Хейфец, Б.（2007）Зарубежная экспансия российского бизнеса и национальные интересы России, *Слияния и поглощени,* №9.

第2章

ロシアの政治社会変容

袴田茂樹

要約

　ロシアと欧米との関係が大きく変化している。2008年8月のグルジア紛争がそのターニング・ポイントとなった。本章ではグルジア紛争という具体的事件を素材にして、ロシアにおける政治社会変容、特にロシア人の心理や政治意識の変化に焦点を当てて考察する。ゴルバチョフ、エリツィン時代にロシアは欧米と一体化する路線を歩もうとしていたが、ソ連邦崩壊後ロシア人は「屈辱の1990年代」を経験した。しかし、オイルマネーで経済的に復活したロシアは、プーチン時代にふたたび大国としての自信を回復した。このようなときにグルジア紛争が生じたが、この紛争に対するロシア政府の対応は、まさにロシア人の新たな心理と意識を典型的に示すものであった。最近のロシアの行動を見ると、ロシアが変わりつつあるというよりも、ゴルバチョフ、エリツィン時代が歴史的には例外と見る方がむしろ理解しやすい。このロシアにどう対応するかが問われているのである。

1　大国ロシアの復活と古いロシアへの回帰

（1）「自由軌道」に乗ったロシア

　1980年代のゴルバチョフ大統領の時代の対外政策では、シェワルナゼ外相を中心にした「新思考外交」を推進した。ロシアは「欧州共同の家」というスローガンを掲げて、政治的にも文化的にも、社会主義時代には対立していた欧州の一員に復帰することをペレストロイカ時代の対外政策の柱に掲げた。また、1991年12月にソ連邦が崩壊した後、エリツィン大統領の新しいロシア連邦は欧米などの先進民主主義国の一員になるべく、民主主義、市場経済を推進する方向性を打ち出した。2000年以後のプーチン大統領の時代になっても、2001年の米国における同

時多発テロ事件（9・11事件）の後，ロシアと米国や欧州の関係は良好になった。

しかしその後，2003年のイラク戦争の時は米国やイギリスはロシアと真っ向から対立した。しかしロシアと欧州の関係を見ると，NATOに新たに加盟した旧東欧諸国やバルト諸国は米国を支持したが，ドイツやフランスはロシアと連携して米国のイラク攻撃を批判した。つまり，米露が対立したイラク戦争の時も，ロシアと欧州の関係は必ずしも全体的に悪化したわけではなかった。

しかし，最近のロシアと米国や欧州連合（EU）の間では，緊張関係が強まっている。ロシア人は再びソ連時代を彷彿とさせる被包囲意識を抱き，世界を猜疑心を持って見始めている。原因は欧米とロシアの双方の要因が影響し合っていることにある。ロシア側においてはロシアにおいて大国主義と中央集権が復活して民主主義が後退したこと，経済的にも国家管理が強まり欧米企業との間にトラブルが生じていることである。欧米側の原因としては，旧東欧諸国やバルト諸国へのNATO拡大など欧米，特に米国の政策がロシアに，少なくともロシア人の心理に，脅威を与えたことにある。ソ連邦崩壊後，1990年代のロシアは政治的，経済的な混乱が続き，経済の復活と市場化のためには欧米や日本からの支援を必要とした。したがって，欧米との協力関係を最重要視した。しかし，プーチンが大統領になった2000年以後，国際的なエネルギー価格の上昇により，石油，天然ガス輸出国のロシア経済は急速に発展し，外貨準備高は2000年頃はわずか100億ドル足らずだったが，2008年には6000億ドルに達する勢いで，中国，日本に次いで世界第3位となった。

経済の復活とともに，伝統的なロシアの大国主義やナショナリズムの雰囲気も復活し，ロシア国内では中央集権や権威主義の雰囲気が強まり，政治的にも価値観でもロシアと西欧は一体化するのだという雰囲気は後退した。このロシアにおける大国主義の高揚は，世界に支援を乞わなければならなくなった，あるいは米国から対等の相手として扱われなくなった「屈辱の90年代」の反動でもある。2006年1月にロシアの政治学者D.トレーニンも，ロシアの対外政策に根本的な変化が生じたとして次のように述べている。ロシアは最終的に欧米の軌道から離れ，「自由軌道」に乗った。ロシアの指導部は，ロシアのエネルギー資源によってロシアは独立した大国になったと信じている。いまやロシア指導部の目標は，ロシアをグローバルな勢力として復活させることである，と（『独立新聞』2006.1.30）。

（2） ゴルバチョフ，エリツィン時代がむしろ例外

　これらの流れをどう見るかということであるが，ロシアが最近変わったというよりも，歴史的に見るとゴルバチョフ時代，エリツィン時代のロシアがむしろ例外で，社会的にも心理的にも，今日のロシアは，むしろ伝統的なロシアの生地が出たと見るべきだろう。以下に述べるグルジア問題に関連してロシアの専門家も次のように述べている。O. シャブロフは，ロシア人はまだソ連人であり，ソ連時代と同じようにまた世界全体を猜疑心で見始めている。ロシアは理性では理解できないと19世紀の詩人チュッチェフは言うが，世界は今もロシアが何をしでかすかわからないと見ている。200年前に思想家 P. チャアダエフが述べたように，ロシア人は今も欧州にも東洋にもなれない孤独な存在なのだ（『独立新聞』2008. 9.2）。D. フルマンも，1991年以来，ロシアは「西欧型」民主主義とは異なる方向に進んできており，この体制はますますソ連システムの基本的な諸特徴を復活させているとして，ロシア人の心理構造が，表面の大きな変化にもかかわらず，本質的なところでは基本的に変わっていないことを指摘する（『独立新聞』2008. 9.10）。ソ連はかつて，ブレジネフ・ドクトリン（制限主権論）で東欧諸国を支配した。現在は，「特殊権益圏」という新たな概念で旧ソ連諸国を縛ろうとしている。その最初の表れが，2008年8月のグルジア紛争である。

　ロシア人の欧米に対する心理が特に硬化する原因となったのは，あるいは冷戦時代の心理に復帰するきっかけとなったのは，グルジアやウクライナで2003年に政変が起きて（2003年のバラ革命，2004年のオレンジ革命），旧ソ連の独立国家共同体（CIS）内に，親欧米政権が生まれ，北大西洋条約機構（NATO）の拡大の動きがさらに進展したことである。ロシア人はこの政変を，欧米の陰謀と見た。これに加えて2006年以後，米国が主導してきたポーランドやチェコへのミサイル防衛（MD）システムの配備問題が特に欧米とロシアの関係を先鋭化させた。米国はこのMDシステムはイランや北朝鮮のミサイルに対抗するものだと説明しているが，ロシアは自国向けだとして米国の説明をまったく信用していない。NATOやMD問題以外には，ロシアと欧州のエネルギー問題が，ロシアと西欧の緊張の一つの原因となっている。ロシアが2006年初めにウクライナ向けのガス供給を，政治対立と価格交渉の行き詰まりから一時ストップしたために，ウクライナ経由のパイプラインでロシアからガスや石油を輸入している西欧諸国にも影響が及んだ。

このような状況のなかで，プーチン大統領は2007年2月10日，ドイツ・ミュンヘンで開かれた安全保障の国際会議で演説し，米国が東欧にミサイル防衛システムの配備を計画していることを厳しく批判し，米国の「一極支配」を強く牽制した。この演説はプーチンが大統領に就任して以来，欧米に対する最も厳しい批判となった。この演説に冷戦時代の心理の復活の典型を見る向きも少なくない。

（3） ロシアの強硬姿勢に対応できない米国とEU

2008年になるとグルジア内のアブハジアと南オセチアをめぐるロシアとグルジアの対立が，欧米とロシアの関係を急速に悪化させた。2008年の前半にはアブハジア問題に関心が向けられたが，8月にはグルジア軍が南オセチアを攻撃し，ロシア軍がこれに過剰反応してグルジア全土に軍事攻撃を行った。また8月末にはロシアはグルジア政府の強い反対にもかかわらずアブハジアと南オセチアの独立を承認した。グルジア側の8月7日深夜から8日にかけての南オセチアに対する軍事行動も国際的には批判されたが，グルジアの領土保全を真っ向から否定するロシアの行動は，基本的な国際規範の蹂躙だとして欧米諸国が厳しい批判を行った。

ただ，このロシアの行動に対して，どのような制裁を行うかについては，経済制裁を含む強硬な対応を主張する米国，ポーランドなど旧東欧諸国，バルト諸国，スウェーデンなどに対して，ロシアとエネルギー関係など経済的な結び付きの深いドイツ，フランス，イタリアなどは，アブハジア，南オセチアの独立承認には反対しながらも，対露強硬姿勢には反対し，欧州は対露政策で統一した立場を取り得ない状況にある。グルジアとウクライナのNATO加盟に関しても，2008年4月のルーマニアのブカレストにおけるNATO首脳会議では，米国やイギリスや東欧諸国，バルト諸国が早期加盟を推進しようとしたのに対して，ドイツ，フランス，イタリアなどは，ロシアとの関係に配慮して，将来の加盟は認めるものの，現時点では慎重な姿勢を示した。NATO内で何とか合意を得られたのは，チェコ，ポーランドへのMD配備問題である。つまり，欧米諸国の内部においても，ロシアに対する政策や心理は一様ではない。

2008年のグルジア紛争をめぐるEU内部の足並みの乱れは，欧州統合の深刻な実態を露呈することになった。つまり，欧州の統合といっても，欧州内の国家の利害が異なり，それが欧州各国と他国との関係，つまり米国やロシア，ウクラ

イナ、グルジアなどとの関係にもストレートに反映しているということである。あるいは、統合欧州には、対外政策に対する統一した意思やそれを担う機関も、リーダーシップをとる強力な指導層も存在しないということである。その結果、たとえばグルジア問題に対しても、欧州としてまとまった効果的な対応はほとんどできなくなっている。米国に対しても同様である。ロシアはこのような欧州内部の、また欧州と米国の利害対立から、米国も EU もロシアに対して効果的な対応はほとんどできないということを見越して、グルジアに対して強硬姿勢で臨んだのであり、グルジア事件におけるロシアの行動は、強国としての自信の復活がうかがえる。ただ、ロシアも先進国との経済交流や科学技術協力は不可欠であり、したがって大国として復活したことを経済的だけでなく、政治的、軍事的にも誇示しながらも、欧米との本格的な対決は避けようとしている。したがって、冷戦時代の心理がある程度復活していると言っても、今日のロシアと欧米の対立を、「新たな冷戦」と呼ぶのはふさわしくない。

　本章では、ロシア人の政治意識や社会心理の変化を、あるいは伝統的な心理の復活を示す具体例として、最近のロシアとグルジアの対立激化、さらに欧米とロシアの新たな緊張関係の原因となった南オセチア問題に焦点を当てる。その前に、まずこれまでのロシアとグルジア間の紛争が必ずしも知られていないのでその歴史を振り返り、その後に2008年の南オセチア紛争に対する欧米の反応、そしてロシアと西欧の新たな関係について社会心理面に焦点を当てながら考えたい。

2　ターニング・ポイントとしてのグルジア紛争

（1）ロシア、グルジア関係の歴史的背景

　2008年8月8日から12日の南オセチアにおける「5日戦争」により、ロシアと欧米の関係が一挙に悪化した。このグルジア紛争は、冷戦後の国際関係におけるターニング・ポイントとも言うべき重大な意味を有している。さらに大国として復帰したロシア人の心理も象徴的に示している。このグルジア紛争を通じてメドヴェージェフ政権の対外政策とくにロシアと欧州の関係の変化をどのように理解すべきか、またこの紛争を契機に、ロシア人の政治意識、国家意識と対外認識がどのように変わったかについて、紛争の背景にも目を向けながら考察したい。

　まずグルジア国内におけるアブハジアおよび南オセチアの民族紛争であるが、

その経緯を簡単に振り返ってみよう。紛争の根はソ連時代に遡る。1989年春以来アブハジア自治共和国のグルジアからの独立運動が強まった。これに反発したグルジア人は，背後にソ連政府が控えていると見て，同年4月にはグルジアのソ連からの独立を要求する10万人以上のデモがトビリシで起き，軍が鎮圧した。このとき19名の死者が出，犠牲者の大部分（16名）が女性だったため，軍の行き過ぎがソ連国民からも厳しく批判され，ソ連の党中央と政府は哀悼の意を表明し，グルジアの党第一書記と首相が更迭された。このころ，バルト諸国でも民族運動が民主化運動と結び付いて高揚したが，グルジアの事件もソ連内で民族主義が政治問題として浮上してきた具体的な事例である。

アブハジアは1992年7月に主権宣言をしたが，グルジア政府は宣言を認めず，同年8月にはアブハジアの首都スフミを攻撃した。このときロシアはアブハジア側を応援してグルジアにおける内政状態となった。93年7月にはアブハジアに戒厳令が布かれたが，シェワルナゼ・グルジア最高会議議長は国連に緊急対策を求め，7月末にロシア，グルジア，アブハジアが停戦協定を結んだ。しかし同年9月にはアブハジア軍がスフミからグルジア軍を追い出してシェワルナゼ議長の権威は失墜した。94年5月，グルジアとアブハジアの代表はモスクワで停戦協定に調印した。協定では双方の間に兵力引き離し地帯を設け，CIS平和維持軍を展開するとした。兵員数の上限は3000人とされた。これに基づいて94年6月にCIS平和維持軍がアブハジアに入った。

グルジアは連邦条約でアブハジアに対するグルジアの管轄権を回復し，その代わりにアブハジアや南オセチアに広範な自治権を認める連邦条約の導入を決定し，ロシアもこれを支持したが，アブハジアは連邦条約への調印を拒否した。1994年2月にはロシア・グルジア友好善隣協力条約が結ばれ，グルジア内にロシア軍基地を3カ所設けアブハジア紛争で共同行動をとることに合意した。さらに1995年9月にグルジアはロシアと基地協定を締結し，グルジア内に4カ所のロシア軍基地を25年間置き，対トルコ国境にロシア軍を置くことも合意した。

2001年にはチェチェン問題との関係で，グルジアとロシアの関係は新たな局面を迎えた。ロシアはグルジア軍当局の支援の下に，チェチェン人がアブハジアを攻撃したとし，またグルジアがロシアと戦っているチェチェン人にグルジア領内のパンキシ渓谷を提供したとして，グルジアを非難した。ロシアは2001年3月には，チェチェン人の違法な越境を阻止することを理由にグルジアに対して査証制

度を導入した。CIS 諸国は査証なしで行き来できているので、この制度はグルジアを差別的に厳しく扱うことを意味し、グルジアからロシアへの数十万人の出稼ぎ労働者を直撃することになる。またそれまでにロシアはグルジアに対してエネルギー供給の制限も実施しており、グルジアにとってこれらはともに厳しい経済制裁の意味を持つ。この査証制度は、グルジア内のアブハジアと南オセチアの住民に対しては除外されたので、グルジア政府は主権の侵害としてロシアを厳しく批判した。

　南オセチア自治州のオセット人も1989年1月以来、独立運動を展開していた。南オセチア人は、公用語をグルジア語とすることに反発し、自治州よりも自治権が大きくより格が上の自治共和国に格上げすることを要求したがグルジア政府はこれを却下した。1990年には「南オセチア共和国」を宣言し同年末には主権宣言を採択、グルジア人と衝突して同年12月には非常事態宣言が発せられた。グルジア共和国自体も、1991年4月にソ連からの独立宣言を採択した。12月にソ連邦が崩壊する数カ月前のことである。グルジアはソ連邦の崩壊に伴い1991年12月に正式に独立したが、独立したグルジアでは公用語がグルジア語だけにされたことにオセチア人は強く反発して、紛争は激化した。こうして1991年から1992年にかけてグルジア軍と南オセチアの軍との間で激しい戦闘が続き、南オセチアの首都ツヒンバリは破壊され3000人以上の犠牲者が出て、これを南オセチア側は「ジェノサイド（大量虐殺）」だと非難した。1992年1月に南オセチアは独立に関する住民投票を行い、投票者のほとんどが賛成したと発表した。この住民投票を根拠に、また「ジェノサイド」などを理由にして1992年5月に南オセチア共和国最高会議は国家独立法を採択して独立を宣言した。しかしグルジア政府もロシアも、また国際社会もこの独立を承認しなかった。ロシア政府とグルジア政府の間で、南オセチアにおけるロシア軍駐留が合意されたのは、1992年7月のことである。

（2）　敵対的ではなかったエリツィン時代

　ロシアとグルジアの関係が質的な変化を迎えるのは、2003年のいわゆるバラ革命およびその結果としての2004年1月に親欧米派のサアカシュヴィリ大統領の誕生である。米国で教育を受けた36歳の新大統領は、親欧米派としてロシアと対立し、ロシアの支援を受けているアブハジアと南オセチアの奪還を公約に掲げた。NATO加盟を外交方針に掲げるサアカシュヴィリ政権の登場によって、グルジ

アとロシアの関係だけでなく，アブハジア問題や南オセチア問題，さらにはグルジア内に駐留するロシア軍ロシア基地の問題にも質的な変化が生じた。

　以上の流れを見ると，次のことを指摘することができる。1990年代のロシアはエリツィン政権の下で，欧米に対しては敵対的な意識や心理や政策は正面に出していなかった。むしろ対外政策では，欧米諸国から先進国の仲間として認知されることを最重要視したともいえる。したがってNATOとロシアが対決するという雰囲気も希薄であった。ロシア国内には，ロシアのNATO加盟ということもジョークとしてではなく，ある程度現実性のある問題とさえ考える者もいた。

　一方，グルジアのシェワルナゼ政権（1992年3月～2003年11月）も，欧米との関係を重視したが，しかしNATOや欧米と組んでロシアと対決するという姿勢は必ずしも有していなかった。したがって，先に述べたようなロシア軍のグルジア駐留に対してもサアカシュヴィリ政権ほど強い反発は抱いていなかった。ただアブハジアや南オセチア問題に対応するためには，事実上ロシア軍であるCIS平和維持軍の駐留よりも，本来の国際的な，つまり欧米の部隊も参加した平和維持軍の駐留を望んでいたのは事実である。

　エリツィン政権とシェワルナゼ政権の関係については，最近ロシアの論者も「1993年にはロシア軍によってシェワルナゼはアブハジアから追い出されたにもかかわらず，1995年のグルジア大統領選挙では，ロシアは親露派の対立候補ではなくシェワルナゼを支持した」と述べている（M. ペレボズキナ『独立新聞』2008.9.1）。もちろんこの時ロシアはシェワルナゼが圧勝する状況を見て，現実的な立場からシェワルナゼを支持したのである。いずれにせよ，1990年代のロシア，グルジア関係は，さまざまな摩擦が生じていたとはいえ，サアカシュヴィリ政権成立後のロシア，グルジア関係とは質的に異なっていた。

　1990年代にロシアがアブハジア，南オセチア，アジャリアなどの分離主義を支援して，その結果シェワルナゼのグルジア政権といろいろ摩擦を起こしていたのは事実である。チェチェン問題絡みで，つまりロシアはグルジアがチェチェンの武装勢力を支援していると非難して2001年にはグルジアとロシアの関係は相当厳しいものになった。しかし，エリツィン，シェワルナゼ時代を通じて見るとロシアとグルジアの対立は今日ほどの敵対的なものではなかった。その理由は3つある。

　第1に，ロシアは当時はまだ政治的に大国主義あるいは帝国主義の野心を抱い

ていなかった。後述のような，CIS 諸国をロシアの特殊権益圏と見る発想はなかった。むしろ逆に，民主化を推進して先進国の仲間入りすることを最重要視していた改革派は，権威主義の傾向が強く政治的に遅れている CIS 諸国からは距離を置こうとしたほどである。民主派，改革派が支えたエリツィン政権は，欧米と対立するような政策には否定的であった。むしろ欧米にいかに近づくかということの方が重要な課題であった。

　第 2 に，1990年代のロシアには，大国主義，帝国主義の野心を実現するための経済力がなかった。つまり，大国主義路線をとるほどの政治的，経済的，軍事的な力量もなかったし，破綻した経済状況の下では，欧米や日本など先進国から支援を得ることの方が切実な問題であった。市場経済を推進して先進国の仲間入りを最重要視していた改革派は，経済的にも遅れている CIS 諸国からはできるだけ距離を置こうとしたほどである。政権を支えたオリガルヒ（新興財閥）も，市場化によって欧米先進国の一員になることを目指して，CIS との連携強化はむしろロシアの経済発展の重荷になると考えた。エネルギー価格が低迷していたこのころは，資源面から中央アジアやコーカサス（カフカス）に関心を向けるという発想もなかった。

　第 3 に，シェワルナゼ国家評議会議長（1995年以後は大統領）はソ連政権の中枢にいた人物であり，エリツィン政権とさまざまな摩擦があったとしても，長年個人的な関係があり，相互理解も可能で，両者は心理的に見ると本質的に異なる立場にはなかった。エリツィンとシェワルナゼは，ペレストロイカ時代にともにソ連の改革派の指導者として個人的にもさまざまな関係を有していたし，ソ連共産党の指導者からソ連の改革派へと，同じ時代や経験を共有していた。

3　バラ革命によって欧米への猜疑心を強める

（1）「キューバ」となったグルジア

　この状況を一変させたのが2003年11月のバラ革命であり，コロンビア大学で学び米国で法律家として働いていた36歳の親欧米派大統領の誕生である。社会心理的な観点から，ロシアにとってのサアカシュヴィリのグルジアを，米国にとってのカストロのキューバに譬える記事もある（『コメルサント・ヴラスチ』2006.10.9, pp.12-17）。ロシアの脇腹にあるグルジアの親米政権は，ロシアのシロビキ政権

の心理においては，米国にとっての親ソ的なキューバと同じ脅威となったのである。

　サアカシュヴィリ政権のグルジアでは，ロシア軍のグルジア駐留，あるいはロシア軍基地の存在に脅威を抱くようになった。逆にロシアは，NATO加盟をスローガンに掲げる政権に危機意識を抱き，グルジアにおけるロシア軍のプレゼンスをより重要視するようになる。後述のアブハジア，南オセチアの独立承認も，結局はこの問題と結びついているのである。グルジアにとって，ロシア軍の引き揚げが死活的に重要な問題となり，サアカシュヴィリ政権は，ロシア軍のグルジア駐留に関するそれまでの協定を見直す，さらにはすべて破棄する方向を検討し始めた。逆にロシアにとっては，グルジアにおけるロシア軍のプレゼンスが死活的に重要な問題となってきた。

　サアカシュヴィリ政権はロシア軍のグルジアからの撤退を強く求め，プーチン政権も強硬姿勢を貫いてグルジアを欧米側に突き放すよりも，ある程度グルジアの要求に妥協の姿勢も見せた。しかし，実際には撤退は進まず，ロシア軍はさまざまな口実でグルジア駐留を引き延ばそうとした。以下は，2005年のロシア紙の報道である。ロシアの『独立新聞』がグルジア外相サロメ・ズラビシビリ女史にインタビューしたもので，ロシア軍撤退問題が中心となっている。問は『独立新聞』記者，答は外相である。

　　問：ロシアはグルジアからのロシア軍の撤退を拒否していたが，ラブロフ外相はズラビシビリ外相との会談で，ついに今年（2005年）中に撤退を始めると言った。ラブロフ外相との交渉はロシアとの関係の突破口となるか。
　　答：これまで何回も，ロシアとの合意事項が実行されなかった。プロの外交官として，評価を急ぐつもりはない。
　　問：交渉成功の原因は？　ロシアはなぜ突然態度を変えたのか？
　　答：3月にグルジア議会が厳しい決定を行い，もし撤退要求に応じないなら，5月半ばにロシア軍の駐留は非合法とすると宣言したからだ。米国のコンドリサ・ライス補佐官の働きかけも無視できない。また，2005年5月9日の戦勝60周年記念式典までに，問題を片付けたいという気持ちもあっただろう。
　　問：グルジアのロシア軍撤退への積極姿勢は，NATO加盟の意図と関係が

あるか。

答：グルジアの NATO 加盟の意図は，以前から公然と述べている。モスクワもそれを認めたが，一つだけ条件がある。それは，そのことが，ロシアの国益に反しないということだ。われわれは，ロシアのその立場を考慮に入れる。

問：ウクライナも NATO 加盟の希望を表明しているが，両国になにか合意があるのか。

答：ウクライナは2017年まで黒海艦隊のクリミア駐留を認めている。両国の状況は異なる。(『独立新聞』2005.4.27)

(2) 心理的な悪循環の構図

　ロシアはグルジアとの関係悪化に配慮して，一応ロシア軍を撤退させるというポーズを見せながら，平和維持軍の名称でロシア軍のグルジア駐留を続けようとした。これに対してグルジア側は，グルジアが独立国として認めていないアブハジア，南オセチア政府の意向を口実にして，ロシア軍がグルジアに駐留を続けることは，ロシアによる完全な主権侵害であると見なして，2005年10月にはグルジア議会も強い反発を示した。2005年10月11日にグルジア議会は「グルジアの紛争地帯における平和維持活動と現地情勢について」を採択した。これは，ロシア軍の撤退に関する事実上の最後通牒でもあった。ロシア軍駐留に対しては，暫定的に南オセチアでは10月11日から 4 カ月つまり2006年 2 月10日まで，アブハジアでは10月から 9 カ月つまり2006年 7 月 1 日までの期間が与えられた。その先に関しては，状況を見てグルジア政府が判断をするし，情勢分析で否定的な結論が出ればロシア軍の撤退を求める，というものだ（『イズベスチヤ』2005.10.12）。

　このように，2005年までのロシア，グルジア関係の流れを見ると，2004年のサアカシュヴィリ政権成立後，NATO 加盟を対外政策の最重要項目に掲げ，そのためにもロシア軍の撤退を求めるグルジアに対して，NATO 拡大に脅威を感じるロシアは，グルジアにおけるロシア軍のプレゼンスを増強することでそれに対抗してきたという構図がはっきり見えてくる。ここには政治意識や心理的な側面から見て，1 つの悪循環がある。グルジア人はアブハジアや南オセチアへのロシアの介入に主権の侵害を見て，グルジアの主権を守るためにこそ NATO 加盟が必要だと，加盟を一層真剣に考えるようになった。また，NATO 加盟のために

は，第1に民族紛争，領土紛争を抱えていないということが必要になるので，アブハジア，南オセチアを取り戻してグルジアの領土統一を図ることにそれまでの指導者以上に熱心になった。第2に，外国軍が駐留していない，あるいは外国軍の基地が存在しないということが条件となるために，ロシア軍の撤退をますます強く求めるようになった。これに対して，NATO拡大に危機感を抱くロシア人は，ロシア軍の撤退をグルジアが強く求めれば求めるほど，NATO加盟が現実的になっていると危機感を募らせた。さらに最近は，ロシア軍の駐留を合法化，恒久化するために，アブハジアと南オセチアの分離，独立により力を入れるようになった。

　論理的に考えると，ロシアにとっては平和維持軍としてのロシア軍の駐留を継続し，そのことによってNATO加盟を阻止するためには，アブハジアや南オセチアのグルジアとの紛争や緊張関係が継続する方が望ましいということになる。これに対して，グルジア政府は，平和維持軍と言いながら，ロシア軍は実際的にアブハジアや南オセチアの分離主義的な地方政権を支え，グルジア内の内戦状態を強めていると強い不信感を抱き，反ロシアの姿勢を一層強めることになった。

　グルジアの反ロシア姿勢に対しては，2006年になるとロシアは野菜，果物などの農産物の輸入禁止とともに，2006年3月にはグルジアやモルドヴァのワインに有害物質が含まれているとしてその輸入を禁止した。2005年のグルジアからロシアへのワインの年間輸出量はワインの全輸出の74.4%で，経済的な打撃はきわめて大きい。2006年5月にはグルジアやウクライナはCISからの脱退の動きを示していたが，これに対してミロノフ上院議長はこれらの国は「非常に近い将来，ロシアからの経済諸特恵を失うだろう。その経済的結果を考えることも必要だ」と経済制裁を示唆した（『独立新聞』2006.5.29）。2006年9月にはグルジアがロシア軍将校らをスパイ容疑で逮捕，国外追放したが，これに反発して，ロシアは全てのグルジア製品を輸入禁止とし，海空の交通や郵便も遮断，査証発給を停止，ロシア在住のグルジア人数千人を不法滞在として追放し，大使を召還した。ロシアの経済制裁に対しては，EUやルーマニア，ウクライナ，バルト諸国が救済の手を差し伸べた。

　この状況にまで至ると，ロシア人とグルジア人の心理的な対立感は，ソ連時代の両民族の感情とは質的に異なるものとなってきた。

4 「領土保全」から「自決権」へ

(1) 「帝国」意識の復活

　長年ロシア人の国家意識においては,「領土保全」は最優先の価値であった。しかし2006年はロシアが従来の領土保全から「自決権」に軸足を移す年となった。政治意識の重要な転換と言える。そのきっかけとなったのが, 2006年5月21日のモンテネグロの独立を問う国民投票 (55.5%が賛成) と6月4日のモンテネグロ議会の独立宣言である。6月1日, ロシア外務省の公式スポークスマンは, ロシアは領土保全に敬意を払っているがグルジアの領土はすでに統一状況にない, したがって, 南オセチアに関しては, 国際社会で領土保全に劣らず重要なものと認められている自決権を重視すると述べ, ラブロフ外相も領土保全には敬意を払うが南オセチアはグルジア政府の統制外にある, と述べて国際的な注目を浴びた(『イズベスチヤ』2006.6.2)。これについてロシアの報道機関も,「ロシア外交は, コーカサスの問題に関連して, 初めて自決権を大きな声で擁護した。ロシア外務省は観測気球を上げたのであるが, 刺激を与えたのは明らかにモンテネグロの国民投票だ」と述べた(『独立新聞』2006.6.2)。

　このころのロシアの政治傾向の変化をよく表しているのが,『モスコーフスキエ・ノーヴォスチ』編集長ヴィタリー・トレチャコフの次の言葉である。これは「帝国」意識の復活と言うこともできるだろう。彼は中央アジアについて述べたのだが, これはそのままコーカサス問題にもあてはまる。彼は大国ロシアの復活を次のように述べる。ロシアは今米国に次ぐ超大国に復帰した。ロシアはどこかの連盟に加わるのではなく, かつて影響圏だった地域に独自の連盟を創設し, 強固な政治・軍事的影響力を最大限復活させなくてはならない。この地域においては門外漢の支配は排除し, ロシア人の利害と権利を保護し, ロシア語を維持する必要がある, と。トレチャコフは, ロシアは旧ソ連地域のロシアへの統合を意図するものではないが, 民主的に表明された民意に従う統合を排除するものではない, として住民投票によるロシアへの併合の可能性を示唆した。彼がこれを述べたのはモンテネグロにおける国民投票の前のことであるが, アブハジアや南オセチアの将来を示唆する言葉でもある。彼はさらに, 第三国の軍事拡大がない場合, この地域への軍事拡大は行わないが, この地域の安定を崩そうとする第三国の企

てに対しては，あるいはこの地域の国が，第三国を利用して自国や他国の利益のために安定を崩そうとするならば，積極的に対抗（介入）する，とも述べている（『モスクワ・ニュース』2006.3.3-9, No.7）。2008年8月の南オセチアへのロシア軍の対応は，まさにこの論を地で行くものであった。ロシアは米国が唆して，サアカシュヴィリ政権が南オセチアを軍事攻撃したと考えているからである。

　トレチャコフの発言は2年半ほど前の発言であるが，ロシア側の論理，あるいは心理を浮き彫りにし，今日のグルジア問題を正確に予言した言葉となっている。また，ここにはロシアが領土保全から自決権に軸足を移した背景もはっきり述べられている。

（2）　ロシアと米国，EUの質的に新たな関係

　2008年8月の南オセチアをめぐる紛争の経緯はここでは省略する。8月16日にEUの議長国であるフランスのサルコジ大統領とロシアのメドヴェージェフ大統領の間で6項目の合意が成立した。武力非行使，軍事行動の停止，人道支援，グルジア軍とロシア軍の元の位置への撤退，国際的な対応などである。しかしこの合意は，多様な解釈が可能なあいまいさを含んでおり，9月にはロシア軍も南オセチアに撤退したが，その後もアブハジアや南オセチアの地位やロシア軍のあり方などをめぐってロシアと米国，EUの議論が続いている。

　ロシアとEU，米国はグルジア紛争を通じて，質的に新たな関係に入ったと言っても過言ではないだろう。ロシアはグルジアへの軍事介入やアブハジアや南オセチアの独立を承認することにより，国際的な批判を受けた。しかし，グルジア紛争を通じて，ロシアはむしろ大国としての自信を強めたと言い得る。それは，ロシア政府の対外的に強気の姿勢やロシアの国内のマスメディアの論調にも表れている。『エクスペルト』誌は，南オセチアの事件に関する論文で，有力な同盟国が存在しないロシアの孤立を認めている。同時にロシアに対して有効な対応ができなかった米国やEUの無力も指摘している。EUについては，EUは世界の1つの極になろうとしているが，自らの利害にかかわる非常事態にありながら，グルジア問題では独自の立場も行動もとれなかったとして，統合欧州の国際政治的な脆弱性を強調している。またその理由については次のように指摘している。EUの指導部が麻痺して自立的な決定を下すだけの意思を有する政治階級が存在せず，EUには対外的に重大な政治決定を下すメカニズムも存在しないからだと。

さらに，EU は自らを「麻痺したディノザウルス」と感じているとさえ述べている（『エクスペルト』2008.9.1-7, No.34, pp.66-69）。

2008年9月初めに EU はグルジア問題で緊急首脳会議を開催したが，『エクスペルト』誌の次号の論文では，この首脳会議はロシアに対して強硬姿勢も打ち出すことはできず，実質的には何もできなかったとして，その理由を次のように説明している。経済的にロシアと深い関係のある EU にとってロシアとの対立は自殺行為に等しい。したがって総括声明は中途半端な決定となり，ロシアに対する制裁措置は見せかけだけのものとなった。EU の中でロシアへの対応について見解は割れており，形式的な統一のために実質的な制裁は犠牲にしたのだ，と。また，現在の NATO などに代わって，欧州ではロシアを加えた安全保障のための新たな国際機関を作る必要があるとも言う。論者は大国としての自信を次のように述べる。

フランスはロシアを米国に対するバランサーと見ているので，ロシアと対立することはできず，対話の道を探っている。EU はコーカサスでロシアと直接競争すると政治的に分裂するので，競争する力はない。ロシアは今回の紛争で，グローバルな超大国の圧力を排して，難しい課題を単独で遂行することができる大国であることを示した。また，西側にはロシアに対する圧力手段が事実上存在しないということもわかった。西側はロシアの資源の輸入を止めることはできない。ロシアは心理的にも，世界がロシアの行動を公式的に認めるか否かということをさほど気にしていない（『エクスペルト』2008.9.8-14, No.35, pp.70-72）。

先に述べたように，このような大国としての過剰ともいえる自信の回復は，「1990年代の屈辱」や傷ついたナショナリズムのリアクションでもある。ロシア国内には，この自信過剰がロシアを再び危険な方向に向かわせるのではないか，という危惧の声も存在するが，そのような冷静な声は少数派で，現在は「大国ロシア」のユーフォリア的国民感情の方が圧倒的に強い。

以上，具体的なグルジア紛争を素材にして，ロシア人の心理や意識の変容を概観してきた。今のロシアは，ゴルバチョフ時代，エリツィン時代のロシアではない。NATO 拡大などの西側からの刺激をうけて，それへのリアクションとして新たな「帝国」の意識も復活してきている。欧米や日本は，今このようなロシアにどう対応すべきかが問われているのである。

●**参考文献**

木村汎・袴田茂樹編（2007）『アジアに接近するロシア——その実態と意味』北海道大学出版会。
――――・袴田茂樹・山内聡彦（2010）『現代ロシアを見る眼——「プーチンの十年」の衝撃』NHKブックス。
袴田茂樹（2002）『現代ロシアを読み解く——社会主義から「中世社会」へ』ちくま新書。
リーベン，ドミニク（2002）『帝国の興亡　上，下』松井秀和訳，日本経済新聞社。

第3章

プーチン大統領から双頭体制へ

下斗米伸夫

要約

　ロシアは大統領国家であるが，他方で1993年に制定された憲法ではソ連時代からの遺産でもあるが，政府にも大きな機能が予定されていた。2007年9月プーチンは大統領を去るが，政界には残ることを表明するにあたっていくつかのシナリオが考えられた。結局，自ら統治党の党首になり政府を組織することで，権力を一部分掌するという選択を行った。こうして大統領と首相とが併存するという体制が生まれた。2007年12月自らの与党が議会で勝利したことを信任投票と見たプーチンは，大統領候補に，リベラルな法律家出のD.メドヴェージェフを指名する。後者はプーチンを首相に逆指名することとなった。こうして2008年3月に大統領が決まると，プーチンも4月に統一ロシア党の党首，5月には首相に指名され，二人乗りの自転車タンデムにちなんだタンデムクラシーとも呼ばれる双頭政治が始まった。

1　ロシア政治とプーチン政権

（1）　エリツィン権力と継承問題

　1991年末のソ連崩壊から新しく生まれたロシア政治は，共産党一党独裁の社会主義体制に終止符を打ち，民主化と市場移行とを課題とした（下斗米，1997）。

　この動きを主導したのは，1991年6月まだソ連の一部であったロシア連邦の最初の民主選挙で最初の大統領となったボリス・エリツィン（1931〜2007年）であった。ソ連末期に共産党官僚を辞めて野党候補でもあった彼は，1991年8月にはソ連を維持しようとしたゴルバチョフ指導部周辺の「国家非常事態委員会」が起こしたクー・デタに立ち向かい，これを打ち破った。この勢いの中で，12月にはソ連第2の共和国，ウクライナが国民投票で独立を承認したのをきっかけに，8

日のベラルーシのスラブ系3共和国首脳会談でソ連崩壊を決め、これを実施した。

だが実際にはその移行は混乱を極めた。ソ連時代のあらゆる制度は共産党の支配を含めて崩壊しつつあったが、多党制などの新しい制度は自動的に立ち上がったわけではなかった。中でも大統領は執行権力の長であったが、立法や政府形成の権限はないという旧議会（最高会議）との対立は熾烈だった。

こうして1993年秋に表面化した政治危機、特に大統領と旧議会との主導権をめぐる争いを、エリツィンは9月からの旧議会の武装解散という非常手段で乗り切る。これは憲法上の疑念がありえたが、12月国民投票で承認された新憲法によって首相の任命から下院議会の解散まで強力な大統領権限を得た。以来ロシア憲法体制では大統領が名実ともに最高権力者となったかに思われた。

このような強い権力が必要であったのは、市場への移行という経済改革の必要性だった。ソ連型の国家主導の指令経済にかわって、国際通貨基金（IMF）など国際援助機関のシナリオに従って民営化を急速に進めることが至上命題となった。これには米国流の新自由主義的な経済をロシアにもうえつけ、急いで市場改革を軌道に乗せるという要請があった。実際民営化担当のチュバイス副首相などは債権担保民営化という改革を急いだ（下斗米、1998）。

しかし当時民間に市場経済を支える層は乏しく、その結果は、オリガルヒという新興財閥が、旧国営企業長やマフィア経済の中から生まれながら、政権に依存しつつ民営化の利益をむさぼることになった。オリガルヒは元々はアリストテレスなど古代ギリシャの哲学者によって寡頭支配を意味した言葉だった。腐敗した少数者支配という意味にふさわしく、ロゴヴァズ社のベレゾフスキーのようなエリツィン周辺の政商が、政権が提供する機会を利用して台頭するようになった。彼らは旧ソ連の国営企業を民営化する過程で、瞬く間に巨万の富を得た。

中でもメディア・モスト社のグシンスキーといったマスコミ・テレビなどを手中に収めたオリガルヒは一層政治権力へのアクセスを求めだした。民営化の不正もあってエリツィンの人気が低下する中、1996年6～7月の大統領選挙では「7人の銀行家」と呼ばれたオリガルヒが配下の金融機関や報道機関を動員し、エリツィンを対抗馬の共産党のジュガノフ候補を倒して再選させた。

こうして第2期エリツィン政権は発足したが、大統領自身の病もあって権力は空洞化、国家の中枢までがオリガルヒによって「民営化」される事態となった。この間世界最大の国営天然ガス会社ガスプロム社のチェルノムイルジンがずっと

首相であったが，ベレゾフスキーは安全保障会議の副書記となり，また銀行家のポターニンは副首相となった。彼らは「銀行間戦争」と言われた民営化の利益の争奪戦の末，1998年夏の金融危機を招く一因ともなった。この時ルーブルの価値が3分の1に低下する危機の中，任命されたばかりの若手のキリエンコ首相には金融危機を防ぐ手だてはなく，こうして急速な改革路線は挫折した（下斗米，1998）。

オリガルヒの事実上の支配のもとで民族紛争も激化した。チェチェンやタタールスタンといった旧ソ連の中で憲法上自立する機会がなかった自治共和国は，ロシア連邦になって主権と独立を求めたが，背景にあったのはしばしば石油など地下資源へのアクセスをめぐるモスクワと，その支配の弱体化によって発言権を得だした民族地方官僚との確執であった。中でもチェチェン問題の処理にこまったモスクワは，マスハドフら選挙で選出されたチェチェン独立派を事実上黙認することになった。しかしこの結果，しばしば部族間の対立もあって，国際イスラム勢力が実権を握ることになった。

98年金融危機を収束させたのは，もとはミハイル・ゴルバチョフ・ソ連大統領の側近で，ロシア外相から1998年秋首相に選出されたエフゲニー・プリマコフであった。彼はエリツィンの指名ではなく下院議会の共産系や民族系といった多数派の信任を得て首相となる。反対派をも巻き込みながら安定化をすすめるため首相権限を行使した。このため次期大統領の呼び声も出始め，モスクワ市長ルシコフやタタールスタンのシャイミエフ大統領などは彼を支持する政治組織「全ロシア」を立ち上げた。

しかしエリツィン大統領はプリマコフを1999年5月に首相から解任した。エリツィンはいったんステパーシンを首相にしたが，8月には，それまで無名だったウラジミル・プーチンを首相に任命する。彼はサンクト・ペテルブルグ市政から大統領府をへて連邦保安庁（FSB）長官だったが，もとは東ドイツ勤務のKGB，つまり国家保安委員会という政治警察の職員だった。ソ連崩壊前後に恩師のソプチャークが市長を務めたサンクト・ペテルブルグ市の対外関係副市長となっていた。

首相としてプーチンは，当時モスクワでのアパート爆破など深刻化したチェチェン紛争への強硬姿勢で人気を博した（横手，2004）。チェチェンではアルカイダにつながる急進派が穏健独立派を圧倒し，8月にはイスラム国家樹立のために近隣のダゲスタンに侵攻していた。プーチンのもとでロシアの復活と，反テロ活動

を強めたことは，プーチンの人気を高め，当時行われていた下院議員選挙，首相を支持する選挙ブロック「統一」の選挙結果にも影響した。12月地方選挙で勝利したプーチン首相は，病気がちのエリツィンから後継者の指名を得て，2000年3月には大統領として当選する（上野，2001）。

（2） 大統領プーチン

2000年5月に正式に発足したプーチン大統領は，強い国家の再建を旗印に，法の独裁といった言い方で市場経済の安定化を目指した。プーチンは内政面では，オリガルヒの非政治化と純経済的課題への集中，そして地方勢力への垂直的統制が課題であった。軍管区さながらに地方ごとの統制のための大統領代表が派遣され，地方統制をはかった。市場改革を権威主義的手法で推し進めるという路線であった。

プーチンはさっそく，大統領まで統制しようとしたオリガルヒ，特にベレゾフスキーやメディア・モスト社のグシンスキーを国外に追放した。彼らを経済に専念させることが課題となった（江頭，2004）。さらに第2期を前にして2003年秋には，政治に意欲を燃やした優良石油企業ユコス社のミハイル・ホドルコフスキー社長を脱税容疑で逮捕し，彼をシベリア送りにした。もともと共産党の青年組織から金融界をへてエネルギー部門に進出したホドルコフスキーは，一説によれば2008年の政界進出を目指し，プーチン中道政権に批判的な共産党系とリベラル系政治勢力にてこ入れをしていた。これに対しプーチンはオリガルヒを資本としてのみ扱うという方針であった。

このような措置は，エネルギーや軍需企業などといった戦略部門への国家統制というプーチンの経済政策と関係していた。中でもイラク戦争もあって高騰し始めたエネルギー価格を国家の統制下におくことを目指した。バーレル27ドル以上の超過利潤が石油税として国庫，安定化基金にはいることとなった。こうしてプーチンは国家財政の安定化にも成功し，第2期までに対外債務もほぼ完済した。ロシアの外貨準備高が急増し，2007年末には中国，日本に次いで世界第3位にまで至った。

政治勢力としてはプリマコフ候補を支持しかけた全ロシアと，プーチン派の「統一」を統合した中道的な「統一ロシア」党を政権党として育成，支配の梃子にした。グリズロフ下院議長や，上院の改革で議長となったミローノフは，いず

れもサンクト・ペテルブルグ出身であった。このあおりを受けてエリツィン時代の改革派，ヤブリンスキーのヤブロコやチュバイスなどの右派勢力同盟，これとは反対に市場改革に反対する共産党が後退した。

プーチン周辺の権力では，サンクト・ペテルブルグ時代の法律家を中心としたメドヴェージェフなどのリベラル派やクドリンなど経済学者も台頭したが，依然としてボローシン大統領府長官やカシヤノフ首相といったエリツィン系の人物が中心であった。

こうした中政治化したオリガルヒに代って，イーゴリ・セーチン大統領府副長官やウスチノフ最高検総長，パトルーシェフ連邦保安庁長官といった国家統制機関出身者の影響力が増した。彼らはシロビキと呼ばれたが，これは，彼らが強力（シーラ）官庁出身者であっただけでなく，オリガルヒがそれまで統制してきた燃料部門（シリョ）部門をも統制し始めたからである。中でもビクトル・イワノフなどとともに石油会社のユコス社を2003年秋に解体させたセーチンは，ロスネフチ会長としても実力を伸ばした。

こういった層に依拠した大統領プーチンはユコス事件では経営への権力の介入であるという西側からの批判も浴びた（ライン・タルボット・渡邊，2006）。2004年3月の大統領選挙時，エリツィン系の首相ミハイル・カシヤノフを解任，代ってシロビキ系のフラトコフを首相に任命した。こうした中で行われた大統領選挙では，プーチンに対抗する候補はほとんどなく容易に再選された。

（3） プーチン主義の展開

プーチンは2004年3月に大統領に再選される。中でも転機となったのは，9月初めに北カフカースのベスランでチェチェン武装勢力が小学校へのテロを行ったことであった。これを鎮圧することをきっかけにプーチンは攻勢に出た。知事の事実上の任命制や政権党である統一ロシア党に有利な比例区のみからなる選挙改革，さらには議会政党の最低得票率を7％にするという改革を行った。こうしてマスコミやテレビへの統制とあわせて権力の上からの集中と権威主義化が進んだ。

こうした政治の安定の結果として，石油価格高騰もあって経済の高度成長がもたらされた。ロシアの外貨準備高は，2000年の150億ドルから，2007年末で4700億ドルを数えた。個人所得も2000年からの7年間で1767ドルから8209ドルに，つまりは4.6倍程度に至った。プーチンのもとでロシア経済は，ほぼ英国並みの力

に回復した。

　このような高度成長はロシア政治の概観を一新した。マスコミへの国家統制も強まったことは否定できないが，エリツィン時代の経済的失敗や富の偏在，政治の混乱に飽きた世論の大多数は「強い国家の再建」を目指し，安定をもたらした大統領の内外方針に多くの支持と共感とを与えるようになった。

　外交面では，プーチンは2001年9月11日の国際的同時多発テロに際し，ジョージ・ブッシュ米国大統領の対テロ戦争を支持，米軍の中央アジアへの展開を容認した。チェチェン問題も対テロ戦争であるという考えだった。同時に原子力潜水艦クルスクの事故をきっかけに核抑止力も大幅に削減した。もっともその後2003年のブッシュによるイラク戦争に対してはヨーロッパ諸国と同様懐疑的であった。特に米国の対外政策がイラク戦争で行き詰まると，ロシアでは反米感情が高まった。これはユーシチェンコなどオレンジ革命を起こしたウクライナや，サアカシュヴィリ大統領のバラ革命を起こしたグルジアのような「カラー革命」の背後に米国の影を危惧したことがあったからである。プーチンへの支持派は，「ナーシ」のような愛国青年組織を利用した。

　もっともロシアの高度成長は，もっぱら石油や天然ガスの高価格に支えられており，中身としてはサウジアラビアやカザフスタンのような資源の切り売りに基づいた権威主義体制と同じではないかという批判も存在した。『エクスペルト』誌のようなリベラル保守派の論壇誌は「ロシア病はオランダ病より恐ろしい」と書いて，海外投資など別のやり方が必要だと説いた。

　シロビキの周辺では西側が影響力を持っていたシベリア，サハリンなどの合弁企業に対する圧力が高まり，「戦略産業」への国家統制の名目で合弁産業への圧力が高まった。1990年代の生産物分与法が腐敗官僚による戦略企業売却への口実になったとして，逆に環境問題や脱税を口実とした介入の事実も国際的批判を浴びた。ロシアが果たしてこのままでいいのか，ロシアは選択が迫られた。

　この問題はプーチンの後継問題をめぐる争点と絡んだ。リベラル派ではプーチンの側近で40歳になったばかりのドミトリー・メドヴェージェフが2005年11月に第一副首相に任命され，後継者の最有力候補の1人となったことを暗示した。翌年，シロビキ出ではプーチンとも若い頃から同僚だった国防相セルゲイ・イワノフがまもなく第一副首相となったことは，メドヴェージェフへのライバルと目された。そのほかにもプーチン側近集団からもほかに後継者と目される人々が取り

ざたされるようになった。シロビキ系の一部勢力からはプーチン3選論も公然化しだした。

こうした中，2007年4月にプーチンは大統領として最後になる年次大統領教書を発表した。彼はロシアの政治経済が「よい方向に向かっている」として，所得倍増を達成し，貧困が半減したことを指摘した。死亡率も低下しだした。またこの方針を，選挙の年である07年下院選挙を前に提起されたことを強調する。選挙を意識して教書では経済に主要な関心が向けられた。民族的プロジェクトは5カ年計画と呼ばれた。住宅，道路，鉄道といったインフラ整備は至急の課題となっていた。

このような大統領教書の内容は，すでに最後の大統領の政治方針というよりも，今後数年にわたる経済計画と言うに等しかった（下斗米，2000）。こうして大統領教書で経済政策の重心が産業政策優位という色彩が強まると，その形態を巡って議論が生じた。官僚的な経済利益支配へのシロビキ派の圧力が強まった。国営企業を創設する潮流が台頭した。実際，2007年教書以降半年の間に6社の国営企業（開発銀行，オリンピック建設，ロスナノテフ，住宅開発基金，ロステフノロギー，ロスアトム）が創設された。中でもセルゲイ・チェメゾフが率いる軍需産業であるロスオボロンエクスポルトが，自動車会社なども統合して超巨大国家企業ロステフノロギーを創設する。チェメゾフは，プーチンと東独での国家保安委員会（KGB）の同僚であって，ハイテク部門での権限を拡大し，一部国家的機能まで握る特権企業をつくる考えを実施しだした。

このような問題を巡って9月はじめに，リベラル派が反対した。このためフラトコフ首相が解任されるはめになった。このため政府内外で批判が続出する中，大統領は新首相にビクトル・ズプコフを指名した。新首相は当時66歳，プーチンの先輩格で，レニングラード州の共産党官僚であった。この人事は，政権内に生じたリベラルとシロビキ系との対立の結果であった。

これらの動きは2008年大統領選挙を目前にしてプーチンの役割を高めた。9月プーチンは大統領を辞めても政治の世界に残ると言明，翌月プーチンは統一ロシア党大会において，自分自身がこの政党のリストに入ると言った。新議会が支持するなら新首相になることもあり得ることをほのめかした。この結果12月の下院選挙は実際はプーチン信任投票となった。

12月の下院議員選挙は，自分への信任投票に変えたプーチン大統領の勝利であ

った。選挙では，統一ロシア党への票は 6 割近くまではね上がり，プーチンにとっては大きな自由度を得た。第 2 に，ロシアで 4 党が議席を得て多党制が確保され，クレムリン与党と共産党との対立という最悪の構図はなくなった。この反面，右派系のヤブロコ，右派勢力同盟といったリベラル派は完敗した。

大統領は 2 期でおわりという憲法自体は変えないが，しかし経済の好調で人気高いプーチン路線を変えたくないというクレムリンの意向が反映した。法学部出のプーチンが遵法精神のみからこの選択を行ったかどうかは不明だが，クレムリン権力も憲法という明文によって規制されることがはっきりした。これはロシアの改革にとって大きな進歩となった。こうして関心は当初予定された後継者選びでも，また中央アジアの大統領のような権力の居座りでもなく，その変容，つまり大統領任期終焉後のプーチンの権限をどこまで認めるかというものに移ってきた。こうした中で12月10日，プーチンが後継指名したのは，若手リベラル派の第一副首相メドヴェージェフだった。メドヴェージェフは逆に，プーチンを首相にすると宣言した。プーチンとメドヴェージェフの双頭制への移行の始まりだった。

2 メドヴェージェフ・プーチン双頭制への移行

（1） 大統領メドヴェージェフ

2008年 3 月初めロシア大統領選挙が実施され，統一ロシア党など 4 党の推薦を得た42歳のドミトリー・メドヴェージェフ候補が，共産党ジュガノフら野党の 3 候補を抑えて新大統領に決まった。メドヴェージェフへの支持は70.28％だった。12月の下院選挙後に後継指名をうけてからわずか 3 カ月に満たなかったが，各種世論調査の結果や，あるいは12月下院議員選挙での与党系の得票率である 7 割ともほぼ一致していた。

この大統領の政治力をめぐっては，プーチンによる院政論が話題となっていて，メドヴェージェフを傀儡と見る考え方もあった。しかしプーチンがこの考えで後継人事を進めたとしたら高齢のズプコフ首相を指名すれば，自らの復権はより容易であった。にもかかわらず，プーチンより13歳も若い候補を後継者として指名したのである。

同様に改革派はヤブリンスキーのヤブロコ党，チュバイス系の右派勢力同盟も含め凋落し，立候補すらできなかった。いずれにしても前回のエリツィンによる

第 3 章 プーチン大統領から双頭体制へ

プーチンの指名と権力継承とは異なって，前任者プーチンが完全に政界を去るというのではなく，プーチンは首相として引き続き権力を分掌することとなった。

このような結果となった1つの理由は，ロシア憲法がもつやや曖昧な大統領と首相との権力配分だ。現行の1993年ロシア連邦憲法は，ソ連憲法の一元的権力観を引きずった旧最高会議系の議院内閣論と，執行権力を握ったエリツィンの強い大統領論との拮抗状況の中でできた経緯がある。この大統領と首相との権限の曖昧さゆえに，政府にも大きな権限が残った。1997年の政府法もこの延長上にあった。したがって首相の実際の権限は大きくなかったものの，プーチンのような大物政治家が首相となった場合，憲法改正がなくとも外交・安全保障を含め大きな権限を行使することは可能となった。実際，プーチンは駐米大使ウシャコフを外交顧問として政府の外交権限も増やしている。

ゴルバチョフ，プーチン，そしてメドヴェージェフといったソ連末期以後の指導者の多くがいずれも法学部出であることが変動期ロシアの政治を見る場合には重要だろう。ゴルバチョフはモスクワ大学法学部だが，プーチン，メドヴェージェフはともにレニングラード大学で法律を学んだ。ロシアの改革派潮流に「合法主義」というのがある。結果よければすべてよし，といった考えが多いロシアで，法や手続きを重視する人たちだ。

プーチン自身は17年間協同したメドヴェージェフ新大統領とはウマが合うと語っているが，同じ土地で育ち，同じ法学教育を身につけながらも，プーチンとメドヴェージェフとは世代的には違う個性だ。同じ法律でも，プーチンの考える法とリベラル派のメドヴェージェフが学んだ法とはやや内容が異なる。前者は「法と秩序」といったイメージで政治を考え，周りの友人たちも将軍が多い。

これに対しメドヴェージェフはペレストロイカが育てた世代だ（大野，2008）。1989年にはレニングラード大学（サンクト・ペテルブルグ大学と改称）法学部で働きながら，恩師ソプチャークの市長選挙を助け，その後市長の補佐集団にも関与した。中でも1991年から5年間，プーチン副市長兼対外連絡部長のもとで働きはじめたのが決定的となった。両者の関係は当初から深かった。2000年2月にはプーチン大統領選対の責任者となり，大統領就任直後プーチンは彼を大統領府の第一副長官とした。ほぼ同時に世界的大企業ガスプロム社の会長となった。そして2003年10月，ユコス事件のさなかに大統領府長官の地位を得た。

メドヴェージェフは，プーチン周辺の政治家の中でもリベラルであるという評

価で知られた。このことを現したのは、クレムリンのイデオローグと目されたウラジスラフ・スルコフとの主権民主主義論争である。もとはオリガルヒ系の政治家スルコフは、主権は民主主義と関係するだけでなく、経済発展でも重要な役割を果たすと、プーチン期の国家主義的傾向を擁護した。そしてロシア民主主義はあくまで主権の枠内でのみ機能するという議論を展開した。

　メドヴェージェフはこの概念に当初から反対で、「主権民主主義は概念として熟していない」と2006年7月にこれを批判した。彼は、むしろ「真の民主主義」とか「全面包括的な国家主権のもとでの民主主義」といった言葉を選ぶべきだ、と述べた。ロシアの政治でイデオロギー論争が果たす役割は大幅に低下していたものの、半公式教義になったような概念を批判したことはなかった。実際プーチン体制下で、国家の限界について論じたのもメドヴェージェフだった。彼は、経済での国家の存在を大きくすべきだと思わない、と指摘した。また経済面でもグローバリゼーションの中で「独立した経済」などあり得ないと言った。言葉を換えて言えば国家とシロビキの経済への関与が行き過ぎているという考えであって、実際彼が台頭した2006年以降の大統領教書は、経済での国家の関与に警告していた。中でも2007年1月、メドヴェージェフはスイスで開かれた国際経済フォーラム、いわゆるダボス会議で、「形容詞抜きの民主主義」の必要性を訴えた。「国家資本主義」に関しても彼は明確であって、国家の経済における役割を拡大することには反対だ、と語った。国家は所有者としては効率的でない、したがって軍需産業、パイプライン輸送、電力網、原子力産業といった戦略部門にのみ限るべきだという考えである。

　それにしてもソ連時代を含めて、後継者がこれほど前任者と立場が近いように見えるのは例がない。クレムリン権力という観点から観た場合、ソ連期の継承では、同じイデオロギーを信奉しているように見えて、新しい指導者は前任者を批判することに急速に移行していくのが通例であったからである。

(2) メドヴェージェフ大統領の綱領

　実際大統領候補になったドミトリー・メドヴェージェフが自らの選挙公約を発表する舞台として選んだのは、08年1月の市民フォーラムの場であった。彼が掲げたのはリベラル派にふさわしく「市民社会の強化」であった。内容としてメドヴェージェフは、法的ニヒリズムと腐敗と戦うことを課題としてあげた。司法の

独立をはかるというのが重要だった。国家の役割とは自由な経済を守ることだ。また環境問題を取り上げたことも新鮮だった。

　中でも2月7日極東のハバロフスクを訪れ，その後クラスノヤルスクではその後の彼の綱領というべき選挙演説で経済を中心に述べた。『エクスペルト』誌が要約した概要によれば，ここでメドヴェージェフは，①司法，②行政，③租税，④住宅改革，が課題としたという。①は簡単に言えば司法権の独立と腐敗防止の国民計画，②は官僚削減と非国家セクターへの移管，③はビジネス，付加価値税の縮減，④は個人の家建設へ，となった。中でもメドヴェージェフの7つの公約は，①法的ニヒリズムの克服＝腐敗との戦い，②経済への行政的障害の低下，③租税的重荷（不可価値税）の低減，18％から10％へ，または廃止，④ルーブル通貨を地域的な外貨へ，⑤インフラの整備，⑥革新的経済政策，⑦社会計画の実施，である。

　メドヴェージェフは自ら教職にあったサンクト・ペテルブルグ大学法学部の民法関係者，いわゆるシロビキ自己の人材給源である，といわれている。中でも自ら理事長を務めたガスプロム社に集まったアントン・イワノフ（ガスプロム・メディア），コンスタンチン・チュイチェンコ，ウラジミル・アリソフ，ヴァレリヤ・アダモバといった人物が蝟集した。また経済部門でも，社会経済発展相のナビウリナ，また，このもとで次官となった若手のスタニスラフ・ボスクレセンスキー次長は，大統領府の経済リベラル派の中心，アナトーリー・ドボルコビッチらと関係が深い。

　こうしてメドヴェージェフが，中小企業や中産階級重視，またメディアや司法権の独立を支持していることは明らかである。中でも中小企業への注目は最初から顕著だった。中小企業はロシアではわずか13〜15％しか占めない。ロシアでの中小企業数は100万程度で明らかに少ないと，新大統領は語った。2020年までに中産階級が60〜70％となる改革を主張した。国営企業については，ナノテクや住宅公営事業については必要であっても他の分野については，無意味であると見る。またマスコミの独立にも関心がいった。インターネットなどがメディアの独立となる。ほとんど，西の世界のリベラルな発想だ。

　プーチンの政治変容戦略は2007年9月から2008年5月7日の新大統領就任式に向けてのサイクルを終えた。要約すれば，第1に，強い国家の回復を掲げたプーチンのもとでロシアは政治的安定と，エネルギー資源の価格高騰という僥倖に恵

まれ経済成長を経験した。第2に，同時にこのことがエネルギー依存のロシア経済の構造的問題と，グローバルな遅れへの認識を深めた。第3に，このことへの対応を巡って，プーチン周辺にはいくつかの潮流が生じたが，メドヴェージェフのシナリオは，よりリベラルな改革を主張する集団であった。彼らの背景には地方で地歩を固め，中小企業などの発展を願う統一ロシア党などの利害があった。こうして，第4にプーチンは統一ロシア党と組んだ下院選挙の勝利と，リベラル派の大統領選挙の勝利を，首相となる自己との双頭制による政治変容を進める要因とした（下斗米，2008a）。

3 メドヴェージェフ・プーチン双頭政治の可能性

(1) 「誰が誰を？」

　新レジームの登場でもっとも議論を呼んでいるのは，どちらが権力の中心なのかである。特にプーチンは2008年4月には政権与党である統一ロシア党党首をも引き受けており，多数派内閣の指導者にも似た機能を果たしだした。首相府であるホワイト・ハウスに多くの機能が集中し始め，大統領府と政府とのこの2つの機構同士の関係はさらに複雑化している。たしかに双頭体制の安定度には議論もある。

　新大統領にとっても最大の問題は，首相プーチンとの関係である。憲法に従って2期で退くが，引き続き政界にのこるプーチンと新大統領との関係は，次期大統領制の行方を占う論点である。その中でもいくつかの議論がある。

　第1は，プーチンの将来の復帰説である。12年に大統領に返り咲くための準備，あるいは一時的に腹心であるメドヴェージェフを「技術的大統領」（下斗米，2008b）につけておき，大統領復帰をねらうというものである。つまり何らかの理由で大統領が交代するという説である。実際，ミローノフ上院議長は3月の大統領選直前に憲法改正を行って，メドヴェージェフの任期を5〜7年とし，その後プーチンが復位すべきことを主張した。

　しかしこれには有力な反論がある。2007年までに3選運動が相当程度広がっていたのに，プーチンは憲法が個人の権力に優越する，といってこの主張をとらなかったことである。さらに，プーチンが自己の権力の極大化を図る動機であれば，年上のズプコフ首相を大統領につけておけば，年齢面でも健康面でもいつでも後

継候補として再登場可能であった。

　第2は，権力の中心と課題が次第に経済に移っており，大統領は技術的大統領になるという説である。経済面での首相の役割は今や大きくドイツ型の権限分担となるのではないかというものである。政治学者リリヤ・シェフツォワらが主張するように，「外交と安保」がプーチン首相の権限に残り，社会経済など残りは大統領メドヴェージェフが担当するだろう，という考えもある。彼女は，まさに首相と大統領との役割転換というべき筋書きを想定した。

　大統領と首相を含む政府との関係を考えるに際しては，ロシア政治でもそもそも大統領権限は，少なくとも第1期は限定的だという説が成り立ちうる。プーチン第1期を子細に見れば，プーチン大統領もエリツィン系の人事である大統領府長官ボローシン，首相カシヤノフについては，ユコス事件がおきた2003年末に至るまで解任しなかった。

　けれどもロシア憲法下での大統領と政府，その議長（首相）との関係は複雑である。1997年4月に採択された憲法的法「ロシア連邦の政府について」は，政府に広い権限を予定した。この体制のもとで，「権力」をどうとらえるか，新大統領と首相の相互関係の理解は今後も議論の対象となろう。

　メドヴェージェフが台頭するのと並んで顕著になってきたのは学者や知識人など政策集団の蝟集だ。これも起源は実はプーチン政権2期での改革で，2004年9月，「市民社会」との協調をうたい「社会院」をつくったことであることは強調されていい。中でもジャーナリスト，ファデーエフ，国会議員で法律家のプリギンらの「11月4日」クラブは，統一ロシア党とパートナー関係を持ち，政権内リベラル保守派の集合体で社会院の知的サークルの体をなしている。経済問題でもリベラル派のヤーシンらシグマなどシンクタンクなどの提言や発言が相次いでいる（下斗米，2008a）。

　両者の具体的関係を占う指標は新人事である。5月12日大統領府と政府の新陣容が明らかにされた。大統領令724「執行権力連邦機関のシステムと構造」が出され，新人事だけでなく行政機関の再編成が行われた。

　第1に，プーチン政府（内閣）の陣容は，新首相のほか第一副首相が2名（V. ズプコフ，I. シュワロフ），その他副首相4名（A. ジューコフ，注目されるのは行革担当でもあったイーゴリ・シュワロフ補佐官（1967年生まれの法律家，オリガルヒ系））が第一副首相となったことである。メドヴェージェフ大統領との良好な関係も含め

大きな役割を果たすことになった。

　第2に注目できるのは、シロビキと呼ばれる軍・治安機関の影響力の低下だ。中心人物のパトルーシェフFSB長官は安保会議書記に降格、セーチン大統領府前副長官も副首相にとどまった。FSB長官にA.ボロトニコフがなったこと、司法相にコノバロイフが入ったことはメドヴェージェフに有利だ。他方大統領府では、プーチンの副首相であったナルイシキンが大統領府長官となった。政府でのシュワロフの役割とあわせ、大統領府と政府の両国家機関は相互バランスがはかられた、といえよう（下斗米，2010）。

　プーチンが新党首となったことで、首相―統一ロシア党の連携が強まるが、これは住宅、道路、鉄道建設などインフラ整備に関して特に与党の影響が強まることとなる。高度成長期の自民党のような役割設定になることが想定させる。

　このようにメドヴェージェフの権力が想定以上に強まったのは、依然として経済的には石油、ガス、非鉄金属といった地下資源などに依拠しているモノカルチャー的経済への危機感があると見た方がいいだろう。新体制の目標は中小企業や中産階級を育成することや低層住宅建設で所有者を増やし、地方分権やインフラ整備をめざすといったロシア版高度成長政策であって、仮にこれがうまくいけば2020年頃までにロシアのイメージを一新しよう。

（2）　2010年の動き

　なお、本章は2008年春に執筆されたが、出版されるまでに時間がたち、いくつかの点で補足が必要となっているものの紙幅がない。主要論点と文献のみ指摘したい。第1は、複雑なプーチン首相とメドヴェージェフ大統領の両者の関係についてであるが、この点の直接的関係を示唆する文献は乏しい（小田，2010）。またこの点と関係するが2012年の大統領候補にどちらが出るかもまた不明である。2009年9月にバルダイ会議でプーチン首相は、米国系の学者の質問に2012年にはどちらか一方のみが候補に出ると回答したが、2010年5月の時点では依然として不明である。ちなみに4月の時点で世論はプーチンへの支持が38％、メドヴェージェフが30％であることを示しているが、まだ2年後の状況を予測することはもちろん尚早である。10日になってルシコフ市長を解任することにより、両者の支持率はほぼ拮抗した。プーチンが統一ロシア党をプーチン与党に変える動きが加速化しているが、メドヴェージェフはそのような選挙を実質的に取り仕切る大統

領・知事への人事権を利用してその地歩を着実に固めているようだ。また2010年はじめには、ユルゲンスなど大統領系経済発展研究所の「21世紀のロシア」といった論文がメドヴェージェフの大胆な政治的現代化計画を提示し、より改革的な大統領像を示し始めた（下斗米，2010）。ロシアのことわざに「二度おなじ川には入らない」というのがあるが、果たしてこのことわざの含意どおりにメドヴェージェフ再選へと進展するだろうか。

■ ■ ■

◉参考文献
上野俊彦（2001）『ポスト共産主義ロシアの政治——エリツィンからプーチンへ』日本国際問題研究所。
江頭寛（2004）『プーチンの帝国』草思社。
大野正美（2008）『メドベージェフ ロシア第3代大統領の実像』東洋書店。
小田健（2010）『現代ロシアの深層』日本経済新聞社。
下斗米伸夫（1997）『ロシア現代政治』東京大学出版会。
———（1998）『ロシア世界』筑摩書房。
———編（2000）『ロシア変動の構図』法政大学出版局。
———（2008a）「ロシア下院議員選挙とプーチン政治体制の変容」『リヴァイアサン』42号，木鐸社。
———（2008b）「メドベージェフ？——プーチンの二頭制政治」『国際問題』7・8号，日本国際問題研究所。
———（2010）「タンデムクラシーの未来」（未定稿）。
———・島田洋（2000）『ロシアを知る55章』明石書店。
横手慎二編（2004）『現代東アジアと日本5 東アジアのロシア』慶應義塾大学出版会。
———（2005）『現代ロシア政治入門』慶應義塾大学出版会。
ライン，ロデリック／ストローブ・タルボット／渡邊幸治（2006）『プーチンのロシア』日本経済新聞社。

第4章

ロシア政治と対米外交

横手慎二

要　約

　米ロ関係は、2つの要因によって影響を受けてきた。第1の要因は両国の政策的対立である。この点はどの二国間でも起こるが、20世紀半ば以降のロシアとアメリカの外交はともに大きな軍事力に裏打ちされ、対象地域が非常に広範であるために、利害の衝突が起こりやすい。第2の要因はロシアの国内政治である。両国は政治的伝統の違いから、ロシアの国内問題をめぐってしばしば対立した。米ロ関係のこうした特徴は冷戦の時代に特に顕著に表れた。

　冷戦終焉後は暫くの間、新生ロシアの指導部が共通の価値観に基づいて西側諸国との関係を築こうとしたために、また対外的影響力が縮小したために米ロ関係は友好的であった。しかし、アメリカの指導部が世界中で自国の影響力を拡大し、同時にロシアの政治体制を性急に民主化しようとしたために、ロシアの広範な層に強い反米感情が蓄積された。

　プーチンは、9・11事件を契機に一時的に米ロ関係を改善した。その後、彼は次第にエネルギー資源をテコに影響力の回復を図った。また国内において対立勢力を強引に排除した。他方アメリカ側も、ロシア周辺地域に親米政権を樹立しようとした。このためにこの地域で政治的、軍事的紛争が生じた。2009年に登場したオバマ政権は米ロ関係の再建を図っているが、先行きは不安定である。

1　構造的要因と歴史的背景

（1）　対立要因

　ロシアとアメリカは地理的に遠く離れており、歴史的にみると両国は概して疎遠であった。19世紀に交通と通信の技術が発達するとともに両国の接触は深まったが、関係は友好的にならなかった。むしろ両国の知識人層は、異なる価値観に

よって相手方の政治体制や対外的行動を批判的に見るようになった。建国以来，個人の自由を重視し，国民の同意に基づく支配を尊ぶ傾向のあるアメリカ人と，伝統的に個人の自由よりも経済的平等を重視し，秩序を第1に考えるロシア人の間では相互理解が難しかったのである。

ロシアとアメリカの対外政策は，長い間，異なる地域を対象としていたが，それでも20世紀になると，ユーラシア大陸の東半分を占めるロシアと，次第に国力を充実してきたアメリカの対外政策は接触点を拡大していった。1904年に起こった日露戦争では，米ロ間に戦争は起こらなかったが，アメリカはロシアの極東進出を警戒していたので，戦争終結まで日本に好意的な立場をとった。

1917年3月にロシア革命が起こり，11月にレーニンのボリシェヴィキ党（後のソ連共産党）が権力をとると，両国指導者はイデオロギー的に対立するようになった。一方のレーニン政権は，資本主義の発達した西欧では社会主義革命の到来が迫っていると考え，それらの国の共産主義者に革命によって現在の政権を打倒せよと呼びかけた。他方のウィルソン政権はレーニン政権をロシア国民の正当な代表と認めず，軍事的外交的に反ボリシェヴィキ勢力を支援した。ここに両国は厳しい対立状態に陥った。

1920年代になっても両国関係は非友好的で，外交関係が樹立されたのは日本が満州事変を起こし，大陸に進出した後の1933年のことであった。このとき両国指導者はともに日本の影響力の高まりに危機感を抱いたのである。しかし共通の敵ができても，米ソ関係は円滑なものにならなかった。アメリカ政府は，ソ連側がコミンテルン（共産主義インターナショナル）を通じて対外活動を続けたことに不快感を示したのである。

1941年6月にドイツ軍がソ連に侵攻し，同年12月に日本がアメリカの真珠湾を攻撃すると，ソ連とアメリカはようやく協力関係を築いた。米ソは正式の同盟条約こそ締結しなかったが，連合関係を構築した。1945年夏までソ連と日本は戦争を回避したために，アメリカとソ連はドイツを共通の敵として緊密な関係を築いたのである。

以上のように，両国の対外活動の領域が次第に拡大して接点を増すにつれて，利害の衝突が起こった。両国は政策的に協調するために，直接的な脅威を必要としたのである。

（2） 近い過去――冷戦の開始

　第2次世界大戦後，米ソ両国の指導者は戦後世界の構築をめぐって対立し，戦争を覚悟した敵対的関係にまですすんだ。熱戦（戦争）を欠いた戦争に近い状態だったので，冷戦と呼ばれた。冷戦の開始時期は，両国関係が漸進的に悪化したために正確には特定できない。

　米ソ冷戦は多様な地域で起こったが，ヨーロッパにおける対決が基本的なものであった。これは，ソ連指導部が自国周辺のヨーロッパ諸国（ブルガリア，ポーランド，エストニアなど）を解放した後に自国に友好的な国家体制を樹立しようとしたことから始まった。アメリカとイギリスの指導部は，ソ連軍の駐留が続く間にこれらの国がソ連領に組み込まれたり，そこに強引に親ソ政権が樹立されたりするのを見て，次は西欧諸国がソ連の衛星国にされるのではないかと危惧した。そこでアメリカではソ連を封じ込めるという戦略が採択され，1947年6月にはアメリカのマーシャル国務長官がヨーロッパ復興計画（マーシャル・プラン）を発表した。これはヨーロッパ諸国の共産化を防ぐために考え出されたもので，大規模な経済援助によってヨーロッパ各国を覆う社会不安を鎮めれば，共産党の支配の広がりを阻止できるという構想に基づくものであった。アメリカの莫大な経済援助は西欧諸国の経済復興を助け，やがてソ連に対抗する西側陣営を生み出していった。

　米ソ対立は地中海地域でも生じた。1946年から地中海の要衝であるギリシャで共産主義勢力と政府間で内戦が本格化し，またソ連がトルコに対してダーダネルス海峡の管理をめぐるモントルー条約の改定を要求したことが，東西対立のきっかけとなった。英米両国の指導部はこれらの地域の戦略的重要性を考え，現政権を擁護する姿勢をとった。その後，アメリカの大統領トルーマンはイギリス指導部の要請を受けて，1947年3月にギリシャとトルコに大規模な経済援助を与えるよう議会に提案した。このとき彼は，世界は今や異なる2つの生き方によって二分されており，アメリカの任務は自由な諸国民を擁護することであるとするトルーマン・ドクトリンを発表した。

　米ソ対立は地域を問わぬ形でも繰り広げられた。西側の立場からすれば，生じている対立は自由主義と全体主義の戦いであった。ここで言う「全体主義」は，少数者が多数者を抑圧して支配することを正当化するイデオロギーのことで，アメリカ側はそれこそソ連体制の本質だと見なした。他方ソ連の立場からすれば

米ソ対立は経済的社会的平等を目指す共産主義と「帝国主義」の戦いを意味した。彼らの理解では，共産主義を目指す社会主義国は計画経済を採用することにより経済的不平等を是正し，市場経済が生み出す失業の問題を克服した。これに対して「帝国主義」は，経済的強者が弱者を搾取する資本主義の最終段階に成立するものとされた。「全体主義」にしろ「帝国主義」にしろ，主張する側からすれば悪そのものであり，自分たちはこれと戦う正義の擁護者であった。このようなイデオロギーの争いに，多くの国のマスメディア，文化人，芸術家が巻き込まれていった。ヨーロッパばかりか日本を含むアジアの国で，共産主義を望ましい未来と考える左翼と，逆に共産主義を悪の権化と考える右翼が敵味方に分かれて激しい政治的文化的対立を繰り広げた。

(3) 近い過去――冷戦の展開

　冷戦は，1940年代から1960年代初頭までの激動期，同時期以降から1970年代半ばまでの安定期，さらに1980年代半ばまでの「第二次冷戦期」と変化していった。まず激動期には，ベルリン，朝鮮半島，そしてキューバにおいて米ソ両国は全面戦争の危機に直面した。ベルリンでは，米ソ両国はヨーロッパ中央における戦略的優位を得るために，2度も一触即発の危機的状況に陥った。結局，ベルリンの東部に住む人間が西側支配地域に逃げるのを防ぐために，ソ連指導部は1961年に市内を東西に分ける壁を築いた。この間，西側諸国は1949年にドイツの西側半分にドイツ連邦共和国を樹立し，さらに北大西洋条約機構（NATO）を設立した。後者はアメリカと西欧諸国からなる対ソ同盟で，これによりアメリカは恒常的に軍隊をヨーロッパに配備するようになった。

　第2に朝鮮半島では，1950年に北朝鮮軍が韓国に軍事侵攻を開始したことから朝鮮戦争が始まった。ソ連の空軍部隊も中国義勇軍に偽装して参戦した。この偽装は，ソ連指導部が朝鮮戦争が米ソ戦争にまで進むのを恐れたからであった。第3にキューバでは，ソ連指導部が1962年にカストロ政権を守るために核ミサイルを設置しようとしたことから，米ソ両国は核戦争の寸前にまで至った。最終的にソ連の指導者フルシチョフは，アメリカがトルコに配備していたミサイル基地を撤去するという条件などを受け入れたことで，キューバの核武装計画を取り止めた。彼は大幅な譲歩を受け入れたために，国内エリートの中で権威を失った。

　続く安定期には，ソ連とアメリカの指導者は首脳会談を繰り返し，意図せぬ形

で軍事衝突が起こらないようにさまざまな仕組みを創り出した。核兵器の分野でも，新兵器の開発をすすめつつ，他方では協力して1968年に核不拡散条約を締結した。これは，核兵器の保有国を限定することを目指すもので，両国はそこに共通の利益を見いだしたのである。さらに，核戦争の脅威の前では相互に平等に相手側の攻撃で破壊される状態を生み出すことが安全を確保する方法だとする相互確証破壊の理論を生み出し，1972年にはABM（弾道弾迎撃ミサイル）制限条約を締結した。同様に戦略面でも，アメリカは東欧諸国をソ連の影響圏として認めることで，ヨーロッパ方面における安定を生み出していった。この動きは1970年のソ連とドイツ連邦共和国間の武力不行使条約と1975年の全欧安保協力会議でのヘルシンキ宣言によって補強された。同宣言によって西側諸国は第2次世界大戦後のヨーロッパ国境を武力で変更しないと約束し，引き換えにソ連指導部に人権問題が国際的関心事であることを認めさせた。ドイツをはじめとする西欧諸国がソ連のエネルギー資源を大規模に輸入するようになったのも，この時期のことである。こうしてヨーロッパを中心に東西関係は安定に向かい，冷戦は終焉に向かうかに見えた。

　しかし，米ソ両国は依然として相互に強い不信を抱き続け，軍備を増強し続けた。また第三世界でソ連が影響力を増大させたことから，「第二次冷戦」に突入した。この時期までにソ連側が唱えていたイデオロギー（マルクス＝レーニン主義と呼ばれた）は，中ソ間の対立もあって，世界中でその影響力を失っていた。このためにこの時期の米ソ対立は，主として軍拡競争と第三世界における角逐を内容とするものだった。こうした状況で1979年末にソ連軍がアフガニスタンに侵入すると，西側諸国は結束してソ連に対抗した。その象徴的対応が，アメリカなどの諸国による1980年のモスクワ・オリンピックのボイコットであった。またアフガニスタンでは，アメリカはソ連に対抗するアフガニスタンのゲリラ組織を支援した。アメリカとの軍拡競争とアフガン戦争はソ連経済に大きな重荷となった。

　以上のように，冷戦期にソ連の指導者はアメリカに対してイデオロギーと軍事力が複雑に絡み合った外交を展開した。両国が超大国となったために，対立は世界中に広がった。また，依然にも増してソ連の国内政治が米ロ両国の対立要因となった。

2 ゴルバチョフの政治と対米外交

(1) ゴルバチョフの改革

1985年に政権に就いたゴルバチョフは，ソ連経済が長期的低落傾向にある事実を認め，抜本的改革を考えた。彼は，経済の改革のためには国民全体の意識改革が不可欠だと考えた。また，軍事費がソ連経済に重い負担になっている事実を直視し，その解消のために国際関係の改善を図った。しかし非民主的な体制の中で，社会や経済を管理する特権層は改革を拒否する姿勢を示した。特にソ連共産党組織の上層部や軍部と軍需産業の幹部層は，自分たちの既得権益にかかわる改革に反対し，改革を骨抜きにしようとした。

ゴルバチョフは社会主義の方が資本主義よりも優れているというソ連の公式イデオロギーを覚醒させるために，マスメディアを動員して一定の社会批判を始めた。彼はマルクス＝レーニン主義を信奉していたが，社会主義の優位を示すためにソ連社会の深刻な問題を隠蔽する従来のやり方を改めようとしたのである。同じ目的から，ゴルバチョフは西側の文化の流入を制限する政策を漸進的に改め，ソ連社会を対外的に開放していった。しかし経済の分野では，改革プログラムにおいて「市場」という概念を使えば資本主義経済の優位を認めることになるために，遠回しの言葉を使うことを余儀なくされた。目指すべき方向が明示できなかったために，経済改革は緩慢にしか進まなかった。そのうちに，中途半端な改革は社会を混乱させていった。それでも，次第に多くの人々が市場経済の導入という方向にしかソ連経済を立て直す道はないと理解するようになった。

ゴルバチョフの改革が最も劇的に示されたのは政治分野であった。ここでは彼は，これまで共産党が決めた候補者に選挙民が賛同する機会でしかなかった選挙を，複数の候補者の中から好ましい人物を選出する選挙に変えていった。最初に下部機関の選挙から導入された競争選挙は，1989年には国家の最高立法機関（人民代議員大会）の選挙に及び，各地で共産党の幹部が落選するという事態を起こした。しかしここで大きな問題が生じた。言論の自由を許容し，地域ごとに代表者を選出させると，ソ連のような多民族国家では「民族」を単位にした政治的対立が広がり，国家の求心力が失われていったのである。こうして，ゴルバチョフは政治改革を進める過程で連邦制を立て直す課題に直面した。改革はソ連崩壊を

恐れる人々と，逆に独立を目指す人々の双方から攻撃を受ける難事業になった。しかしそれでも，ソ連の国内政治の改革はアメリカとの関係を改善する要因になった。

（2） ゴルバチョフの対米外交

ゴルバチョフは，「第二次冷戦」で極度に緊張した米ロ関係を改善するために，就任早々に28年間も外相の職にあったグロムイコを解任した。グロムイコは第二次世界大戦中にアメリカ大使となり，指導部に評価されて長く外務省のトップの座にあった人物である。アメリカとの対立に慣れた彼は，悪化した米ソ関係を改善する技術を持たなかった。

ゴルバチョフは反ソ姿勢を鮮明にしていたレーガン大統領と首脳会談を重ね，その不信を和らげようとした。彼は核兵器の削減に力を注ぎ，1987年12月にはワシントンで中距離核ミサイル全廃条約をレーガンと締結した。さらに，翌1983年末には通常兵力の一方的な大幅削減を発表した。さらに1989年2月には，アフガニスタンからのソ連軍の撤退を完了した。こうしたソ連側の相次ぐ譲歩はソ連国内における大規模な改革と連動し，西側諸国の人々に好印象を与え，米ソ関係を劇的に改善した。

ソ連国民は，ゴルバチョフの目覚ましい活躍によって「第二次冷戦」の重苦しい雰囲気から解放されたことを喜んだ。しかし，まもなく彼らはこうした対米協調政策がもたらす代償を思い知らされることになった。まず，1989年の後半にソ連圏とされてきた東欧諸国において，相次いで体制転換が起こった。1950年代から1980年代前半までは，東欧諸国で体制批判の動きが起こると，ソ連軍がそれを威嚇・弾圧してきたのであるが，ゴルバチョフの言動を見て，これらの国の国民はソ連軍を恐れなくなり，次々に自国の社会主義政権を打倒していった。1989年11月にはベルリンの壁が瓦解した。

ソ連国民は，こうした形で東欧諸国のソ連離れが起こると予想もしていなかったので，ゴルバチョフの政策に問題があったのではないかと考えるようになった。強い不満を表明したのは，ゴルバチョフの改革で無用物扱いされた軍部と軍需産業であった。1990年1月の時点でソ連軍は390万人を擁していたが，アメリカとの関係が改善されると，大規模な軍の存在理由が問われるようになった。将来を悲観した軍の中堅層が政権批判の急先鋒となった。彼らはアメリカへの譲歩はゴ

ルバチョフの政策であると知っていたが、攻撃しやすいシェワルナゼ外相を標的にした。シェワルナゼは彼らの非難に暫く抵抗したが、結局、1990年12月に辞任した。ソ連国内では、ゴルバチョフの対米外交は何も成果を上げておらず、冷戦の敵国に譲歩しただけだという意見が広められていった。

(3) 冷戦の終焉——ゴルバチョフの対米外交が遺したもの

　1991年になると、米ソ関係はさらに大きな試練にさらされた。前年の11月29日に国連安全保障理事会は、クウェートに侵攻していたイラクに対して、無条件撤退しなければ武力を行使することを認める内容の決議を採択していたが、イラクのサダム＝フセインがこれを無視したために、米ソ両国は対処を迫られたのである。ゴルバチョフは、一度は国連安保理決議を受け入れたのであるが、軍部と国家保安員会（KGB）が反米姿勢を強めると動揺し、何とかアメリカを中心とする多国籍軍の攻撃を食い止めようとした。ゴルバチョフの後退は、米ソ間の信頼関係が脆弱であることを示した。結局、多国籍軍が1月半ばに空爆を始め、そして2月に地上戦に突入すると、イラク軍は雪崩を打って退却した。3月初頭にイラクがクウェートからの全面撤退と賠償を認める国連決議を受け入れ、湾岸戦争は終結した。アメリカから見れば、それは超大国アメリカの卓越した軍事力を示す事件であったが、ソ連から見れば、冷戦の間自国がアラブ世界において有していた影響力の喪失を確認する事件であった。

　ゴルバチョフの国内的権威をさらに傷つけたのは、ソ連邦を構成していた諸国の独立の動きであった。ゴルバチョフは、ロシアやウクライナ、その他7カ国と連邦条約を締結してソ連邦を維持したいと考えていたが、それらの共和国でさえ彼の意向を無視し始めた。

　アメリカの指導部は湾岸戦争におけるゴルバチョフの動揺を目の当たりにし、突き放してソ連情勢を見るようになった。こうした状況にあった8月半ばに、ソ連軍、KGB、軍需産業などを指揮していた指導層はゴルバチョフを軟禁し、クー・デタを敢行した。しかし、ロシア連邦共和国の大統領になっていたエリツィンが敢然と対抗したために、彼らの試みは失敗に終わった。首相、国防相、KGB議長などソ連の指導者たちによるクー・デタの失敗は、ソ連という国家の命運を定めた。12月に、エリツィンとウクライナ、ベラルーシの指導者がソ連邦の解体と、それまで連邦を構成していた国家からなる独立国家共同体（CIS）の

成立を宣言すると、ゴルバチョフもこれを受け入れざるを得なかった。

　ソ連の崩壊によって冷戦は名実ともに終焉したが、その意味するところはアメリカとロシアでは異なっていた。アメリカ国民の多くは、冷戦はロシアが特異なイデオロギーとそれに基づく政策を放棄したことで終結したと理解した。しかしソ連国民は、両国がお互いに敵国でないことを理解したので冷戦は終わった、言い換えれば、勝者も敗者もない形で冷戦は終わったと受けとめた。ソ連の外交・軍事エリートの中には、ソ連は冷戦を続けようと思えば続けられたのに、ゴルバチョフが勝手に白旗を挙げたと公言する者も出てきた。このような両国民の理解の違いは、この後の米ロ関係に非常に大きな意味を持った。

　アメリカでは、共産主義と戦ってきた欧米型民主主義が勝利したのだという歴史観が広く支持され、アメリカの援助によって民主主義を世界中に広げるべきだという考えが強まった。しかしロシアの多くの人々には、こうした解釈はまったく理解できなかった。

3　エリツィン時代の対米外交

（1）　エリツィンの親米路線

　ロシア連邦の最初の指導者エリツィンは、1991年にクー・デタに立ち向かう勇気を示したが、長期的展望をもって政治を行う能力に欠けていた。外交面で彼を支えるはずの外相コーズィレフは1991年3月に40歳になったばかりで、外交官としての実績も政治家としての経験も乏しかった。コーズィレフは、西側を敵視するソ連の政策が間違っていたと考え、ロシアは西側諸国との緊密な協力関係を樹立すべきだと主張した。彼は西側の要人に対して、自分たちは何年にもわたってロシアの共産主義者と闘ってきたと述べ、エリツィン政権を助けることが西側諸国の利益になると説いた。

　エリツィンは経済政策でも若手専門家の助言を受け入れ、1992年初頭から市場経済の導入を図り、その後、国有企業を私有化する政策に着手した。こうした政策の結果として、同年中に消費者物価は26倍に跳ね上がった。折からの石油価格の低迷もロシア経済の混乱を増幅した。1995年まで物価は毎年2倍以上も上昇し、国民の大半が窮乏生活をせざるを得なくなった。この状況は、政治舞台の片隅に追いやられていた共産主義者を蘇らせ、同時に長く政治の周辺に押し込められて

いた排外的国粋主義者を活気づけた。

　アメリカ政府は先進資本主義国の指導者を説得して数十億ドルのロシア援助策を取りまとめたが，それはロシアの経済を再生するには不十分だった。そのことが明らかになると，ロシア国内ではエリツィンの対米外交は物乞い外交だとする批判が強まった。エリツィンはこうした批判をかわすために，1992年12月，1994年9月と立て続けに中国を訪問し，「建設的パートナーシップ」の樹立を宣言した。派手な言動は，国民に対して，ロシア政府がそれまでの対欧米一辺倒の姿勢を改めたことを示す狙いがあった。

　アメリカのクリントン政権はロシア国内の反エリツィン勢力の台頭を見て，ソ連支配から脱したばかりの東欧諸国がロシアの先行きに不安を感じるのも当然だと考えるようになった。こうして1993年半ばには，NATOを拡大し，そこに東欧諸国を加える政策を検討し始めた。翌年には，第一歩としてNATOと東欧諸国が個別に協力関係を規定する「平和のためのパートナーシップ」協定が締結された。エリツィンはこの政策を受け入れたが，ロシア国内ではアメリカ批判が広がった。冷戦が終わったにもかかわらずNATOを東方に拡大させようとするのは，世界で唯一軍事的に対抗する力を持つロシアを孤立させ，アメリカの覇権を確立するためだと受けとめられたのである。1996年1月，選挙を控えたエリツィンは反米的なプリマコフを外相に任命し，国民の信頼を回復しようとした。

（2）　プリマコフの反米路線

　1929年生まれのプリマコフは，ソ連時代に中東地域の特派員，国際関係を研究する学術機関の所長，政治局員候補を歴任し，ロシア独立後には対外諜報庁長官を務めた大物政治家である。彼は中国，インド，イランなど，アメリカと距離を置く国家との関係を深め，米ロ関係を対等な関係にしようとした。コーズィレフが価値観の共有こそ世界平和の基本だと考えていたとすれば，プリマコフは軍事力を中心とした諸国家の力の均衡こそ世界平和の基盤だと信じていた。彼の登場はアメリカ側に警戒心を起こした。

　予想通り，プリマコフは幾つもの政策でアメリカに異を唱えた。第1に，中東和平の枠組みからロシアを排除しようとするアメリカの動きに抵抗した。彼によれば，ロシアは中東地域においてアメリカと同等の立場を占めるべきであった。第2に，彼はNATOの東方拡大に強く抵抗した。彼にとっては，それはかつて

のロシアの影響圏をアメリカが切り崩す政策以外の何物でもなかった（プリマコフは，「新民主主義国」を安定させるために NATO に加盟させるというアメリカ側の説明を受け容れなかった）。第3に，彼はイランの原子力とミサイルの開発問題でも，アメリカとイスラエルの対イラン政策に異を唱え続けた。プリマコフもイランが核兵器を持つことを望ましくないと考えていたが，アメリカがイスラエルを擁護し，イランを敵視するのは誤りだと考えていた。第4に，旧ユーゴスラヴィアの紛争では，ロシア世論は歴史的文化的に親密な関係にあるセルビア人に好意的であった。しかし欧米世論は1992年のボスニア紛争以来，セルビア人を悪者扱いする傾向を強めていた。1997年にコソヴォでアルバニア人とセルビア人の内戦が激化すると，プリマコフはロシア世論に同調して後者を支援する側につき，アメリカ政府と対立した。1998年秋に，人気の低迷しているエリツィン大統領の下でプリマコフが首相になると，コソヴォ問題は一層直接的に米ロ関係に影響するようになった。

　1999年3月に NATO 軍がコソヴォ爆撃を決めると，飛行機でワシントンに向かっていたプリマコフは話し合いを拒否し，モスクワに引き返した。しかしさすがにエリツィンはプリマコフの反米路線を支持できず，4月にチェルノムイルジン元首相を特使としてワシントンに派遣し，コソヴォ紛争をめぐる米ロ対立の終結を図った。アメリカ側の一方的勝利だった。5月にプリマコフは首相を解任されたが，米ロ間の関係は低調なままであった。ロシア世論はエリツィンに否定的で，プリマコフに好意的であった。

（3）　民主化と1990年代の米ロ関係

　1990年代の米ロ関係では，ロシアの国内政治も二国間の大きな問題となった。これは，冷戦の終焉を欧米型民主主義の勝利と総括したアメリカが，ロシアの政治体制を自分たちと同じようなものにしたいと考えたためであった。アメリカから見れば，共産党の支配に挑戦し，それを打倒したエリツィンは，ロシアの民主化という偉大な事業の希望の星であった。もしもエリツィンが大統領選挙で共産党の候補に負けるようなことが起これば，それは冷戦後の対ロ政策が失敗したことを意味した。こうして，アメリカの政権は陰に陽にエリツィン政権を援助する姿勢をとった（ただし，アメリカの政権もアメリカ国民も，冷戦後のロシアの国際的影響力を縮小させることは当然のことと見なした）。

問題は、エリツィン政権がアメリカから見た「民主主義」の基準に悖る行為をしたときに生じた。そうした事件が起こると、アメリカの指導部は難しい局面に立たされた。第1の例は、1993年秋にエリツィン大統領と最高会議が対立し、最終的にエリツィンが戦車部隊の砲撃で後者の抵抗を粉砕したときであった。クリントン政権は躊躇なく民主化の過程で起きた事件と意味づけ、エリツィンを支持した。第2の例は、1994年12月にエリツィンがチェチェンでの独立支持派勢力を打倒するため、大規模な軍事攻撃を命じたときに生じた。このときは自国民に重装備の軍隊を差し向けた事件であったために、さすがにクリントン政権も困惑した。しかしロシア軍が敗退したために、結果として黙認した。第3の例はさらに深刻であった。1996年の大統領選挙で共産党のジュガノフ候補にエリツィンが敗れる可能性が出てくると、エリツィン陣営は新興財閥の拠出した資金をばらまき、テレビ放送を不公平な形で利用する戦術をとった。アメリカの政権もメディアもこのような行動に見て見ぬふりをした。彼らは、選挙という最も重要な制度を犠牲にしても、エリツィンを擁護することがロシアの民主化のためになると考えたのである。

ロシア国民にとって、エリツィンの統治はけっして満足できるものではなかった。経済は混乱したままだった。私有化政策は、結果として、国民が営々として築いてきた経済資産をごく一部の者に分け与えた。私有化によって生まれた新興財閥（オリガルヒ）は、エリツィン政権の内部に入り込み、不公平な方法で法外な利益を挙げた。ロシアの国民には、アメリカ政府とメディアがこのようなエリツィン政権を支援する状況を見て、何が起こっているのか、理解できなかった。こうして、ロシア社会の中で反米世論がさらに広がっていった。

4 プーチン登場後の対米外交

(1) 9・11事件とプーチンの対応

2000年にプーチンが大統領になり、翌2001年1月にブッシュがアメリカの大統領に就任したとき、米ロ関係を改善する機会が訪れた。しかし双方ともその意欲を見せなかった。プーチンは欧米諸国の批判を無視してチェチェンの軍事作戦を継続した。またブッシュはロシアをアメリカの主要な相手国と見なさず、ミサイル防衛構想を実現するためにABM制限条約を撤廃するとロシア側に通告した。

これは1970年代から続く相互確証破壊の理論を覆すもので，ロシア側にはアメリカが一方的安全を求めているように見えた。しかし皮肉なことに，9月にオサマ＝ビンラディン率いるテロリストがアメリカの中心部を襲う事件を起こすと，米ロ関係は一変した。アメリカはアフガニスタンに潜む国際的テロリスト組織に対して軍事作戦を行うために，ロシアとロシアの影響力が及ぶ中央アジア諸国の協力が必要だと理解したのである。プーチンはこの状況を見て，中央アジアに米軍基地が設置されるのを認めることによって，米ロ関係を改善し，自らが進めているチェチェンの軍事作戦を正当化しようとした。ブッシュはこの取引を喜んで受けいれた。

9・11事件による米ロ関係の転換は，国際政治におけるロシアの地位を大いに高めた。アメリカの友好国となったロシアは，ドイツとフランスの強い推挙で主要経済先進国（G7）の正式な一員になった。ロシアはすでに1998年からG7サミットの恒常的参加国になっていたが，2002年7月のカナダの会議で，2006年の会議の議長国になることが決められた。これはロシアを先進資本主義国で，同時に民主主義国であると認定したことを意味した。ロシアの現実からすれば，これは明らかに過大評価であったが，米ロ関係の改善を契機にロシアの政治と経済を欧米諸国のレベルに近づけて欲しいとする西側諸国の期待が優先された。

こうしてプーチンはプリマコフ外交の負の遺産を克服し，さらにロシアの国際的地位を高めた。しかし米ロ両国の協力は，これ以上は改善しなかった。何よりもアフガニスタンのタリバン政権を倒したブッシュ政権が，2003年3月にイラク戦争を始めたことが第1の対立要因となった。イラクが大量破壊兵器を有すれば，9・11事件以上の惨事を引き起こす恐れがあるというアメリカの説明は，ロシアばかりか，ドイツ，フランスなどの国々を説得するものでなかった。特に，これまでの経緯からアメリカ政府の示す説明に不信感を抱いてきたプーチン政権は，根拠が曖昧なままにアメリカにイラク攻撃を許せば，アメリカは今後も他国に一方的に軍事介入を行うようになると考えた。

第2の要因は，2003年11月にグルジアで起きた「バラ革命」と翌年にウクライナで起きた「オレンジ革命」によって親欧米的政権が誕生したことであった。こうした動きはキルギスでも生じた。いずれも西側ではそれぞれの国の民主化運動によるものだとされたが，プーチン政権の周辺ではCISにおけるロシアの影響力を奪うためにアメリカ政府が意図的に起こした事件だと理解された。旧ソ連諸国

の動向を地政学的に見るロシアと，民主主義の観点から見るアメリカの間には，大きな断絶が生じていたのである。

　第3の要因は，プーチン政権が国内の反対派勢力を強圧的に取り締まる姿勢に，西側が批判の目を向けたことであった。権威主義化するロシアの内政は，西側諸国にとって無視できない問題であった。以上のような要因は，米ロ関係を次第に緊張させていった。

（2）エネルギー価格の高騰と対米外交

　おそらく以上のような米ロ関係の悪化にしても，ロシア経済が1990年代同様に低迷していれば，プーチン政権はアメリカに対抗しようとまで考えなかったであろう。しかし，プーチンが大統領に就任した頃から原油価格は高騰し続け，ロシア経済は目覚ましい勢いで成長し始めた。特に中国とインドの台頭によって，エネルギー価格が1990年代の水準まで下がらないと言われるようになると，ロシアの経済的再生は世界的に見て無視できないものになった。ロシア経済の実力は，2006年に金・外貨準備高が中国，日本に次いで世界第3位になったことに端的に示されている。

　さらに，ロシアの対米外交を考えるときに重要なのは，ヨーロッパ諸国がロシアのエネルギー資源に深く依存するようになっていたことである。特に天然ガスの供給では，ロシア産のそれは，ドイツ，イタリア，フランスをはじめとするヨーロッパ諸国の需要の約3割を充たすようになっていた。パイプラインにしろ，液化ガスにしろ，天然ガスの輸送には莫大な投資が必要であるので，この依存状態は当分続くと予想された。

　プーチンはエネルギー資源の供給国としての地位を補強するために，さらに手段を尽くした。2005年にはドイツと合意してバルト海の海底経由のガス・パイプラインの敷設工事を開始した。これは，ウクライナやポーランドなどを回避して，ヨーロッパにロシア産の天然ガスを輸送するためのものである。さらに，EU諸国が中央アジアと中東地域の天然ガスを輸入するためにナブッコ（NABUCCO）・パイプラインの事業化をすすめると，プーチンはガス産出国と中継国の双方に働きかけて，その実現を困難にしようと試みた。こうした動きに並行して，2006年初頭にウクライナがガス価格の値上げに抵抗すると，ロシア政府はガスの供給を一時停止した。こうしたロシアの行動を見て，ヨーロッパ諸国は

ロシア・エネルギー資源への過度な依存に不安を抱くようになった。

　もとより，ヨーロッパ諸国とロシアの貿易はロシアの全貿易額の半分を占めており，また，ロシアへの直接投資の2割をEU諸国が占めているので，ロシアのヨーロッパに対する影響力が一方的なものでないことは確かである。EU諸国と対立すれば，ロシア経済も甚大な被害を受けるのである。しかも，アメリカはヨーロッパ諸国のようにロシアのエネルギー資源に依存していないのである。しかし，現実にはアメリカがロシアの行動を抑制する政策を打ち出した場合に，ヨーロッパ諸国が冷戦時のように，アメリカに従い，またアメリカを支えて行動すると断言できる状態でなくなったのである。

　こうした状況を背景にして，2007年2月にプーチンはミュンヘンにおいてアメリカの単独行動主義を厳しく批判した。この演説は，米ロ両国が国際的テロリストに対する戦いで共通の陣営にいるとする理解がもはや過去のものとなっていることを確認するものであった。それでもアメリカ政府は，プーチンはロシアの軍事力と経済力の相対的弱さを自覚しているので，最終的には妥協に向かうと判断していたようである。2008年には，両国は大統領の交代時期に入り，米ロ関係よりもそれぞれの国内問題が注目されるようになった。

　こうした状況で8月に起きたロシア＝グルジア戦争は，3つの事件を背景にしていた。すなわち第1に，同年2月，アメリカとヨーロッパ諸国の多くがコソヴォの独立を承認した。セルビアに好意的なロシアはこの動きに反発したが，まったく無視された。

　第2に4月に，NATOはブカレストの会議で，グルジアとウクライナの新規加盟問題を討議した。加盟を推進したのはアメリカであった。しかし，旧ソ連諸国のNATO加盟の動きにロシアは激しく反発した。こうしたロシアの意向を考えて，ヨーロッパ諸国が時期尚早だと判断したため，グルジアとウクライナの加盟問題は継続協議となった。

　さらに7月に，ミサイル防衛の実現のために，アメリカ政府とチェコ政府がレーダー基地設置の協定を締結した。ブッシュ政権は任期が切れる前に，ミサイル防衛の実現に道筋をつけたかったようである。アメリカ側は，このレーダー基地とポーランドに設置予定の迎撃ミサイル程度では，ロシアの大量の核ミサイルを無力化するにはまったく足りないと説明し，それで意を尽くしたと考えたようである。事実がその通りであったとしても，ロシア軍部は，自国周辺に核ミサイ

ルを捕捉する設備が設置されることに危機感を抱いた。

　こうしてロシアの不満が高まっていた 8 月に，グルジアのサアカシュヴィリ大統領が南オセチア自治州に駐留していたロシア軍を攻撃した。ロシア指導部はこれに大規模な軍事行動によって応じ，グルジア軍を圧倒した。アメリカもヨーロッパ諸国もロシアの行動を過剰な反撃だとして非難したが，冷戦時のような断固たる行動はとれなかった。結果として，ロシア側は積もり積もっていた憤懣を表出する機会を得たのである。ロシアはコソヴォの前例に従い，グルジアから分離独立を目指していた南オセチアとアブハジアの独立を承認した。

（3）　米ロ関係の将来

　2009 年になると，米ロ両国の指導者は前年秋に始まった世界的経済危機を背景にして，関係の修復を目指して行動するようになった。直接的な対決に進むのは双方にとって得策でないと考えたのである。しかし，ロシアが一方的に独立を承認した南オセチアとアブハジアの問題にしろ，ヨーロッパの安全保障の枠組みにしろ，ロシアの国内問題にしろ，米ロ両国が今後和解に達するのは容易ではない。その一方で，アメリカとヨーロッパ諸国の経済的回復の遅れは国際的なエネルギー価格を低迷させ，ロシア経済を痛撃した。一度豊かな消費生活を実感したロシア国民は，再び来た経済不況に危機感を募らせた。こうして，明確な対決もできず，かといって明確な和解もできない状態が続いた。

　さしあたっての米ロ間の対立は，ヨーロッパのエネルギー資源供給問題をめぐるものである。この点では，アメリカはロシアのエネルギー資源にヨーロッパ諸国が依存する度合いを低めようとし，ロシアは依存の度合いを高めようとしている。エネルギー資源の供給国は限られており，ヨーロッパ諸国とロシアのこの面での関係が途絶することは考えにくいが，新規のパイプラインの建設が米ロ間の力関係に影響を与えることは確実である。

　中長期的に見ると，ロシアはアメリカと対立することによって国際政治における独自のプレーヤーとしての地位を誇示する政策と，ロシア経済の資源依存体質からの脱却を目指すために，アメリカをはじめとする先進経済諸国との協力を目指す政策の間で揺れ動くものと見られる。前者の政治の問題では，旧ソ連圏であった東欧諸国と旧ソ連諸国の動向がロシアの政治エリートを刺激し続けるだろう。また後者の経済の問題では，ロシア経済と国際経済の動向が大きく影響するもの

と思われる。2009年半ばに，プーチン首相がWTO（国際貿易機構）の加盟よりもカザフスタンおよびベラルーシとの関税同盟を優先すると発言すると，すぐにメドヴェージェフ大統領がロシア単独でのWTO加盟の方が現実的だと訂正して，指導者レベルでも対応が定まっていない事実を露呈した。この政策選択は米ロ関係にもかかわっている。

21世紀の米ロ関係は，かつてないほど両国の国内政治と経済の動向によって影響を受けているといえよう。

●参考文献
伊東孝之・林忠行編（1999）『ポスト冷戦時代のロシア外交』有信堂。
キッシンジャー，ヘンリー（1996）『外交』岡崎久彦監訳，日本経済新聞社。
ギャディス，ジョン・ルイス（2004）『歴史としての冷戦』赤木莞爾ほか訳，慶應義塾大学出版会。
田畑伸一郎編（2008）『石油・ガスとロシア経済』北海道大学出版会。
ブラウン，アーチー（2008）『ゴルバチョフ・ファクター』小泉直美・角田安正訳，藤原書店。
フリーランド，クライスティア（2005）『世紀の売却』角田安正・松代助・吉弘健二訳，新評論。
プリマコフ，エブゲニー（2002）『クレムリンの5000日』鈴木康雄訳，NTT出版。
ブレジンスキー，Z．（2003）『地政学で世界を読む』山岡洋一訳，日経ビジネス文庫。
松井弘明編（2003）『9・11事件以後のロシア外交の新展開』日本国際問題研究所。
横手慎二編（2004）『東アジアのロシア』慶應義塾大学出版会。

第Ⅱ部
拡大EU・NATOと各国政治

第5章
EU・NATOの拡大と中・東欧の「民主化」

羽場久美子

要　約

　「民主化」とはきわめてアンビバレントな概念である。体制転換20年の「民主化」、自由化、市場化の限りない努力と、その達成の困難性は、かえって、21世紀に至り、この地域の人々に、「民主化」についての懐疑を植えつけたように見える（Fodor）。

　本章では、体制転換20年にわたる中・東欧の「民主化」過程を、EU・NATOの拡大の動きと並行しながら、国内政治と民衆の動向を検討する。中・東欧の「民主化」過程は、1989年から2010年までに各国でほぼ6回の選挙からなる。それぞれの「民主化」の課題と民衆の動向は、本文で検討される。

　また、体制転換後20年の流れは、およそ3つの段階に時期区分される。それは、①1990年代における自由選挙の導入と体制移行、内政の民主化・自由化過程、アキ・コミュノテールとコペンハーゲン・クライテリア（基準）によるEU基準の達成努力の時期、②1999年NATOのコソヴォ空爆から9・11、2003年のイラク戦争に至る過程、③2004年のEU・NATO加盟と、「民主化」の制度化、および民衆の間でのナショナリズムやゼノフォビア（外国人嫌い）の成長、である。

　以上を通じ、中・東欧ではどのような過程を経て「民主化」が各国で遂行されたのか、世紀転換期以降「民主主義」への懐疑が高まっているのはなぜなのか、についても考える（中・東欧各国の選挙については巻末の資料を参照のこと）。

1　EU・NATOの拡大と「民主化」・市場化の波

　冷戦終焉と社会主義体制の崩壊後20年、EC/EUの拡大の流れの中で、中・東欧の自由化・「民主化」・市場化が進んできた。1989年以降、「民主化」・市場化、「ヨーロッパ回帰」と、EU・NATO加盟は一体となって進行してきたといえる。
　1999年3月、ハンガリー・チェコ・ポーランドは、先陣を切ってNATOに加

盟し，2004年には中・東欧8カ国がEU加盟，中・東欧7カ国がNATO加盟，07年にはルーマニア・ブルガリアがEUに加盟した。

また2011，12年のクロアチアのEU・NATO加盟予定を皮切りに，「西バルカン」のEU・NATO加盟交渉が，2015〜20年をめどに進行する。他方で2005年10月に始まったトルコの加盟交渉は進展が思わしくない。EUは明白に「ヨーロッパの境界」のラインを引きつつあるように見える。

方や2004年11〜12月以降，ウクライナ，グルジア，ウズベキスタンなど，拡大EUの東側国境で，オレンジ革命，バラ革命など，拡大EUが周辺地域に与える「民主化効果」が広まった。が，2007年のルーマニア，ブルガリアの加盟以降，EUは拡大に一線を引きつつあり，これらの地域においてはロシア回帰ないし反動への振り子の波が作用している。

他方，2005年5月末〜6月の欧州憲法条約に対するフランス，オランダの国民投票での批准拒否や，2008年6月のリスボン条約（改革基本条約）に対するアイルランドの国民投票での批准拒否など，世紀転換期以降，「西欧諸国」の「市民」における，EU拡大に対する忌避感，それに伴う政治改革のレームダックが現れてきている。これに対してEUエリートは，「民主主義の赤字（欠損）(Deficit of Democracy)」を問題とし，市民がいかに欧州の問題にかかわるか，また他方で欧州連合に加盟する市民の国境を越えての「市民権」の拡大に力を注ぎ始めたが，皮肉なことにそれが，欧州市民の埒外にいる「移民」問題を炙り出す結果となった（国籍を持たない移民と，国籍を持つ移民との格差，さらに国籍を持っているにもかかわらず，カラードと非EU系，EU系の国民との現実的格差など）。

こうしたEU益，国益，市民益の三すくみ状態の背景には，欧州憲法条約・リスボン条約そのものの問題点（EUの拡大と多様性の増大に対応する意思決定権の簡素化，その結果としての中央集権化や大国の指導力の強化への危惧）があった。また日常生活に広がる東からの移民，失業と経済不安，「ヨーロッパ」のすぐ外側での，パレスチナ・中東における戦争状況や，EU・政府への不信感，さらにはグローバル化により野放しにされた経済の自由競争ですでに痛手を被っていた中・東欧に対する世界経済危機の直撃による深刻な経済・社会危機などの問題も存在していた。

これらの状況を踏まえ，この章では，EU・NATOの拡大の中で，中・東欧において「民主化」がどのように広がり，また如何なる課題を抱えているのかを検

第 5 章　EU・NATO の拡大と中・東欧の「民主化」

討する。

　問題を先取りして言えば，ここではあるべき民主主義のモデルに基づいて「中・東欧の民主化の段階」を推し量ったり，そのジグザグの民主化過程や国内状況の遅れを「経路依存性」としてそれを説明することはしない。そのジグザグと見える「民主化」過程自体が，西欧型「民主主義」を多民族的中東欧社会にあてはめることの問題点をも内包していること（Michael Mann (2005) *The Dark side of Democracy*)，時の国内的要因に加えて，周辺地域からの歴史的・国際的要因にも影響を受けていること，ドイツとロシアに挟まれた「狭間の地域——ヨーロッパの危険地帯」が，EU とアメリカの経済・安全保障の影響を受けながら，冷戦終焉後の20年で，どのような政治的変容過程を遂げたかを，その地域の問題として率直に明らかにすることにある。

　すなわち「EU モデルとしての民主化」を普遍的尺度として，そこからの距離と問題点を各国各民族の「経路依存性」による「遅れ」や「特殊性」として説明するのではなく，むしろ，グローバル化と EU 拡大時代の，西欧の「民主主義」自体の現実的問題点をも含んだ，「民主主義」の表れ方とその変容を，その国際的，国内的要因をつき合わせて，検討したい。

　ここでは，「西の先進」と「東の後進」を説明するようなステレオタイプの分析ではなく，冷戦終焉後，西欧にも散見される非合理な判断や行動（既得権益の保持やダブルスタンダード，近年の強力なゼノフォビア（外国人嫌い））が，中・東欧の「民主化」においてどのような影響を与えたかも含めて，分析していきたい。

2　中・東欧の「民主化」

(1)　民主主義の定義と中・東欧

　「民主主義」とは，ラテン語の demos＋kratos（民衆の支配）に由来し，本来，直接民主主義，民衆の運動，民衆の参加をその語源とする。近代民主主義の理念としては，「治者と被治者の同一，成員の同質化・平等化」（シュミット），議会制民主主義，多数決と少数者の尊重，自治と地方分権を原則とする（高畠通敏 (1988)「民主主義」『社会学事典』)。

　中・東欧の「民主化」の研究については，冷戦終焉後，中・東欧各国で，数多くの著作が出されてきた。ハンガリーの政治学者バログは，『ヨーロッパ統合と

国益』について，すでに1998年に警鐘を鳴らしている。ハンガリーの政治学者アーグ・アッティラを中心としたグループは，200を超える同時代の中欧研究叢書で，社会主義体制から資本主義，民主化・市場化への過程を，中・東欧全域にわたり，時々刻々の論文・著書を刊行し継続的に分析してきた（Budapest Papers on Democratic Transition）。

また，チェコのドゥルラークら若手グループは，中・東欧地域の民主化過程を，民族的・ヨーロッパ的なアイデンティティの特徴を通して検討し国際学会で発表してきた。

サセックス大学のメアリー・カルドアらを編者とした中・東欧の民主化の本は，欧州委員会とも直接関係を持ちながら，中・東欧各国の研究者により1990年代前半の民主化過程を総合的に分析した（104-105頁の表5－1参照）。ここでは基準としての民主化の尺度が，制度的枠組みの確立に焦点を当て整理されているため，結果として，西欧の「民主化」基準に対して，どの程度中・東欧がそれを達成しているかの達成度評価として作用している。実際にはそれがEU加盟の条件となり，それに従って加盟の時期が決定された。EUを主体とする場合そうした分析は避けられないであろう。

であればこそ，本章では，「民主化」を検討する際，そうしたあるべき基準や指標から民主主義の達成度を分析する形ではなく，現実の中・東欧の具体的政治過程と対照させつつ検討すること，また周辺地域からの「反作用」や国際情勢の変化も含めて，民主化過程とそのセットバックを検討する必要があると考える。

ここでは，冷戦終焉後の「民主化」過程を，以下の4点を念頭に置きつつ分析する。第1に，「社会主義から資本主義へ」という体制移行期の，政治・社会改革の過程，第2に，「EU加盟基準」をめぐる「民主化」と「国益」との確執（特に農業問題，移民問題），第3に，「戦争の中での民主化」――コソヴォ空爆から9・11，イラク戦争期の民主化過程，第4に，2004年の加盟後の状況――EU益，国益，市民益の対立と国内状況，である。

その際，上記の「民主主義」の定義を踏まえ，民主主義の制度化の達成度のみならず，どの程度「市民参加」，「民衆参加」，「治者と被治者の同一」，「成員の同質化・平等化」，「少数者の尊重」，「自治と分権」が図られているのかなどにも留意しながら，中・東欧の「民主化」について，検討を行っていくこととする。

（2） 中・東欧の「民主化」の歴史的試みと挫折

中・東欧は，19〜20世紀にかけ，実に歴史的に4度にわたり，民主主義の導入を繰り返し試みてきた。第1は，1848年革命，民族の解放とハプスブルクからの独立戦争，第2は，第一次世界大戦後，ハプスブルク帝国からの独立と国民国家形成による第3共和政の導入，第3は，第二次世界大戦後，ナチス・ドイツからの解放後の（人民）民主主義の導入，第4は，冷戦の終焉後，社会主義体制の崩壊とソ連からの解放，「ヨーロッパ回帰」による民主化である。

しかしこの地域の民主化は，3度まで失敗してきた。それは1つには内部要因によるものであり，今1つは，外部要因によるものである。内部要因とは，多民族地域ゆえの民族対立，諸利害集団の調整の困難さや，経済の脆弱性，あるいは政党と一般民衆の結びつきの弱さなどである。他方，外部要因とは，国境地域を通しての周辺諸大国からの絶えざる脅威や威嚇・服従・併合などである。これらの相互作用の結果，いずれも決定的には，国内の諸階層の利害の統合に失敗，あるいは周辺大国の支配とそれへの従属が，この地域の不安定化と民主化の失敗を促したのである。東欧の第3の道主唱者，ビボー・イシュトヴァーンは，戦後直後の1946年，「東欧の民主主義」について次のように語っている。

>「東欧の小民族の悲惨さ。それは西欧の観察者たちに多くの疑いや苛立ちをもたらしてきた。……だがこの地域が不安定なのは，固有の野蛮な性格によるのではない。そうではなくヨーロッパの安定の本流から締め出された不幸な歴史的過程によるのである。われわれは，この地域の安定の理想を放棄してはならない。30年にわたる大混乱の後に，相互の憎み合いと占領，市民内戦，皆殺し戦争（ジェノサイド）の後に，われわれははっきりと安定の道筋を見ることができる。……（略）この地域の安定化は可能なのだと強調すべきなのだ。」

1度目はハプスブルク帝国，2度目はナチス・ドイツの支配によって挫折させられた「民主化」は，ビボーの意に反し，3度目もソ連の影響下に，東側体制に組み込まれることにより挫折する。しかしこの民主化と自由と解放への執念がまた，鉄のカーテンを開かせソ連からの解放と「ヨーロッパへの回帰」を勝ち取っていったことも事実なのである。

表5-1 欧州委員会と英サセックス大学との協同による，中・東欧

国名（出所における執筆者の評価）	エストニア(Juri Ruus)	ラトヴィア(Andris Runcis)	リトアニア(Kestutis. K. Girnius)	チェコ(Z. Kavan, M. Palous)	ハンガリー(Andras Bozoki)
憲法問題と適法性	最高裁が憲法裁判所を兼ねる。法の効果的執行の欠如	立法府への権力の集中。法の効果的執行の欠如	議会への否定的イメージ。弱体な司法制度	立憲的には安定。政府の一部にあらゆる法規定を履行する意思の欠如	憲法裁判所は強力
人権とマイノリティの権利	マイノリティの国籍取得は制約	マイノリティの国籍取得は制約	国籍法はリベラル	ロマの国籍獲得は困難。積極的人権政策の欠如	評価はおおむね良好。問題はロマへの保障
政党	中道・右派の連合政権。エスニック派と西欧派に分極	右派・左派の大連合[(2)]	前共産主義者の権力。政治生活は分極化。対決的政治	中道・右派の連合。野党の社民党がバランス要因	ポスト共産主義者と自由主義者の大連合。野党は弱体
メディア	国営と民営。右派の出版・放送メディアが優越的	国営に協力的な独立メディア。メディア法(1993年)	独立メディアは強力だが不公平。論説報道は偏向的	独立メディア[(3)]	独立メディア。国営テレビは時に政府に忠実すぎ。メディア法(1995年)はまだ履行されず
行政	上級公務員は民族排他的	公務員の政治化。過去の強い遺産	公務員の専門化はクライアンティリズムにより妨害（但し改善の兆し）	かなりの政治化。政党への忠誠が残存	公務員の政治化
地方政府	国籍を持たないものも地方選挙に投票できる	地方行政にほとんど財源なし	地域の行政長官は首相が任命。地方自治体への権限移譲は殆どなし	統治の地域段階の確立が必要。野党が地方でバランサーの役割	成熟した地方行政
市民社会	市民の主導権やNGOは少数	主に人権に関し，市民の主導権が次第に発展	市民の主導権は殆どない（伝統の欠如，無関心の広がり）	活発なNGO 低い組織率 政府は非協力的	多くの活発なNGO

注：(1) 各国政権党を見る限り，表はあくまで1996年頃の特徴であり，以後の特徴を表わすものでは
　　(2) 政党の右派と左派の規準は，国により異なる。
　　(3) 独立メディアは，メディアの民営化のみを意味しない。
出所：Mary Kaldor and Ivan Vejvoda, *Democratization in Central and Eastern Europe*, London & New

各国における「実質的民主主義」の調査とその特徴（1996年前後）[1]

ポーランド (Marcin Krol)	スロヴァキア (Martin Butora)	スロヴェニア (Tonci Kuzmanic)	ルーマニア (Alina M. Pippidi)	ブルガリア (Rumyana Kolarova)
前政権期には大統領の干渉が存在した	行政府への権力の集中。憲法裁判所の重要な役割	外国人の所有権に関する立憲的議論は未解決。選挙法に関する国民投票が予定	大統領権限の憲法解釈をめぐる抗争	憲法裁判所は強力 立法議会のいわば第2院として活動
この間の評価は良好。周期的に現れる「ユダヤ人なき反ユダヤ主義」	ハンガリー人マイノリティの権利について抗争中。ロマと非ロマとの緊張	非スロヴェニア人の国籍改変に向けての右派の企て。積極的人権政策	ハンガリー人マイノリティ、ロマの権利保障に問題。同性愛は犯罪	ロマとトルコ人マイノリティが困難に直面
連合政権には前共産主義者。政治生活の分極化	右・左の権威主義的ポピュリズムの連合。活気はあるが分裂した、左派・中道・右派の非権威主義的野党	キリスト教民主党と自由主義者からなる大連合	現状では権力の変化なし	前共産主義者の権力 野党の統合
独立メディア（電波、新聞雑誌）	政府の影響の強い公営テレビ。最初の商業テレビは96.9に始まる。民営ラジオと印刷メディアは独立	全国テレビ・ネットワークを制御しようとする諸党の試みと独立メディア	政府の影響の強い公営テレビ。多くの民営独立ネットワーク	メディア法は野党により異議。メディアの多元化
専門化の試み。過去の遺産の問題あり	高度に政治化	専門知識に関する一定の伝統をもった公務員	高度な政治化とクライアンテリズム	公務員の政治化 不十分な財源。クライアンティリズム
分権は虚偽の部分も。地方権力は形式的権威を持つが財政基盤がない	多元的に選ばれた地方政府は中央集権的傾向を持つ政府により制限を受ける	中央集権化。権力は地方政府に殆ど委譲されていない	圧倒的な予算欠如。政府依存	民主的に機能する地方政府。ただし財政的自治に欠ける
NGOは非常に活発で数多い	さまざまな領域にわたる多くの活発なNGO	人道的NGOの成長	NGOは、専ら閉じられた知識人サークルに限定	さまざまな領域にわたる多くのNGO

ない。

York, pp. 20-21. 各国各章の分析に基づく、執筆者間の用語、概念、各国の相互調整は十分ではない。

4度目の挫折として，EU・NATOへの制度的組み込みと国益との対立を主張する動きもあるが，グローバリゼーションの下，もはや何らかの制度から外れた「第3の道」はありえない。現実の中でいかによりよく生きていくかを選択したとき，経済面ではEU，安全保障面ではNATOに軸足を置くこと以外，この地域の安定が得られないことは事実であろう。その成果と代償は何であるのか。

冷戦終焉後20年までのEU・NATOの拡大，2005年以降の欧州憲法条約やリスボン条約をめぐる西欧の巻き返し，「欧州市民」から世界経済危機に至る東西，南北間格差，そうした中での中・東欧の「民主化」の現段階を明らかにしたい。

3 中・東欧の「民主化」と拡大EUの課題達成要求

冷戦終焉後におけるこの地域の「民主化」と市場化の達成は，2つの段階で，ヨーロッパへの制度的回帰とかさなっている。

第1段階は，冷戦の終焉と体制転換による心情的な「解放意識」と，制度的な「ヨーロッパ回帰」である。

1990年代前半，中・東欧の人々は口々に「自由と豊かさ」を唱えてヨーロッパ回帰を目指した。奇しくも1989年はフランス革命の200周年と重なり，社会主義制度の放棄と併せ，自由・平等・博愛，民主化・市場化が，「民主フォーラム」「市民フォーラム」「連帯」など，市民の内発的な「解放」の動きが，体制転換を支えた。

現実には，ジェフリー・サックスの唱える「ショック療法」を導入し社会主義からの早期脱皮を目指すネオ・リベラルなポーランドや，統一によって否応なく全面転換を迫られた東ドイツと，旧体制からの漸進的改革を唱えゆるやかに改革を実行したハンガリーやチェコなどとの違いがあったものの，長期的にはこれらの国々はすべて，国営企業の解体と民営化，外資の導入，多党制と自由選挙による議会制民主主義，マイノリティへの人権保障，環境や経済・政治・社会レベルにおける欧米基準値の達成，ヨーロピアン・スタンダードの導入，などが遅かれ早かれ遂行されていった。どちらの手法をとっても長期的な射程で見れば経済的には10〜15年後の回復に向け大きな差はなかったが，政治的・社会的には前者がより大きな犠牲を伴った。この過程では，前者・後者ともに結局のところ強制的な制度変更の結果，多数の労働者・農民とその家族が巷に放り出され，農業協同

組合の解体と土地の民営化の過程で、深刻な不況・不作が輸出を激減させた。

第2段階は、EUの「加盟基準達成」要請と、ナショナリズムの成長である。

EUは拡大に際して、中・東欧の第5次拡大までは、厳しい拡大条件をつけていない。冷戦期に加盟したスペイン、ポルトガルやギリシャ、あるいは冷戦終焉後95年に加盟した元中立国、オーストリア、スウェーデン、フィンランドでさえ、加盟基準を特に設けずに加盟させてきた。

にもかかわらず、中・東欧諸国を加盟させるに当たって、EUは厳しい「加盟達成基準」を設けた。すなわち、旧社会主義国が欧州の一員となるために、EUは、政治、経済、法律面での31項目に及ぶ「コペンハーゲン基準(クライテリア)」、8万ページに及ぶアキ・コミュノテール（EU法の国内法への適用）を義務づけたのである。

以後、中・東欧は、1996～2004年まで実に9年近く「加盟基準の達成」にむけての改革を行うこととなる。こうしたEUの加盟基準の設定とその後の厳しい加盟交渉は、ほどなく現れたオーストリアでの移民排斥・ネオナチ的な言動、さらに加盟基準達成交渉時に見られた西欧側の「保護主義」（たとえばCAP農業補助金の配分に関する既得権益の主張）や、「ダブルスタンダード」（たとえば候補国に対するマイノリティへの人権要求と、加盟国における人権侵害の放置）とあいまって、西側への不信と批判を徐々に強めていくこととなる。

以下、そうした変化を、体制転換と自由選挙の分析により、概観してみよう。

（1） 1989年の体制転換と「民主化」

1989年、マルタでの米ソの冷戦の終焉宣言とゴルバチョフの「体制選択の自由」（どのような体制を取ろうとソ連は介入しない）の表明の中で、中・東欧では、現体制への恒常的不満が80年代にきわめて高まっていた。そうした運動の進展の結果、1989年6月のポーランドでの体制側と連帯との円卓会議、8月におけるハンガリーでの鉄のカーテンの開放などを皮切りに、ドミノ式に「東欧革命」が遂行され、平行して社会主義体制の放棄と体制転換が起こった。しかしその現れ方は各国によって異なっていた。

ハンガリーでは、社会主義か資本主義かを問う選択の中で、社会主義改革により民主化を訴えた社会党と「第3の道」を唱える民主フォーラムとの間で、指導権が争われ、時代の流れの中で、改革をリードした社会党は後退し、鉄のカーテン崩壊を外から支えた民族派の民主フォーラムが、力を拡大させた。ポーランド

では，自主労組「連帯」による1980年以来の動きが円卓会議を基礎とした中・東欧最初の政権参与と政治的多元化を生み出したが，その後連帯のポピュリズム化と分裂を生んでいく。チェコでは，当初ポーランドやハンガリーに比べ保守的な硬直した政権党に対して，民衆が街頭に出た結果「ビロード革命」が達成された。しかしここでも運動をリードした市民フォーラムの知識人グループは程なく分裂していった。

ルーマニアでは，中・東欧の中で最も遅く1989年の12月に圧制に対抗する民衆革命が勃発し，チャウシェスクの逃亡と殺害という急展開を見た。しかしこれも程なく，旧共産党主流派の救国戦線によって権力が再建され，反体制派に「盗まれた」革命と評された。

結果的に，共産党1党体制は自壊あるいは倒壊したものの，変革のユーフォリアは，1年もたたないうちに沈静化した。「革命」を遂行したフォーラム系のグループや連帯組織は4，5年で勢力を失いばらばらになった。後には，民営企業を受け継ぎ私有化に成功した一握りのエリートと土地を買収して豊かになった富農層，他方，国営企業や農業協同組合の解体により路頭に投げ出された失業者，一握りの土地を得て収入と収穫を大幅に減らしてしまった農民層へと2極分解していった。各国ではインフレは20数％に及び，社会主義時代に蓄えられた箪笥預金は瞬く間に紙切れへと化していった。

インフレの中で，中高年の長期失業者と年金生活者は，人口の3割を超える「貧困ライン以下の人々」へと転落した。貧富の格差とともに国内の地域格差も拡大した。社会主義体制の解体による，初期の「民主化」と市場化は，きわめて暴力的な形で，社会的弱者の犠牲の下に遂行されていったのである。

（2） 体制転換後6度の自由選挙の特徴

こうした中で，一党制崩壊後，多党による「自由選挙」が，中・東欧各国で，総選挙，地方選挙において実施された。

以下，冷戦終焉後20年，6度に及ぶ自由選挙のそれぞれの特徴を見ておきたい。

1990年，第1回自由選挙 冷戦終焉後，第1回の自由選挙では，体制転
──「フォーラム系」，「連帯」系政党の成長　換後の政治をだれが担うかを問う最初の各国選挙となった。中欧諸国においては，ハンガリーでは民主フォーラム，ポーランドでは「連帯」，チェコでは市民フォーラムを主軸とする連合政権が，政権の主

導権を握った。他方，バルカン地域においては，ルーマニアでは「救国戦線評議会」，ユーゴスラヴィアでは「共産主義者同盟」，ブルガリアでは「共産党」など，旧共産党の改組派が，「体制転換」の内実が不十分なまま，名称を変えてとりあえずの「移行」を図った。

　ハンガリーの民主フォーラム，チェコの市民フォーラム，ポーランドの連帯などは，自由と民主主義，市場化，西欧化を掲げて政権を取った後，農業協同組合の解体，国有企業の解体，国有の土地や建物の旧所有者への返却，民営化等，多くの自由化を断行した。しかし社会主義体制の解体を急ぐあまり政治判断を優先させた急速な改革を実行したため，その犠牲が主に農業労働者や一般労働者に転化されて，深刻な不作や経済停滞，不況や長引く失業を生み出すこととなった。

　他方でバルカンでは，1991年以降，国民国家形成を急ぐセルビアのミロシェヴィチに対して，旧ユーゴ各国が分離と独立を要求し，その後クロアチアやスロヴェニアの独立宣言に大国が早期に国家承認したこともあって，問題がこじれ，20世紀最後の10年間には深刻な政治危機と民族独立戦争の泥沼化が継続することになった。

1993〜95年，第2回自由選挙
──揺り戻し：「社会主義ノスタルジー」　第2回目の自由選挙，1993年から95年の特徴は，揺り戻しと「社会主義ノスタルジー」の成長である。90年代初めの政治・経済・社会状況の，上記のような混乱と，フォーラム系の諸党派の分裂や中産層の解体，大量の社会的弱者の創出は，早期の揺り戻しを生み出した。2度目の自由選挙では，中欧では軒並み，社会主義政党への回帰現象がおこり，ハンガリーでは社会党，ポーランドでは左翼民主連合と改名した旧政権党の穏健派が，次々に政権に復帰した。チェコでは逆に，政権を取った市民フォーラムが保守的・漸進的な改革を行い急激な変化を避けたことで，旧政権党の回復を封じた。

　こうしてみると40数年の共産党支配体制と，1990年代の混乱を秤に懸けた時，第1回の「自由選挙」で旧政権党の改革派を選択した市民層は，第2回目の選挙では，ソ連支配の体制に戻ることは望まないにせよ，少なくとも国内的には，自由選挙「前」の生活への回帰を望んだことになる。

　それは本来時間をかけて慎重に遂行すべき「体制転換」が，政治的な意図から社会主義体制を一挙に解体したことによって，その最大の犠牲を一般の人々に転嫁したことに対する，市民からの異議申し立てであった。

しかし，急速な資本主義化と失業・生活難から「社会主義ノスタルジー」を求めた市民層に対し，第2回選挙で政権に就いたハンガリーの社会党やポーランドの左翼民主連合は，むしろ積極的に「ヨーロッパ回帰，EU加盟」を標榜し，その加盟基準達成のため，先のフォーラム系の政権以上に，国営企業のさらなる民営化や社会保障制度の削減，合理化，効率化を断行した。いや社会主義体制崩壊と西側資本の流入の中で，これらに抗うことは政権党としてもできなかった。

その結果，市民の「社会主義ノスタルジー」は打ち砕かれ，ハンガリーの社会党や，ポーランドの左翼民主同盟は，積極的に自由化と社会保障「解体」を推し進めて，彼らに投票した社会的弱者層の期待を裏切ることとなり，民衆の離反を招いた。たとえばハンガリーでは，ボクロシュ大蔵大臣による「ボクロシュ・パッケージ」と呼ばれる一連の社会保障「削減」政策が民衆の強い反発を招き，大蔵大臣は更迭され，社会党は次の総選挙で敗北した。この過程は「治者と被治者同一化」による「民主化の発露」による民衆の勝利であったともいえよう。

しかし社会保障「削減」を含む市場化・民営化をセットとした「EU加盟基準の達成」は，中・東欧の民衆の間にEUへの不満を高め，それを遂行する政府に（国民の利益を顧みない）「売国奴」の汚名を着せていくこととなる。これは，「西が要請するグローバル・スタンダードとしての民主化」と「西欧基準の適用による国益放棄」への民衆の率直な反発の，最初のぶつかり合いであった。

1996～98年，第3回自由選挙——ナショナルとリベラルの対立

民衆の「社会主義ノスタルジー」による社会主義政党の選択，西欧型社会主義政党のEU加盟に向けての経済競争の加速化という，民衆と政権党のパラドックスの中で，中・東欧の政治選択は，EU・NATO加盟準備は大前提としつつ，それを国益擁護（ナショナリズム）の方向で行うのか，欧州全体のリベラル・デモクラシーへの合流の方向で行うのかの2極化が起こる。

1997～99年，第3回自由選挙では，第1回目のフォーラム系リベラリストの急激な改革の失敗，第2回目の「社会主義ノスタルジー」での左翼政党の成長とそれへの幻滅，を受けて，中道右派が，民衆の支持を受けて政権に就いた。いわゆる振り子の揺り戻し現象である。中道右派は，民衆の支持を背景に，積極的に「国益」「民族益」擁護を打ち出すが，現実には，強力な「EU加盟基準」の達成要求が足かせとなり，政権党として独自の政策を打ち出せず，右派と左派の政策は，著しく均質化せざるを得なかった。

第5章　EU・NATOの拡大と中・東欧の「民主化」

ポーランドでは、連帯系の諸政党が、連帯選挙行動を形成し、左派から政権を奪還した。ハンガリーでは、ボクロシュ大蔵大臣の経済政策の失敗から、フィデスを中心とする小農業者党・民主フォーラムが連合を組んで勝利した。チェコでは、逆に、中道右派の市民民主党のクラウスが退陣したあと、1998年の選挙でゼマンの社会民主党が勝利し、市民民主党と野党連合を組んだ。スロヴァキアでは、長期のメチアル単独政権に、スロヴァキアの中道政党がEU加盟を目指しつつ大連合を組み、メチアルから政権を奪い取った。

バルカンでは、この時期、旧ユーゴの諸政党が分裂し、1999年のコソヴォ空爆につながっていく。1997～98年の第3回選挙の特徴は、国境のすぐ南に広がるボスニアからコソヴォにいたる民族紛争の激化を背景に、それと一線を画して「民主化」を達成し、「国益」を守りつつEU・NATOに加盟していく準備を整えるという、中・東欧各地で選択された判断であったということができよう。

2001～02年、第4回自由選挙
——ネオ・ナショナリズムの成長　世紀転換期、第4回目の自由選挙の特徴は、ナショナリズムの成長であろう。

2001年にはポーランドが連帯系の政党の分裂を受け、また国外の支持を得て政権を奪還した。ハンガリーでもフィデスとの激しい戦いの末、第1党はフィデスがとったにもかかわらず、社会党が自由民主連合と組み、政権を僅差で回復した。これはフィデスの周辺諸国への民族政策が周辺国やEUの反発を招いた結果でもあったが、オルバーンのポピュリストとしての力をも見せつけた。チェコでは、ゼマン社会民主党政権の不評にもかかわらず、野党の不統一から政権はかろうじて維持された。スロヴァキアでは、ズリンダのスロヴァキア民主キリスト教連合が、ハンガリー人マイノリティも取り込みつつ連合政権を継続した。

この時期は、EU加盟基準達成の要請に基づくネオ・リベラルな市場化改革の波の中で、「自由選挙」で選ばれた左右の既成政党は、いずれにせよ現実には西側の「民主化・市場化」要請に従わざるを得ない、という状況があった。そうした中、各国の社会的弱者層の不満を掬い取る形で、「民族益」を掲げて登場してきたのが、右翼急進主義政党である。

すでに中・東欧では、1990年代の初めから、ハンガリーではチュルカの「MIÉP：ハンガリー正義と生活党」やメチアルの民主スロヴァキア運動、クロアチアのトゥジマンの民主同盟などの民族主義政党があったが、世紀転換期には、EUや周辺諸国に対して自民族の利害を守る、という立場から、ポーランドのレ

ッペルの「自衛」や「家族同盟」，ルーマニアのトドルの「大ルーマニア党」などが成長した。

　彼らは積極的に，民族の擁護を掲げ，自由化や民営化の要請や加盟基準の達成要求を，ユダヤ資本，グローバル化，アメリカ化への批判とし，西欧基準の「外からの」民主主義の押し付けに反対して，反EU，反民主主義，反ユダヤ，反マイノリティなどを掲げて支持を獲得してゆく（ラメ「ヨーロッパの右翼」）。

　興味深いことに，こうした右翼急進主義の流れは，90年代後半から2000年にかけては中・東欧の諸国家，2000年の世紀転換期には，オーストリアにおけるハイダー自由党や，イタリアのベルスコーニのフォルツァ・イタリアなど，中・東欧と西欧を結ぶ境界線の諸国家，さらに21世紀初頭には，西欧に及び，フランスのルペンの，オランダのフォルタイン党など，反移民，欧州憲法条約批判やトルコの加盟批判を掲げた西欧諸国と，徐々に東から西にゼノフォビアが移動していった。

　これらのナショナリズムと右翼急進主義の成長は，「民主主義」の掛け声の中，東では，西側のEU加盟基準の強制やダブルスタンダードに反発し，また西欧では，東からの移民や安い農産物に対抗し，それぞれの「国益」を民衆に訴えながら，国民のかなり広範な層をひきつける運動として，支持を広げていった。世紀転換期，各国の「民主化」は，東西それぞれの市民を「結びつける」方向ではなく，「敵対させる」方向に機能したのである。

2004〜05年，第5回自由選挙
　　——EUへの加盟と「ヨーロッパ懐疑主義」

　2004年から05年の第4回選挙を見るにあたって，最も象徴的かつ皮肉なのは，2004年5月1日の中・東欧諸国のEU加盟の直後に，加盟を推進してきたポーランドの政権党が崩壊したこと，さらに25カ国拡大EUの最初の欧州議会選挙で，欧州の東西ともに，政権党は軒並み敗北，特に中・東欧では，平均して有権者の5人に1人しか投票に行かず，その結果，欧州に懐疑的な国益擁護，ないし極右政党が，加盟最初の年の欧州議会に送りだされたことである。

　これに象徴されるように，EU加盟基準の厳しい達成要求は，中・東欧での「民主化」を早期に制度化・定着させる基礎となるが，逆にEUの要求に従って国益を犠牲にしたかに見える国家と政府に対する民衆の不満が高まり，手厳しいしっぺ返しをくらう結果となった。コペンハーゲン・クライテリア31項目のうち，最後まで残された課題は，「移民，農業補助金，財政」という最も各国の国益に

かかわる政策であり、それらはいずれも難航をきわめた。

　EUの加盟交渉の最終段階で、農業問題、移民問題など「国益」をめぐる最大の難題に対し、いずれも「既」加盟国の既得権益を擁護し、「新」加盟国に妥協と譲歩を促す形で決着したことから、EUの保護主義への不満が、新加盟国、特に農民層の間に広がった。他方、フランス、オランダなど、農業・移民問題で直接利害を共有する国々では、新加盟国に対する市民の警戒意識が浮き彫りになった。農業問題でポーランド農民にインタビューしたBBCのビデオによれば、農業補助金が最初25％、毎年5～10％ずつアップして10年目にようやく100％となることを通知されたポーランド農民は、「EUはスターリンより嘘つき」と罵倒し、EUの決定を破り捨てた（BBCの映像、2004）。

　他方、移民問題については、ポーランド国境から非合法を含め50万を超えるスラブ系住民が流入してくると予想されることを危惧したドイツ、オーストリアは、移民制限期間を、2＋2＋3＝最大7年に延長した。こうして最後までもめた農業問題、移民問題でこじれた結果、EU拡大によって、逆に加盟国と新加盟国との間に不信感が広がり、それが民族主義政党の成長を助けた。

　2005年の選挙では、ポーランドでは、民主左翼同盟が大敗し、法と公正、レッペルの「自衛」、ポーランド家族同盟という農民政党が連合して政権を担当し、その後カティンスキ兄弟が政治を担う。2007年の選挙ではリベラルの市民プラットフォームが多数派を取り、いずれもポーランドの「国益」をかかげ代表する政治を担うこととなる。

　他方ハンガリーでは、2006年、社会党政権に対する批判の中、経済に強い若手ジュルチャーニがリーダーシップをとることにより、フィデスの攻撃に対抗して、体制転換後初めて、辛くも2期にわたり政権党を維持した。しかし既に、秋の地方選挙では1956年50周年の革命キャンペーンの中、フィデスが圧勝し、不安定な政権が継続している。

　チェコでは、2006年の選挙で市民民主党と社会党が、それぞれ連合を組んで100議席を取り、勢力均衡して選挙後6カ月間政権を樹立できない事態となった。しかし政権空席の間も、チェコ経済は順調に発展し、この時期、欧州ではチェコ経済の奇跡がささやかれることとなった。

2007～10年、第6回自由選挙
——経済・文化的「異質性」の拡大

　2007年のポーランドに始まる第6回選挙を総体として表現することは難しい。

2009年に冷戦終焉20年を迎えた各国は，旧「東欧圏」という枠組みよりは，それぞれの歴史と領域の枠組みの中で，既に独自の政治運営を進めているようにも見える。それでも，大きな枠組みとしていえることは，2004〜07年の中・東欧の加盟が一段落を迎える中で，「ヨーロッパ」の中での西と東の格差が，政治システムとしても経済的格差としても文化としても，物いわぬ形で大きく影を落としていることであろう。

西欧の人たちが見せる旧東欧への物いわぬ差別と軽蔑の念，とりわけ2005年前後から高まってくる西への移民の増大と西欧の経済停滞，相対的な東の経済成長と東西の接近，それに伴う西側の東に対する「お荷物感」，「入れてやったのだという優越感」，「東の移民に対する何ともいえない軽蔑感」，「東のプロ・アメリカに対する『異質者』扱い」などが如実に表れてくる。

これに対して，ポーランド，ハンガリー，チェコなどは，それぞれ異なったやり方ではあるが，ヨーロッパ・リベラル（EU派）に対して，ナショナリスト・国益擁護派が再び巻き返す形で自己主張を始める。

2010年のハンガリーの総選挙は，その１つの象徴でもあった。８年に渡って継続したハンガリー社会党に対して，ナショナルな右派と目されていたフィデス・KNDP（青年民主連合・キリスト教民主国民党）の連合が，386議席中263議席，３分の２を占める「歴史的圧勝」を遂げた。他方で，政権党であった社会党は，59議席の少数政党に転落した。社会党に並ぶ47議席を取ったのは，下層や地方民衆を基盤としたヨッビク（より優れた者たち）という極右の政党であった。

ハンガリーのこの転換をもたらした背景には，８年に渡る社会党政権での財政政策の悪化，それをごまかしたジュルチャーニ政権の国民に対する嘘や政治腐敗，さらに2008年の世界経済危機の波をまともに受けた結果として中欧最大の財政危機に陥った経済政策の破綻の問題等があった。その点では，フィデスのオルバーン政権も安泰とはいえないが，中欧の中でポーランドやチェコに比べてEUに比較的忠実であったハンガリーは，ここにきて大きく国益擁護に振れた。

他方，フィデス政権樹立直後に可決した，周辺国のハンガリー系マイノリティに対する二重国籍法の導入が，スロヴァキアなど周辺諸国との軋轢を生んでいる。さらにヨッビクの言動に象徴される反ユダヤ主義や反ロマ政策など，経済的な逼迫に乗じてナショナリズムが高まることも予想される。

2011年は奇しくもハンガリーとポーランドが相次いでEUの議長国を務める

年である。リスボン条約船出により，中央集権化と大国の力が強まる中，中・東欧の2国の連携ないし中欧の指導力がどのように示されるのか，あるいはリスボン新体制の下で議長国の指導力や中小国はほとんど無力化されるのか，注目される。

ポーランドでは2007年10月の総選挙で，市民プラットフォーム（PO）が農民党との連立で240議席を獲得し，法と公正（PiS）を破って政権に就いた。第6章にも触れられているように，2010年4月，「カティンの森」事件70周年の追悼記念式典に向かったカチンスキ大統領夫妻を初めとする政治家・軍人・遺族らの政府専用機が，ロシアのスモレンスク郊外での事故で96人全員死亡するという大事件が起こり，内政外交ともに混乱した。しかしその後の大統領選挙では，弔い合戦となった兄ヤロスワフ・カチンスキ（PiS党首）ではなく，PO出身の国会議長コモロフスキが選ばれた。ポーランドでは左翼民主連合が力を失った後，保守同士の対決となったが，国民カトリック（PiS）に対して保守リベラル（PO）が選ばれたことにより，この間国益を掲げアメリカとの協力を盾に，リスボン条約に対しても批准を遅らせ，EUに対して独自の国益を明示してきたポーランドは，一定程度修正される可能性がある。

他方チェコでは，1998年から8年続いた社会民主党政権を2006年に市民民主党が破り，市民民主党は8年ぶりに政権に返り咲いた。2010年の選挙では社会民主党が再び第1党を占めたが，過半数を取ることはできず，市民民主党の政権が継続している。

2003年以降大統領の座にあったクラウスは，社民党政権時代は短期のねじれの位置関係にあったが2006年以降は解消した。クラウス大統領のEUへの懐疑的態度は，リスボン条約の批准延期にも現れており，EUに断固として自律性を主張してきた中欧チェコ大統領の独自性は，新加盟国ではポーランドのカチンスキ政権とともに際立っていたといえる。

スロヴァキアは，メチアルの民主スロヴァキア運動が，欧米の支持する民主主義諸党によるズリンダ大連立政権によって敗北させられて以降，中欧でのEUの推進派を自任しており，2006年にスメルの政権に移行してからも，2009年のユーロ加盟，リスボン条約早期批准，アメリカ・EU関係も良好で，世界経済危機以降も相対的に順調な政治経済運営を実行してきた。しかし，2010年6月の総選挙ではスメルが第1党を確保したにもかかわらず連立工作に失敗し，スロヴァ

キア民主キリスト教同盟を中心とする4党の保守右派連立内閣が実現した。政策の行方は未知数である。

バルカンについては，スロヴェニアが2008年9月の総選挙で社会民主党を中心とする連立政権，クロアチアは，2007年の総選挙で民主同盟を中心とする連立政権で，いずれもが積極的なEU支持を打ち出し改革を進めている。他方セルビアは，旧ユーゴの分裂以降，1999年にはコソヴォとの対立をめぐってセルビア全土へのNATO軍の介入を受けたが，その後一連の欧米の圧力もあり2000年に民主化を達成，コシュトニツァが大統領となった。2008年2月にはコソヴォが独立したが，現在に至るまで国連の3分の2の支持を得られず国際的に国家承認されていない。セルビアは2008年の総選挙で民主連合を中心とする連立政権を樹立，2014～15年のEU加盟を目指し改革を重ねている。2010年にはセルビアとモンテネグロとEU間の国境のビザが撤廃された。EU加盟を急ぎたいがEUの政策を全面的には肯んじ得ないという複雑な状況がある（第10章）。

以上，体制転換後20年に及ぶ中・東欧における「民主化」と，6回にわたる自由選挙の特徴と変容を見てきた。冷戦終焉と体制選管後の20年は，「欧州回帰」を目指す，単線的発展とはいい難いジグザグの20年であった。中・東欧のほとんどがEU・NATOに加盟した後においてさえ，東西欧州双方のナショナリズムの拡大と国益の対立により，東西欧州の相互対立と不信の構造が続いている。欧州相互のゼノフォビアは，皮肉にもEUの拡大によって以後，高まっているようにすら見える。

拡大EUのネオ・ナショナリズムは，第5節でより詳細に論じることとし，その前に，以下，NATOの拡大と中・東欧の安全保障について分析しておく。

4　NATOの拡大と地域紛争

（1）　ヴィシェグラード協力時代

1990年代前半は，中欧3国（ポーランド，ハンガリー，チェコスロヴァキア，後スロヴァキアが分裂して4カ国）はヴィシェグラード地域協力を組み，EUとNATO加盟を要請した。それは1991年8月のソ連軍部のクーデターに見られるような，ソ連の反動的な巻き返しに対して，中欧諸国は強い危惧を覚えたからである。以

後、ヴィシェグラード諸国は結束して、ロシアから自国の自立を守り、また南のユーゴスラヴィアの民族・地域紛争から自地域を守るために、4国共同でNATO加盟を要請していく。

他方、NATO側は、当初、中欧への拡大にきわめて慎重であった。なぜなら、冷戦の終焉と、ワルシャワ条約機構という「敵」の軍事機構の解体を受け、新たな役割を付与せねばNATOの存在意義そのものが問われる事態となったからである。

こうした中、米欧は、欧州全体に網を掛けて話し合いの場を設ける「CSCE（全欧安保協力会議）」の「予防外交」に活路を見いだしていく。冷戦の終焉に伴い、全欧州の協議によって問題を解決する場を提供しようとしたのである。これは、欧州の安全保障の場における「民主化」の進展と位置づけられた。

ところが、40数年間ソ連のくびきの下に置かれてきた中欧の指導者（当時は民主派）は、ソ連と東欧が、一括して「旧社会主義国」として扱われることには不満であった。彼らは、安全保障の枠組みをソ連・ロシアと共同で行うことは考えられなかった。こうした中で、中欧諸国は、ソ連とは別の枠組みを繰り返し要求した。その結果、1994年には、NATOと「平和のためのパートナーシップ（PfP）」が実現し、加盟への1歩が築かれた。95年にはロシアもこれに参加したため、中欧諸国はNATO加盟に向け、活動を強化した。

（2） NATO拡大とセルビアの空爆

1996年10月、アメリカのクリントン大統領は、第2期大統領選挙の遊説先、東欧からの移民の多いデトロイトで、1999年NATOの50周年までに、中欧諸国をNATOに入れることを宣言した。これは大統領選勝利と、中欧への影響力拡大の双方をにらんだ発言であった。その後アメリカ議会は中欧のNATO加盟準備金として6000万ドル、以後10年間で15億ドルを中欧3カ国に提供することを採択した。アメリカが中欧のNATO加盟に対し、議会でも予算を出すことを承認したのである。

こうして、1999年3月12日、ハンガリー、ポーランド、チェコ3カ国はNATOに加盟し、中欧の国々は口々に欧州への回帰と安定の実現を喜んだ。しかしそれもつかの間、中欧のNATO加盟の12日後に、NATOのセルビアへの空爆が始まったのである。

以後，NATOは，加盟と戦闘参加をセットにする戦略をとることになる。また隣国である中欧とバルカンを対照させることにより，他の中・東欧の国々に，「民主化を達成すれば加盟，紛争と対立を継続すれば空爆も辞さない」，「平和的民主化か，武力による民主化か」の二者択一を迫ったのである。以後，多民族の再編とマイノリティの異議申し立てに悩む中・東欧諸国にとって，セルビアへの空爆は，民主化とEU・NATO加盟を選択する鍵となった。

事実，同年4月に開かれたNATO50周年記念の会合では，旧ソ連のバルト三国を含む9カ国（リトアニア，ラトヴィア，エストニア，スロヴェニア，スロヴァキア，ルーマニア，ブルガリア，アルバニア，マケドニア）は，「加盟のための行動計画（MAP9）」のメンバーとして第2陣の加盟候補国の指名を受けることとなった。これにより，ユーゴの孤立化のみならず，ロシアの分断と孤立化が図られた。

1999年のコソヴォをめぐる空爆が，①人道的介入，②域外派兵，③緊急の場合，国際機関の承認も回避しうるという，「新戦略概念」の履行として断行される中で，欧州の知識人，中・東欧の旧社会主義者は，賛否両論で真っ二つに割れた。

ハンガリーの反体制知識人であったヘラーは，セルビア軍のマイノリティに対する虐殺に対し，空爆を「人道的介入」として支持した。政治学者アーグは，「マーシャル・プランとは違う。アメリカは今度は東欧を見捨てなかった」と評した。チェコ大統領ハヴェルやポーランド大統領ワレサも，いずれも空爆を支持した。

他方，同様に反体制派知識人であったコンラードは，ドイツの『ツァイト』紙でNATOの空爆を批判した。民族派のハンガリーのオルヴァーン首相も，セルビアとの境界線地域のヴォイヴォディナに数十万のハンガリー人マイノリティがおり，彼らが「セルビアを空爆するな」と声明したこともあり，慎重を期し医療・後方支援を中心とした。ハンガリーのゲンツ大統領も「セルビアは我々の歴史的な友人であり逃れてくる難民は手厚く保護せねばならない」と暗に空爆を批判した（1999年，大統領，首相，各研究者への直接の聞きとり）。

このコソヴォ空爆を契機に，NATOの拡大は，中・東欧の「民主化」とともに，彼らの戦争・実戦への参加をより重要な課題として要請することとなる。

中・東欧が，アメリカに対し執拗にNATO加盟承認を迫った背景には，この地域で「ロシア・バルカンから自国を守ってくれる軍はアメリカ以外にない」とする国際認識があった（EU大国は，ロシアに対抗しうる軍事力を持たないうえに，そ

もそも「中・東欧を守ってくれた」歴史的事実もなかった。むしろ「隣国」ドイツとロシアはいずれも歴史の「最も新しい記憶」において，侵略者であり脅威国であった。しかしこうしたアメリカの軍事力への過度の依存が，中・東欧の「民主化」の足枷となる）。

（3） 9・11同時多発テロ——「国際対テロ包囲網」と中・東欧

　2001年9月11日のテロは，中・東欧にとっても転機であった。NATO拡大の折には，中・東欧への拡大を約束し実行したのは，中欧通のクリントンであり，国務長官はチェコ系ユダヤ人のオルブライトであった。他方9・11のテロ後，最初にアメリカのブッシュ大統領に連絡し，国際対テロ協力網を提案したのは，「強いロシア」を標榜するプーチン大統領であった。以後，2001年10月に開始されたアフガニスタン空爆に際し，ロシアは情報や基地提供も含み，積極的に協力した。これを契機に，イギリスのブレアの後ろ盾もあって，2002年5月には，「NATO・ロシア理事会」が成立したのである。クリントン第2期のロシア孤立化時代とは逆に，9・11を契機にアメリカとロシアは蜜月時代に入ったのである。

　これに対し中・東欧諸国は，不安を持って見守った。中・東欧にとっては「民主化」を達成することがNATO・EU加盟の課題であった。しかし「強いロシア」復活を公言するKGB出身のプーチンが，まず英米，次いでEUとの協力関係を再開させたことは，中・東欧を困惑させた。NATO加盟の最大の眼目である「ロシアからの安全保障」が形骸化する事実に，中・東欧小国は対処すべき術を持たなかった。

　また，中欧は，NATO加盟によって，アメリカからの軍の近代化要請，武器（ミサイル，戦闘機）販売攻勢，GDP2％の軍事費のノルマなど，予期していなかった多くの軍事的課題を課されることとなった。NATO加盟により中欧の安保の防衛を期待したことは，「安保ただ乗り（Free Rider）」と批判され，軍事同盟としてノルマを果たす必要性，軍事共同演習などが，積極的にNATOの側から提示された。EU加盟基準達成のための財政逼迫にもかかわらず，軍事費の増大やミサイル購入も含む軍事化が，ノルマとして並行して要請されたのである。

（4） イラク戦争——欧州の共通外交から，アメリカの安全保障戦略へ

　NATO加盟により中・東欧は，アメリカに軍事行動で貢献する必要性が出てきていた。

2002年11月，中・東欧7カ国へのNATO拡大が決定された折，イラクに対する対応として，アメリカと独仏の間に齟齬が現れた。欧州は，イラクの大量破壊兵器疑惑に対して国連による査察を継続することを要請したが，他方，アメリカは，大量破壊兵器の所在を証明し，攻撃を決定したのである（証明そのものは，後に工作がなされたことが明らかとなり，ブレア政権に打撃を与えた）。フランス・ドイツ政府が，アメリカのイラク戦争を批判する中，戦争を批判する声が，未曾有の世界規模で沸き起こる。

しかしこうした中，2003年1月30日に，欧州8カ国（イギリス，イタリア，スペイン，デンマーク，ポルトガル，ハンガリー，ポーランド，チェコ）が，2月4日には，ヴィリニュス10カ国（リトアニア，エストニア，ラトヴィア，ルーマニア，ブルガリア，スロヴァキア，スロヴェニア，クロアチア，マケドニア，アルバニア）が，アメリカのイラク戦争支持を声明した。

これに対し，フランスのシラク大統領が，「中・東欧の行動は短絡的だ」と強く批判したことから，逆に中・東欧では，フランス・シラクの高圧的な態度に批判が巻き起こった。こうした中，仏独の反イラク戦争の表明は，広範な国際的支持を得たにもかかわらず，EUの中では圧倒的少数派（4カ国）となり，共通安保外交政策（CFSP）の失敗を白日の下にさらした。中・東欧は，EU加盟を目前に，経済面ではEUに依拠するものの，軍事面ではアメリカ側に就くことを，明示したのである。

（5）NATO・アメリカ支持による中・東欧のメリットとデメリット

2003年3月，イラク戦争直前の段階では，中・東欧各国はかなり複雑に割れていた。

ブルガリアやクロアチアは，当初は，コソヴォ空爆やアメリカの政策を批判していた。ハンガリーでも野党のフィデスは，イラクへの派兵を強く批判した。問題解決に貢献したのは，各国1500〜2000万ドルに及ぶアメリカからの派兵の支援金であった。さらに最終的にアメリカ側に転換したのは，皮肉にもシラクの中・東欧批判と，対照的なアメリカ・ブッシュJr.の友好的態度であった（ブッシュは，各国の首脳にホットラインで連絡をとり，派兵に金銭援助，石油権益，多くの実質的支援を約束した。逆にフランスは，中・東欧に威嚇によりEUの政策遵守を期待したのである）。

アメリカ支持とイラクへの派兵により，中・東欧，とりわけポーランドは最大の成果を得た。ポーランド軍は，20〜21カ国軍隊，9800〜1万2000人を率いて，イギリス軍とともに最重要の前線に配備され，その結果NATO事務総長補佐官，21カ国軍総指揮官，（イラク）国際調停委員会委員長という国際的地位を得た。これによりポーランドは，EUの加盟条件をなかなか達成できない「遅れた農業国」から，一転，アメリカの世界戦略を補佐する軍事大国たることを世界に示し，EUの中での発言権が増大したのである。

コソヴォ空爆からイラク戦争に至る過程で，中・東欧は，仏独のリードするEUに安全保障面では距離を置き，アメリカの影響下に入っていった。EUは安全保障ではまとまれないことを示し，その結果，（アメリカの国防長官ラムズフェルドのいう）親米の「新しいヨーロッパ」と「古いヨーロッパ」の軋轢が欧州に現出したのである。独仏からはアメリカの「トロイの木馬」と揶揄されつつも，中欧の軍事的気骨は改めてEU大国にもその存在が認識されることとなった。

5　拡大EUにおけるネオ・ナショナリズムとセットバック

（1）　EUの保護主義，ダブルスタンダードへの不満

EUは新加盟国との加盟交渉をめぐって，とりわけ，農業補助金，移民，財政予算，といった，それぞれの利害と直接かかわる問題において，互いに譲れず，結局，現加盟国に有利な形で最終調整する結果となり，それは，新加盟国に強い不信を引き起こすこととなった。とりわけ，EUが，受給国の既得権益を守るため，新加盟国に対して，農業補助金を，1年目は本来の25％しか配分せず，全額支給は10年後の2013年まで延期したこと，移動の自由も最長7年間（2＋3－2年間）制限しうることを取り決めたことは，厳しい31項目の加盟条件を課されてようやく加盟へとこぎつけた候補国の反発を招いた。

イタリアとオーストリアの隣国で，中・東欧の加盟候補国中最もGDPが高く少数民族政策も模範的に運用されているスロヴェニアから見ると，1995年に無条件で加盟したオーストリアやEUの議長国イタリアで，移民やマイノリティに差別的な言動を吐く政党が政権に入っていることはきわめて不本意に映った。こうした中，加盟候補国からは，EUは，ダブルスタンダードであり，保護主義（protection）だという批判が続出した。

西側から見るとフィンランドやオーストリアは，豊かな中立国であり，旧「社会主義国」中・東欧とは異なると映るかもしれない。しかし中欧と同規模の隣国であり類似した歴史を持つオーストリアやフィンランドが，冷戦終焉後，厳しい加盟基準がないまま1995年に加盟したこと，またオーストリアではその後右翼ナショナリズムが成長し，中欧からの移民に人種差別的な政策が取られたにもかかわらず，一時のハイダー自由党への経済封鎖を除いては，そうした政策が放置されたことは，中・東欧の人々の心情を傷つけた。彼らにとっては，冷戦期にオーストリア・フィンランドが社会主義体制の枠外にあり，自分たちが枠内に入ったことは，偶然あるいは少なくとも米ソ戦略の結果であって，「民主化」の成熟度によるものではなかったと考えたからである（羽場久美子（1998）「東欧と冷戦の起源」『社会労働研究』）。

　こうした中で，中・東欧は，EU加盟の基準が「民主化」の達成度よりも，GDPに象徴される経済発展の度合いや文化的共通性の方がより重要な要素であると認識させられることとなる。ポーランドの農民は，「EUはなぜオーストリアに与えた農業補助金を自分たちには10年間も延期するのか，自分たちは貧しいからか」，と痛烈に批判した。

（2）　拡大EUの境界線での「民主化」の波と内での国益擁護

　2003年秋，中東欧諸国がEUに加盟する直前に調査を行った興味深いユーロ・バロメーターがある。それによると，2004年5月に加盟予定の中・東欧，地中海10カ国のEUへの支持が50％を切っているのに対して，04年に加盟できない3カ国（ブルガリア，ルーマニア，トルコ）の方が，EUへの支持が70％台と，はるかに高いのである。中・東欧についても，加盟交渉を始めた1990年後半の時期は，加盟への期待でEUへの支持がきわめて高く，重要な案件を詰めていくに従って，相互交渉の過程で，期待が諦念や挫折感に変わっていくことを示している。しかしそれでも2人に1人は，EUに期待を寄せている。ということは，どのような形にせよ，ロシアとドイツのはざまに位置する地政学的位置であり続ける限り，EUの中で生きていくことが，国民にとって最善の安定と発展の道であると考えるからであろう。

　他方で，2004年秋から2005年春にかけてウクライナ，キルギス，ウズベキスタンなどで，いわゆるカラー革命と呼ばれる，オレンジ革命，チューリップ革命，

バラ革命など、民主化の波が起こった。EUと「バルセロナ・プロセス」（北アフリカ、中東）、EUと旧ソ連・パートナーシップ協定の国々が、境界線を越えて共存を求める「ワイダー・ヨーロッパ、近隣諸国政策」（2003年）が表明され、EUの境界線の外にある国々とEUが連携する動きが強まったのである。EUの「民主化」と「市民社会」形成（シチズンシップ）の政策は、以後このように境界線を越えて拡大していく。

「ヨーロッパ」の従来の領域を超えて「民主化」と「規格化」「規範」を迫るEUに、「規制帝国」という呼び名が冠され始めている。加盟を超えて外に民主主義を拡大するEUと、内側で国民との間に「民主主義の赤字」と「マイノリティとの軋轢」を抱えるEU。統合ヨーロッパも、拡大と経済力の全般的成長だけでは解決できない、悩ましい問題を内包している。

（3） 加盟後の動きと欧州憲法条約の拒否、リスボン条約の延期

2004年、2007年の中・東欧へのEU拡大後数年が過ぎ、これらの国は急速に拡大EUの機構の一部になりつつある。しかし国内には、ハンガリー、チェコ、ポーランド、いずれも不安定な政権を抱えて、民意との調整を誤りかねており、他方、3年遅れて加盟したルーマニア、ブルガリアの「民主化」も、経済問題、汚職や国境問題を含め、未だ安定的ではない。

2004年秋に中・東欧に支給された農業補助金については、その額の予想外の多さに、ポーランドの農民らの批判は影を潜め、家族同盟や自衛などの支持率は、大幅に減少した。

境界線をこえての自由移動も活発化し、2007年末には、シェンゲン協定は、トルコ人問題を抱えるキプロス、ルーマニア・ブルガリアを除く新加盟9カ国まで広げられた。

拡大EUにおける「地域」の役割も強まった。25カ国EUを254地域に分割した1人当たりGDP（2002年購買力平価）比較では、EU平均値の125％以上にある上位37地域には、イギリス、ベルギーなどとともに、中欧で唯一チェコの首都プラハが入った。また、下位59地域（平均値の75％未満）では最下位から5地域はすべてポーランドであった（しかし西欧からも、ドイツ（6）、ギリシャ（5）、ポルトガル（4）、イタリア（4）、スペイン（2）、ベルギー（1）、イギリス（1）の地域が下位に入っている）。ポーランドの諸地域が最下位にあるのは、東のウクライナやベラ

ルーシに近い貧困地域を抱えているためであるが，こうした状況を見る限り，すでに EU 内で新たな地域間競争と格差が始まっている。それは，2008年の世界経済危機でより決定的なものとなった。

（4） EU 憲法条約拒否，リスボン条約の延期

こうした中，2005年5月29日のフランスの国民投票において，EU憲法条約が拒否された。フランスの国民投票は，反対54.87％，賛成45.13％と，10％の大差で，憲法条約を拒否した。6月1日，オランダでも，反対61.6％，賛成38.4％の大差で，否決された。さらに2008年には，憲法条約を大幅に縮小して再提出されたリスボン条約も，唯一国民投票が行われたアイルランドで否決された。憲法条約，基本条約は西欧の国民投票で拒否された形となったが，現実には，ポーランドのように，「ニース（条約）か，死か」で欧州憲法条約を拒否して国益を護ろうとする動きもあった（小森田秋夫（2006）「ポーランドと憲法条約」『ヨーロッパの東方拡大』）。仏独がリードする憲法条約への反発は，実はポーランドをはじめとする「新しいヨーロッパ」でより強かったが，それをストレートに表明できない弱みも新加盟国は有していた。

欧州憲法条約，リスボン条約が立て続けに国民投票で否決された背景には，1つには，この間ユーロクラット（EU 官僚）により「市民の民主主義」がおざなりにされたという，「民主主義の赤字」の問題がある。加えてより重要な問題として，欧州憲法条約の精神としての合理化，効率化，「統合された強いヨーロッパ」，共通外交安全保障政策（CFSP）の導入が，（より多元主義を尊重する）ニース条約に比べ，結果的に各国の国益を損なうのではないか，また多元的・平等な関係である27カ国の権限が法改正によって英独仏の主導権の拡大により縮小されるのではないか，という中小国の強い危惧も背景にある。

多様で緩やかな域内民主主義の重視か，大国の主導権の下強力で統合されアメリカに並ぶ国際規範を持ったグローバル・パワーか，市民に配慮した市民益を調整する民主主義か——。

これらを巡って「政治レベルでの統合」推進に対しては，EU 内部でさえ未だ躊躇する国や市民が多いことを，憲法条約，リスボン条約の拒否は示した。21世紀に入り，欧州各地でナショナリズム，ゼノフォビア（よそ者嫌い）が増大していることもその証左である（羽場久美子（2006）「EUのナショナリズム」『EU統合の

軌跡とベクトル』)。今後バルカンへと拡大する EU は，国家と地域の主権，市民民主主義間の対立，という古くて新しい問題に直面している。

6 残された課題——拡大 EU・NATO と中・東欧の「民主化」

2008〜10年には，いくつかの根本的な変化が拡大 EU と中・東欧，及び世界で起こった。

その第 1 は，2007年12月末以降，グローバリゼーションと拡大を反映し，シェンゲン協定がキプロスを除く2005年の加盟国全体に一斉に開かれたこと，それにより新加盟国 9 カ国を含む20カ国で，移動の自由が始まったことである。

第 2 は，2008年 2 月にコソヴォが独立を宣言し，これを EU，アメリカ，日本など先進国が一斉に承認し，パンドラの箱を開いたかに見えた。が，国連各国，特に多民族国家は承認に慎重であり，国家承認の比率は，2010年の時点で未だ国連全体の 3 分の 1 程度，60数カ国の承認であり，膠着状態にある。

第 3 は，2008年 9 月のリーマン・ショックに始まる世界経済危機であり，それが全世界，とりわけアメリカ，EU，日本を含む先進国を巻き込んで現在にまで深刻な影響を及ぼしていることである。

第 4 に，2009年にリスボン条約がアイルランドの国民投票で承認され，その結果チェコやポーランドなど批准を見合わせていた国々でも承認されて，2009年12月 1 日から EU 全体で条約が発効されたことである。

これらのうち 1 番目，2 番目，4 番目は，いずれも中・東欧諸国を EU の統合により強く結びつけることとなったが，より深刻で長引く影響は，3 番目の世界経済危機であった。

最も深刻な打撃は，ハンガリー，バルト諸国に始まり，後に，ギリシャ，イタリア，スペイン，イギリスへと広がった。90年代には中・東欧の経済の先頭を切っていたハンガリーは，アメリカとの経済関係も強く大きくその波をかぶった。他方，2007年からスロヴェニア，2009年にはスロヴァキアがユーロ圏に加盟，2011年 1 月にはエストニアがユーロに加盟するなど，旧中・東欧でも危機の深刻度は二分されている。

長引く世界経済危機の結果，各国の関心は経済政策に集中することとなった。このことは一方で，EU と各国との関係を再び再評価させることともなった。

中・東欧の人々が安定的発展の中で生きていく方向は，もはや欧州統合と拡大の枠組みの中でしかないからでもある。

今後，拡大EU・NATOに加盟した中・東欧諸国の「民主化」にとって最大の課題は，それぞれの地域（とりわけ西と東）で異なる「国民の声」をいかに政策に反映させるかであろう。ミヒャエル・マンの『民主主義の暗部』でも指摘されているように，民主主義は，均質的な社会でよりよく機能する制度であるがゆえに，多様性や多民族を内包する社会における「民主化」の初期段階では，時に暴力的に多数派が少数派を抑圧・統合する経緯が，歴史的にどの国でも存在した。

「各国の民衆の声」は，まさに国益と市民益のぶつかり合いであり，時としてポピュリズムを生み，改革にブレーキをかける。民衆の声軽視による形式的民主主義の制度化は，EU加盟基準を満たすことが最優先であった90年代の中・東欧でより強かった。しかし21世紀に入り，同様に西欧の民主主義も危機に瀕している。グローバリゼーション，さらに世界経済危機の下で，先進国を含めてのリストラ，失業，雇用不安と社会保障の圧迫は，旧来会社主義・終身雇用制を取っていた日本の均質社会さえ「格差」の波により浸食している。

1989年の冷戦の終焉・体制転換からEU・NATO拡大に至る最初の15年間は，中・東欧の社会主義的パターナリズム（温情主義）を破壊しつつ推進された，ネオ・リベラルな「市民社会」形成による「民主化」の達成過程であった。しかし一方では，失業者，年金生活者，女性，マイノリティなどからなる「社会的弱者」の不満，他方では，それらを排除する「市民」の側の不満が，同じ公共空間の場において，「市民社会」を内から二分している。

グローバル化と世界経済危機を経て，欧州の「民主化」過程における「格差の拡大」の中で，「治者と被治者の同一」，「成員の平等」を基礎とした，国内の下層民衆の声を掬い取る，急進的でナショナルな「民主主義」と，それに対抗して出てきている中間「市民」層のこれらを忌避し排除しようとするゼノフォビックな「民主主義」の落差とを，改めて比較検討する必要がある。この落差こそが，「民主主義」への懐疑，あるいはポピュリズムへの過剰な依拠を生み出しているからである。

またNATO拡大に関しては，2010年11月，ロシアが欧州のミサイル防衛（MD）に協力するという新事態の中で，周辺大国（ロシア）に対する「主権確保」のためのNATO加盟という矛盾，平和確保のための軍事同盟におけるバードンシェアリングという矛盾，「核廃絶」を唱えるオバマ政権のアフガン戦争の膠着

化と，平和を求める中・東欧の派兵という何重もの矛盾の中で，「平和と安定」「主権確保」と「民主化」の意味を，重層的な視角から検討し直す必要がある。

いずれも，この地域における「民主化」の難しさについて，極めて重い現実を突きつけている。

●参考文献─────
金子譲（2008）『NATO 北大西洋条約機構の研究』彩流社。
中田瑞穂（2009）「中欧諸国」網谷龍介・伊藤武・成廣孝編『ヨーロッパのデモクラシー』ナカニシヤ出版。
羽場久美子（1994）『統合ヨーロッパの民族問題』講談社。
─────（1998）『拡大するヨーロッパ　中欧の模索』岩波書店。
─────（2002）『グローバリゼーションと欧州拡大──ナショナリズム・地域の成長か』御茶の水書房。
─────（2004）『拡大ヨーロッパの挑戦──アメリカに並ぶ多元的パワーとなるか』中央公論新社。
─────（2006）「拡大 EU とナショナリズム──民主化とグローバル化の帰結」田中俊郎・庄司克宏編『EU 統合の軌跡とベクトル』慶應義塾大学出版会。
─────・小森田秋夫・田中素香編（2006）『ヨーロッパの東方拡大』岩波書店。
Berend, T. Iván (2009) *From Soviet Block to the European Union*, Cambridge University Press.
Drulak, Petr ed. (2001) *National and European Identity in Enlargement*, Institute of International Relations, Prague.
Fodor, G. Gabor (2010) "Nishida, the Western way of Thinking and the Post Communist Central and Eastern Europe", *Századvég*, Századvég alapítvány.
Gheciu, Alexandra (2005) *NATO in the "New Europe"*, Stanford University Press.
Maas, Willem (2007) *Creating European Citizens*, Rowman & Littlefield Publishers, INC., Lanham and London.
Mann, Michael (2005) *The Dark Side of Democracy, Explaining Ethnic Cleansing*, Cambridge University Press.
Scott, James Wesley ed. (2006) *EU Enlargement, Regional Building and Shifting Borders of Inclusion and Exclusion*, Ashgate.

第6章

ポーランドの民主化
―― プロセス・制度化・課題 ――

小森田秋夫

要　約

　本章では，第1に，1989年の政治的転換がどのようにして起こったのかを，その前史を振り返りつつ検討する（第2節）。第2に，今日のポーランドは「社会的公正の原則を実現する民主的法治国家」(1997年憲法)と規定されている。そこで，「民主的法治国家」の制度的枠組みがどのようにして作られてきたかについて明らかにしたうえで，政党システムに焦点を当てながら，体制転換の一側面としての民主化の質にかかわる問題の所在を指摘する（第3節）。最後に，残された問題として「社会的公正」という論点があることを指摘しつつ，ポーランド政治の今後についてささやかな展望を試みる（第4節）。社会的公正の問題は，体制転換のもうひとつの側面である資本主義化の質の解明によって解かれなければならないが，本章ではその問題に立ち入ることはできない。

1　ポーランドという国

　ポーランドは，地理的にはドイツとロシアとに挟まれた位置にある。両国によって繰り返し分割された歴史的経験をもち，ドイツによるポーランド侵攻によって始まった第二次世界大戦の終結時には東西の国境が大きく西に移動した。その際，新たにポーランド領となった旧ドイツ領からドイツ人が追放され，代わりにソ連領となった西ベラルーシ・西ウクライナからポーランド人が移住する「住民交換」が行われるなどの結果，戦間期には多数のユダヤ人を含む多民族国家であったポーランドは，民族的な均質性の高い国家に変身した。そのことは，カトリック教徒が圧倒的多数を占める国家となったことをも意味した。
　第二次世界大戦後は，ポーランド統一労働者党を指導政党とし，ソ連を盟主と

する「社会主義共同体」の一角をなすポーランド人民共和国となった。しかし，1956年，1968年，1970年，1976年，1980年と周期的な抵抗運動を惹起し，ソ連・東欧ブロックの「弱い環」であることを示した末，1989年には東欧諸国の先陣を切って政治的転換を成し遂げた。その後，「ショック療法」と呼ばれる急進的市場経済化（＝資本主義化）を進め，1999年にはNATOに，2004年には欧州連合（EU）に加盟した。現在はEUの東の境界に位置し，ロシア（カリーニングラード州）・ベラルーシ・ウクライナと国境を接している。

　ポーランドは人口3800万の，「大国」ではないが「小国」でもない，中規模国である。旧東欧の中では最大であり，EUを構成する27カ国中，スペインに次いで第6位を占める。しかし，1人当たりGDPで見るとバルト3国を含む旧東欧諸国の中位にあり，着実にキャッチアップしつつあるとはいえ，年率4％で成長してもEU平均に到達するのに25年かかると見積もられている。高失業率（2010年5月末で11.9％）などの困難を抱える一方，2008年以降の世界経済危機の中でも相対的に打撃が少なく，EU構成国の中で唯一プラス成長を維持した（2009年に1.7％）。個人農を中心とする農業従事者の比率が高いのも特徴である（2009年末で14.9％）。

2　ポーランドの「1989年」

（1）　1970年代──危機の深化と変革主体の形成

　ポーランドにおいて1989年に生じた政治的転換のもっとも大きな特徴は，それに先立つ序曲として，「連帯」と呼ばれる自律的な労働組合が1980年に結成されていたことにある。しかし，この出来事の意味を考えるためには，少なくともさらに10年遡っておく必要がある。

　1970年12月，「スターリン批判」の波の中で1956年秋に生まれたゴムウカ政権は，クリスマスを目前に控えて食肉・食肉加工品（平均17.6％）をはじめとする消費財価格の大幅な引き上げを発表した。これに抗議する労働者のデモがバルト海沿岸のグダンスクを中心に広がり，警察機動隊と軍隊による抑圧によって（公式発表でも）45名もの死者が出るという状況のもとで，政権党である統一労働者党は，ゴムウカに代えてギェレクを後任の党第一書記に就けることによって事態の乗り切りを図った（「十二月事件」）。ギェレクは，生産現場に自ら赴いて労働者

と直接対話するという新しいスタイルによって信任をとりつけるとともに，物価値上げをひとまず撤回するという措置をとるに至った。

　政策的に低く抑えられていた基礎的消費財価格のある程度の引き上げは，指令的計画経済を効率重視の方向に切り替えることによって高成長を達成することをめざす経済改革プログラムの一環であり，経済政策的観点から見れば，一定の合理性をもつものであった。しかし，低い消費財価格は暮らしの安定を支える生活保障システムの構成要素のひとつであったのであり，同意調達の努力を欠いたその引き上げが労働者によって脅威と受け止められるのは避けられなかった（効率志向の改革と社会的安全とのディレンマ）。

　このような「十二月事件」によって幕を開けた1970年代は，経済危機が深化する一方，現状を打破しようとする主体の形成が進行した10年として位置づけることができる。

　第1に，労働者による〈下からの圧力〉に直面した政権は，経済改革を先送りし，西側からの資金とテクノロジーの導入によって工業の近代化を図る政策に転じた。東西の緊張緩和と余剰ドルの存在が，それを支えた。このいわば「改革なき開放」政策（金融的依存という〈横からの入力〉の呼び込み）は，投資ブームと消費の高揚という目に見える成果を一時的にはもたらしたものの，やがて行き詰まりを迎える。消費財価格の引き上げと労働者の抗議を受けたその撤回（76年の「六月事件」）という事態を繰り返した末，1980年には工業が戦後初めてゼロ成長を記録する一方，累積対外債務は250億ドルに達するに至った。

　第2に，体制に批判的な「民主的反対派」と呼ばれる知識人グループが半ば公然と姿を現した。とくに重要なのは，「六月事件」で職場を追われた労働者たちを救援するために生まれた労働者擁護委員会（KOR）である。検閲をかいくぐった非公式な出版物の印刷と配布のネットワーク（いわゆる「第二の流通」）も生み出された。このような運動に理念的裏づけを与えたのは，1975年に開催された全欧安全保障協力会議のヘルシンキ最終文書であった。ソ連を盟主とする東側ブロックにとっての宣言の意義は，内政不干渉の原則を謳ったこと（つまりは第二次世界大戦後のヨーロッパの東西への分割という現状の維持を確認したこと）にあったが，同じ宣言が掲げる人権尊重の原則は反対派の主張と行動に正統性を付与する役割をはたした（別の形での〈横からの入力〉と〈下からの圧力〉との結びつき）。

　第3に，人口の90％に及ぶ信者をもつカトリック教会が，社会の代弁者として

の役割を強めた。「十二月事件」の直前に西ドイツとの間で結ばれた条約により，西に大きく移動した戦後国境が暫定的に承認されると，ローマ教皇庁とポーランドとの外交関係が修復され，国内の教会も存在感を増した。1978年にクラクフの大司教カロル・ヴォイティワがローマ教皇ヨハネ・パウロ2世となり，翌1979年に行われたその祖国巡礼は，ポーランド社会に国民共同体的な覚醒をもたらした。

こうして，労働者・知識人・カトリック教会が結びつくという条件が醸成される中で，1980年8月，政府は三たび消費財価格の値上げを発表する。

（2）「社会契約」とその破綻

値上げの発表に対して，各地でストライキが発生した。1970年に続いて運動の中心となったバルト海沿岸地方では，グダンスクのレーニン造船所を中心に，電気工レフ・ヴァウェンサ（ワレサ）を議長とする事業所間ストライキ委員会が結成された。「十二月事件」との大きな違いは，値上げ→抗議→撤回というサイクルの繰り返しに終わらない保証として，21項目の要求の冒頭に「自由な労働組合」やスト権の承認が掲げられたことであった。

ストライキ委員会と応答を余儀なくされた政府委員会との間で重ねられた交渉の末，8月31日，両者の間でいわゆる「グダンスク協定」が締結された。21項目のひとつひとつについての合意点と不一致点とを確認したこの協定は，選挙→国会→政府という公式の（しかし「党の指導的役割」という原則のもとで儀礼化された）経路の外部で，"社会"が政府と直接に交渉し協定を結ぶという意味で，「社会契約」（または社会協定）と呼ばれることがある。

グダンスク協定の核心は，労働者側が「党の指導的役割」，「生産手段の社会的所有」（＝社会主義），「国際的同盟体制」（＝ソ連ブロックの一員）という憲法上の諸原則を再確認する一方，政府側は，それが政党の機能をはたすことはない（すなわち政治的多元主義は承認しない）という条件つきで，既存労組の外部における独立した労働組合の結成とスト権とを承認したことであった。"国家"と"社会"とを区別し，党の指導的役割が及ぶ場を前者に限定することによって後者における労組の独立を根拠づけるという論理をつうじて，指導党から独立した労働組合の結成が社会主義圏において初めて承認されたのである。

このような合意にもとづいて1980年9月に結成され，11月に最高裁によって登録されたのが独立自治労働組合「連帯」（ヴァウェンサ議長）である。一方，従来

の独占的労組組織であった労働組合中央評議会から相次いで産業別労組が脱退した結果，同評議会は同年末に解散することを余儀なくされた。こうして，最盛時1千万名近くの組合員を擁するに至った「連帯」をはじめとして3つのナショナルセンターが並立する労組複数主義が現出した。

　グダンスク協定と「連帯」労組の性格をめぐって注意すべきことは，第1に，「連帯」はあくまでも同協定およびやがて制定されるべき新労組法にもとづいて活動する労働組合として承認された，ということである（労組としての狭義の「連帯」）。しかし，「連帯」が結成されたことによって事実上拡大された政治的自由は，「連帯」労組の名のもとに，あるいは個人農民「連帯」，独立学生同盟といった独自の組織の形をとって，多様な主張を掲げる広範な社会層の運動の噴出をもたらした（社会＝政治運動としての広義の「連帯」）。このような「連帯」の二重性は，労組複数主義が，発現を抑制された政治的多元主義に代位するものとして現われざるをえなかった，ということを意味している。第2に，「連帯」労組は，労働者の直接的利益を擁護すると同時に生産目的の達成に向けて労働者を動員するという伝統的な「二重機能」論を放棄し，利益擁護に徹するものとして結成された（日本では「自主管理労組」と呼ばれることが多いが，「連帯」の名称は企業自主管理とは関係がない）。しかもグダンスク協定は，政府が経済改革に取り組むことを約束する一方，報酬の段階的引き上げ，食肉の輸出削減と追加輸入による供給改善，最低年金の引き上げ，週休2日制などを定めていた。政府は，自主性・資金自己調達・自主管理の3原則にもとづく国有企業改革を進め，そのための法律も制定されたが（1981年9月），その効果がただちに現われるわけではない。その間にも経済危機は深化し，労働者はスト権という新たな武器をふりかざして約束の実現を迫る——こうした緊張関係を生み出す要因が，グダンスク協定には内包されていたのである。

　グダンスク協定の成立を労働者側に立って支えた知識人顧問たちは，ヤルタ協定（1945年2月）に端を発し，1956年のハンガリー，1968年のチェコスロヴァキアにおける軍事介入によってその意味が端的に示された東欧諸国に対するソ連のヘゲモニーという「地政学的与件」を念頭に置き，変革要求を自己限定したものとして同協定を位置づけていた。しかし，党のコントロールの及ばない独立した労組の存在自体を許容することができないと考えたソ連は，国内に駐留するソ連軍の存在を背景に，ポーランドの党＝政府に収拾を求める圧力をかけ続けた。そ

の結果，1981年12月，統一労働者党第一書記・首相・国防相という地位にあったヤルゼルスキ将軍によって戒厳令が導入され，ここに「社会契約」は破綻するに至ったのである。この戒厳令をめぐっては，ソ連の軍事介入を避けるための「よりましな悪」だったと主張するヤルゼルスキに対して，1979年12月以来アフガニスタンに軍事介入していたソ連は，ポーランドには軍事介入する意思も能力もなかったとする主張がなされ，いまなお議論が続いている。

(3) 「社会契約」の再生へ

戒厳令によって，「連帯」をはじめすべての労働組合は活動停止となり，ヴァウェンサら数多くの「連帯」活動家が拘禁された。ヤルゼルスキ政権は「連帯」を穏健化したうえで復活させる可能性をも探ったものの失敗し，労組複数主義を棚上げした新労働組合法（82年10月）にもとづいて労働組合を一から再建する道に進んだ。1984年に新たなナショナルセンターとして結成された全ポーランド労働組合協議会（OPZZ）は，「連帯」の経験を経たあとだけに利益擁護の姿勢を重視したが，「官製」労組というイメージはぬぐい難く，信頼を獲得することは困難であった。一方，非合法化された「連帯」も，活動家の核を維持して抵抗を続けたとはいえ，影響力には限界があった。

政府は，戒厳令導入後も，国有企業の自主性拡大や計画の社会化をめざす経済改革を続行した。しかし，成果ははかばかしいものではなかった。西側への金融的依存を深める中でアメリカなどによる経済制裁を受けるという国際環境も，不利な要因のひとつとして働いた。このような中で，政権の周辺では，国有セクター中心の計画経済という経済システムについての政治的・イデオロギー的枠づけを脱し，よりプラグマティックな思考で経済改革の道を探るという傾向が徐々に強まってゆくことになる。

1985年3月，ソ連にゴルバチョフ政権が登場し，やがて「ペレストロイカ」の名の下に国内外政策の多面的な見直しが始まる。ゴルバチョフは，東欧諸国が自ら決定したことにソ連は介入しないという姿勢に転じ，そのようなシグナルがポーランドの指導部にも密かに伝えられた。党＝政府は国内政策についてより大きなフリーハンドを得るとともに，その帰結については自ら責任を負わざるをえないということを自覚させられてゆくのである。

こうして86年に入ると，政権側に新しい動きが生じた。ひとつは，戒厳令の遺

産である政治犯の釈放をすべて終えるとともに、反対派の中から「建設的反対派」を選り分け、統合することを試みたことである。反対派の側でも、ヴァウェンサのもとで活動家の再結集が行われた（「第二経済」ならぬ「第二政治」の出現）。もうひとつは、「経済改革の第二段階」を掲げ、国有セクターの改革から踏み出て、多様な所有形態の発展（自治体所有、サービス部門・小規模生産部門の私有化など）、外国との合弁企業の推進、市場の役割の拡大などを打ち出したことである。このことは、政権と反対派との距離が経済政策の点では縮まる一方、政治的には政権を支持する OPZZ が経済政策についてはそれから距離を置くという逆説的な関係をもたらしてゆくことになる。

以上のような展開を踏まえて、1987年11月、ヤルゼルスキ政権は経済改革と政治改革についての設問を掲げて国民投票（レフェレンダム）に打って出た。「社会の生活諸条件の明瞭な改善をめざす経済のラディカルな健全化プログラムの完全な実現が、2〜3年の困難な急速な変化の時期を経過することを必要とすることを承知のうえで、これを支持するか？」という経済改革についての長い設問は、1970年に姿を現わしていた"効率志向の改革と社会的安全とのディレンマ"を初めて明示したうえで、政権の信を問うという意味をもつものであった。結果は66％が賛成であったが、投票率が67％で当時のレフェレンダム法の定める承認の要件（有権者の過半数の賛成）を満たすには至らなかった。

1988年に入り、法的には失敗に終わった国民投票について政治的には支持が得られたと解釈した政権が引き上げ幅を緩和したうえで価格改定の実施に踏み切ったとき、1981年以来の大規模なストライキが再燃した。これらのストライキは、「連帯」労組の再合法化の要求をも掲げていた。このような局面において、一種の「危機管理協定」を締結して事態の乗り切りを図るという志向が、政権側と反対派側の双方に生まれる。国民投票とその後の経過は、経済改革の方向性については双方の態度が接近し、改革を実行すべき政権の政治的信頼性に問題が絞られてきたことを示したのである。1988年9月以降、「円卓会議」の開催に向けた予備交渉が開始され、1989年初頭にそれが実を結ぶことになる。

（4）連鎖の中の跳躍——「円卓会議」、部分的自由選挙、「連帯」主導政府

こうして、1989年という決定的な年を迎えた。1989年に生じた3つの出来事は、結果として一連のものとして現われたとはいえ、それぞれがある政治的跳躍を伴

うものであったことに注意する必要がある。

　第1は，2カ月にわたる交渉の末に1989年4月6日に締結された「円卓会議」の合意である。「円卓会議」は，それぞれの側にある妥協反対論を退けて，「連立政府側」（統一労働者党と「同盟政党」である統一農民党・民主党）と「『連帯』＝反対派」側（以下，単に「『連帯』側」）との間で，公開交渉と幹部同士の秘密交渉とを組み合わせる形で行われた。

　経済改革についての「円卓会議」合意（経済的協定(パクト)）は，従業員自主管理の国有企業を含む多元主義的所有構造のもとで，市場関係と競争を発展させ，中央計画化は経済的手段によって実現される経済政策形成に限定するという「新経済秩序」を，もはや「社会主義的」という性格規定抜きに描いている。このように描かれた経済システム像は一定の妥協の結果であるが，注意すべきなのは，保守的な政権側とより急進的な「連帯」側との間の妥協というわけでは必ずしもなく，双方にまたがる形で自主管理志向と私有化志向とが存在していた，ということである（1988年12月の経済活動法によって，雇用制限のない企業設立の自由がすでに承認されていた）。市場経済化に伴う痛みについていえば，集団的解雇に伴う失業の発生が想定されるとともに，交渉における焦点となったのは物価上昇に伴い実質賃金をどの程度保証するかという問題であった。独自性を強めようとするOPZZが100％のインデクセーションを主張したのに対して，「連帯」側は80％にとどめる（実質賃金の20％減を容認する）ことを受け入れた。「連帯」労組の再合法化は「円卓会議」合意全体の不可欠の構成要素であったが，問題は，復活した「連帯」労組が痛みを伴う経済改革の足を引っ張らないようにする，ということであった。ここに，政治改革についての次のような合意のひとつの含意があったのである。

　「円卓会議」合意は，政治的過渡期（次の議会選挙までの4年間）のための枠組みを定めている（政治的パクト）。政権側の意図は，反対派を「野党」として公式の政治システムに組み入れることによって政権の正統性を補強するとともに，「連帯」労組が経済改革に抵抗しないように責任の一端を負わせることであった。一方，「連帯」側は，表現の自由や結社の自由を拡大し，この過渡期を利用して市民社会を漸進的に成熟させてゆくことを意図した。経済危機の中で政権を掌握するには準備不足であり，ソ連の出方もなお不透明だったからである。このように，「円卓会議」合意は統一労働者党が「同盟政党」とともに当面政権を掌握し続けることが前提となっていたのであり，この時点では政権交代が合意されていたわ

表6-1　1989年6月の選挙にもとづく議席配分

				国民議会 (560議席)
国会 (460議席)	ポーランド統一労働者党	173	299（65％）	
	統一農民党	76		
	民主党	27		
	カトリック系3会派	23		
	市民議会クラブ	161（35％）	260	
上院 (100議席)	市民議会クラブ	99		
	独　立	1	1	

注：「市民議会クラブ」は「連帯」市民委員会から当選した議員が議会内で作った会派。

けではない。そのうえで「連帯」側にとっての問題は，「野党」としての参加が単なるイチジクの葉に終わることのないような条件を獲得することであった。こうして国会における議席配分，新設される上院の選挙制度，同じく新設される大統領の権限という3つの要素を，双方の妥協によっていかに組み合わせるかという問題が，「円卓会議」全体で最大の焦点となったのである。結論として，国会の議席の65％を連立政府側に，35％を「無党派」（「連帯」派はここに立候補できる）に配分する，上院は完全自由選挙，両院合同会議（国民議会）によって選出される大統領は国会解散権などをもつ，という妥協が成立した。

　1989年に生じた出来事の第2は，「円卓会議」合意にもとづいて6月に実施された議会の部分的自由選挙である。選挙の結果，ヴァウェンサを顔とする「『連帯』市民委員会」のもとに結束した「連帯」派が，上院のほとんどすべてと国会の35％のすべてを獲得するという事実上の勝利を収めた。各政治勢力の実力が試される上院では，連記制がとられたため連立政府側は1議席も獲得することができなかった。得票率は，連立政府側が約35％，「連帯」市民委員会が約60％と計算されており，双方の政治エリートが人為的に設計した65％と35％という配分とは正反対の結果である。これは，長く続いた統一労働者党政権全体に対する信を問う国民投票（プレビシット）として議会選挙が機能したことを物語るものと解釈される。

　このような結果は，政権側はもちろん，「連帯」派の予想をも大きく超えるものであったが，双方とも「円卓会議」合意を尊重するという態度を表明した。このことは，政権側は不本意な選挙結果を受け入れるということを意味し（投票日の6月4日，中国では天安門事件が起こっていた），「連帯」派は統一労働者党政権が当面存続することを改めて容認する，ということを意味した。

しかし，政治エリート間の妥協とこれを乗り越えるような有権者の意思との乖離が白日のもとに晒されたという事実を，双方とも無視することはできなかった。こうして，選挙後2カ月以上にわたって，ありうべき解決の道が模索されることになる。

その結果，第3に，国会によってタデウシ・マゾヴィエツキが首相に指名され，9月にいわゆる「『連帯』主導政府」が成立する。それに至る経緯の詳細に立ち入ることはできないが，一言でいえば，7月はじめに反対派知識人のひとりであるアダム・ミフニクが提起した「君たちの大統領，われわれの首相」という構想が，6月選挙による議席配分を前提に，連立を組み替えることによって実現されたのである。まず，国民議会によってヤルゼルスキが大統領に選出され，次いで，従来の連立政府を構成していた統一農民党と民主党が「連帯」派の市民議会クラブとの連立に転じることによって，同クラブを中心とする新連立政府の形成が可能となった。ただし，最終的には，統一労働者党も国防相・内務相などに閣僚を送る大連立政府の形がとられている（このことは，劇的な政治的転換を受け入れたヤルゼルスキ大統領の信任の厚い大臣のもとで，結果として軍隊と警察が新政権に忠実な態度を保持する，ということを意味した）。

こうして，マゾヴィエツキ政府の成立は「円卓会議」の政治的パクトが乗り越えられたことを意味したが，それだけには留まらなかった。彼は，顧問の助言を得て，経済改革を主導する副首相兼財務大臣として経済学者レシェク・バルツェロヴィチを指名した。バルツェロヴィチは，国際通貨基金（IMF）とも協議しつつマクロ経済的安定化・自由化・国有企業私有化を短期間で断行する「ショック療法」を立案し，実行に移してゆく。こうして，「円卓会議」の経済的パクトも放棄された。このことは政治的パクトの放棄の自動的な帰結では必ずしもない。バルツェロヴィチの起用は，「連帯」派内部に存在した社会民主主義的潮流を退け，経済的リベラリズムにもとづく資本主義への急進的移行という特定の戦略を意識的に選択したことを意味するからである。

3 民主化の現実

(1) 「民主的法治国家」の制度設計

1989年に生じた政治的転換は，この年の12月の憲法改正によって確認された。

統一労働者党の指導的地位を定めた規定は,「政党は国家の政策の形成に民主的な方法で影響を及ぼすことを目的としてポーランド共和国の市民を自発性と平等の原則にもとづいて結合する」という一般的な規定に代えられ,「社会化された生産手段と社会主義的生産関係にもとづく社会主義的経済制度」を詳細に定めた社会＝経済体制の章は全面的に削除されて,「所有形態のいかんにかかわらず経済活動の自由を保証する」ことが謳われた。「ポーランド人民共和国」から「ポーランド共和国」と名称を改めた国家は,「社会的公正の原則を実現する民主的法治国家」と規定された。この国家規定は, 1997年に制定された新憲法にも引き継がれている。以下,「民主的法治国家」の制度的枠組みについて, 3点に絞って確かめておきたい。

第1は, 議会－政府－大統領の関係である。

「円卓会議」合意は, 国会が政府を選ぶという従来からの前提のうえに, 議会の第2院である上院と両院合同会議によって選出される大統領という制度を新たに導入した。この枠組みは, 歴史的には1921年憲法に倣ったものであるが, 直接的には政権側と「連帯」側との妥協の受け皿として機能するように設計されたことは, すでに見たとおりである。したがって, そのような過渡的機能をはたし終えた後は, 一院制議会に復帰することを含め, 改めて最適な統治の仕組みを構想するということも可能なはずであった。しかし実際には, 制度がひとたび作られると慣性が働く。とくに, 1990年秋, 残存する旧体制の象徴であるとされたヤルゼルスキ大統領を任期満了前に退任させ新大統領を選ぶことにした際に直接選挙制に移行したことは, 直接選挙によって選ばれた大統領にしかるべき実質的権限を付与するという前提から離れることを困難なものとした。こうして, 1992年の暫定憲法（いわゆる小憲法）を経て, 1997年憲法は（ヴァウェンサ大統領時代の経験を「反面教師」とした修正を加えつつ）, 次のような制度を定めている。

大統領は, 閣僚会議（政府）とともに執行権を構成する（執行権二頭制）。政府は大統領が指名し, 国会が絶対多数で信任する（憲法は, この手続によって政府を形成することができない場合の手続を3段階にわたって定めている）。小憲法の定めていた内務・外務・国防相人事に対する大統領の発言権を否定し, 国会による政府不信任には同時に新首相候補を指示することが求められる建設的不信任制度を導入することによって, 首相の地位が強化されている。大統領は, 国会（下院）優位の二院制議会が制定した法律に対する拒否権をもつが, 国会がこれを覆すため

の要件は（小憲法の3分の2から）5分の3に引き下げられている。大統領は，法律に署名する前に憲法法廷（後述）に憲法適合性の判断を求めることもできる（小憲法は，拒否権行使と憲法法廷への提訴を重ねて行うことを認めていたが，憲法ではいずれかの手段を選択しなければならないことになった）。大統領令によって独自に立法を行う権限はもたない。

　国会の信任に支えられた政府の長たる首相と直接選挙によって選ばれる大統領とが並び立つこのような制度（いわゆる「半大統領制」）は，首相と大統領の出身党派が異なる「コアビタシオン」の可能性を含んでいる。国会に安定した多数派が形成される限り，基本的には議院内閣制的に機能するが，コアビタシオン状況下での大統領の姿勢や国会における与野党の力関係いかんによって，機能の仕方が異なってくる。「強い大統領」を志向し独自の大統領党を組織することを試みたヴァウェンサ（1990〜95年）は，事実上野党のようにふるまう傾向を示したが，後任のクファシニェフスキ（1995〜2005年）は党籍（民主左翼同盟）を離脱して「すべてのポーランド人の大統領」を標榜し，その姿勢が評価されて再選をはたした。

　「法と公正」のカティンスキ（2005〜10年）は，2007年に市民政綱を中心とする連立政府が成立すると，政府与党の推進した法律に対して次々に拒否権を行使し，法律の最終的成否について第3党・民主左翼同盟がキャスティング・ヴォートを握るという状況がもたらされた。さらに，EU首脳会議において誰がポーランドを代表するかをめぐってトゥスク首相と対立した。この対立は，憲法法廷が「閣僚会議は，ポーランド共和国の対内政策および対外政策を実施する」，「共和国大統領は，対外政策の分野において閣僚会議議長および所管大臣と協力する」という憲法規定に解釈を与える形で，ひとまず決着がつけられている（2009年5月）。このような，いわば「敵対的なコアビタシオン」の経験は，憲法改正によって議院内閣制にいっそう接近させるという提案を生み出したが，「強い大統領」を志向する有力な政党（「法と公正」）が健在である限りは，実現は困難である。

　第2は，国会の選挙制度である。すでに見たように，1989年6月の選挙はきわめて特殊な制度にもとづいて行われたため，議会－政府－大統領関係とは異なり，選挙制度については，1991年10月に実施された初めての完全自由選挙に向けて，一から制度設計するほかはなかった。

　選挙制度をめぐる論争は，圧倒的優勢と見られた「連帯」系の市民議会クラブ

が小選挙区制を，劣勢の旧政党や群小の新政党が比例代表制を主張するところから始まった。しかし，ヴァウェンサとマゾヴィエツキとが対決した1990年の大統領選挙を契機に市民議会クラブは大分裂を起こし，その前後から始まっていた四分五裂が加速されるのに伴って，小選挙区比例代表並立制か比例代表制かという対立に形を変え，最終的には比例代表制が選択されるに至った。どの政党も決定的な優位を想定できない中で，まずは比例代表制によって有権者の支持を議会に忠実に反映させるほかはなかったのである。しかも，（全国1区ではなく）選挙区単位の比例代表とされたとはいえ，阻止条項は設けられなかった。

　もうひとつの論点は，旧体制時代の経験から政党不信が強く（政党のほとんどは「○○党」という名称を避けていた），生まれたばかりの政党を有権者が識別するのも困難であるという状況のもとで，政党本位の選挙を志向する比例代表制に候補者個人を選択するという要素を盛り込むかどうかであった。結果として選択されたのは，有権者は政党別の候補者リストの中の特定候補者を選ぶことによって，政党への支持と特定候補者への支持とを同時に表明するという制度（非拘束名簿式比例代表制）であった。

　1991年の選挙の結果は，29もの政党・団体が議席を獲得するという絵に描いたような小党分立であった。当然のことながら，政府は数多くの政党による連立政府とならざるをえない。そこで，主要政党の間では，阻止条項（5％）の導入をはじめ，相対的に大きな政党に有利になるような制度改革を行うというコンセンサスが成立し，1993年の選挙では議席獲得政党は一気に6党にまで減少した。その後，1997年，2001年，2005年，2007年の選挙をつうじておおむね選挙制度は安定している（97年憲法によって，国会の比例代表制は憲法規範化すらされている）。この間，政党も有権者も制度に適応した行動をとった結果，議席獲得政党数は4～6に落ち着いている（民族的少数者は阻止条項の適用除外とされているため，ほかにドイツ人少数者が一貫して議席を獲得）。このような穏健な多党制のもとで，議会選挙のたびごとに政権交代が生じ，2～3党による連立政府が続いているのが現状である。

　このようなある種の"安定"の要因のひとつとして，政党への企業献金を禁止する代わりに，国家予算から政治資金を交付するという制度が99年に導入されている，という事情がある（議会選挙において3％を獲得した政党への交付金と議席を獲得した政党への補助金）。このことによって，政党財政の国家予算依存が高まるとともに政治資金は潤沢となり，その結果，とくに2005年の選挙からは「メディア

選挙」の様相を強めることになった。このような制度的要因は，新しい政党が参入することを著しく困難にしているのである。

　第3に，旧ソ連・東欧諸国のほとんどは，旧体制においては否定されていた違憲審査制を，憲法裁判所の設置というヨーロッパ大陸型のモデルに沿って導入している。ポーランドも例外ではないが，1989年の転換のわずか数年前とはいえ，違憲審査制を否定する根拠とされていた権力統合制の統治原理がまだ生きている時期に，1982年の憲法改正と1985年の法律によって憲法法廷が設置された，という点に独自性がある。国会を国家権力の最高機関とする権力統合制との整合性を保つため，国会制定法に対する違憲判決は国会が再審理し，憲法改正要件である3分の2の特別多数で覆すことができる，という留保が付されたのである。その後，1989年から1992年の小憲法にかけて権力分立制へと統治原理の転換が生じたにもかかわらず，3分の2条項を放棄して「普通の憲法裁判所」となるには1997年憲法を待たなければならなかった。

　憲法法廷は，例えば，1989年に憲法典に盛り込まれた「法治国家」条項からさまざまな法理を導き出して統治機構の作動の仕方を秩序づけるなど，重要な役割をはたしてきた。一方，公立学校における宗教教育の問題などでは，多数者（カトリック教徒）の信仰の自由を重視し，結果として少数者の（沈黙する自由などの）信仰の自由を軽んじる判決を下すことによって，公的生活におけるカトリック的要素の浸透を深く組み込んだ国家－教会関係の形成を容認する，などの役割もはたしている。

　2005年に「法と公正」政権が生まれると，憲法法廷は与党が推進した一連の法律に相次いで違憲判決を下したため，与党幹部が憲法法廷を激しく批判するという事態が生じた。民主主義の多数者支配的側面と法による権力の統制という法治国家原理との緊張はもともと違憲審査制に内在する問題であるが，このときの与党の批判は個々の裁判官の「出自」さえ問題にする特異なものであった。与党は，法律家としての資質を犠牲にしてまで政治的立場が近いと想定される裁判官を送り込むという態度をとり，その結果，現に憲法法廷の判決の傾向に重要な変化が現われつつある。もともと憲法裁判は多かれ少なかれ政治的含意を帯びざるをえないものである。だからこそ，そのような裁判を行う裁判官の正統性と独立性とを確保するための裁判官人事のあり方が問われることになるが，ポーランドでは1985年法以来，国会の絶対多数による選出という手続が維持されている。「法と

公正」政権下で生じた事態は，与党の意思がほぼそのまま貫徹するこのような手続の是非を改めて議論の対象として浮かび上がらせるとともに，非政府組織による人事過程のモニタリングという新たな試みをも生み出している。

（2） 低い政治参加──民主主義の質の一側面

以上のように，「民主的法治国家」の制度的枠組みは，さまざまな問題を孕みながらも一応安定し，自由な選挙をつうじた政党間の競争にもとづいて政権交代が重ねられているという意味において，民主化は達成されたと評価することができる。そのうえで，実現された民主主義の質という側面に目を向けるならば，無視しえない問題が浮かび上がってくる。

最大の問題は，選挙における投票率がほかの旧東欧諸国と比べても（最低ではないとしても）きわめて低い水準にある，ということである。1991年から2007年までの6回の議会選挙における投票率は40.6％から53.9％の間を推移しており，50％を超えたのは2回しかない（大統領選挙の場合は，これよりもやや高い）。「連帯」という大衆的な運動を経験した国としては意外とも見えるこのような現象の理由については，ポーランドではもともと国家的レベルでの政治的共同体に対する不信が強く，（「連帯」運動のような）これに抗議する抵抗的な動員がなされることはあっても，それが政治的共同体への積極的な関与に姿を変えるのは困難であるという歴史的理由，体制転換のもたらした社会＝経済的な困難が，個別的な生き残りを図るために私生活に撤退する傾向を拡げたという過渡期的理由など，いくつかの解釈がある。

ここで注目したいのは，民主主義に対する人びとの意識の動向である。2009年1月の世論調査センターCBOSの調査によれば，自分のような者は「国のことがらに対する影響力をもっている」とする回答者は25％（いないとする者は72％），ポーランド人は「統治に自ら参加する」ことを望んでいるとする回答者は19％（「よく統治される」ことを望んでいる者は74％）となっている。「民主主義はほかのあらゆる統治形態より優れている」と思ってはいる（68％）が，「ときには非民主的統治の方が民主的統治形態より望ましいことがある」と思う回答者が35％いる（そうは思わない者は40％）。このような，いわゆる政治的有効性感覚の低さを示唆する意識状況は，何によって説明できるであろうか。この問いに対する答えを探る手がかりとして，次に，政党システムについて考えてみることにしたい。

（3） 政党システム

1989年までヘゲモニー政党制（G. サルトーリ）を構成していた統一労働者党・統一農民党・民主党の3党のうち，統一労働者党は翌1990年に解散し，中心部分はポーランド共和国社会民主主義として再出発した（のちに民主左翼同盟となる）。統一農民党は，ヘゲモニー政党制成立（1948～49年）以前の有力政党であったポーランド農民党の名を冠して生き残ることになった。

一方，統一労働者党に対抗するために議会内では市民議会クラブとして結束していた「連帯」派は，急速に四分五裂を開始し，とくに1989年以降の10年間は激しい離合集散を繰り返した（これらの政党は「ポスト連帯」政党と自称し，民主左翼同盟などはそれと対比して「ポスト共産主義」政党と他称される）。

ポーランドの日常政治においては，右翼－中道－左翼という枠組みで政治勢力の配置をとらえ，世論調査において被調査者の自己認識を尋ねるのが一般的である。しかし，このような一次元的枠組みでは，政治の現実を的確にとらえることはできない。種々の留保が必要であるとはいえ，2つのイデオロギー軸に即して政党配置を分析することが有効である。

ひとつは，資本主義的市場経済を前提としつつ，市場の自由な働きを信頼する〔リベラル〕と市場の働きの負の側面を克服するための国家介入に肯定的な〔左翼〕とが対立する経済軸である。〔リベラル〕は，市場に対する規制を解除し，国有企業の迅速な私有化を実現し，市場の対外開放を進めることを重視する。また，緊縮財政によるインフレ抑制を優先し，国家による産業政策には消極的な態度をとる。個人の選択の自由と自助の原則のもとに，福祉においても民間セクターの役割に期待する。市場原理の徹底による経済成長こそ失業を含む諸問題を解決する鍵であると考え，そのための手段として租税の引下げと所得税率の単一化（フラット）を主張する。これに対して〔左翼〕は，市場に対する必要な規制は維持し，複数の所有セクターを維持しつつ従業員の意思を尊重して私有化を進め，市場開放は漸進的に行い，ある程度の積極財政を容認しつつ国内産業を保護・育成することをめざす。人びとが平等にスタートラインに立つことを保障するために，福祉に対する国家の責任を重視する。市場経済化は受け入れるが，それに伴う社会的コストを軽減することを重視し，累進課税による租税の再分配機能を支持する。

もうひとつは，ポーランドのカトリック的伝統を公的生活の原理とすることを主張する〔右翼〕と世界観や宗教についての個人の選択とそれに対する寛容を重視

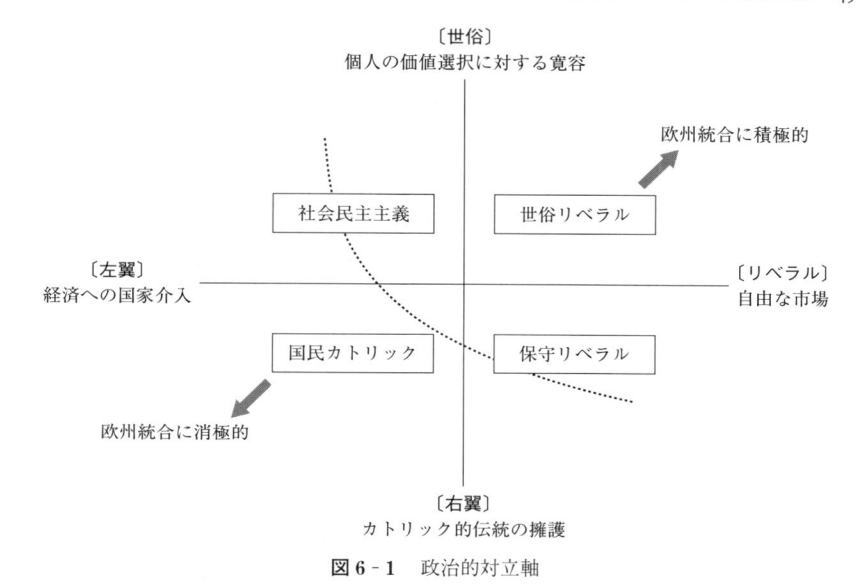

第6章　ポーランドの民主化　145

```
                    〔世俗〕
              個人の価値選択に対する寛容
                      │
                      │        欧州統合に積極的
                      │           ↗
            社会民主主義 │  世俗リベラル
                      │
  〔左翼〕              │              〔リベラル〕
  経済への国家介入 ─────┼───────── 自由な市場
                      │
             国民カトリック │ 保守リベラル
           ↙           │
    欧州統合に消極的     │
                      │
                   〔右翼〕
              カトリック的伝統の擁護
```

図6-1　政治的対立軸

する〔世俗〕派とが対立する倫理軸である。〔右翼〕にとって何より重要なのは「胎児の法的保護」（妊娠中絶の禁止）や「女性と男性の結合としての家族」の擁護（同性愛者に対する権利付与の否定）である。国家と教会とは分離するのではなく、それぞれの自律性を維持しつつ協力することを重視し、公立学校における宗教教育も促進する。これに対して〔世俗〕派は、妊娠中絶についての女性の選択を尊重し、あらゆる領域における男女の平等を促進し、政教分離を徹底して国家の世界観的中立性を維持することを重視する。これら2つの軸を組み合わせると、〔世俗リベラル〕〔社会民主主義〕〔国民カトリック〕〔保守リベラル〕という4つの政治潮流が導き出される。欧州統合に対して〔国民カトリック〕は消極的であり、ほかの3つはおおむね積極的である。以上のような理解によれば、〔右翼〕と〔左翼〕とは同じ軸のうえで対抗しているわけではない、ということになる。したがって、〔国民カトリック〕のように、〔右翼〕が（理念的根拠は異なるとはいえ）〔左翼〕的な経済政策を主張することがありうるのである（〔世俗〕派を〔左翼〕と呼び、〔リベラル〕派を〔右翼〕と呼ぶ見かたもある。2つの〔右翼〕像が並存していると考えることもできる）。

　もちろん、現実の政党と政党配置は、このようなイデオロギーのみによってき

れいに説明できるわけではない。イデオロギーにより忠実な政党とよりプラグマティックな政党との違いがあり、とくに後者の場合は党内に異なる潮流を含んでいる場合が多い。また、当面する政党間関係や政策課題に応じて自らの立場をずらしてゆく場合がありうるし、（後述するように）与党になったときの行動と野党時代の主張との間にはズレが生じる可能性もある。政党のリーダーと党員と支持者の3者も、必ずしも一体的にとらえるべきではない。

さて、すでに述べたように、これまでのところ、ポーランドの政府は常に連立政府として成り立っていた（連立からの離脱などによって一時的に少数政府となる場合はある）。特徴的なことは、第1に、2005年までは、連立を組み立てるに当たって、上記のようなイデオロギー的・政策的な距離よりも、「ポスト連帯」か「ポスト共産主義」かという1980年代における歴史的対立に由来する出自の共通性が重視されてきた、ということである。その結果、多くの場合、連立政府は連立内の政策的不整合に苦しんできた。

第2に、政府の政策選択の幅を狭めるような強い磁場が絶えず働いてきた。ひとつは、経済軸において、国家財政支出を抑制し緊縮財政を求める磁場である（1990年代前半におけるIMFの指導、その後の欧州連合加盟候補国・加盟国としての要請、近年における世界金融危機と欧州各国の財政赤字）。もうひとつは、倫理軸におけるカトリック教会の影響力の大きさである。カトリック教会は、政治的自由に制約のあった70年代までは社会の代弁者として、社会を代表する「連帯」が出現した1980年代はその「連帯」と政府との仲介者としての役割をはたし、そのことによって宗教的権威を超えた追加的な社会的信頼を獲得していた。これに対して1989年以降は、当事者としてカトリック教会独自の主張を掲げ、着々と実現してきた（公立学校における宗教教育、妊娠中絶禁止、没収された教会財産の返還など）。その際、教会は直接的に政治に関与し、「ポスト連帯」政党の多くも教会の権威に依拠する姿勢をとった。欧州連合への加盟を控えた時期には、教会による加盟支持の態度を確保するために、左翼勢力も倫理的争点を回避する態度をとった。こうして、どのような政治勢力が政権を担うかにかかわらず、政策はほぼ一貫してリベラル寄りで右翼寄り、つまりは保守リベラル寄りに傾斜することになったのである。このことは、保守リベラルの対極にある社会民主主義的政策の実現が困難であったことを意味している。

これら2つの事情は、政権交代のもつ政策的有意性を弱め、結局は有権者から

見た政治参加の有意性を引き下げる要因のひとつとなった，と考えられるのである。

4 社会的公正のゆくえ

（1） 出自からイデオロギーへ――政党システムは安定するか？

05年の議会選挙の結果，2001～05年に政権を担当した社会民主主義政党・民主左翼同盟（SLD）がリベラルな経済政策を実行したことも一因となって凋落し，いずれも「ポスト連帯」系の市民政綱（PO）と「法と公正」（PiS）という保守リベラル的な2党が政権をめぐって競い合うという構図が出現した。PiSは，歴史的出自をめぐる対立という文脈をもたず，いずれも欧州統合に懐疑的な左翼的農民政党「自衛」および右翼的ナショナリスト政党・ポーランド家族連盟（LPR）との連立を経て，自ら国民カトリック的な傾斜を強めていった。中道的な農民政党であるポーランド農民党（PSL）は，農村における伝統的な地盤を失い影響力を低下させつつある。こうして，政党間関係の基軸は出自からイデオロギーへと転換を遂げたのである。

それでは，保守リベラルのPO，国民カトリックのPiS，社会民主主義のSLDという3党システムは，ポーランド社会に存在する現実の政策的争点と有権者の政治的志向を反映し，そのことによって社会と政治世界とをつなぐ役割を安定的にはたしてゆくことになるのであろうか。

（2） 「第三共和国」と「第四共和国」

2010年4月10日，「カティンの森」事件（1940年）の犠牲者を悼む式典に向かった政府専用機が会場近くのスモレンスク（ロシア）で墜落し，レフ・カチンスキ大統領夫妻をはじめとする96名もの政治家・軍人・遺族らが一挙に死亡するという空前の事件が発生した。その結果，秋に予定されていた大統領選挙が前倒しで行われ，執行権の実質的な長である首相の座に留まることを選んだトゥスク首相に代わってPOの候補者となった国会議長ヴロニスワフ・コモロフスキが，決選投票の末，レフ・カチンスキ前大統領の双子の兄ヤロスワフ・カチンスキ（PiS党首）を破り，後任の大統領に選ばれた。

非業の死を遂げた「愛国者」レフの跡を継ぐとしたヤロスワフの激しい追い上

げを受けたコモロフスキが主張したのは，「第四共和国の再現を許さない」ということであった。

　1989年以降のポーランドは，1795年までの「第一共和国」（選挙王政），1918～39年の「第二共和国」（共和政）に続く「第三共和国」と呼称されている。1944～89年の「人民共和国」を清算することを含意するこのような用語法は，1997年憲法前文においても採用されている。

　2005年の議会選挙と大統領選挙を前に，PiSは「第三共和国」を克服して「第四共和国」をめざすことを標榜し，新憲法草案を公表した。PiSによれば，「第三共和国」とは，①共産主義的過去を清算することなく，②政界・ビジネス・特務・犯罪集団のそれぞれ一部が結託した「ウクワト」（非公式な人的結合）の支配する腐敗した弱い国家であり，③特権的な職業エリート集団（弁護士・医師など）の既得権を擁護する一方，④大多数の人びとに体制転換のコストをおしつけ，⑤外交的には大国（かつてはソ連，今はドイツ）のいいなりになる国にほかならない。これに対して「第四共和国」は，①「浄化」（旧公安警察の秘密協力者の摘発と公職追放）によって共産主義的過去を清算し，②道徳的に清潔な強い大統領のもとで腐敗と闘う強い国家であり，③雇用をつうじた成長によって「普通の人びと」を守り，④誇りを重んじ，国益を断固として主張する外交を展開する国である。しかし，「リベラルなポーランド」に「連帯したポーランド」を対置して2005年の2つの選挙に勝利したPiSが実現した「第四共和国」は，①旧公安警察資料を恣意的に利用しつつ法治国家の原則を軽視した「浄化」を推進し，②盗聴・おとり捜査・見せしめ的逮捕などの警察国家的手段で「ウクワト」をなすと見なされた人物を追及するとともに，憲法法廷など独立した機関を攻撃し，③国民を"よき者"と"悪しき者"とに分断する攻撃的レトリックを駆使し，④EUにおける頑迷な自己主張によって対独関係と対ロ関係を悪化させる国家であった。07年の議会選挙においては，このような「第四共和国」の現実に対するとくに若い有権者の反発を掘り起こすことに成功したPOが勝利したのである。

　大統領選挙において，カチンスキ陣営は「第四共和国」論を自ら封印して，ポーランド人同士の争い（「ポ・ポ戦争」）を終焉させることを標榜し，左翼やロシアに対する融和的姿勢を演出した。しかし，コモロフスキは，第3位となったSLD候補の支持者を含め，反PiS層を改めて動員することによって逃げ切ったのである。こうして，「第四共和国」は再び挫折したように見える。

にもかかわらず，「第四共和国」論が「第三共和国」の問題性を衝くという一面をもっていたことも否定することはできない。それは，資本主義化の成功の陰で生み出された社会の階層化（格差と貧困，社会的排除や地域的な不均等発展）にどう立ち向かうか，という社会的公正の問題である。PiS に期待を寄せる者が比較的多いのは，低学歴で，農村・小都市に住む人びとの間においてである。それは，低所得でも自らの労働によって生きるのではなく，社会的給付に依存する人びとである，という調査もある。「第四共和国」論は，欧州統合（"他者"）への不安を主権と伝統の擁護を旗印に，また，体制転換の"敗者"の憤懣を新旧エリートの腐敗と旧体制の人的遺物をターゲットに動員とするという機能をはたしている。しかし，「第四共和国」は社会＝経済政策によって現実を変えるのではなく，目に見える"人"（「ウクワト」）を撃つことによってモラルの面で公正感情を満足させようとするものにとどまり，「連帯したポーランド」を掲げた PiS 政府が実行したのは，所得税のフラット化を進め，相続税を廃止するというリベラルな経済政策であった。2 度にわたって敗北したとはいえ，このような PiS がなお少なからぬ支持基盤を維持している理由のひとつは，社会的公正の課題を有効な政策として表現し実行することができないでいる社会民主主義の弱さである。2010 年の大統領選挙は，SLD の復調の兆しを垣間見せた。しかし，その候補者が争点として掲げたのは主として倫理軸にかかわるものであり，経済軸における左翼的政策はまだ姿を現わしていない。

　もっとも，いかなる社会＝経済政策をとるべきかという問題は，ポーランドがすでに欧州連合加盟国であるという与件を度外視して考えることはもはやできない。

（3）　EU 加盟国として

　ポーランドは，2004 年 5 月，他の一連の旧東欧諸国やバルト 3 国とともに欧州連合に加盟した。

　加盟交渉の過程（SLD 政権時代）においては，ポーランドが就業人口の約15％を占める大量の農民を抱えていることを背景に，より有利な農業補助金の配分条件を獲得することをめざし，また失業率20％にも達する飽和した労働人口を国内の労働市場が吸収できていないという状況を背景に，EU 域内における人の自由移動の原則の適用を早期に実現することをめざした。加盟後，前者については，

農業補助金が農民の懐を潤し，EU 加盟にもっとも警戒的であった農民の EU 支持の態度を強めるという効果をもたらした。しかし，農業補助金は，市場向け生産者としての農民を支えるというよりは零細な農民を含めた生活保障の下支えとして機能している面があり，課題を残している。後者については，加盟と同時に門戸を開いたイギリスなどへの労働移民の波を引き起こし，失業率低下に貢献した。しかし，史上最大規模と言われる労働移民が雇用保障の本道でないのは言うまでもない。

挫折した欧州憲法条約からリスボン条約に至る条約交渉の過程（PiS 政権時代）においては，スペインにほぼ匹敵する加盟国第 6 位の人口（約3800万人）をもつ中規模国として，理事会における有利な決定方式，すなわちドイツ・フランスなどの「大国」主導の決定をブロックする足がかりとなるような発言権を確保することに精力を注ぎ，ポーランドに有利なニース条約の効力を引き延ばすなど一定の成果をあげた。それとともに，妊娠中絶・同性愛者の権利・安楽死など家族や倫理の問題についてのポーランド独自の立場を防衛するなどの観点から，リスボン条約と一体となった基本権憲章の国内適用のあり方について留保を付す，という態度をとった。

リスボン条約が発効したいま，ポーランドは，EU 加盟国としてどのような欧州像をより積極的に提起し，具体的な政策を推進してゆくのかが問われている。PO 政府が重視している課題のひとつは，前政権時代までのあいだに冷え込んだロシアとの関係を改善しながら，ウクライナをはじめロシアと EU との狭間にある諸国の EU への接近を促進する東方政策である。しかし，2008年秋以降の世界金融‐経済危機の中で，経済共同体としての EU の真価が問われているいま，社会‐経済政策のレベルにおいてどのような EU をめざすのか，そのこととポーランドの利益とをどのように結びつけてゆくのか，という困難な問題があることを忘れてはならない。これまでポーランドは，農業補助金や構造基金という形での大きな財政移転をもたらしてくれる（「社会的欧州」ならぬ）「連帯した欧州」を求める一方，高い教育水準をもちながら低い労働コストを競争力の有力な源泉とし，したがって規制の少ない「自由な欧州」を志向するという立場に立ってきた。しかし，労働コストの低さは相対的なものであり，それにいつまでも依拠できないことは明らかである。経済危機以降，ユーロ加盟については慎重論が強まったが，いずれにしても財政赤字縮減への圧力は強く，社会政策にとって

の環境は厳しい。これまで恩恵を受けてきた EU 共通農業政策の今後についての態度も問われている。

1 人当たり GDP で測ったポーランドの経済水準は新規加盟国の中でも中位にあり，全加盟国平均の水準に達するまでの道のりは，決して容易なものではない。そのような国全体としてのキャッチアップの課題と，国内諸地域の均等な発展や社会的公正の要請を充足する課題とをどのように結びつけてゆくのか——とりあえず実現された"民主的政治システム"が応答を求められている課題は重い。その質が問われるゆえんである。

■　■　■

●参考文献――――――――
小森田秋夫（1997a）「ポーランドの憲法法廷――一周おくれたトップランナー？」『法律時報』第69巻3号。
―――（1997b）「ポーランドにおける議会・違憲審査制・レフェレンダム」『法律時報』第69巻11号。
―――（2005a）「ポーランドと EU」森井裕一編『国際関係の中の拡大 EU』信山社。
―――（2005b）「旧ソ連・東欧諸国における違憲審査制の制度設計」『レファレンス』第654号。
―――（2006）「欧州憲法条約はどう語られたか――ポーランドの場合」羽場久美子・小森田秋夫・田中素香編『ヨーロッパの東方拡大』岩波書店。
―――（2008a）『体制転換と法――ポーランドの道の検証』有信堂。
―――（2008b）「『連帯』の軌跡をとおして読むポーランドのいま」『季論21』創刊号。
田口雅弘（2005）『ポーランド体制転換論――システム崩壊と生成の政治経済学』御茶の水書房。
中西俊一（2010）「ポーランド」馬場康雄・平島健司編『ヨーロッパ政治ハンドブック〔第2版〕』東京大学出版会。

第7章

体制転換後のチェコとスロヴァキアの政党政治

林　忠行

要　約

　この章の目的は，1989年末以降の体制転換期のチェコとスロヴァキアでの政党システム形成および政党政治の展開過程を比較検討することにある。両国の政党システムは「穏健な多党制」という範疇にあり，また現在の2大政党は経済自由主義と社会民主主義という立ち位置にあり，その点では共通している。両国は長い共同国家の歴史を持つが，89年以降の政党政治は多くの点でそれ以前の歴史と断絶がある。またそこからそれぞれの政党システムにはかなり明瞭な差違がある。そこには社会的な要因が働いているが，特に1992年選挙の結果現れたチェコの市民民主党と民主スロヴァキア運動の立ち位置の差がその後の政党システム形成の相違をもたらした。ここではこのような視角から具体的な両国の政党システム形成を概観する。

1　チェコとスロヴァキアの政党政治の特徴

（1）　歴史的連続性と断絶

　現在のチェコ共和国は人口が約1040万人，面積が約8万km^2，スロヴァキア共和国は人口が約540万人，面積が約5万km^{2}である。両国は，1918～92年の間，チェコスロヴァキアという共同国家を形成していた。1918年末のハプスブルク帝国崩壊に際し，その版図の一部を引き継いでチェコスロヴァキア共和国は建国された。同国は，1938年のズデーテン地方割譲，翌年春からのナチス・ドイツによる分断と占領，1945年の連合国軍による解放，1948年の共産党支配体制樹立，1968年の改革運動「プラハの春」とワルシャワ条約機構軍の干渉，1969年の連邦化，1989年末の共産党体制崩壊という起伏の多い歴史をたどった。それに続く体

制転換の過程で連邦を構成するチェコ共和国とスロヴァキア共和国の間の対立が深まり，1993年をもって両共和国は独立した。ここでは両国の体制変動後の政党システムの形成過程を比較し，それをとおしてそれぞれの政治の特徴を眺めてみたい。

　政党システム論では，その国の政治を構成している政党の数やその位置関係などのパターンをシステムとしてとらえ，複数の国のシステムを分類し，その間の異同をもたらす要因を検討する。その要因としては，制度的，社会的，歴史的要因などが挙げられる。これらの要因について両国に即してもう少し説明しておこう。

　両国の政治制度は多くの点で共通するが，異なる部分も少なくない。議会はチェコが二院制，スロヴァキアが一院制である。当初，両国とも大統領の選出は議会での間接選挙によったが，1999年からスロヴァキアでは直接選挙が採用された。選挙制度に関しては，チェコ議会上院は多数代表制（小選挙区制）選挙であるが，同下院とスロヴァキア議会は比例代表制選挙を採用し，ともに全国集計で5％以上の得票がないと議席を得られない。これらの制度の差は微妙な影響をもつが，ここではそこまで踏み込むことは避けよう。現在の両国の議会政治は，サルトーリ（1980）の分類に従えば，5〜6政党で構成される「穏健な多党制」ということになる。なお，以下のチェコ議会に関する叙述はもっぱら政党政治の中心を占める下院のデータによる。

　リプセット／ロッカン（2007）の議論によれば，政党システムを構成する政党配置は歴史の中で生じた社会の溝（クリヴィジ）によって形成されたという。近代国家の形成過程で，中心―周辺，国家―教会，農業―工業，所有者―労働者などの間で溝が生じ，それが各国の政党システム形成を規定したという。両大戦間期（第1次世界大戦と第2次世界大戦の間の時期）のチェコスロヴァキアの政党政治に関して上記のような議論を援用することは可能である。ただし，第2次世界大戦と戦後の共産党時代がもたらした変化の影響は大きく，両大戦間期の政党政治と1989年以降の政党政治との間には大きな断絶がある。

　1990年選挙以降の両国の議会政治において，厳密な意味で両大戦間期から連続性を維持していた政党は，チェコのキリスト教民主派政党と両国の共産後継党のみといえる。共産党時代のチェコスロヴァキアでは，共産党以外にもいくつかの政党が存在し，共産党の衛星政党として国民戦線という枠組みの中で活動していた。この衛星政党の中でチェコスロヴァキア人民党（ČSL）のみが1989年以降も

第7章　体制転換後のチェコとスロヴァキアの政党政治　155

生き延び，キリスト教民主連合＝チェコスロヴァキア人民党（KDU-ČSL，以下では「キリスト教民主連合」とする）という名で議席を保持した。チェコスロヴァキア人民党は第一次世界大戦後にチェコのカトリック系諸派によって結成された政党なので，それを引き継ぐキリスト教民主連合は両大戦間期の政党政治と連続性を持つ。ただし，世俗的な傾向の強いチェコ社会において，同党の得票能力は限られており，政党システムの中では補完的な位置にとどまり，2010年の選挙では議席を得られずに終わった。

　他方，スロヴァキアのキリスト教民主派政党の現れ方はチェコのそれとは異なる。両大戦間期のスロヴァキアではカトリック系のスロヴァキア人民党がスロヴァキア・ナショナリズムを代表する有力政党であったが，第二次世界大戦期の対独協力を理由に戦後は活動を禁止された。今でも，この政党もしくはその指導者に共感を示す言説は伝統保守派やナショナリズム派にしばしば見られるが，両大戦間期のスロヴァキア人民党の後継政党を名乗る議会政党は存在していない。現在のキリスト教民主派政党としては，共産党時代の教会系異論派が組織したキリスト教民主運動（KDH）と，それよりも世俗的で経済自由主義的なスロヴァキア民主キリスト教連合＝民主党（SDKÚ-DS，以下では「民主キリスト教連合」とする）がある。またハンガリー人連立党（SMK/MKP）もキリスト教民主派を支柱としており，これら3党は欧州におけるキリスト教民主主義政党組織である欧州人民党（EPP）のメンバーとなっている。スロヴァキアでは伝統保守主義と世俗主義の間の亀裂とエスノポリティクス上の亀裂がキリスト教民主派3党鼎立の要因となっている。いずれにせよ，現在のスロヴァキアのキリスト教民主派政党は89年の体制変動以後に現れた新興勢力ということになる。

　両大戦間期と1989年以降の時期との間にある断絶の1つは，民族的少数者をめぐるエスノ・ポリティクスの位置であろう。両大戦間期のチェコ政治では，人口の3分の1ほどを占めていたドイツ系住民を支持者とする諸政党が重要な要素であった。しかし300万人に及ぶドイツ系住民は，戦中の対独協力を理由に，戦後，国外に追放された。そこから歴史問題が生じ，今日もなお深刻な議論がつづいている。しかし，少なくともチェコ政治におけるエスノ・ポリティクスの要素は，ロマ人や移民問題が残るが，その影響力は小さなものになった。1990年以後の議会でモラヴィア地域主義政党である自治民主運動＝モラヴィア・シレジア協会（HSD-SMS）や排斥主義的ナショナリズム政党の共和国連盟＝チェコスロヴァキ

ア共和党（SPR-RSČ）が議席を持っていたが、今は議会から姿を消した。エスノ・ポリティクスや地域主義という要素はチェコの政党政治には直接反映されていない。

　戦後にスロヴァキアのハンガリー系住民とハンガリーのスロヴァキア系住民とを強制的に交換する試みがなされたが、それは途中で放棄され、スロヴァキアには約50万人（スロヴァキア人口の1割ほどを占める）のハンガリー系住民が少数者として残った。チェコとスロヴァキアが共同国家を形成していた時代に、ハンガリー系少数者は政治的に目立つ存在ではなかったが、スロヴァキアの独立によってその政治的比重は高まり、スロヴァキア政治を語るときに無視できないものとなった。ハンガリー人政党は、1990年選挙以降、人口にほぼ対応した議席を確保し、1998年選挙以降は上述したハンガリー人連立党に統合された。またそれに対応するスロヴァキア人の排斥主義的ナショナリズムの発現としてスロヴァキア国民党（SNS）が議席を維持している。エスノ・ポリティクスは、スロヴァキア政治の特徴となっている。

（2）旧共産党の位置

　1989年以降の東欧政治が旧体制から引き継いだ大きな政治的遺産は、40年にわたって支配政党として君臨した旧共産党の後継政党であろう。ポーランドとハンガリーの共産後継党である民主左翼同盟（SLD）と社会党（MSzP）は、体制変動の過程で西欧的な社会民主主義政党に衣替えし、前者は1993年、後者は1994年に政権に復帰した。チェコとスロヴァキアの共産後継党のたどった軌跡はそれとはかなり異なるものであった。

　1921年に結成されたチェコスロヴァキア共産党（KSČ）は両大戦間期を通して議会に議席を持つ合法政党であった。1990年選挙後に、同党の両共和国の組織は分離した。チェコの後継政党は共産主義という看板を降ろさず、現在もボヘミア・モラヴィア共産党（KSČM）という名称で議会に議席を持っている。ポーランドとハンガリーでは1970、80年代をとおして脱イデオロギー化したテクノクラート層（専門的な知識で高い地位を得ている人々）が国家機構や共産党組織の中で勢力を拡大し、1980年代末の政治危機の中で党の路線転換を導いた。しかしチェコスロヴァキアでは、1968年の「プラハの春」が挫折したあと、抑圧的な「正常化体制」の下で改革派は党から追放された。その結果、1980年代末に至っても党

内の改革志向は脆弱であった。チェコの共産党は共産主義政党にとどまらざるを得なかったともいえる。ただし，同党は1990年選挙以降も継続して議会で議席を維持している。体制転換の敗者となった不満層を支持者とし，政党システム内で安定した位置を得たという意味で，その選択は成功した。しかしイデオロギー的隔たりと，なお強く残る過去の記憶とにより，同党は連立ゲームの外に立つ「異議申し立て政党」にとどまった。

　他方，スロヴァキアの共産党は90年選挙後に民主左翼党（SDL'）と改称し，西欧的な社会民主主義政党へと転換した。若手理論家たちの主導でポーランドやハンガリーの共産後継党と同じ道を進もうとしたのである。民主左翼党は2002年まで議席を維持したが，ポーランドやハンガリーの場合と異なり，政党システムの軸となる基幹政党にはなれなかった。後述するように，民主スロヴァキア運動（HZDS）と左派的な経済政策で競合し，最終的には保守的な旧体制エリート層の多くは民主スロヴァキア運動へと流れることになった。また路線転換に不満を持つ最左派の分派がそれなりの勢力を維持し，1998年選挙でスロヴァキア労働者連盟（ZRS，以下では「労働者連盟」とする）が，2002年選挙ではスロヴァキア共産党（KSS）が議席を得ている。民主左翼党の路線変更は体制転換に不満を抱く低所得層などの離反を招いたともいえる。民主左翼党は1998年選挙後に中道右派諸党と連立政権を形成したが，それに続く2002年選挙で議席を失い，その後，この党は消滅してしまった。チェコとスロヴァキアの共産後継党は体制変動後に同じような位置から出発し，異なる選択を行い，異なる道をたどった。

2　体制転換と政党システムの形成

（1）　私有化と連邦解体

　ここでは，1990年の選挙から2004年のEU加盟に至る時期の政党政治をたどることにしよう。現在の両国の議会政治における第1党と第2党は，市場重視の経済自由主義に立つ中道右派政党と，必要に応じて国家が経済に介入すべきという立場に立つ中道左派政党で構成される。前者はチェコの市民民主党（ODS）とスロヴァキアの民主キリスト教連合で，後者はチェコ社会民主党（ČSSD）とスロヴァキアのスメル＝社会民主（SMER-SD，スメルは「方向」を意味する。以下では「スメル」とする）である。その限りにおいては両国の政党システムの骨格に類似

表7-1　チェコ1990年選挙結果

	得票率	議席数
市民フォーラム	49.5	124
共産党	13.2	33
自治民主運動	10.0	23
キリスト教民主連合	8.4	20

注：連邦時代のチェコ国民評議会選挙の結果による。
出所：チェコ統計局の資料から筆者作成。以下のチェコの選挙結果も同様。

表7-2　スロヴァキア1990年選挙結果

	得票率	議席数
暴力に反対する公衆	29.4	48
キリスト教民主運動	19.2	31
国民党	13.9	22
共産党	13.4	22
共存	8.7	14
民主党	4.4	7
緑の党	3.5	6

注：(1) 連邦時代のスロヴァキア国民評議会選挙の結果による。なお、この選挙のみ共和国集計で3％以上の得票があった政党に議席が与えられた。
　　(2) 「共存」はハンガリー系の政党。
出所：スロヴァキア統計局の資料から筆者作成。以下のスロヴァキアの選挙結果も同様。

性を見ることができる。しかしこれらの政党の出自は異なり、類似性を歴史の過程で説明することはできない。両国の2大政党は1989年以降に現れた新しい政党である。以下では、これらの主要政党の形成過程を、私有化および連邦解体の過程と重ねて述べてみよう。

　共産党体制崩壊後、政治では共産党による一党支配体制から複数原理に立つ民主政への転換、経済では国家指令経済から市場経済への転換が並行した。1990年選挙において、チェコでは市民フォーラム（OF）が、スロヴァキアでは「暴力に反対する公衆」（VPN）が第1位となり、選挙後に連立政権の中心を占めた（表7-1, 7-2）。両者とも共産党支配に対抗する広範な勢力の連合であり、左右にまたがる多様な個人や諸グループが含まれていた。この2つの政治連合の主導で経済の自由化・市場化が進行したが、その方法をめぐる対立がそれぞれの中

表7-3 チェコ1992年選挙結果

	得票率	議席数
市民民主党	29.7	76
左派ブロック	14.0	35
社会民主党	6.5	16
自由社会連合	6.5	16
キリスト教民主連合	6.3	15
共和国連盟	6.0	14
市民民主同盟	5.9	14
自治民主運動	5.9	14

注：(1) 連邦時代のチェコ国民評議会選挙の結果による。
(2) 「左派ブロック」は共産党を中心とする連立リスト名。

表7-4 スロヴァキア1992年選挙結果

	得票率	議席数
民主スロヴァキア運動	37.3	74
民主左翼党	14.7	29
キリスト教民主運動	8.9	18
国民党	7.9	15
ハンガリー人キリスト教民主運動＝共存	7.4	14

注：連邦時代のスロヴァキア国民評議会選挙の結果による。

で生じ，両者とも1991年に分裂した。その過程で新たに結成され，連邦時代最後の選挙となる1992年選挙で勝利を収めた政党が，それぞれの政治の軸の1つを形成することになる。

チェコでは，市民フォーラムの中の経済自由主義派が設立した市民民主党が第1党となった（表7-3）。スロヴァキアでは「暴力に反対する公衆」の中でスロヴァキアの自立と国家主導の漸進的経済転換を主張するグループが設立した民主スロヴァキア運動が第1党となった（表7-4）。経済志向の異なる政党がそれぞれの共和国で主導権を握ったことによって連邦は解体に向かう。民主スロヴァキア運動は，漸進的経済転換政策を自らが主導するために，主権を持つ2つの共和国からなる国家連合へと連邦を改組することを求めた。他方，チェコの市民民主党は連邦政府主導の急進的経済転換政策を主張し，それが不可能であるならむしろ連邦を解体すべきであると主張した。結局，選挙後の党首会談を経て，連邦解

体で合意がなされ，1993年に両共和国は独立した。チェコの市民民主党は他の中道右派諸党との連立を維持しながら1997年末まで政権に留まった。他方，民主スロヴァキア運動は，1994年に分派の離脱によって一時期下野したが，同年に実施された前倒し選挙で再度勝利を収め，その後は1998年まで政権を維持した。

（2） 市民民主党と民主スロヴァキア運動

1992年選挙で市民民主党と民主スロヴァキア運動が提示した経済政策は，それぞれの共和国の住民の意識を巧みにとらえていた。19世紀後半から工業化が進み，西欧と肩を並べる工業水準を持ちながら，共産党支配下で長い経済停滞を経験したチェコ社会では，急速な経済転換を歓迎する雰囲気が強かった。他方，スロヴァキアは戦後に共産党体制の下で農業社会から脱して急速な工業化を経験した。その時代に建設された重化学工業は大規模な軍需産業を含み，ソ連をはじめとする東側の国際経済システムの存在を前提としていた。そのため，急速な自由主義的経済転換政策は，社会主義時代の発展の成果を無にする怖れがあり，国家主導の漸進的な構造転換政策が必要であるという主張はより説得力を持った。

両党は，タイプは対極にあったが，ともにカリスマ的指導者を擁していた。ヴァーツラフ・クラウス（Václav Klaus）とヴラジミール・メチアル（Vladimír Mečiar）である。

チェコの市民民主党の創設者クラウスは1941年生まれで，1968年の「プラハの春」の時代には，改革派の牙城であった経済研究所に身を置く若手経済学者であった。軍事干渉後の「正常化体制」期は国立銀行の職員として過ごした。旧体制末期に経済改革促進を目的に設立された予測研究所で研究に復帰し，体制変動開始と同時に市民フォーラムの論客として台頭し，連邦政府財務相に抜擢された。1992～97年にチェコ政府首相を務め，2003年からは大統領職にある。フリードマン流の新自由主義の信奉者で，スマートな風貌と語り口で都市の若手専門家層を中心に支持者を広げた。

クラウスは，連邦政府財務相時代の1992年にクーポン私有化（「バウチャー私有化」とも呼ばれる）を実施した。手数料を支払った18歳以上の国民すべてに国有企業の株式と引き換え可能なクーポンが配布された。最終的にこの大衆型私有化政策は同国の経済改革を遅らせることになるが，実施当初は国内外で新しい私有化の方法として高い評価を受けた。それは選挙直前に有権者に対して「夢」を配布

表7-5 チェコ議会選挙（1996～2002年）

	1996年		1998年		2002年	
	得票率	議席数	得票率	議席数	得票率	議席数
市民民主党	<u>29.6</u>	<u>68</u>	27.7	63	24.5	58
社会民主党	26.4	61	<u>32.3</u>	<u>74</u>	<u>30.2</u>	<u>70</u>
共産党	10.3	22	11.0	24	18.5	41
キリスト教民主連合	<u>8.1</u>	<u>18</u>	9.0	20	—	—
共和国連盟	8.0	18	3.9	0	1.0	0
市民民主同盟	<u>6.4</u>	<u>13</u>	—	—	—	—
自由連合	—	—	8.6	19	—	—
連立	—	—	—	—	<u>14.3</u>	<u>31</u>
緑の党	—	—	1.1	0	2.4	0

注：下線は与党を示す。
「連立」はキリスト教民主連合，自由連合などの連立リスト。

するという意味を持った。1992年選挙後のクラウス政府はインフレ抑制を重視する財政均衡主義を採ったが，不採算企業の解体を急がなかったこともあって矢業率の急激な上昇は回避された。また市民民主党は長期政権下で，地方の中核都市を基盤とする安定した党組織の形成にも成功した。中央政府による地方行政機関幹部の任命権を利用して中央と地方の権力ネットワークを作り上げたのである。こうしてチェコの政党システム内で市民民主党は基幹政党の地位を確立した。

民主スロヴァキア運動の党首，メチアルは1942年生まれで，「プラハの春」の時代には共産党青年組織の幹部であった。「プラハの春」の指導者，アレキサンデル・ドゥプチェク（Alexander Dubček）に近い位置にあり，軍事干渉後に党から追放された。その後は法曹資格を得て企業に勤務していた。体制変動が始まると「暴力に反対する公衆」の指導者としてスロヴァキア政府の内相，後に首相となり，2度の中断を挟んで1998年までその地位にあった。大きな体躯と朴訥とした面立ち，メモを持たずに統計数字を並べたてる語り口などで，特に地方都市や農村部で厚い支持を得た。

民主スロヴァキア運動は，特に1994年選挙後に野党の存在を無視する強引な議会運営を行った。重要ないくつかの委員会から野党議員を排除し，民主スロヴァキア運動から離党した議員の議席を不正な手続きで剥奪した。また野党側に立つ大統領の権限を大幅に制限した。経済政策では，連邦時代に導入されたクーポン

私有化政策が放棄され，国家主導の私有化が進められたが，政権周辺の人々が私有化された企業の所有者となるなど，不透明な私有化が続いた。また地方行政組織への浸透によって党の地方での基盤をつくり，そうした政策をとおして旧体制エリート層も引き寄せ，党組織を強化した。

市民民主党と民主スロヴァキア運動はその政策の内容やスタイルは異なるが，カリスマ的な指導者の下で，ポピュリズム的な政策を実施し，中央と地方を結ぶ恩顧主義的関係を基礎とする党組織を作り上げたという点では共通している。

（3） チェコにおける政党システムの形成

市民民主党が政権にあった時期にもう1つの基幹政党が姿を現した。市民民主党の経済自由主義に対抗する政治空間は，国家による経済介入を一定範囲で必要と考える中道左派的な政治空間といえる。1992年選挙後の議会では，この空間に複数の政党が併存していたが，その中で社会民主党が基幹政党に成長する。同党の起源は19世紀末までさかのぼるが，1948年に共産党に併合され，長く活動を停止していたので，実質的には1989年末に結成された新党である。1990年選挙では議席を得られなかった。しかし1991年に市民フォーラムが分裂したとき，その中にいた中道左派の指導者たちが社会民主党に合流した。閣僚や与党指導者として著名なこれらの人物を得て，同党は1992年選挙で議席を確保し，1996年選挙で第2党（野党第1党）へと躍進，1998年の前倒し選挙でついに第1党の地位を得て，政権につき，2002～06年にはキリスト教民主連合，自由連合（US）と連立政権をつくった。

こうして，社会経済政策軸に沿って右から左へ市民民主党，キリスト教民主連合，社会民主党，共産党が並ぶ政党配置が出来上がった。なおこの4党以外に1992～98年には市民民主同盟（ODA）などいくつかの小党が，1998～2002年には自由連合が議席を得ている。後述するように市民民主党は欧州懐疑主義的な国家ナショナリズムの傾向を強めることになるが，そうした傾向に馴染めず，また同党の極端な新自由主義的言説を嫌う人々で，カトリック系の保守主義にも距離を置く層が有権者の中に一定数存在していて，それがこれらの小党に議席獲得の余地を与えていると思われる。

チェコでは市民民主党と社会民主党の2大政党と2～3の小政党で構成される変動の少ない安定したシステムが出来上がった。ただし，それは政権の安定を意味するものではない。つねに一定の議席を持つ共産党がなお連立政治の外にある

ため，それを除いた諸党で議会の多数派を形成しなければならない。また2大政党間の政策に大きな隔たりがあり，大連立の形成が困難である。そのため，議会で安定多数を持つ政権がなかなか誕生しないのである。1996年選挙後の第2次クラウス連立政権は200議席中99議席しか持っていなかったし，1998年選挙後の社会民主党政権は単独少数内閣であった。

（4） スロヴァキアにおける政党政治の展開

次に独立後のスロヴァキアにおける政党システム形成を見よう。1992年選挙で第1党となった民主スロヴァキア運動は明瞭な理念的支柱を持たず，党首メチアルのカリスマ的人気に支えられながら，その都度，時流を見ながら政策を変えてきた。その綱領はキリスト教伝統保守主義，ナショナリズム，国家による経済保護主義などの諸要素を折衷したもので，時々で強調点も変化してきた。党設立当初から国家保護主義的経済政策を掲げ，その主張は民主左翼党などの中道左派と競合したが，次第に伝統保守主義も強調するようになり，2003年には正式党名を「人民党＝民主スロヴァキア運動」（LS-HZDS）と変え，欧州人民党（EPP）への加盟申請を試みたが，それは実現しなかった。

1994年選挙後に民主スロヴァキア運動は国民党および労働者連盟と連立を組んだが，それによってメチアル政権の政策は，民主スロヴァキア運動本来の位置よりも過剰にナショナリズムないし反西欧主義の傾向を示すことになった。このような連立政権の立ち位置がその後の政党システム形成に影響を与えることになる。

1998年選挙では，メチアル連立与党に対抗するため，ほぼすべての野党が協力して選挙に臨んだ。中道右派と中道左派の5政党（キリスト教民主運動，民主連合DÚ，民主党DS，社会民主党SSDS，緑の党SZ）が合流してスロヴァキア民主連立（SKD，以下では「民主連立」とする）という党名で合同リストを作成した。それとは別に中道左派の民主左翼党と市民合意党（SOP），それにハンガリー人連立党はそれぞれ独自の候補者リストで選挙に臨んだが，これら反メチアル勢力は相互批判を抑え，足並みをそろえてもっぱらメチアル政権与党を攻撃するという選挙キャンペーンを展開した。選挙の結果，なお民主スロヴァキア運動は第1党の地位を保ったが，それまでの連立与党は過半数を失い，反メチアル陣営の諸党による連立政権が発足し，首相には民主連立代表のミクラーシュ・ズリンダ（Mikuláš Dzurinda）が就任した。この反メチアル諸党の連携は政権獲得では成功

表 7-6 スロヴァキア議会選挙1994年

	得票率	議席数
民主スロヴァキア運動	<u>35.0</u>	<u>61</u>
共通の選択	10.4	18
ハンガリー人連立	10.2	17
キリスト教民主運動	10.1	17
民主連合	8.6	15
労働者連盟	<u>7.4</u>	<u>13</u>
国民党	<u>5.4</u>	<u>9</u>

注：下線は与党を示す。「共通の選択」は民主左翼同盟を中心とした左派の連立リスト。

表 7-7 スロヴァキア議会選挙1998～2002年

	1998年		2002年	
	得票率	議席数	得票率	議席数
民主スロヴァキア運動	27.0	43	19.5	36
民主連立	<u>26.3</u>	<u>42</u>	—	—
民主キリスト教連合	—	—	<u>15.1</u>	<u>28</u>
キリスト教民主運動	—	—	<u>8.3</u>	<u>15</u>
新市民同盟	—	—	<u>8.0</u>	<u>15</u>
民主左翼党	<u>14.7</u>	<u>23</u>	1.4	0
スメル	—	—	13.5	25
スロヴァキア共産党	2.8	0	6.3	11
ハンガリー人連立党	<u>9.1</u>	<u>15</u>	<u>11.2</u>	<u>20</u>
国民党	9.1	14	3.3	0
市民合意党	<u>8.0</u>	<u>13</u>	—	—

注：下線は与党を示す。

を収めたが、議会政治の中に中道右派と中道左派のそれぞれで複数の政党を温存することになった。そのため政党システムは安定を欠いたままであった。

　1998～2002年の第1次ズリンダ連立政権与党は中道右派と中道左派にまたがっていたが、全体としては中道右派諸党が主導権を握っていたので、連立内の中道左派諸党は独自性を発揮することが出来ず、また汚職事件への関与などもあり、結局、2002年選挙でそれまで与党であった中道左派諸党はすべて議席を失った。

　1998年選挙後まもなく民主連立が分裂し、そこから明瞭な経済自由主義を掲げ

る民主キリスト教連合が誕生した。2002年選挙後にこの民主キリスト教連合を中心とし，キリスト教民主運動，ハンガリー人連立党，それに新党の新市民同盟（ANO）を加えた中道右派諸党のみによる第2次ズリンダ連立政権が発足し，この政権の下でスロヴァキアはEUに加盟した。

3 EU加盟をめぐる政党政治

（1） チェコの政党政治とEU加盟問題

1996年にチェコ政府はEUへの加盟申請を行い，1997年に正式な加盟候補国の地位を得て，翌98年から本格的な加盟交渉が始まり，2004年にEU加盟を果たした。チェコのEU加盟は順調であった。議会では共産党を除く諸党が一致して加盟に賛成していた。しかし，その中にあって市民民主党は加盟に賛成しつつも，欧州懐疑主義（同党の用語では「欧州現実主義」）を唱えるという立場にあった。

クラウスと市民民主党は，共同市場としてのEUの存在は認めており，工業製品の輸出に頼るチェコがEUに加盟することは不可欠と考えていた。しかし，クラウスは新自由主義的な経済観と国家主義的なナショナリズムの両面から，共同市場を超える統合の深化に対して批判的な姿勢をとった。クラウスによれば，EUのさまざまな経済的，社会的規制は「社会主義的」であり，自由経済の発展を阻害するものであった。またさらなる統合の深化（EU憲法の制定や通貨統合など）は国家主権への重大な侵害であった。クラウスのEU批判は党設立当初はさほど目立つものではなかったが，1998年選挙以降，その欧州懐疑主義は顕著なものとなる。

1997年にチェコは通貨危機に見舞われた。またこの年に党資金にまつわるスキャンダルが発生し，クラウス首相は同年末に辞任に追い込まれた。それを受けて1998年に前倒し選挙が行われた。この混乱の中でも，クラウスは市民民主党党首の地位を保ち，党内の反クラウス派指導者たちは離党して自由連合を設立した。この自由連合に加わった指導者の多くは積極的な欧州統合論者であった。党の分裂によって市民民主党内の欧州懐疑主義は強化されたのである。1998年選挙で市民民主党は台頭著しい社会民主党を射程に選挙を戦った。社会民主党は欧州統合の積極的な支持者だったので，それとの差を際立たせるために市民民主党は選挙運動で欧州懐疑主義的言説をより強調することになったとも思われる。それと並

行して，おそらくは世俗的で普遍主義的な社会民主党の立ち位置を意識して，市民民主党は国家主義的ナショナリズムと伝統保守的な傾向も強めることになった。

1998年選挙では社会民主党が第1党となり，第2党となった市民民主党との協定に基づいて，単独少数内閣をつくった。この年から，EU加盟交渉は本格化する。社会民主党は議会で過半数をもっていなかったが，EU関連法案はやはりEU加盟に積極的なキリスト教民主連合および自由連合との提携で議会を通すことができた。EUはチェコを加盟国として受け入れたが，それによって市民民主党という有力な欧州懐疑主義派を内側に加えることになった。以後，市民民主党が政権にある場合は，欧州統合に微妙な影響を与える可能性が生まれたといえる。2003年にクラウスは大統領に選出され，2008年に再選されたが，そのEUに批判的な発言はしばしばEU内で物議をかもしている。

（2） スロヴァキアの政党政治とEU加盟問題

次に，スロヴァキアの場合を見ておこう。1994～98年に政権与党の中心を占めたメチアルの民主スロヴァキア運動は，少なくともその綱領においては，スロヴァキアのEU加盟を支持していた。ただし，同運動の中には加盟後に予想される西欧資本との競争を嫌い，加盟について消極的姿勢をとる勢力が少なくなかった。政党の離合集散の中で民主スロヴァキア運動に合流した旧体制エリートたちには特にその傾向が強かった。他方，野党はいずれも積極的なEU加盟支持派であった。問題は，民主スロヴァキア運動と連立を組んでいた国民党と労働者連盟にあった。前者はナショナリズムから，後者は左翼的な立場からEU加盟に反対していた。連立与党内のこの2つの小党と民主スロヴァキア運動内の加盟消極派がスロヴァキアのEU加盟についてブレーキとなったのである。

1994年選挙後のメチアル政府の連立綱領はEU加盟を目標として掲げ，1995年には加盟申請を行った。しかし，実際の行動においては，EUの示している加盟基準に沿わない行動が続いた。特に，上で述べたように，民主政や人権などに関する政治基準からの逸脱はEU側からの批判を浴び，1997年にEUが加盟候補国を選んだ際に，スロヴァキアはそこから漏れることになった。

こうして，1998年選挙はEU加盟の是非をめぐる選挙となった。選挙では，EU加盟を積極的に支持する反メチアル連合が勝利を収め，選挙後に発足する第1次ズリンダ政権のもとで加盟への準備がなされた。その後の政治経済改革が評

価され，2000年からEUはスロヴァキアとの正式加盟交渉を開始した。加盟準備の過程で地方制度改革や公務員制度改革など多くの問題をめぐって与野党間だけでなく，連立与党内部でも厳しい対立が発生し，政権内の中道右派と中道左派の間の合意形成には多くの困難をともなった。しかし，与党はかろうじて連立を維持し，EU加盟のための準備はこの時期にほぼ終えることが出来た。2004年にスロヴァキアはチェコとともにEU加盟国となったのである。なお，その後の経済改革などが功を奏し，スロヴァキアは09年にユーロ共通通貨圏に加盟し，この点ではチェコに一歩先んじることになった。

なお，EU加盟と同じ2004年に両国はNATOにも加盟したが，それについてはここでは省略する。チェコでは共産党のみが反対であったが，スロヴァキアではやはりEU加盟と同様の構図で加盟をめぐる対立があった。

4 EU加盟後の政党政治

最後にEU加盟後の政党政治の展開を見ておこう。

チェコの2006年下院選挙では中道右派の市民民主党が第1党，中道左派の社会民主党が第2党となった。両党は全議席の77.5％を占め，残りの議席はキリスト教民主連合，共産党，緑の党が分け合った。選挙後に第1党となった市民民主党がキリスト教民主連合および緑の党と連立政権を作ったが，連立与党は下院200議席中100議席で，過半数に1議席不足していた。そのため連立政府は議会での信任を得るまでに長い時間を要した。しかも，同内閣は2009年春に議会での不信任決議で倒れ，議会に基礎を持たない官僚内閣に政権を譲った。

続く2010年選挙では社会民主党が第1党，市民民主党が第2党で，それ以外の既存の政党としては共産党が議席を保持したが，キリスト教民主連合と緑の党は議席を失い，代わって経済自由主義と親欧州という立ち位置の新党「伝統・責任・繁栄09」(TOP 09)と，政治腐敗糾弾を掲げ，直接民主政への強い志向を示す中道右派の「公共」(VV)が新たに議席を得た。これは全体として伝統保守派の衰退と経済自由主義志向のポピュリズムの台頭と見ることもできる。いずれにせよ，市民民主党以外の中道右派政党がめまぐるしく交代する現象は1990年代から継続する事柄であるが，2大政党の議席占有率が54.5％に下がり，議席配分がこれまでよりも分散した。しかし，緊縮財政など経済自由主義を掲げる点で共

表7-8 チェコ議会選挙（2006年，2010年）

	2006年		2010年	
	得票率	議席数	得票率	議席数
市民民主党	<u>35.4</u>	<u>81</u>	<u>20.2</u>	<u>53</u>
社会民主党	32.3	74	22.1	56
共産党	12.8	26	11.3	26
キリスト教民主連合	<u>7.2</u>	<u>13</u>	4.4	0
緑の党	<u>6.3</u>	<u>6</u>	2.4	0
トップ09	—	—	<u>16.7</u>	<u>41</u>
公務	—	—	10.9	<u>24</u>

注：下線は与党を示す。

通する中道右派3党があわせて118議席を獲得し，新しい連立政権を作ることになったが，これは議会で過半数を持つ久しぶりの安定政権の誕生となるのかもしれない。

　チェコの政党政治には，エスノ・ポリティクスの影響がほとんどない。また世俗主義と伝統保守主義の対立もそれほど顕著ではない。その結果として経済自由主義と国家保護主義という左右対立が政治の基軸を作っている。ただし，中道右派の間には欧州統合に対する懐疑派と積極派という対立があり，後者については選挙のたびに政党が交代するという現象が続いている。また左派には旧支配政党の後継党である共産党と，共産後継党ではない社会民主党が併存し，その間には歴史的な溝が存在していた。ただし，2010年選挙で社会民主党は，共産党の閣外協力で単独内閣を作るというシナリオを描いていたといわれており，両党の間の歴史的な溝も少しずつ埋まりつつあり，共産党が連立ゲームに参加する時代がいずれ来るのかもしれない。

　すでに述べたように，1996年から2002年の間，チェコの議会政治は中道右派と中道左派が拮抗し，安定した政権を作ることができなかった。しかし，その過程でチェコの議会政治はさまざまな政治技法を生み出してきた。たとえば，1996年選挙後には，第2党の社会民主党が，議長職などを得ることを条件に，中道右派の少数連立政権の成立を認め，1998年選挙後は，やはり第2党の市民民主党が，政策合意文書（「野党協定」と呼ばれた）を結んだ上で，第1党となった社会民主党の少数単独政権を承認した。また，連立政権内で対立がある法案を，与党の一部が野党と協力して成立させるということも少なくない。さらに，1997年末と

表7-9 スロヴァキア議会選挙（2006年，2010年）

	2006年		2010年	
	得票率	議席数	得票率	議席数
スメル	<u>29.1</u>	<u>50</u>	34.8	62
民主キリスト教連合	18.4	31	<u>15.4</u>	<u>28</u>
ハンガリー人連立党	11.7	20	4.3	0
国民党	<u>11.7</u>	<u>20</u>	5.1	9
キリスト教民主運動	8.3	14	<u>8.5</u>	<u>15</u>
民主スロヴァキア運動	<u>8.8</u>	<u>15</u>	4.3	0
自由と連帯	—	—	<u>12.1</u>	<u>22</u>
橋	—	—	<u>8.1</u>	<u>14</u>

注：下線は与党を示す。

2009年春に起きた政治危機に際しては，議会多数派に依らない官僚内閣を作り，首相は国立銀行総裁や統計局長官という職にあった官僚が務めた。このような連立政治の柔軟さもこの国の政党政治の特徴といえよう。

　スロヴァキアでも2006年と2010年に国政選挙が行われた。2006年選挙で第1党となり，その後の連立政権の中心を占めたのはスメルであった。同党は，共産後継党である民主左翼党の副議長であったロベルト・フィツォ（Robert Fico）によって1999年に設立された。フィツォは1964年生まれの法律家で，議会での歯切れのいい政府批判で人気を得た。2002年選挙で第3党となり，2006年選挙で第1党に躍り出て，民主スロヴァキア運動，国民党と連立政権を作った。党設立当初は右でも左でもない中道を目指していたが，2002年選挙で既存の中道左派政党が議席を失った後，社会民主主義志向を打ち出し，欧州の社会民主主義政党組織である欧州社会党（PES）への加盟を求めた。ひとたび暫定メンバーとしての地位を得たが，2006年に排斥主義的ナショナリズムを掲げる国民党と連立を組んだため，欧州社会党はスメルの姿勢に疑念を持ち，スメルのメンバー資格を停止する処分を行った。その後，民族的少数者保護などの約束をすることによって資格は回復され，2009年末に正式な加盟が実現した。

　2010年選挙では，このスメルが第1党を保持したが，民主スロヴァキア運動が議席を失ったことで，それまでの連立政府は過半数を失った。その結果，第2党の民主キリスト教連合，キリスト教民主運動，それに新党の「自由と連帯」（SaS）およびハンガリー系新党である「モスト゠ヒード」（Most-Híd，「モスト」は

スロヴァキア語で,「ヒード」はハンガリー語で, それぞれ「橋」を意味している)の4党が新しい連立政府を作ることになった。「自由と連帯」はやはり経済自由主義に立つが, 欧州懐疑主義的で, 麻薬規制緩和や同性婚に賛成するという社会的な面でも急進的な自由主義に立つ。他方, これまで議席を維持してきたハンガリー人連立党に代わって議席を得たのが「モスト=ヒード」である。同党の党員の多くはハンガリー人であるが, 一定の数のスロヴァキア人も党員として含み, 両者の融和を唱えて議席を得た。いずれにせよ, この4党はいずれも経済自由主義を掲げる政党であり, スロヴァキアでも当面は緊縮財政政策が採られることになる。

スロヴァキアの政党政治においては, スメルと民主キリスト教連合が2大政党の地位を占めているが, 両党の議席占有率は2006年選挙では54％, 2010年選挙では60％であった。また, 1992年選挙以来継続して第1党の地位を保ってきた民主スロヴァキア運動が06年選挙で第5位に凋落し, 代わってスメルが第1党になるなど, 2大政党の入れ替えも生じている。ただし, この交代は左派的な経済政策志向を持ち, 権威主義的で, カリスマ的な指導者に率いられる政党の間の交代ということなので, スロヴァキアの政党システムに変化が生じたとはいえない。スロヴァキアの政党政治では, 経済自由主義と国家保護主義の対抗を軸にしつつも, スロヴァキア人とハンガリー人の間のエスノポリティクス, 伝統保守主義と世俗主義の対抗, 権威主義的ポピュリズムに対する支持派と反対派という複数の対抗軸が作動しており, その結果として分散的な政党配置はこれからも継続すると思われる。

●参考文献

池本修一・松澤祐介（2004）「チェコの体制転換プロセス──擬似『金融資本主義』の破綻と『正常化』へ向けての模索」『ロシア研究』第36号。

サルトーリ, G.（1980）『現代政党学──政党システム論の分析枠組み』岡沢憲芙・川野秀之訳, 早稲田大学出版部。

中田瑞穂「中・東欧諸国における『民主化』と『EU化』──チェコ共和国を一例に」『日本比較政治学会年報』第5号。

羽場久美子・小森田秋夫・田中素香編（2006）『ヨーロッパの東方拡大』岩波書店。

林忠行（1999）「チェコにおける政党政治の現況」『ロシア研究』第28号。
———（2003）「スロヴァキアの国内政治とEU加盟問題——1993-2002」『日本比較政治学会年報』第5号。
———（2004）「チェコの政党政治と欧州懐疑主義」『地域研究』第6巻第2号。
———（2009）「東中欧諸国における政党システム形成の比較——『基幹政党』の位置取りを中心にして」『比較経済研究』第46巻第1号。
矢田部順二（1996）「第一次クラウス内閣の四年間と九六年チェコ下院選挙結果——一九九二年六月～九六年七月」『ロシア研究』第23号。
リプセット，S. M./S. ロッカン（2007）「クリヴィジ構造・政党制・有権者の連携関係」加藤秀治郎・岩渕美克編『政治社会学〔第3版〕』一藝社。

第8章

「バルト」の国・ラトヴィアの対外政策と EU・NATO 加盟

志摩園子

要　約

　1991年にソ連邦から独立を回復したラトヴィアが，2004年に EU，NATO への加盟を急いだのはなぜだろうか。また，なぜ，加盟を必要としたのか。加盟後にラトヴィアの加盟の目的は達成されたのだろうか。EU，NATO の加盟国として，どのような活動を展開しているのか。ラトヴィアが，現在抱えている問題はなにか，今後の課題はなんであろうか。

　以上のような疑問にこたえるべく，ラトヴィアのような小国にとって対外政策の重要性を示しながら，このおよそ20年間のラトヴィアの動向について，以下3つの特徴を踏まえながら述べた。

　第1の特徴として，ラトヴィアにとって隣国ロシアとの関係は，地理的位置にとどまらず，歴史的な要因も大きく働いている。第2の特徴として，ラトヴィアは，アメリカに対する安全保障上の期待が大きく，その背景にも歴史的要因を見いだすことができる。さらに，第3の特徴として，独立回復前後から，北欧諸国との緊密な関係も，ラトヴィアの今後の方向性を示唆している。

　ラトヴィアの安全保障は，常に，対外政策が対内政策に優越してきたものであり，EU，NATO の加盟国となった現在も，基本的にその方針は変わっていない。しかし，国内社会の問題が，棚上げにされている懸念もある。現在のラトヴィアにとって，もはや安全保障は，軍事面だけではなく，経済的要因，社会的要因と多様化しており，その点においても，注目していかなければならない。

1　EU・NATO 加盟の必要性

　ラトヴィアが，第2次世界大戦後にその構成共和国となっていたソ連邦から独立を回復したのは1991年のことである。それから13年を経た2004年3月に，冷戦下，ソ連と対峙していた北大西洋条約機構（NATO）に加盟，同年5月には欧州

連合（EU）に加盟を果たした。

　1997年のマドリード・サミットでチェコ共和国，ポーランド，ハンガリーの加盟が決定，1999年3月12日に早くもワルシャワ条約機構諸国から最初の加盟諸国となった。一方で，ラトヴィアのNATOへの加盟が決定されたのは，2002年のプラハ・サミットで，2004年エストニア，リトアニア，ブルガリア，ルーマニア，スロヴァキア，スロヴェニアとともにラトヴィアは拡大したNATO加盟国となった。

　EUに関しては，2004年5月1日にラトヴィアと同時加盟したのは，チェコ共和国，キプロス，エストニア，リトアニア，ハンガリー，マルタ，ポーランド，スロヴェニア，スロヴァキアであった。

　NATOもEUも，加盟に際しては，バルト三国が同時であったが，これに至る過程は必ずしも常には同時進行ではなかった。確かに，1997年にエストニアだけが，EU加盟候補国の第1陣となると，バルト三国間でも軋轢が生じていた。だが，2000年5月に「ヨーロッパの変化する安全保障環境におけるNATOの役割」についてヴィリニュスで開催された会議から生まれたヴィリニュス・グループ（東ヨーロッパの10ヵ国）の役割も考慮にいれる必要はあるだろう。

　ここで考えなければならないのは，ラトヴィアが加盟への道をなぜ急いだのであろうか，また，独立回復からかなり早い時期に2つの拡大に加わることがなぜ可能であったのだろうか，ということである。この理由として，他の東欧諸国と共通するものを見いだすことができるであろうが，他方で，ラトヴィアがバルト三国の真ん中に位置するが故の理由を見いだすことができないだろうか。独立回復後の早い時期から西欧社会への復帰の背景は，戦間期に，独立時代を享受した経験と無関係ではないだろう。

　ラトヴィアを特徴づけるものとして，まず挙げなければならないのは，ラトヴィアの地理的位置である。ラトヴィアは，バルト海東南岸に位置し，東に大国ロシア，ベラルーシ，北にエストニア，南にリトアニア，バルト海を隔ててスウェーデンがある。エストニアは，同系のフィンランドとの関係から北欧としての意識，リトアニアは，歴史的紐帯をもつポーランドとの関係から中欧としての意識をもつ。これに対して，先の二国のような絆をもたないラトヴィアでは，「バルト」の国としての意識に支えられることは重要ではないだろうか。

　次に，ラトヴィアにおけるロシアの影響の大きさである。エネルギーのロシア

への圧倒的依存，ラトヴィア社会そのものを根本から揺り動かしかねないロシアの政治的，文化的，経済的影響力の存在は，無視できない。

それにもかかわらず，EU，NATOへの加盟は進められ，また，加盟後もある程度適合できているといえよう。本章では，その理由と必要性について，ラトヴィアの対外政策を中心に考えてみたい。

ラトヴィアのような小国では，外交が内政に与える影響は膨大である。したがって，対外政策を中心に見ていくことで，国内社会にも目を向けることができると考えている。

2　ラトヴィアの対外政策

（1）　対外政策の背景

戦間期のラトヴィアは，独立達成当初から1920年代半ばにかけて，バルト地域の協力に強い関心を示した。

ラトヴィアにとって，1928年のスターリンの登場や1934年のヒトラーの登場は，外交への選択肢の限界を示した。ラトヴィアをはじめとするバルト三国は，ポーランドとの協力を強化しようとするが，1934年にポーランドは，ドイツと協力条約に調印したため，もはやポーランドに対する期待を失い，バルト協商の締結へと進んだ。実際，バルト三国間の経済競争からもバルト協商はあまり有効とはなりえなかった。

ところで，ソ連邦時代の1980年代後半には，バルト地域の協力の可能性は，内外に強く示された。

1980年代の後半になると，ラトヴィアのダム建設反対運動を皮切りに，ゴルバチョフ指導のソ連中央政府からの自立運動が展開された。環境保護運動は，ラトヴィアからエストニア，リトアニアへと広がっていった。また，人民戦線の活動においては，エストニアがイニシアチブを，ソ連からの分離においては，リトアニアがイニシアチブをとった。いち早く1990年に独立を宣言したリトアニアは，ソ連からの経済封鎖にも正面から立ち向かった。

だが，バルト三国の独立回復への道は，1990年にロシアソビエト社会主義共和国連邦（ロシア共和国）の議長にエリツィンが登場し，ソ連という脅威をバルト三国と共有するようになったことから，進み始めたといえるかもしれない。

ところで、1990年にパリで開催されたOSCEサミットは、バルト三社会主義共和国からの代表を当初招聘する予定であった。ソ連代表は、この招聘に対して圧力をかけたのである。

1991年1月には、ソ連とバルト三国との硬直状態は、「血の日曜日事件」として、その国際社会への報道は、強い衝撃を与えるものであった。この1月に、ラトヴィア最高会議が、ロシア社会主義共和国連邦との相互条約を批准したことは、独立回復への大きな一歩となったことはいうまでもない。

（2） 政治変容と対外政策

独立の回復の機会は、ソ連国内の対立から生じたゴルバチョフを軟禁するというクー・デタの未遂によってやってきた。1991年8月21日の未明、ラトヴィア最高会議は独立の宣言を採択、公表した。1991年9月6日にソ連から独立が承認されると、ラトヴィアは国防や外交、経済問題、人権問題に独自に取り組まなければならなくなった。

これら課題への取り組みが必要となったが、一方で、ソ連軍はラトヴィア国内に依然として駐留していた。特に、首都リーガから西方へ約150kmにあるスクルンダには早期警戒用レーダー基地があり、ソ連でも重要な基地の1つであった。1994年にロシア軍（旧ソ連軍）のラトヴィアからの撤退についての交渉で、さらに4年間はロシアがレーダー基地を使用することが取り決められた。これの撤去が完了したのは、1998年9月である。

ソ連は1991年12月に解体し、独立国家共同体（CIS）が設立された。すでに、独立を承認され、国際社会への復帰を果たしていたラトヴィアをはじめとするバルト三国は、いずれも、CISへの参加を拒否、ヨーロッパの国としての位置づけを明確に内外に示した。これ以後、ヨーロッパへの回帰を目指しながら、特に、ラトヴィアはバルト三国の協力に対し積極的な姿勢を見せ、NATO、EU加盟にむけて三国の協力による交渉のイニシアチブをとろうとした。これは、ラトヴィアが、国家存続のためにも「バルト」という単位を積極的に打ち出し、国際社会に対する関心の喚起をせざるを得ない地政学的状況や歴史的背景をもっているからに他ならない。というのも、フィンランドとの緊密な関係をもつエストニアやポーランドと歴史的確執があったとはいうものの、緊密な関係をもつリトアニアのような状況は、ラトヴィアには用意されていなかったからである。

(3) ロシアとの関係

ラトヴィアのバルト三国協力への高い関心は，とりわけロシアとの関係において，重要であった。ラトヴィアには，1994年8月までは，ロシア軍（旧ソ連軍）が駐留していたため，これがロシアからラトヴィアに対するカードとして使われた。また，スクルンダにソ連時代からあったレーダー基地の存在もラトヴィアにとっては，独立を回復したものの，主権国家としてのラトヴィアにとっての大きな脅威であった。

さらに，1993年4月にロシア連邦安全保障会議が，「ニア・アブロード」政策を打ちだしたことは，ロシア語系住民の多いラトヴィアに対して大きな不安感を与えたといえよう。ラトヴィア中央統計局のデータによると，独立回復直前の1989年には，基幹民族のラトヴィア人は，52％とわずかに過半数を超えるにすぎず，一方で，ロシア語系住民（ロシア人，ベラルーシ人，ウクライナ人）の割合は，42％であった。2010年でも，ラトヴィア人が59％，ロシア語系住民は依然として34％であり，ロシア語系住民の存在は，ロシアがそれに政治的意味をもたせようとするならば，ラトヴィアにとっては，国際政治的な意味をもつことになる。ロシアでは，内政が外交に影響を与えているといえるだろうが，ラトヴィアでは，国家の維持に必要な外交が内政に優越しているのである。

ただ，ラトヴィア国籍者が，1996年の72.33％から2010年には82.56％と増加，また，ロシア連邦国籍者が，0.33％から1.38％，ウクライナ国籍者が0.02％から0.13％，ベラルーシ国籍が0.02％から0.08％と増え，他方，ノン・シチズンは，27.15％から15.27％に減少している。ロシア語系住民のラトヴィア国籍取得によって，ロシア語系住民の国政への影響力が高まってきていることは間違いない。

経済面においても，ソ連時代の依存関係からの脱皮を目指し，次第にEU諸国との貿易を増加させていたが，それでも，ロシアとの経済関係は，依然として重要であった。特に，エネルギーのロシアに対する圧倒的な依存と，ロシアの石油輸出の経由国としての役割は，ラトヴィア経済を左右するほどであった。しかし，1998年8月のロシアでの金融危機は，ラトヴィアにも大きな影響を及ぼし，それまで以上に貿易相手国としてEU諸国を中心に志向するようになったことは，表8-1からも明らかである。

安全保障面においても，隣国ロシアとの関係は重要である。世論調査によると，2008年8月に起きたロシアとグルジアの間での紛争後，ロシアに対する脅威は，

表 8-1 ラトヴィアの輸出入（対グループ別）

(千ラッツ)

年	輸出				輸入			
	合計	EU-15	EU-25	CIS	合計	EU-15	EU-25	CIS
1992	572,666	160,428	—	257,717	541,520	119,789	—	203,713
1993	675,611	166,399	—	321,590	639,247	110,687	—	244,380
1994	553,437	154,357	—	236,375	694,588	173,026	—	211,600
1995	688,413	303,212	—	263,561	959,636	478,589	—	270,847
1996	795,172	355,457	—	284,764	1,278,169	629,465	—	326,279
1997	971,749	474,807	—	286,848	1,582,352	841,225	—	312,160
1998	1,068,852	604,459	—	202,611	1,881,285	1,039,492	—	301,063
1999	1,008,333	630,655	—	121,205	1,723,931	940,166	—	258,314
2000	1,131,315	730,956	913,135	98,255	1,933,935	1,014,082	1,430,684	327,488
2001	1,256,402	769,287	987,014	129,964	2,201,565	1,157,303	1,668,129	324,841
2002	1,408,816	850,873	1,094,864	140,630	2,497,386	1,322,370	1,928,518	327,486
2003	1,650,630	1,020,830	1,308,862	162,393	2,989,166	1,523,242	2,252,981	433,672
2004	2,150,027	1,170,584	1,660,801	242,799	3,805,258	1,777,796	2,871,326	623,604
2005	2,888,234	1,364,785	2,205,436	353,723	4,867,011	2,126,332	3,658,505	813,539
2006	3,293,210	1,423,911	2,467,748	461,212	6,378,477	2,867,110	4,889,389	902,675
2007	4,040,293	1,627,060	3,065,935	586,353	7,782,131	3,433,968	6,048,073	1,029,060

出所：Latvijas statistikas Gadagrāmata, Riga (2007) (lpp. 425)，および，Centrāla statistikas pārvalde資料から作成。

前年が24.6％であったのに対して，34.6％と急増している。一方で，ロシア語系住民とラトヴィア語系住民の対ロシア脅威感に大きな相違があることも明らかとなっている。

長年懸案であったラトヴィアとロシアとの国境条約が調印されたのは，2007年3月27日であり，批准書の交換は同年12月18日である。

3　EU・NATO 加盟への道

（1）ラトヴィアと国際環境

ラトヴィアが EU，NATO への加盟を求めた理由は，安全保障である。これは，2004年1月，NATO 加盟直前に，当時のカルニァテ外相が，オルブライト

元米国務長官を迎えた際の演説での次のような言葉からも明らかである。「過去10年間，ラトヴィアの外交政策の目標はラトヴィアの独立国家としての状態を永続し，それを守ることにあった。この目標は達成された。……ラトヴィアは，歴史上初めて外国からの脅威の陰で生きているのではない」。1999年にポーランド，チェコ共和国，ハンガリーがバルト三国に先行してNATOに加盟するにあたって，アメリカはエストニア，ラトヴィア，リトアニアそれぞれとアメリカとの「パートナーシップ憲章」に調印している。これは，「NATO加盟を保証するものではないが，EU，NATO加盟に備えるのを助ける」（クリントン大統領）というものであった。この「バルト憲章」には，三国の安全が脅かされるときには，他の諸国も含めて協議するという条項が盛り込まれていた。「バルト三国のロシアに対する不安感」と「バルト三国のNATO加盟に対するロシアの嫌悪感」とのバランス（タルボット国務副長官）が示された。アメリカの重要性については言うまでもない。バルト三国は揃って2004年3月にNATOへの加盟を果たすことができた。

果たして，ラトヴィアはEUとNATOに対して，何を期待しているのだろうか。たとえば，ラトヴィアがEUに加盟した2004年の秋の世論調査では，ラトヴィアの住民がEU加盟国として最も積極的な役割と見ているのは防衛であり65％となっている。次に，対外政策が57％，テロに対する闘いが51％，環境についてが51％であり，EUへの期待の背景に安全保障があることがわかる。

2004年5月1日にラトヴィアがEUに加盟するまでのラトヴィアの対外政策の方針は，EUを基軸にしたものであった。というのも，軍事的な意味だけでなく，象徴的にも，また，経済面でのEUとの緊密性が，ラトヴィアにとっての広い意味での安全保障として重要であったといえよう。

ところで，2つの拡大に向けての対外政策は，すでに1995年には始まっていたが，2つの加盟はラトヴィアにとって安全保障の両輪であった。1998年春の世論調査でも，国家の安全保障と安定を保証する最善の手段として，NATO／EU両機関への加盟が26％で，第1番目の中立29％に次いでいる。NATO加盟が，15％で第3番目である（Public Opinion and Level of Awareness on Security Issues in the Baltic Countries, "Baltic Surveys" Gallup. 98/03）。この方針が暗礁に乗り上げたのは，2001年9月11日のアメリカでの同時多発テロ事件がきっかけであった。2003年のイラクへの空爆について，ラトヴィアの安全保障にとっての両輪ともい

えるアメリカと「古い」ヨーロッパが意見を異にした。ラトヴィアは，他のバルト諸国エストニア，リトアニアとともにイラクに対するアメリカの政策をはっきりと支持した。すなわち，EU の核であるドイツやフランスの意向には反対を意味した。ここに，アメリカの NATO への加盟と，ヨーロッパの一国として EU 加盟を進めるという「2つの忠誠心からのジレンマ」（Budrytė）が生じた。このジレンマに対する答えは，加盟後に，パブリクス・ラトヴィア外相の訪米先のスタンフォード大学での講演でも示された。この「ジレンマ」の克服は，EU，NATO 加盟達成後，EU 域外に対する役割，あるいは，EU 域内外をつなぐ架け橋の役割を見いだそうとしたことで示されている。

（2） 対外政策と国内政策

ラトヴィアは，1990年代より EU 加盟のクライテリアに適合するために，国内政策に腐心してきた。EU 加盟を後退させる要因の1つが，ロシア語系住民の人権問題で，これはロシア側から再三アピールされてきた。これを満たすために，1998年に決定されたのが，無国籍の両親から1992年以後に生まれた子どもには，自動的に国籍を付与することであった。たとえば，表8-2からも，ラトヴィア内のラトヴィア人人口は減少を続けているが，一方で，ラトヴィアの国籍を有する住民数は，2003年に179万6946人，無国籍住民は50万4572人，ロシア国籍者は2万1626人であった。2007年には，ラトヴィア国籍保持者は，184万8354人と増加し，無国籍住民は39万2282人と激減し，ロシア国籍者は，2万7008人と増えている（ラトヴィア統計局資料，2007）。無国籍住民の減少が顕著であることは，EU，NATO 加盟により，無国籍住民がいずれかの国籍取得に向かったことが理解できる。

他方，ラトヴィアにおいて，マイノリティとはリーヴ人に代表される人々であり，彼らの人権や文化の保護政策を積極的に推し進め，人権問題に対する姿勢を内外に示そうとしている。

（3） 環バルト海地域として

ラトヴィアは EU 加盟の実現を目指して，そのクライテリアを満たそうと懸命な努力をするとともに，バルト三国間の協力や環バルト海諸国としての活動に積極的に取り組んできた。そもそも，国際的な関心を喚起する上で，「バルト」

表8-2 ラトヴィアとリーガのラトヴィア人人口

(人,%)

年	ラトヴィア		リーガ（首都）	
	ラトヴィア人	全人口に占めるラトヴィア人の割合	ラトヴィア人	全人口に占めるラトヴィア人の割合
1935	1,467,035	77.0	242,731	63.0
1959	1,297,881	62.0	258,528	44.5
1970	1,341,805	56.8	299,072	40.9
1979	1,344,105	53.7	317,546	38.3
1989	1,387,757	52.0	331,934	36.5
2000	1,370,703	57.7	313,368	41.0
2001	1,368,994	57.9	311,609	41.2
2002	1,365,308	58.2	309,992	41.5
2003	1,362,666	58.5	308,623	41.7
2004	1,359,582	58.6	308,429	42.0
2005	1,357,099	58.8	309,386	42.3
2006	1,354,173	59.0	308,771	42.4
2007	1,346,686	59.0	305,691	42.3
2008	1,343,439	59.2	303,730	42.3
2009	1,340,143	59.3	301,823	42.3

出所：Latvijas statistikas Gadagrāmata, Riga (2007), および, Centrālā statistikas pārvalde 資料から作成。

という単位でのアピールの方が歴史的にもより効果的であった。

また，1980年代後半の民主化運動や自立運動において，バルト三国の連帯は，ソ連時代の末期に，人民戦線の活動，「バルトの道」（1989年，独ソ不可侵条約の50周年に，バルト三国の人々が抗議した「人間の鎖」）に始まっていた。これは，北欧諸国からの働きかけもあり，独立回復後はバルト三国会議，バルト三国議員会議，閣僚会議のような政府レベルの三国間協力が生まれていた。この重要性は，ロシア軍（旧ソ連軍）の撤退問題やEU，NATO加盟をめぐる内外へのアピールでの役割で十分に発揮されたといえよう。

さらに，北欧諸国からのイニシアチブで展開されていくのが，環バルト海諸国会議の1992年の設立である。環バルト海地域には，これをきっかけに，サブ・ナショナルな環バルト海下位地域協力（1993年設立）をはじめとした環バルト海地

域にネットワークを構築する多様な協力が展開されてきた。

このような動向は，EU の拡大に伴い，環バルト海地域の役割に変化を生じさせた。1995年にスウェーデンとフィンランドが EU に加盟すると，環バルト海地域の北岸は EU 域内となり，2004年のバルト三国の EU 加盟に伴い，ロシアを除くすべての環バルト海沿岸地域が EU 域内となったのである。ここに，環バルト海地域の政策は，EU 政策と連動することになった。

4　EU・NATO 加盟後のラトヴィア

（1）　加盟後の課題

旧ソ連の西部地域，グルジア，ウクライナ，モルドヴァとの関係構築が課題となる。そのためにも，西だけでなく，東を向いた政策を展開することが必要となった。ラトヴィアは，域内，域外の境界に位置することになったのである。EU への加盟は，安全保障面でも変化が現れた。経済的問題からくる安全保障がより表面化してきたといえるのではないだろうか。

国内での EU 加盟についての反応は，どのように変化したのだろうか。実際，ラトヴィアにとって重要なのは，NATO への加盟ではなかったのだろうか。ロシアという隣国をもつ地政学的位置を変えることは不可能なのだから，である。2006年11月27日の NATO リーガ・サミットでも，安全保障にとって，唯一，効果的な軍事組織であることが，パブリクス外相（Atis Pabriks）によって，力説されている。

とりわけ，2005年 5 月にアメリカ大統領ブッシュが，リーガを訪問したことは重要であった。アメリカがラトヴィアを支持しているという認識を強く植え付けたのである。安全保障，経済，政治，エネルギー，ロシアとの民族関係においても，アメリカへの期待は高い。

2006年11月リーガ，NATO サミットが開催されたことは，ラトヴィアにとってさらに大きな意味をもった。特に，アメリカへの期待度が高いことから，この会議の達成は，ラトヴィア外務省の考えによると，政治的，経済的にも世界の先進国とラトヴィアが対等な関係を構築できたのである。

より実際的な課題は，ロシアとの関係においてみられる。バルト海の海底を通るロシアの天然ガスのパイプラインの敷設に関するロシアとドイツのガス会社間

表 8-3 ラトヴィアの港での貨物の積載量

(千トン)

年	1990	1991	1992	1993	1994	1995	1996	1997	1998	1999
〈積荷貨物〉										
計	30,386	25,247	23,072	25,765	33,215	36,370	41,880	46,695	48,575	45,145
Riga	—	1,409	1,959	3,299	4,420	5,482	5,337	8,315	10,550	9,258
Ventspils,city	—	23,838	21,113	21,968	27,631	29,215	35,102	36,216	35,629	33,394
Liepaja,city	—	—	—	418	991	1,288	1,255	1,810	1,807	1,970
〈荷揚貨物〉										
計	5,785	5,034	4,315	1,642	1,853	2,615	3,154	3,994	3,717	3,887
Riga	—	4,114	3,290	1,370	1,424	1,971	2,120	2,898	2,765	2,754
Ventspils,city	—	920	1,025	258	311	408	642	564	417	743
Liepaja,city	—	—	—	8	109	152	354	486	490	354

2000	2001	2002	2003	2004	2005	2006	2007	2008
49,276	54,372	48,735	50,918	54,101	55,890	53,069	55,178	57,654
11,650	13,265	15,885	19,385	22,158	22,046	22,523	22,559	26,430
34,330	37,541	28,151	26,547	27,112	29,034	26,300	28,123	26,392
2,560	2,762	3,709	4,223	3,792	3,766	3,377	3,289	3,582
2,567	2,546	3,420	3,837	3,299	4,152	6,428	7,256	5,995
1,702	1,618	2,223	2,337	1,833	2,384	2,834	3,374	3,136
425	396	553	769	693	829	2,762	2,914	2,177
405	498	609	635	682	742	624	750	606

出所：Centrala statistikas pārvalde から作成。

で，2005年9月に建設に関する基本協定が調印されたことは，バルト諸国やポーランドにとって，大きな衝撃となり，パブリクス外相も抗議のコメントを出している。これは，ラトヴィアにとって，2つの重要な問題をはらんでいる。1つは，ヴェンツピルス港がロシアの石油の積み出し港であったが，2003年にロシアがパイプラインの閉鎖を決定，その経済的打撃がすでに大きかったことである。いま1つは，天然ガスに関しても，国営天然ガス会社ラトヴィアガスの民営化により，ラトヴィア経由でスカンディナヴィア方面にロシアの天然ガスを輸送するパイプラインの建設について，ガスプロムと交渉を進めていたことである。また，ラト

ヴィアの電気（Latvenergo）の半分以上が，ロシアからの天然ガスから生産されており，ロシアへのエネルギー依存度がきわめて高いのである。天然ガスでは，ラトヴィアは，完全にロシアに依存している状態となっている。したがって，EU共通のエネルギー政策にラトヴィアがどのようにかかわっていくかは，今後，きわめて重要となってくるだろう。

（2）ラトヴィアとバルト三国間の協力

2009年は，バルト三国の住民の協力を国際的に示した「バルトの道（人間の鎖）」から20周年の記念の年となる。これは，バルト三国議員会議（Baltic Assembly）が，バルトの統一と独立に向けての闘いによる成果を記念する共同の行事を企画したが，大きなイベントにはならなかった。バルト三国の協力が役割を変えてきていることを示しているのかもしれない。

バルト三国間の協力は，80年代の民主化運動の展開の中で，人民戦線の連帯や「人間の鎖（Baltic Way）」に示されたことに始まった。また，独立回復後もバルト三国会議やバルト三国議員会議によって代表される政府レベルでの協力も継続されてはいる。

たとえば，1994年のNATOとの「平和のためのパートナーシップ」や北欧諸国との協力「5＋3」においても，「バルト」の単位が，特に国際社会において常に意識されてきたことは事実である。

一方で，このような三国間の協力に最も積極的であるのがラトヴィアであった。というのも，エストニアはフィンランド，北欧が，リトアニアはポーランド，中欧があるのに対して，ラトヴィアを位置づけるのは，「バルト三国」しかないことはすでに述べた。

だが，2000年5月にNATOへの一括加盟希望で合意した「ヴィリニュス9」で示された地域協力は，ラトヴィアの安全保障にとって新たな地域協力の可能性を示唆するものであったろう。

（3）多様な協力の可能性を探って

地理的に隣国であるロシア連邦との関係は，決して換えることのできないものである。この関係を安定させることは，ラトヴィアの安全保障上の命題であり，それゆえ，ラトヴィアはヨーロッパ社会と同時にロシア連邦を包含する環バルト

第8章 「バルト」の国・ラトヴィアの対外政策と EU・NATO 加盟　185

海地域に自らを位置づけることが重要である。

　2004年のバルト三国の EU 加盟は，環バルト海地域の大半を EU 域内に取り込んだ。ラトヴィアが2004年に EU，NATO に加盟すると，その地政学的位置は大きく変化した。これを，端的に示しているのが，ラトヴィアがアゼルバイジャン，グルジア，モルドヴァ，ウクライナとの協力を強化した点であろう。2009年5月18～19日に，ヴィリニュスで開催されたのは，バルト三国議員会議とGUAM 議員会議（グルジア，ウクライナ，アゼルバイジャン，モルドヴァ）およびベネルクス議員会議のラウンドテーブルであった。そこでのテーマは，「変化する地政学的状況での安全保障，新しい安全保障概念」で，新たな安全保障上の脅威や挑戦に直面しつつも，伝統的な安全保障の概念にバルト三国が依然として制約を受けていることが示された。

5　安全保障の重要性

　ラトヴィアにとって，EU，NATO は「安全保障上の両輪」として考えられてきたことはすでに述べた。拡大したEU，NATO の中で，ラトヴィアは双方の加盟国の一国として，どのような役割を果たし，その地位を確保できるのだろうか。2006年の世論調査によると，そもそも，EU に対する支持は加盟国中最低の37％である。信頼する諸機関の世論調査（2008年秋）においても，NATO が最も高く48％，次いで国連が47％，EU は44％（2006年秋が42％）である。また，1999年に始まった欧州安保防衛政策（ESDP）でも，活動に参加するものの，これが決して NATO に取って代わるものではないことを再三表明しており，ラトヴィアにとっての NATO の重要性を表明している。

　両組織の拡大は，旧ソ連の西部地域，すなわちグルジア，ウクライナ，モルドヴァとの関係構築がラトヴィアにとって今後の課題となるであろう。そのためにも，西だけでなく，東を向いた政策を展開することが必要となっており，そこに，ラトヴィアとしての役割を見出そうとしているのだろう。EU や NATO への加盟は，安全保障面でも変化し，経済的諸問題からくる安全保障がより表面化してきているといえるのではないだろうか。

6 金融危機の影響

2008年にラトヴィアを襲った金融危機は，北欧諸国とりわけスウェーデンの経済危機にまでつながった。というのも，ラトヴィアの急速な経済発展の背景には，北欧諸国との経済関係や支援が無関係ではなかったからである。IMF，EU，欧州復興開発銀行，世界銀行からの融資が発表されたものの，政府の金融危機対策に国民の不安は大きく，2009年1月には1～2万人という1991年以来最悪の大規模なデモが発生，これを引き金にゴドマニス首相（ラトヴィアの道）が辞任，若手の欧州議会議員であったドンブロフスキス（新時代）が首相となった。

首相に就任以来，ドンブロフスキスは，内政に関心の高いザトレルス大統領と金融の立て直しに尽力し，2010年のセイマ（議会）選挙を乗り切れると見込まれている。一方で，ロシア語系住民の支持を背景とした政党の台頭も話題となっており，このような状況が，ラトヴィアの外交にどのような影響を与えるか，注視していく必要があるだろう。

● 参考文献

Commission of Strategic Analysis (2007) *Yearbook of Politics Latvia 2006*, Riga: "Zinātne".
Eurobarometer 70 (2008) *Nacionālais Ziņojums Latvia gada rudens.*
Galbreath, David J., Ainius Lašas and Jeremy W. Lamoreaux (2008) *Continuity and Change in the Baltic Sea Region*, Rodopi: Amsterdam, New York.
National Lisbon Programme of Latvia for 2005-2008, Latvia (http://www.em.gou.lv/em/images/modules/items/item_file_18074_z.pdf).
Ozoliņa, Žaneta (2006) *Transforming NATO: The View From Latvia*, Riga.
ラトヴィア中央統計局ホームページ．

第9章

クロアチアの「ヨーロッパ」入り

月村太郎

要 約

　クロアチアのクロアチア人は「ヨーロッパ」への帰属意識を非常に強く有している。外部からは，クロアチアは広義のヨーロッパに位置しているとされる一方，具体的には他のバルカン諸国と同列視されてきている。1991年に独立宣言を行った後にクロアチア，ボスニアの内戦を勝ち抜いてきたトゥジマン政権は，EUやNATOがクロアチアを他のバルカン諸国と一緒に扱う「地域的アプローチ」に強く反発していた。しかしその後のラチャン政権，さらにサナデル政権は，「地域的アプローチ」を甘受しながら，EU，NATOへの早期加盟を目指す方向に大きく転換を行った。EU，NATOへの加盟こそがクロアチアにとっての「ヨーロッパ」入りの象徴となっていったのである。その戦略の実現に大きな問題となったのは，旧ユーゴ国際戦争犯罪法廷（ICTY）による戦犯の引き渡し要求であった。それが解決しNATO加盟に目処が付いた現在は，クロアチアが次回のEU拡大における一番手である点では衆目が一致している。

1　「ヨーロッパ」とバルカン地域

　クロアチアはいわゆるバルカン地域の北限に位置する。現在において，バルカン地域に属するとされる諸国は，論者によって若干の差異はあるものの，50音順にアルバニア，ギリシャ，クロアチア，コソヴォ，セルビア，ブルガリア，ボスニア・ヘルツェゴヴィナ（以後，特記しない限りボスニアとする），マケドニア，モルドヴァ，モンテネグロ，ルーマニアの各国，そしてイスタンブール周辺などを含むトルコのヨーロッパ部分というのがほぼ一致しているところである。

　バルカン地域は，歴史的にヨーロッパとアジアとの間に位置してきたともいえ，その淵源はローマ時代に遡ることができる。周知のように，ローマ帝国は395年

に東西に分裂し，西ローマ帝国は476年に滅亡した。その後に旧西ローマ帝国領では「ヨーロッパ」世界が成立し，国力において比較的格差の少ない複数の国家が覇を競うという（我々がまず念頭に浮かべる）「国際政治」が展開されてきた。そしてヨーロッパの「国際政治」の基調は覇権闘争であった。その典型が，19世紀初めのウィーン会議に続く5大国（イギリス，フランス，ロシア，プロイセン〔後にドイツ〕，ハプスブルク）による勢力均衡時代であった。

これに対して，旧ビザンチン帝国（東ローマ帝国）領ではまったく異なった様相が呈されていた。ビザンチン帝国は1453年まで辛うじて命脈を保つが，新たな支配者が登場してくる。オスマン帝国である。バルカン地域はアジアの覇権国によって支配されたのである。強大な覇権国が当該地域を支配する，一種の「華夷秩序」ともいうべき地域秩序が形成されることは，アジアの「国際政治」の特徴でもあった。たとえばイランのサファヴィー朝やインドのムガール帝国はそれぞれの地域において他を圧する国力を誇っていたし，中国でもそうした王朝による支配の時代が長かった。

オスマン帝国は2度のウィーン包囲（1529, 1683年）の失敗後，ヨーロッパからの撤退を始める。その最初が1699年のカルロヴィッツ条約であり，この条約によりハンガリー，クロアチアなどへの実際の統治権がハプスブルク帝国に移った。その後にバルカン地域の諸民族が民族意識を覚醒させ，ヨーロッパ大国に後押しされる形で新興国が次々と独立を認められていく（1830年ギリシャ，1878年セルビア，ルーマニア，モンテネグロ，1908年ブルガリア，1913年アルバニア）。これら新興国の多くは，自治公国という形でそれ以前から半独立の状態を獲得していた。またオスマン帝国領の一部を大国が占領することもあった（1878年からのハプスブルク帝国によるボスニア軍事占領）。オスマン帝国がほぼ完全にヨーロッパから撤退した契機は，1912～13年の2度にわたるバルカン戦争であった。この戦争の結果，ヨーロッパにおけるオスマン帝国の領土は，コンスタンティノープル（イスタンブール）とその周辺地域に限られたのである。そしてオスマン帝国撤退後のバルカン地域に影響力を行使しようと争ったのが，ハプスブルク帝国とロシアであった。

以上のように，ヨーロッパとアジアとの狭間に歴史的に位置してきたバルカン地域であったが，その北限にあるクロアチアのクロアチア人は，今度は自身が「ヨーロッパ」とバルカン地域との境界地帯に位置していると感じ（Bartlett,

2003），非常に強いヨーロッパ意識を持つことになる。自身こそがヨーロッパの南限の「防人」であるという意識である。それは他方で「バルカン」に対する差別，蔑視にもつながっていく。EU やアメリカは，スロヴェニアを除くユーゴスラヴィア社会主義連邦共和国（以下，旧ユーゴとする）の後継諸国を 1 つの地域として処理しようとするが，クロアチアは他のバルカン諸国との差別化を求め，そうした「地域的アプローチ」に激しい拒否感を示すのである。

クロアチアにとって，バルカン地域からヨーロッパへの帰属替え，すなわち「ヨーロッパ」入りの象徴は，いうまでもなく EU 加盟であり NATO 加盟である。そして NATO 加盟は EU 加盟の事実上の前提条件として位置づけることも可能である。もちろん，EU，NATO への加盟によって「ヨーロッパ」入りが完了したことを意味する訳ではないが，本章では，この両組織への加盟の問題を通じて，クロアチアの「ヨーロッパ」入りへの未完の道程を追っていきたい。

2 クロアチアの独立と内戦

（1） 旧ユーゴの成立と解体

旧ユーゴを構成している限り，クロアチアの「ヨーロッパ」入りは現実的ではなかった。しかしそこに「ヨーロッパ」入りへの好機が訪れた。旧ユーゴの混乱，そしてそれに乗じたクロアチアの独立である。しかし独立に伴う代償は決して安いものではなかった。

クロアチアが独立宣言を発するまで属していた旧ユーゴは多民族平和共存を高く評価された分権的連邦国家であった。旧ユーゴの前身はユーゴスラヴィア王国である。この王国はナチス・ドイツをはじめとした隣国の侵攻を受けて1941年4月に崩壊し，その国土は四分五裂の状態に陥った。そしてその後にナチス・ドイツへの抵抗運動と内戦によって100万人以上の死者を出した。内戦で勝利したのは，チトー率いるユーゴスラヴィア共産党の武装組織パルチザン部隊であり，チトーは1945年11月に旧ユーゴを建国したのである（当初の国名はユーゴスラヴィア連邦人民共和国，ユーゴスラヴィア社会主義連邦共和国への改称は1963年4月）。

その後に旧ユーゴはカリスマ的リーダー「国父」チトーの下で，独特の政治・経済・社会体制を作り上げていった。しかし1980年5月のチトーの死去により，それまでに旧ユーゴを支えてきた統合要因が次々と消滅したり，その機能を麻痺

させたりして，旧ユーゴは次第に不安定となっていくのである（旧ユーゴの解体に至る過程については，月村〔2006〕を参照）。もちろん，1892年生まれのチトーの後継体制はチトーの生前より作られていた。74年の憲法改正によるものである。そこで構想されていたのは集団指導体制であった。旧ユーゴを構成する6共和国（北から南へ，スロヴェニア，クロアチア，セルビア，ボスニア，モンテネグロ，マケドニア）とセルビア共和国の2つの自治州（ヴォイヴォディナ，コソヴォ）から代表1名を選出し，それによって最高意思決定機関としての連邦幹部会が構成されるというものであった。そして任期1年の連邦幹部会の議長は幹部会会員の互選によるとされていた。こうした集団指導体制には強いリーダーシップを望むべくもなかった。しかも1989年に冷戦時代が終了すると，国際政治におけるパラダイムが失われ，リーダーシップの強さが一層求められる時代を迎えるのである。

　旧ユーゴの国家統合が危機を迎えつつある中で，集団指導体制ではそうした問題を乗り切るだけの果敢な決断が難しかった。こうしたときに強力なリーダーが登場した。しかしこのリーダーは，多民族的な旧ユーゴの維持を優先したチトーとは対照的に，自民族の民族主義を強く主張した。セルビアのミロシェヴィチである。彼こそが旧ユーゴ解体の契機を最初に作った人物であった。ミロシェヴィチは1987年9月の党内クー・デタでセルビアのトップ・リーダーに就任すると，セルビア人民衆を動員してモンテネグロ，ヴォイヴォディナ，コソヴォの指導部を「手駒」に変えた。そしてミロシェヴィチは1989年3月にセルビア共和国憲法を改正して，ヴォイヴォディナ，コソヴォというセルビアの自治州の自治権を大幅に削減したのである。セルビア民族主義を標榜するミロシェヴィッチの政治権力の増大に，特に北部の2共和国，スロヴェニアとクロアチアは脅威を抱くようになっていく。これら経済的に進んでいた共和国は分権志向であり，ミロシェヴィッチが進めようとしているセルビア中心の旧ユーゴ集権化に真っ向から対立するものであった。

　こうした旧ユーゴの将来構想に関する立場の違いは，議会選挙後に特に表面化してきた。議論は連邦幹部会でも決着がつかず，1991年の年明けからは各共和国の大統領が参加した拡大連邦幹部会，6共和国大統領による直接会談も行われたが，集権化を主張するセルビアとモンテネグロ，分権化を求めるスロヴェニアとクロアチアはそれぞれ立場を譲らず，ボスニアとマケドニアによる度重なる仲介も失敗した。それどころか，スロヴェニアとクロアチアは独立を視野に入れた意

見を一層強く表明するようになっていった。旧ユーゴが進むべき道はもはや解体しか残されていなかった。スロヴェニアが1990年12月に独立に関する国民投票を済ませているというように周到に準備してきたのと対照的に、クロアチアが独立を問う国民投票を実施したのは独立宣言のわずか1カ月前の1991年5月のことであった。そしてクロアチアはスロヴェニアと同じく6月25日に独立宣言を発したのである。そして内戦が勃発するのであるが、その前にクロアチアの独立を進めたリーダーと彼が率いた政党について簡単に見ておこう。

(2) トゥジマンとクロアチア民主同盟

1990年の議会選挙後のクロアチアで政権を担ったのは、クロアチア民主同盟であった。クロアチア民主同盟は1989年6月に結党された。党首のトゥジマンは、パルチザン部隊から旧ユーゴの軍隊（人民軍）に進んだ軍人であり、退役後に歴史家、著述業に転じた政治家であった。クロアチア民族主義を信奉しており、その偏向した立場のために公職追放や獄中生活を経験してきた。彼が率いるクロアチア民主同盟には大きく分けて3つの派閥があった。第1は「クロアチアの春」の関係者である。「クロアチアの春」とは1960年代後半から始まったクロアチアの自由化運動である。運動は1971年に頂点を迎えたが、クロアチア民族主義的な色彩を帯び始めていたためにチトーは運動の参加者を厳しく処罰したのである。ここにはトゥジマンの他、メスィッチ、マノリッチらトゥジマン政権初期の側近が含まれる。第2はトゥジマンへの個人的信奉者であり、長年外相を務めたグラニッチなどが挙げられる。第3は「ヘルツェゴヴィナ・ロビー」である。ボスニア・ヘルツェゴヴィナ南部のヘルツェゴヴィナには多数のクロアチア人が歴史的に住んでおり、ヘルツェゴヴィナ出身者はクロアチア政界に強い影響力を持っていた。ヘルツェゴヴィナ出身でカナダに移民した後に、トゥジマンの下で国防相を務め、トゥジマンの後継者と目されながら、1995年に死去したシュシャクがこの派閥の代表的な人物であった。その他に、トゥジマンは浪人時代に海外のクロアチア移民の間を回り、この「巡礼」によるクロアチア人海外ネットワークがトゥジマンの政治活動において有力な資金源となったのである。

1990年の議会選挙、1991年からのクロアチア内戦、ボスニア内戦を経て1999年のトゥジマンの死去まで続くトゥジマン政権時代における主要な野党としては、リベラルなクロアチア社会自由党、共産党の後継政党である社会民主党、1851年

創立の権利党の流れを組む右派のクロアチア権利党，中道左派のクロアチア人民党，クロアチアで現存する政党の中では最古のクロアチア小農党（1904年創立）などがあり，その他に地域政党として，ダルマチア北部の海岸地域を地盤とするイストリア民主会議があった。またクロアチアにおける有為な少数民族であるセルビア人の政党には，トゥジマン政権と対決しクロアチア内戦の一方の当事者となるセルビア民主党，対照的にトゥジマン政権を支えたセルビア国民党がある。

クロアチア議会は2001年3月まで2院制を採用していた。トゥジマンが大統領であった期間に両院あわせて5回の議会選挙が実施されたが，クロアチア民主同盟はほとんど単独で過半数の議席を獲得していた。クロアチア大統領選挙は最初の選挙こそ間接選挙であったが，1992年と1997年は直接選挙においてトゥジマンが圧勝した。このトゥジマンの指導下，クロアチアは独立と内戦を経験するのである。

（3） クロアチア内戦

独立宣言の当初，内戦の戦場はスロヴェニアであった。スロヴェニアのにわか仕立ての軍隊は人民軍に対して予想外に善戦し，戦局を有利に進めていた。内戦開始直後にECが仲介に入り，7月7日には両国の独立宣言を3カ月間凍結することを旨としたブリオニ協定が結ばれた。しかしこの3カ月間に進展は見られず，内戦が再開されたのである。再開後の舞台はクロアチアであった。

さて独立に関して，クロアチアにはスロヴェニアにはない大きな問題が存在した。領内のセルビア人である。1981年の国勢調査によれば，クロアチアのセルビア人の数は53万人，クロアチア人口に占めるセルビア人の割合は11％強である。クロアチアのセルビア人は都市部の他には，領内の東部（セルビアとの境界地域）と中部（ボスニアのセルビア人地域との隣接地域）に多く居住していた。これらの地域のセルビア人は，トゥジマン政権が行うクロアチア化政策に強く反発していた。そして独立に邁進するクロアチアに対して，セルビア人地域で実施した住民投票の結果を踏まえて旧ユーゴへの残留の希望を明示したのである。旧ユーゴに残っていれば相対的多数派であり続けることができたセルビア人も，旧ユーゴから独立した国家に含まれてしまったならば，少数派に転落する。セルビア人の少数派となる恐怖はクロアチアのみならず，ボスニア，コソヴォのセルビア人にも共通している問題であった（月村，2007）。クロアチアの独立宣言以前からすでに，セ

ルビア人地域では随所でバリケードが築かれて交通路が遮断され始めており、それらを排除しようとするクロアチア人の政府部隊との小競り合いも見られるようになっていたのである。

　クロアチア内戦においては、クロアチアのセルビア人はクロアチアがその領土を保全したままで独立する事態を避けることを至上命題とし、クロアチアの独立阻止という点では目的が一致する人民軍と協力してクロアチア政府に対抗していく。軍事力で人民軍にはるかに劣るクロアチアはセルビア人地域の実効支配を失い、内戦はクロアチア側の完敗に終わった。1992年1月には元米国務長官のヴァンスによる仲介が結実し、クロアチア内戦は終了した。ボスニア内戦と合わせてクロアチアの死者数は2万人ともいわれている（Bideleux and Jeffries, 2007, p. 208）。そして2月の国連安保理決議743によってクロアチアのセルビア人地域（1991年12月にクライナ・セルビア人共和国〔またはクライナ・スルプスカ共和国〕として独立宣言）には国連保護軍（UNPROFOR）が展開することとなった。以後、国際社会の注目は1992年2月から3月の国民投票をきっかけに内戦に突入していくボスニアに移っていくが、クロアチアでの戦闘もこれで終わりという訳ではなかった。クロアチア「内戦」はボスニア内戦の舞台裏として、表の動向と密接に絡み合っていくのである。

　セルビア人が国土を「占領」し、それを国連保護軍が「警護」していると認識していたトゥジマンは、2つの方策によってこうした難局に対処する。第1は国連保護軍の任期延長に対する抵抗である。安保理決議743ではUNPROFORの任期は1年間であり、その後は小刻みに延長が繰り返される。安保理決議807, 815, 847, 869, 870, 871, 908, 947で任期の延長が決定されたが、期間はせいぜい3カ月であった。クロアチア政府は任期が問題となる度にその延長に反対し、国連による協力要請に消極的な立場をとり続けるのである。

　トゥジマンの第2の方策は「実力行使」である。クロアチア内外のクロアチア人の保護を最重要な使命の1つに掲げるトゥジマンにとって、ボスニアのクロアチア人のためにボスニア内戦に介入することは当然であり、一時はクロアチア政府軍の3分の1がボスニアに展開していた。クロアチアのボスニア内戦介入をめぐってはクロアチア民主同盟でも内紛が生じ、1994年春にはメスィッチやマノリッチらがトゥジマンの方針に反対してクロアチア民主同盟から離党するという騒ぎになるのである。

ボスニア内戦の構図は外部からの介入を除いて単純化すれば，ムスリム人中心のボスニア政府軍，ボスニアのセルビア人によるセルビア人共和国（またはスルプスカ共和国）軍，ボスニアのクロアチア人によるヘルツェグ・ボスナ・クロアチア人共和国の部隊による三つ巴であった。この構図をさらに単純にしたのが，1994年3月のワシントン協定であった。これにより，ボスニア政府とヘルツェグ・ボスナ・クロアチア人共和国がボスニア連邦を構成し，ボスニア連邦とクロアチアが国家連合を組織することが決定された。以後，トゥジマンのボスニア内戦への公式介入について内外の反発が減少し，また「友軍」とともに，クライナ・セルビア人共和国とセルビア人共和国に対処することができるようになったのである。

　クロアチア政府軍はクライナ・セルビア人共和国に対してそれまでにも小規模な攻撃を繰り返していた。最初の大規模な攻撃は1995年5月の「稲妻作戦」であった。東スラヴォニア，西スラヴォニア，クライナ北部，クライナ南部の4地方からなっていたクライナ・セルビア人共和国はまずこれにより西スラヴォニアを失った。そして1995年8月には「嵐作戦」が実施された。クロアチア政府軍を中心とした部隊の共同の攻撃により，クライナがすべて陥落し，クライナ・セルビア人共和国は滅亡したのである。

　クロアチア政府軍とボスニア政府軍，ボスニアのクロアチア人部隊という3者による軍事的協力関係は，1995年9月のセルビア人共和国への一斉攻撃にも見られた。NATOの大規模空爆に呼応して，地上ではこれら3者はセルビア人共和国に共同して攻撃をしかけ，快進撃を続けたのである。セルビア人共和国はボスニア内戦の開戦の初期以来，ボスニア全土のほぼ7割を領有していたが，この攻撃によって一時は5割をはるかに切り，中心都市バニャルカの陥落すら予想されていたほどであった。

　休戦協定後，11月初めからアメリカ，オハイオ州のデイトンで和平交渉が続き，3週間後にデイトン合意が成立した。ボスニア内戦は終わった。

3　「ヨーロッパ」への道

（1）　EU，NATO 加盟への手続き

　クロアチアはボスニア内戦後に「ヨーロッパ」への道を本格的に歩んでいくが，

ここではそれを3つの時期に分けて論じる。すなわち、トゥジマン政権期（～1999年12月）、ラチャン連立政権期（2000年1月～03年12月）、サナデル連立政権期以降（2003年12月～）である。トゥジマンは大統領職、他の2人は首相職という違いはあるが、政権に対するリーダーシップの点からそれぞれの政権に名を冠しておきたい。

各政権期における具体的な記述の前に、EUやNATOへの加盟の手続きについて触れておこう。詳細を述べることは門外漢の筆者には適当ではないが、それでもここでごく簡単に示しておくことは必要であろう。

まずEU（機構としては1993年10月まではECだが、本章ではこれ以後はすべてEUとする）である。1989年に冷戦時代が終了し、東欧諸国からはEUへの加盟の希望が寄せられるようになってきた。これに呼応して、欧州理事会（EUの首脳会議）は1993年と1995年に加盟基準を明確化した（一般的にはコペンハーゲン基準とマドリード基準とされる）。法律、政治、経済などの面においてEU加盟に相応しい基準が定められたのである。他方でEUは欧州協定、安定化協定によって東欧諸国の発展と安定化を支援、促進していった。加盟を希望する表立った具体的な動きがなかったアルバニア、クロアチア、ボスニア、マケドニア、ユーゴ連邦（現在はセルビア、モンテネグロ、コソヴォに分裂）の5カ国（以後、西バルカン諸国）に対しては、2000年6月の「安定化・連合協定（SAA）」を明らかにし、EUの側から加盟準備を働きかけた。こうしたEUの姿勢はヨーロッパ統合開始以来初めてであった（東野，2007a，91頁）。SAAは加盟の枠組みである「安定化・連合プロセス（SAP）」の中心を占めるものであり、西バルカン諸国はEU加盟に当たってSAAを締結する必要がある。その手順は、まず欧州委員会（EUの行政執行機関）が、当該国とのSAA交渉を開始することが適当かどうかの予備調査を行い、それを受ける形で欧州理事会がSAA交渉開始について決定する。そしてSAA締結後にさらにEU加盟国に相応しい改革が行われているかどうかが確認されたうえで、EU加盟交渉が始まるのである。当該国の法的枠組みや行政の改革能力などを洗い出す予備作業（スクリーニング）が最初に行われ、加盟国に受容が義務づけられている法や制度の総体系（acquis communautaire〔アキ・コミュノテール〕「共同体の既得成果」）の受け入れに関する本交渉がそれに続く。

内戦を経験したクロアチアにとってこれらの交渉に加えて問題となるのが、旧ユーゴ国際戦争犯罪法廷（ICTY）の動きである。ICTYは、長期化するボスニ

ア内戦における戦争犯罪への対応策として、1993年5月の国連安保理決議827によって設立された。活動が本格化したのはデイトン合意後である。当初の訴追の対象はセルビア人中心であり、また強制収容所の所長などのクラスが主であったが、セルビア人以外の政府や軍の高官も次第に訴追されるようになってきた（多谷、2006、22頁）。当該国によるICTYの活動への協力ぶり、特に訴追された人々の身柄拘束や引き渡しについて、どの程度の協力をしているかがEU加盟の過程において非常に大きなウェイトを占めることは当然であり、たとえそうではなくとも、EU加盟のプロセスの各段階における決定が既加盟国の全会一致でなされる限り、ICTYが本拠を置いているオランダが当該国の協力の姿勢をどのように見なすかはそもそも無視できないところである。

次にNATOについても加盟に至るまでにいくつかのステップがある。NATOに対してもEUと同じく、冷戦時代終了後に東欧諸国から加盟の希望が表明されるようになってきた。しかしNATOは安全保障を司るだけにEUのケースよりもロシアの立場が考慮されるべきこと、そしてEUと違ってアメリカの主導権によって行われることが、EUの場合とは異なっていた。アメリカ大統領のクリントンは最初の点に留意して、NATOの東方進出についてまずは直接には拡大を意味しない「平和のためのパートナーシップ（PfP）」を個別に結ぶという手法を取ったのである。しかしもちろんのこと、PfPの締結は事実上のNATO加盟の必要条件であった。そしてNATOの加盟プロセスに直接関係したものとしては、1999年4月に策定された「加盟のための行動計画（MAP）」がある。当該国は、軍事のみならず政治や経済にも及ぶ広範なNATO加盟準備に関する年次報告書を提出し、それによってNATOが指導するというものである。その結果として加盟基準がクリアされれば、NATO加盟が実現することになるのである。

それではクロアチアのケースを具体的に見ていこう。

（2）　トゥジマン政権期

1995年11月にはボスニア和平交渉と平行して、もう1つの交渉がデイトンとクロアチアとで行われていた。クライナ・セルビア人共和国領のうちで残った東スラヴォニアの扱いである。セルビア大統領のミロシェヴィチとトゥジマンとの直接の話し合いの結果、エルドゥト合意が締結された。東スラヴォニアは「国連ス

ラヴォニア・バラニャ・西スレム暫定統治機構」により統治され，2年後にクロアチアに移管されることとなった。クロアチアでは独立以前の国土がほぼ回復される目処が付いた。トゥジマンはクロアチア内戦に最終的に勝利し，(本章で触れることはしないが) ボスニア内戦においても満足すべき結果を得ることができたのである。

　さてトゥジマンは初めて戦った90年の議会選挙のキャンペーンにおいても，EC (EU) 加盟については触れていた。「バルカンからヨーロッパへ」は彼の念願であった。しかしそのことの裏返しは，EUにせよアメリカにせよ，クロアチアを他のバルカン諸国と同列に扱うことへの強い拒否感であった。この点で当時のクロアチア政界は一致していた。

　それは，1996年7月と1997年6月のバルカン諸国会議への欠席や，クリントンの主導で始まった南東欧協力イニシアティブ (SECI) への姿勢に現れることになる。96年12月にジュネーヴで創設されたSECIには，アルバニア，ギリシャ，スロヴェニア，トルコ，ハンガリー，ブルガリア，ボスニア，マケドニア，モルドヴァ，ルーマニアが参加した。クロアチアはオブザーバー参加であった。SECIは名称の上で「バルカン」を冠しておらず，ユーゴ連邦 (旧ユーゴに残ったセルビアとモンテネグロが92年4月に建国) が参加していなかったとはいえ，いずれユーゴ連邦を参加させてバルカン地域を一体として扱おうということがアメリカの意思であろうと，クロアチアは考えていた。そのために，クロアチアでは与党のクロアチア民主同盟も野党も共にSECIに厳しい批判を浴びせた。クロアチアは中欧の国家であり，地中海諸国であり，バルカン地域に位置していないというのである (Vukadinović, 2002, p. 59)。

　しかし皮肉なことに，トゥジマンが熱望する「ヨーロッパ」入りに対する最大の障害は，彼自身の「非民主的な」政治スタイルであった。彼の政治指導に対しては，国際社会のみならずクロアチアの都市部でも非難が強かった。たとえば，ザグレブ市議会では国政レベルでの野党が多数派を握っていたが，トゥジマンはザグレブ市議会の指名を受けたザグレブ市長候補者を認めず，1996年4月に市議会を解散させたうえで，自身の意に沿った人物をザグレブ市長に据えたのである (Bideleux and Jeffries, 2007, p. 210)。身内のスキャンダルも報道され始めた。ヨーロッパ諸国による組織の欧州評議会には加盟できたが，「ヨーロッパ」入りにはほど遠く，トゥジマンは国際社会の批判を浴びてクロアチアは孤立しかける。

トゥジマン自身の体調も思わしくなく，96年11月にはアメリカで手術を受けたというニュースが飛び交った。

トゥジマンは99年12月に現役大統領のままで死去した。「クロアチア独立の父」トゥジマンの死去が彼の念願の「ヨーロッパ」入りに道をつけるのである。

（3） ラチャン連立政権期

トゥジマン死去の翌月には議会選挙，大統領選挙が立て続けに行われた。まず議会選挙では，社会民主党，クロアチア社会自由党を中心とした選挙リストがクロアチア民主同盟を大きく引き離して第1位となった。大統領選挙では2月の決勝ラウンドの末にメスィッチが勝利した。メスィッチはトゥジマンの片腕でありながら，ボスニア内戦介入をめぐる路線対立のためにクロアチア民主同盟を離れて，1994年4月にクロアチア独立民主派を結成していた。こうして10年間にわたったトゥジマン＝クロアチア民主同盟による政権は終焉を迎えた。その直接の理由は言うまでもなくトゥジマンの死であったが，たとえトゥジマンが生きていたとしても，トゥジマンの政治生命は限られていたであろう。それほどにトゥジマンに対する内外の反発が強かったのである。

選挙後に成立した内閣は社会民主党のラチャンを首相とする連立内閣であった。この連立政府はEU加盟とNATO加盟を最優先目標に，たとえば大統領の権限を削減してそれを政府と議会に与えるなどのクロアチア憲法改正（2000年11月）といった民主体制の内実を整えていくのである。それにより，憲法改正前に早くもNATOとのPfPを締結することができた。2002年5月にはMAPも締結できた。EUやNATOへの加盟に際しては，近隣諸国との関係の改善，さらにEUやNATOのバルカン諸国への「地域的アプローチ」の承認が当然に求められることになるが，それを甘受して「ヨーロッパ」入りの実現に舵を切ったのである。2001年10月にはSAAに署名を行うこともできた。

順調に見えたラチャン連立政権の「ヨーロッパ」入り実現に立ちはだかったのはICTYであった。ICTYがクロアチアに突きつけた難題は，ボベトコとゴトヴィナという2人の元将軍の引き渡しであった。ボベトコは1919年生まれで1971年にすでに退役していた。しかしクロアチア民主同盟の創立メンバーの1人であり，トゥジマンに請われて現役に復帰し，1992年11月から1995年7月までクロアチア政府軍の参謀総長を務めた人物であった。ボベトコは1993年9月にクライ

ナ・セルビア人共和国への攻撃を行った際のセルビア人殺害などで罪に問われ，2002年9月に訴追された。またゴトヴィナは1995年8月の「嵐作戦」における現地司令官であった。「嵐作戦」遂行中やその後に行われたセルビア人への「蛮行」は，直後から指摘されているところであった。ゴトヴィナの訴追はボベトコよりも早く2001年6月のことである。

ラチャン連立政権は彼らの引き渡しに難色を示した。この2人はクロアチアの勝利の立役者であると見なされ，特にボベトコの人気は高かった。引き渡しには国民の強い反発が予測された。政府はICTYと国民感情との板挟みになってしまった結果として危機を迎え，特に連立与党のクロアチア社会自由党は政権を離れてしまうのである。

ラチャン連立政権は他方でSAAによって課せられていた各方面の改革を進め，2003年2月にはEU加盟を公式に申請した。当時の政府の心積もりは，2007年か2008年に予想されていたEU東方拡大の第2の波に乗ることであった。しかし戦犯引き渡し問題がこじれた結果，政府は死に体となってしまい，大統領メスィッチは事態の打開のために議会選挙の前倒しを政府に求めたのである。そして国民が2003年11月の議会選挙で示した選択は，社会民主党ではなくクロアチア民主同盟であった。選挙後に成立した内閣は，クロアチア民主同盟，クロアチア社会自由党などによる連立政権であった。

（4） サナデル連立政権期以降

クロアチア民主同盟はトゥジマン死後からこのときまでに大きな変貌を遂げていた。クロアチア民主同盟の党内は，メスィッチやマノリッチなど左派が離脱後，グラニッチらの穏健派とヘルツェゴヴィナ・ロビーによる強硬派とが対立していたが，トゥジマンが重用したのは後者であった。トゥジマン死後に，グラニッチもまたクロアチア民主同盟を離れて2000年4月に民主中道派を結成してしまった。したがって，強硬派が主導権を握る可能性もあったが，トゥジマン後に党首に就いたのは，1953年生まれと若い穏健派のサナデルであった。そしてサナデルは地方での地道な活動を積み上げて実績を上げ，クロアチア民主同盟の脱民族主義政党化を果たして，政権奪還に成功するのである。彼の方向性はクロアチア国民の「ヨーロッパ」入りへの期待とも適合した。国際社会からの期待も高く，ICTYの主席検察官であるデル・ポンテも2004年4月にICTYに対するクロアチアの

協力ぶりを高く評価すると述べたのである。そして欧州委員会は6月に，クロアチアのヨーロッパ単一市場における競争力を懸念していっそうの経済改革を求める一方で，EU加盟基準をクリアしているとして評価したのである。さらに12月の欧州理事会では，ICTYへの協力を継続することを条件として，加盟交渉が2005年3月に開始されることとなった。

　しかしクロアチア民主同盟中心の連立政権になっても，戦犯問題は解決していなかった。高齢のボベトコが2003年4月にICTYに引き渡されないまま自宅で死亡し，残りの問題はゴトヴィナのみであった。ゴトヴィナにはボベトコのようにICTYの引き渡し要求と個人的な人気との間にジレンマはなかったが，ゴトヴィナが引き渡されることはなかった。クロアチア政府には2004年後半から2005年初めにかけて，ICTYからゴトヴィナ引き渡しの要求が繰り返し出されていた。それにクロアチアが応じることがなかったために，EU加盟交渉開始は延期されたのであった。

　ところがEUは，ゴトヴィナが身柄拘束されていないにもかかわらず，加盟交渉の開始を同年10月に突如発表したのである。デル・ポンテも，ゴトヴィナを見つけられないクロアチアに落胆しているとの前言を翻し，クロアチアがICTYに完全に協力していると述べた。EUのこうした豹変ぶりの背景にはオーストリアの動きがあるとされる。すなわち，オーストリアはトルコとのEU加盟交渉に関する自国の同意を，クロアチアとの加盟交渉開始の取引材料に用いたのである（東野，2007b，102-103，108頁）。そしてゴトヴィナが遂にスペイン領カナリア諸島で12月に身柄拘束されてICTYに移送された。ゴトヴィナを拘束したのはスペイン当局であったが，クロアチアからの情報提供のためであり，ICTYの評価は高かった。クロアチアのEU加盟交渉は予定通りに始まり，2006年10月にはスクリーニングも終わり，本交渉が引き続き始まった。2007年4月には欧州議会（EUの議会）がクロアチアに今後のさらなる努力を求める一方で，クロアチアのEU加盟への進展ぶりを記した報告書を裏書きし，その後に欧州委員会の委員長のバローゾ，拡大担当委員のレーンもクロアチアのEU加盟に対する支持を改めて明らかにしている。

　NATOについても，MAPにしたがって人員削減や近代化などの軍改革などを行っていった結果（Tatalović, 2004），2006年11月にラトヴィアのリーガで行われた首脳会合において，改革を継続して加盟基準を満たすならばという条件つき

ながら、次回の首脳会合にクロアチアを招請することが決定された。

こうしたなかで議会選挙が2007年11月に行われた。結果は過半数こそ得られなかったとはいえ、クロアチア民主同盟が第1位の座を守り、他方で社会民主党も議席を大幅に増加させた。大統領メシッチはサナデルに再度の組閣を命じ、2008年2月にサナデル第二次連立政権が成立した。それまでのサナデルの方針は維持されることとなった。

クロアチアは2009年4月にアルバニアと共にNATOに加盟した。EU加盟についても司法改革、少数民族の保護、汚職対策の遅れが指摘されてはきたが、本交渉が進んでいる。2009年7月にサナデルが突如首相を辞任し、2010年1月に大統領も交代したが、EU加盟への障害とはならないであろう。

4 クロアチアの「ヨーロッパ」入りに立ちはだかる難問

サナデルが政権を握って以来、クロアチアは「ヨーロッパ」入りの道を大枠では順調に歩んでいるかのように見える。しかし最後に2つの問題を指摘しておきたい。隣国スロヴェニアの問題とEUの機構改革の問題である。

まずスロヴェニアとの関係である。1991年6月25日に同時に独立宣言を出した「同志」スロヴェニアとクロアチアとの関係は必ずしも順調ではない。ボスニアやかつて対立していたセルビアとの関係が順調に改善してきているのと対照的である。

スロヴェニアとの間の懸案としては、国境線の未解決部分の存在、クルスコ原子力発電所の所有、スロヴェニアのリュブリアナ銀行にクロアチア人が預けた外貨預金の扱いなどが挙げられるが、最大の問題は、クロアチアがアドリア海の漁業・環境保護水域の設定を2003年10月に一方的に宣言したことであった。これに対してスロヴェニアがイタリアと共に強く反対した。この宣言が実行されれば、スロヴェニアが公海への直接の出口を失うことを意味したのである。スロヴェニアとの関係がこじれることは、スロヴェニアがすでに2004年5月にEU加盟を果たしているだけになおさら、クロアチアにとって好ましくなかった。

クロアチア議会は2004年6月にこの宣言のEU加盟国に対する適用除外を議決した。しかし議会は2006年12月にその議決を撤回し、漁業・環境保護水域宣言はEU非加盟国には即時に、EU加盟国には2008年1月1日までに適用されると

したのである。サナデル政府は2008年1月1日からの宣言の適用後，その実効性は主張しつつ，他国の操業を黙認しながらスロヴェニアなどとの交渉を行うという戦術を採ったが，欧州委員会からの指摘を受けて，3月に2004年6月の議会議決を復活させて事態の収拾を図った。しかしスロヴェニアとの間では今度は国境問題が懸案となっている。

クロアチアのEU加盟に影響する可能性がある第2の問題は，EUの機構改革に関してであった。EUの現在の機構などを定めている基本条約は，2003年2月に発効したニース条約である。この条約は本来25カ国体制に対応したものであった。それ以後の拡大に備えて，そしてまたEUの一体性を強化するという狙いに沿う形で一連の機構改革のために欧州憲法条約が用意され，各国の批准を受けることになっていた。しかし欧州憲法条約は05年5月にフランスにおいて，6月にオランダにおいてそれぞれ国民投票によって否決されてしまった。改めて準備されたリスボン条約も，アイルランドの国民投票によって2008年6月に否決されてしまった。しかしリスボン条約は全加盟国の同意を得て，最終的には2009年12月に発効した。第2の問題はひとまず解決した。

クロアチアが次のEU加盟国であることは衆目が一致している。本章執筆時にはEUへの加盟時期こそ確定はできないが，クロアチアは念願の「ヨーロッパ」入りについて最後の胸突き八丁を迎えているところなのであろう。

　＊　本章は，日本国際政治学会2008年度研究大会における部会「バルカン地域とEU拡大」提出ペーパー「クロアチアのEU加盟への道」がもととなっている。

●参考文献

多谷智香子（2006）『戦争犯罪と法』岩波書店。
月村太郎（2006）『ユーゴ内戦――政治リーダーと民族主義』東京大学出版会。
―――（2007）「民族的少数派となる恐怖――旧ユーゴ連邦解体過程におけるセルビア人を例として」『国際政治』第149巻。
―――（2010）「旧ユーゴ連邦の後継諸国」馬場康雄・平島健司編『ヨーロッパ政治ハンドブック〔第2版〕』東京大学出版会。

東野篤子（2007a）「拡大と対外関係」植田隆子編『EU スタディーズ 1　対外関係』勁草書房。

─── （2007b）「西バルカン・トルコへの拡大と欧州近隣諸国政策」植田隆子編『EU スタディーズ 1　対外関係』勁草書房。

Bartlett, William (2003) *Croatia: Between Europe and the Balkans,* London, Routledge.

Bideleux, Robert and Ian Jeffries (2007) *The Balkans: A Post-Communist History,* London, Routledge.

Ramet, Sabrina P., Konrad Clewing and Reneo Lukić, eds. (2008) *Croatia since Independence: War, Politics, Society, Foreign Relations,* München, R. Oldenbourg Verlag.

Staničić, Mladen, ed. (2002) *Croatia on Its Way towards the EU,* Baden-Baden, Nomos Verlagsgesellschaft.

Tatalović, Siniša (2004) "Politika nacionalne sigurnosti Republike Hrvatske i NATO", in L. Cehulic, ed., *NATO i novi medunarodni odnosi,* Zagreb, Polit.cka kultura.

Vukadinović, Radovan (2002) *Security in South-Eastern Europe,* Zagreb, Politička kultura.

第10章

コソヴォ独立とEU加盟に揺れるセルビア

柴　宜弘

要　約

　セルビアは「西バルカン」と称される国々のなかでも、ボスニア・ヘルツェゴヴィナと並んで、EU加盟交渉が最も遅れている。1990年代の一連のユーゴスラヴィア紛争の影響を強く受けたことに加えて、旧ユーゴ国際戦犯法廷（ICTY）への協力問題、コソヴォの独立問題が加盟交渉を遅らせている主たる理由である。
　本章では、現在のセルビア政治を考える際、避けて通れないミロシェヴィチ政権の特徴を検討したうえで、コソヴォの独立に至る経緯を概観し、セルビアにとって最大の課題であるEU加盟交渉の過程を考察する。EU加盟交渉は旧ユーゴ国際戦犯法廷への協力問題やコソヴォ問題と絡んでいて、容易に進展しない状態が続いている。こうした事態解決への展望を示すと同時に、できる限り現地語の文献や世論調査を使うことによって、セルビア政治に対する欧米の文献に見られる一面的な見方や歪みを指摘してみたい。

1　「民衆革命」までのセルビア政治

（1）　ミロシェヴィチ政権の特徴

　1987年以来、13年間におよびセルビアとユーゴスラヴィア連邦（旧ユーゴスラヴィアの継承国家として、セルビアとモンテネグロにより創設）の権力を握ってきたミロシェヴィチ政権は、2000年9月に行われた大統領選挙結果の不正工作をめぐる混乱のなか、10月5日の「民衆革命」（セルビアでは「10月革命」と称される）によって崩壊した。
　ミロシェヴィチ政権下の13年のあいだに、旧ユーゴは解体し、クロアチア内戦、ボスニア内戦、コソヴォ紛争といった一連のユーゴ紛争が続いた。たしかに、こ

れら紛争の責任はあえて国際社会から孤立することによって，権力を保持しようとしたミロシェヴィチ政権にあった。しかし，ミロシェヴィチ政権を維持させたセルビアの政治状況，ミロシェヴィチをセルビア・ナショナリストでコムニストと規定し，「セルビア悪玉論」にのっとって一連の紛争に対応した国際社会，特にアメリカにも紛争長期化の責任がある。

　こうした点を考慮しながら，まず，選挙による議会が機能する「選挙権威主義」(Pavlović i Antonić, 2007, str. 83) と称されるミロシェヴィチ体制が，なぜこれほど長期間にわたって権力を保持しえたのかを概観しておく。ミロシェヴィチがベオグラード銀行頭取の地位を辞して，セルビア共産主義者同盟ベオグラード市委員会議長として政治活動に入ったのは1984年であった。この時期，70年代末から翳りを見せ始めていたユーゴ経済は悪化の一途をたどっていた。経済状況の悪化とコソヴォ問題を背景として，セルビア人のナショナリズムが表面化しだした。

　欧米の文献（たとえば，Bideleux and Jeffries, 2007, p. 241）では，ミロシェヴィチのナショナリストの側面が強調されるが，そもそも，ミロシェヴィチはユーゴ社会主義の統一を壊すような共和国や民族的な動向に異議を唱えるチトー主義者であり，共産主義者同盟の統一の強化により集権的な体制を回復することで問題の解決にあたろうとした。反官僚主義，反ナショナリズムを唱えて党内の支持を広げ，1986年にはセルビア共産主義者同盟議長に就任した。1987年には，1981年のアルバニア人暴動以来，少数者セルビア人やモンテネグロ人の犠牲者意識が極度に強まり，緊張した状況にあったコソヴォを訪れた。党の指導者として，彼らにコソヴォにとどまるよう説得することが目的であった。クロアチア出身でスターリング大学の政治学者ヨヴィチ（Jović, 2003, str. 380）が指摘するとおり，コソヴォ訪問を通して，ミロシェヴィチは当地の分裂状況を目の前にし，党と民衆のあいだの直接対話の重要性を認識させられたのであって，セルビア人のナショナリズムを煽る政治手法を用いたわけではなかった。しかし，この訪問を契機として，彼がナショナリズムのもつ不可思議な力を感じとったと推測することはできる。

（2）ミロシェヴィチ政権の確立

　セルビアでは，コソヴォ問題と連動して，きわめて緩い連邦形態を制度化した「74年憲法体制」（スロヴェニアの政治家カルデリが主導した体制）がセルビア人の犠

性を強いてきた根源であると主張する作家チョシッチらの民族派知識人グループ（1960年代末には，共産主義者同盟内でユーゴ社会主義の統一を主張していたが，1980年代中頃までにはセルビア民族主義者に移行）が台頭していた。1987年9月，ミロシェヴィチは「74年憲法体制」以前にチトーが進めた統一的なユーゴ社会主義に戻すことを唱えて，セルビア共産主義者同盟内の闘争に勝利をおさめると，1974年憲法の改正という点で，これらの知識人グループと協力，あるいは利用しうると考え，党外の彼らと協調関係を築くことになる。

1988年11月，連邦の権限を強化する1974年憲法修正に続き，1989年2月にはコソヴォとヴォイヴォディナ2自治州の自治権をセルビア共和国に移行するセルビア憲法修正案が議会で採択された。その直後，ミロシェヴィチは議会で共和国大統領に選出され，1990年に6共和国ごとに実施された複数政党制による初の自由選挙に臨んだ。ミロシェヴィチは民族派勢力に支持を拡大するとともに，急激な体制の変化を望まない保守層，たとえば村部の農民，都市近郊の工場労働者，地方公務員，年金生活者を支持基盤とするセルビア社会党（共産主義者同盟が改称）を母体として選挙に勝利を収め，初めての大統領選挙でも圧勝してセルビア共和国大統領に就任した。

セルビアでは，ミロシェヴィチとセルビア社会党が民族派勢力をとりこみつつ，メディアや軍に多大な影響力を保持したままでの自由選挙だったため，他の共和国のように民族主義政党が躍進することはなく，社会主義期の社会や人的な関係がそのまま継続した。ミロシェヴィチが長期にわたって政権を維持できた大きな理由はこの点にある。1991年にユーゴで内戦が生じて連邦が解体してからも，ミロシェヴィチは社会主義時代のネットワークをもとに，セルビア人のナショナリズムと伝統を巧みに利用して権力を維持した。

政策よりも政治家の個性が重視される傾向の強いセルビア社会にあって，野党側にはミロシェヴィチに代わるだけの強烈な個性を備えた指導者は見いだせなかった。加えて，野党勢力は都市部にしか支持基盤をもてず，保守層や村部に基盤を拡大しようとする努力を欠いていた。1992年4月にセルビアとモンテネグロからなるユーゴ連邦が創設されると，ミロシェヴィチはセルビア共和国大統領選挙で再選された。ユーゴ連邦の大統領には民族派知識人のチョシッチが選出されたが，実権を握っていたのはミロシェヴィチ・セルビア大統領であった。

(3) ユーゴ紛争とミロシェヴィチ政権

　旧ユーゴ解体に伴うクロアチア内戦とボスニア内戦の過程で、セルビア人中心となった連邦人民軍が、クロアチアやボスニアのセルビア人勢力保護の目的で介入した。国際社会では、ミロシェヴィチ政権が内戦をたきつけたとする「セルビア悪玉論」が流布した。こうした考えに基づき、1992年5月末に国連がユーゴ連邦に対する制裁を決議し、9月には旧ユーゴの国連議席継承権を否定した。ミロシェヴィチ政権は旧ユーゴ継承国の主張を変えなかったため、事実上国連から追放された。ユーゴ連邦が新国家として国連復帰を認められたのは、「民衆革命」後の2000年11月のことである。

　1995年11月のデイトン合意成立により、ボスニア内戦は終息した。これに伴い、アメリカを除くEU諸国の経済制裁が緩和され、外交関係も徐々に回復した。アメリカは経済制裁解除の条件をミロシェヴィチ政権の崩壊とする立場を変えなかった。ボスニア内戦終結後、ミロシェヴィチの強権的な政治手法に反発する都市部の知識人層は野党支持を強め、都市部でのミロシェヴィチ離れが進行した。しかし、ミロシェヴィチは野党勢力が内部対立を繰り返すのに助けられ、1997年7月に連邦議会でユーゴ連邦大統領に選出された。セルビア共和国大統領として、実質的にユーゴを代表していたミロシェヴィチは制度的にも権力の中枢に立つことになる。

　1991年9月に「コソヴォ共和国」を宣言して、セルビアとはパラレルな議会や行政や教育制度を維持していたコソヴォの情勢が急進化した。コソヴォの独立を主張するアルバニア人武装勢力（KLA）の活動が激しさを増したからである。1998年2月末、ミロシェヴィチ政権はセルビア治安部隊にKLAの掃討作戦を命じた。以後、両者の激しい戦闘が展開され、くすぶり続けてきたコソヴォ紛争が表面化した。国際社会による政治的解決は功を奏さず、1999年3月にはアメリカを中心とするNATO軍がアルバニア人の人権擁護という「人道的介入」を理由としてユーゴ空爆を実施した。地上軍を投入せずに空爆のみで攻撃する「新しい戦争」で、セルビアのインフラは多大な被害を受けただけでなく、民間人の犠牲者もその数を増した。NATO軍に対する反発から、セルビア人のナショナリズムがふたたび高揚した。1999年5月、ユーゴ空爆のさなか、ミロシェヴィチは旧ユーゴ国際戦争犯罪法廷（ICTY）から戦犯として起訴されている。6月初め、ミロシェヴィチはG8が提示した和平案を受け入れた。

78日間におよぶ空爆は終わったが，軍事力でコソヴォの問題はなにも解決されなかった。それどころか，コソヴォのアルバニア人とセルビア人との対立はいっそう激化してしまった。コソヴォ和平が成立しても，国際社会が期待したようなミロシェヴィチ政権弱体化の兆候は見えなかった。ミロシェヴィチは国際社会からの孤立を逆手にとって，セルビア人の危機意識を煽り自らの権力基盤の強化を図った。

（4）「民衆革命」

　コソヴォ和平後，長期化する経済制裁のため，セルビアの経済は最悪の状態に落ちこんだ。加えて，NATO空爆により橋や道路や建物などインフラもかなり破壊された。国際社会によるミロシェヴィチ政権排除の方策と，あえて国際社会からの孤立政策をとりつづけるミロシェヴィチ政権の手法に対して，都市部の知識人のあいだには，政治や経済に対する諦めと絶望感が広がった。一方，経済状況の悪化により，その影響を直接受けてしまう年金生活者のあいだに，不満の声が高まった。ミロシェヴィチ政権の支持基盤からも，生活苦から変化を求める兆しが見えてきた。セルビア国民の経済的な疲弊は限界に達していたといえる。

　しかし，野党勢力は相変わらず分裂したままであった。ミロシェヴィチは国際社会からの孤立と野党勢力の不統一を巧みに利用して，さらなる政権の延命策を講じた。それが，国民の直接投票によるユーゴ大統領選挙とモンテネグロの権限縮小を内容とする2000年7月の連邦憲法修正である。この直後，ミロシェヴィチ政権は自らに有利な状況と判断し，任期を1年間前倒しにして9月に国民の直接投票による初の大統領選挙に臨んだ。野党勢力は経済専門家グループのG17を中心として結集し，18党からなるセルビア民主野党連合（DOS）を結成した。最大勢力である民主党のジンジッチ党首ではなく，セルビア民主党のコシュトニツァ党首を統一候補として擁立することができた。

　野党勢力が候補者を決める直前の世論調査では，ミロシェヴィチに対抗できる候補者はコシュトニツァしかいないとの結果が出ていた。事実，国民のあいだの反NATO・反米感情は根強く，セルビア・ナショナリズムも依然として強い状況において，ミロシェヴィチ政権による国際社会の手先といった野党勢力批判に耐え得るのは，コシュトニツァ以外にいなかった。都市型政党の限界を熟知しているセルビア民主党のジンジッチは，コシュトニツァの黒幕に徹した。

コシュトニツァは社会主義時代に共産主義者同盟の党員になったことがなく、一貫して複数政党制を主張してきた「民主主義者」であり、もう一面でセルビアの伝統や誇りの復活を唱えてきたナショナリストでもあった。NATOの空爆に対しては国家主権の侵害という立場から、これに強く反対し反米の姿勢を明確にした。ミロシェヴィチ政権からの組織的な中傷の標的となる経歴がなかった。それどころか逆に、コシュトニツァは変革を求めていたミロシェヴィチの支持基盤を切り崩すことができたといえる。

選挙結果は民主野党連合の集計によると、コシュトニツァ候補が53％、ミロシェヴィチ大統領が35％であった。しかし、連邦選管は集計を不正操作して、それぞれ49％、39％で過半数に達せず、10月8日に決選投票実施と発表した。民主野党連合はこれに抗議し、ゼネストを展開して対抗した。10月5日、ベオグラードの連邦議会前を埋め尽くしたセルビア民衆の大規模な抗議行動のなか、追いこまれたミロシェヴィチ大統領は軍や治安警察を使うこともできず、10月6日に敗北を宣言した。遅れた「民衆革命」が勝利を収めた。

2　コソヴォ問題とセルビア

（1）　国連暫定統治下のコソヴォ

コシュトニツァ大統領はミロシェヴィチ政権崩壊という国際社会のユーフォリアのなかで温かく迎えられ、またたくまに国際社会への復帰を果たした。2000年10月末には、EUを中心とするコソヴォ和平後のバルカンの安定を図る国際的な枠組みでありながら、ミロシェヴィチ支配の続くセルビアを排除していた南東欧安定化協定に参加した。さらに11月に入ると、1日には旧ユーゴの継承国ではなく新国家として国連に、10日にはOSCEにそれぞれ復帰した。新大統領は17日には仏英独米と外交関係を再開し、国際協調路線を明確にした。コシュトニツァ新政権にとって、経済の再建は最重要課題であったが、コソヴォ問題も解決の困難な国内問題であった。

1999年6月の和平成立後、コソヴォには事務総長特別代表をトップとする国連コソヴォ暫定行政支援団（UNMIK）が派遣されて民生面を担当し、軍事面ではNATO主体の国際部隊（KFOR）が展開され平和維持にあたった。しかし、コソヴォ和平後、アルバニア人によるセルビア人やロマ（ジプシー）に対する暴力が

続き，今度は20万を超える両者が難民となった。UNMIK のもとでコソヴォの自治の回復がすすめられ，2000年12月にはコソヴォの政治指導者とのあいだで，議会選挙が実施されるまでの暫定行政評議会が創設された。

　2001年11月，12年ぶりに少数者のセルビア人政党も参加して合法的なコソヴォ議会（120議席）選挙が実施された。2002年3月にはコソヴォ民主同盟のルゴヴァ（2006年1月死去）が議会で大統領に選出され，議会，大統領，政府からなるコソヴォの暫定自治政府機構が整備された。アルバニア人の実効支配が既成事実となる一方で，セルビア人は北部地域に集中して居住し，他の地域では UNMIK の保護を受けながら「飛び地」をなして生活する状態が続いた。セルビア人やロマの難民・避難民の帰還も進まなかった。

　2001年の9・11「同時多発テロ」の発生以後，アメリカがコソヴォやバルカンの問題から手を引く傾向が強まるなか，コソヴォ政府とセルビア政府との対話は途絶えたままであった。しかし，2003年10月にはヨーロッパの問題としてコソヴォ紛争の解決を探る EU の呼びかけで，両者の直接交渉が実現した。以後，EU の呼びかけ，あるいは国連主導で交渉が断続的に行われることになるが，両者の見解の溝は容易に埋まらなかった。

　セルビア政府はセルビアの主権と領土の一体性を認めた1999年6月の国連安保理決議1244に基づき，コソヴォの保持とセルビア人の保護を求めた。これに対して，コソヴォ政府は国連の暫定統治のもとで，独立以外の選択肢をもっていなかった。ここには，1990年代のコソヴォ紛争を通じて国際社会がアルバニア人に認めてきた民族自決の原則とセルビアが主張する国家主権に伴う領土一体性の原則との矛盾が集約されていた。

（2）　不安定なセルビア政治

　コシュトニツァ政権は国際社会に復帰したものの，18党の「寄り合い所帯」だったため明確な政策が打ちだせず，EU との関係は容易に進まなかった。また，コソヴォ問題および独立志向を強めるモンテネグロの問題でも，政策の不一致がみられた。2001年，不正蓄財と職権乱用によりミロシェヴィチが逮捕されると，ハーグの旧ユーゴ国際戦犯法廷（ICTY）への引渡しをめぐって，コシュトニツァ大統領とジンジッチ・セルビア首相との確執が明白となり，コシュトニツァ新政権を支えてきた18党の民主野党連合は分裂の道をたどることになる。コシュト

ニツァ大統領が率いるセルビア民主党は民主野党連合から追放されてしまい，ジンジッチ率いる民主党中心の連合に変質した。

　モンテネグロ問題を視野に入れ，ユーゴ連邦の再編を先取りしたコシュトニツァは，象徴的なユーゴ大統領から実質的な権限をもつセルビア大統領への鞍替えを狙った。しかし，2002年10月のセルビア大統領決選投票，12月の再選挙とも投票率が50％に達せず成立しなかった。2003年2月にユーゴ連邦が再編され，連合国家セルビア・モンテネグロが正式に発足したが，セルビアでは大統領が選出できない状態が続いていた。加えて3月に，組織犯罪の撲滅に着手しようとしたジンジッチ首相が，闇経済で暗躍するマフィアの手で暗殺される衝撃的な事件が生じた。

　ミロシェヴィチ政権時代に治安警察と結びついて作られた民兵組織や準軍事組織が，ボスニア内戦終結以後，2000年の「民衆革命」によっても変わることなく麻薬取引など組織犯罪の温床となっていた。コシュトニツァやジンジッチらの政治家も，これらの組織を温存させて利用するミロシェヴィチ政権以来の政治手法から脱却しきれていなかった。そのことが暗殺事件につながった。「民衆革命」で，セルビアの政治がいっきょに変わったわけではなかった。セルビア議会で暫定的に選出されたジヴコヴィチ首相のもとで，ようやく組織犯罪に大鉈が振るわれ，1万人以上が組織犯罪にかかわった容疑で拘束された。ミロシェヴィチ政権下の組織や人的ネットワークが切断されるなかで，11月に3度目のセルビア大統領選挙が実施されたが，投票率は39％に過ぎず，またも無効に終わった。

　2003年12月，1年間前倒しにして，ミロシェヴィチ政権時代と一線を画した「選挙民主主義」（Pavlović i Antonić, str. 105）に基づくセルビア議会選挙（定数250議席）が実施された。投票率は59％だったが，単独で過半数を占める政党はなく，第1党にナショナリスト政党のセルビア急進党（82議席）が躍進した。第2党はセルビア民主党（53議席），第3党は民主党（34議席），セルビア社会党は第6党だった。11月の大統領選挙でも，戦犯としてハーグで公判中のシェシェリを党首とするセルビア急進党の党首代理ニコリッチが最大の得票を得ていた。

　第1党に進出したセルビア急進党に対して，「極右政党」といったレッテルが貼られる傾向が強いが，「大セルビア」を掲げるナショナリストの政党である。党首のシェシェリは実践の伴わない知識人中心の政党を批判し，村部にも支持層を拡大する努力を続ける一方，国際社会に対しても安易な妥協を許さなかった。

セルビアの有権者約650万のうち，これまでの選挙でも100万票ほどの支持を得ていたが，この時期に支持を大きく拡大した。経済の自由化が遅々として進まず，成果がみられないことがその主要因ではあるが，変革への明確な方向性を打ちだせない新政権への不満や批判が政府にペナルティを科す投票行動につながり，セルビア急進党に多くの票が流れたと考えられる。

第2党のセルビア民主党のコシュトニツァを首班とする少数派政権のもとで，投票率50％条項が法律改正で削除され，04年6月に4度目のセルビア大統領選挙が実施された。投票率は50％に達しなかったが，決選投票で民主党のタディチ（得票率54％）がセルビア急進党のニコリッチ（得票率45％）を破り，セルビア大統領となった。国際社会は一様に安堵したが，タディチ大統領の民主党は議会では野党という「ねじれ現象」のため，大統領と首相とのあいだの政策の不一致がさまざまな局面で見られた。

(3) コソヴォの独立

2004年3月，コソヴォ和平成立後最大のアルバニア人とセルビア人との衝突が発生したが，UNMIKのもとで鎮静化が図られ，10月には和平後2度目のコソヴォ議会選挙がセルビア人住民ボイコットのなかで実施された。2005年に入ると，最終的地位の確立に向けて国連の動きが本格化した。国連は平行線をたどるコソヴォ政府とセルビア政府との交渉を続けながら，暫定自治政府機構の統治能力の向上を促し，その後コソヴォの最終的地位に関する結論を出す立場をとった。

2006年2月，国連のコソヴォ地位交渉特使のアハティサーリ元フィンランド大統領を議長として，セルビア側とコソヴォ側との最終的地位をめぐる直接交渉がウィーンで開始された。地方分権，難民・避難民の帰還，宗教施設・文化施設の保護，経済問題に関して実務者間の交渉が続けられた。7月にはセルビア首脳とコソヴォ首脳との直接交渉も実現した。しかし，安保理決議1244に基づき国家主権および領土の一体性を主張するセルビア側と，独立のみを主張するコソヴォ側との溝は埋まらなかった。アハティサーリは両者の合意を得られないまま，2007年2月には国際社会の監督下で，実質的なコソヴォの独立を容認する「コソヴォの最終的地位のための包括的提案」を国連に手渡した。3月の国連安保理では，ロシアが国家主権の尊重を重視し，両者が合意に至るまで交渉を続けるべきとして，コソヴォの独立に強く反対したため，アハティサーリ提案を決議するにいた

らなかった。

　これ以後，アハティサーリに代わって，米，ロ，EUの三者がコソヴォ問題の交渉仲介者（トロイカ）となった。トロイカは8月から，12月10日を国連事務総長への報告期限として，さらにセルビア代表団とコソヴォ代表団との地位をめぐる交渉を継続した。4カ月におよぶ交渉の過程で，完全独立，国際社会監督下の独立，領域の分割，さまざまな連合形態の模索，広範な自治案などが提示されたが，両者の合意を得ることはできなかった。トロイカによる仲介も実を結ばず，コソヴォの地位問題は手の打ちようがない事態に陥った。

　コソヴォでは，11月に行なわれた和平成立後3度目の選挙で，サチを党首とするコソヴォ民主党が初めて，穏健派のコソヴォ民主同盟を破って第1党となった。2008年1月，コソヴォ民主党とコソヴォ民主同盟の連立政権が成立し，サチが首相に就任した。サチ政権はアメリカと密接に協議を重ねながら，独立宣言の時期をうかがった。2月17日，一方的にコソヴォの独立が宣言された。興味深いのは，旧ユーゴから独立した共和国が一様に民族自決権を独立の論拠にしていたのとは異なり，12項目からなる独立宣言にはアルバニア人の民族自決はまったく記されていない。第1項でアハティサーリ提案に依拠することがふれられ，コソヴォに住むすべての市民の平等を実現する，民主的で世俗的な多民族の共和国であることが宣言されている。

　多数民族の自決権に基づく独立でないことは，アルバニア人の象徴である隣国アルバニアの赤地に双頭の黒い鷲を中央に配した国旗ではなく，EUの旗を模した青地に6つの星とコソヴォの地形を配した新国旗によく表されている。新国家は歌詞のないメロディーだけの「ヨーロッパ」とされた。6月15日に施行された新憲法にも，民族自決権は記されておらず，「コソヴォ共和国はその市民による国家」（第2条）であり，多民族社会において，アルバニア語とセルビア語が公用語であり，地方レベルではトルコ語，ボスニア語，ロマ語も公的に使用することができると規定されている。コソヴォは90年代にユーゴ，ソ連，チェコスロヴァキアの解体とともに誕生した一連の独立国とは論拠を異にする「特殊な国家」（第1条）といえる。しかし，2010年7月に至っても，国連加盟192国の3分の1強の承認しか受けられず，国連に加盟できない「未承認国家」のままである。

3 EUとの関係

（1） 安定化連合協定交渉とセルビア政治

EUは，2004年に加盟して2007年からユーロを導入したスロヴェニアを除く旧ユーゴ諸国，すなわち，クロアチア，ボスニア・ヘルツェゴヴィナ，セルビア，モンテネグロ，マケドニアおよびアルバニアの6カ国を「西バルカン」諸国と称して，加盟交渉を進めてきた。コソヴォは安保理決議1244のもとにある「国家」と規定されるが，他の「西バルカン」諸国と同様の関係が築かれている。クロアチアは2004年に，マケドニアは2005年にすでに加盟候補国となった。

「西バルカン」諸国とEUとの関係を見るうえで，2000年は画期をなす年であった。ユーゴ解体以後，ナショナリズムに基礎をおく政治手法で権力を保持してきた3人の政治家が相次いで政治の舞台から姿を消したからである。99年に，ボスニアではイゼトベゴヴィチが病気を理由に政界を引退し，クロアチアではトゥジマン大統領が死去し，2000年にメスィッチが新大統領に選出された（2010年1月には，社会民主党のヨシポヴィチが新大統領に選出された）。そして，セルビアでは「民衆革命」が生じた。こうした政治状況の変化を背景として，EUは11月にザグレブで首脳会議を開催した。この会議では，加盟を最優先課題としているこれらの国に対して，1993年のコペンハーゲン基準に基づいて民主主義，法の支配，人権，マイノリティの尊重などの政治改革，市場経済が機能するような経済改革，そしてさまざまな法律面の整備を課し，安定化・連合協定（Stabilization and Association Agreements : SAA）交渉を通じて拡大を進めると同時に，EU市場への参入と財政支援を与えることが示され，最終宣言に盛り込まれた。

このザグレブ首脳会議を出発点として，「西バルカン」諸国との加盟交渉が本格的に開始された。「西バルカン」諸国は加盟交渉を進めることによって，財政支援を受けることができるようになるが，他方で内政干渉にも近い改革や条件を課せられ，厳しい事態にも直面せざるをえなかった。さらに，EUとの個別の交渉により，「西バルカン」諸国間の序列化が進み，相互の協力関係が阻害される側面もみられた。

セルビアの場合，「民衆革命」後のコシュトニツァ政権のもとで，2000年11月にEUによる支援準備金プログラム実施協定が調印され，EU加盟国によって

2003年3月に批准された。一方，2002年にセルビアはEUによって課される国内の改革を進める機構を整備し，2004年にはEUとの交渉にあたるEU統合事務局を設置して実務を行った。2005年1月から，EU拡大コミッションとセルビア政府とのあいだで，安定化連合協定の交渉準備が始められ，10月に交渉が開始された。しかし2006年5月，セルビアが旧ユーゴ国際戦犯法廷によって戦犯として起訴されているボスニア内戦の指導者カラジッチ（2008年7月に逮捕）とムラディチの逮捕に協力的でないことを理由として，交渉は一時中断された。

　コソヴォの最終的地位問題が膠着化するなか，タディチ大統領はEUとの関係をコソヴォ問題と切り離して推進する立場をとり，隣国のボスニアやクロアチアとの政治的和解に積極的に取り組むと同時に，旧ユーゴ国際戦犯法廷への協力も進めた。こうした姿勢がEUから評価され，2007年6月に安定化・連合交渉が再開された。11月，旧ユーゴ国際戦犯法廷への協力を条件として，ようやく安定化連合協定が仮調印されるに至った。

　これに伴い，2008年1月にはEU諸国とのビザ簡略化が実施されることになり，人の移動が容易になりつつある。モノの移動についても，セルビアとEU諸国との交易関係は徐々に改善され，2007年には輸出総額に占める対EU諸国比は56％になり，輸入総額に占める対EU諸国比は54％に達した。セルビアの総選挙を翌月に控えた2008年4月29日，安定化・連合協定と旧ユーゴ国際戦犯法廷への協力を条件とする「貿易に関する暫定協定」が調印された。

　任期切れに伴うセルビア議会選挙は2007年1月に実施され，またも急進党が第1党となったが，連立相手が見つけられず，第2党の民主党と第3党のセルビア民主党・新セルビア連合勢力が連立を組んで新政権を発足させた。民主党が与党になることで，2004年以来の「ねじれ現象」は解消されていた。しかし，コソヴォの独立宣言をめぐり，セルビア議会は深い政治的危機に陥った。コソヴォ独立とEU加盟問題の対応をめぐり，連立与党間の対立は決定的になった。こうした状況下で，2008年5月に臨時の議会選挙が行われたのである。

　選挙結果は，タディチ大統領の民主党を中心とした「ヨーロッパ・セルビアのために」が第1党に進出し，セルビア急進党が第2党，セルビア民主党－新セルビア連合が第3党，セルビア社会党連合が第4党であった。セルビア民主党のコシュトニッツァは，EU加盟より，セルビア領土の一体性を強く主張するセルビア急進党との接近を強めた。この結果，民主党は宿敵であったミロシェヴィチの

セルビア社会党と連立を組み、ツヴェトコヴィチを首班とする内閣が成立した。民主党とセルビア社会党の「歴史的」和解が進み、7月にはベオグラードに潜伏していたカラジッチが逮捕され、ハーグの旧ユーゴ国際戦犯法廷に送還された。

ツヴェトコヴィチ政権は9月に入り、議会による安定化連合協定の批准をとりつけた。この時期に、単独では最大政党であったセルビア急進党がEUとの関係の是非をめぐり分裂する事態に至った。党首代理を務めてきたニコリッチがEUとの協調路線に転じ、新党（セルビア進歩党）を結成した結果、EUよりもロシアとの協力を主張するセルビア急進党の勢力は激減した。10月、セルビア政府はEU加盟に向けた明確な意志表示として、2009年1月までに「貿易に関する暫定協定」の条件を取り除く決定を下した。EU諸国、特にオランダは、残る大物戦犯ムラディチ逮捕を含む旧ユーゴ国際戦犯法廷への協力に厳しい姿勢を貫いたため、その実施は凍結された。しかし、オランダがようやくセルビアの協力姿勢を認めた結果、2009年12月に協定実施の凍結が解除された。これに伴い、セルビアは加盟申請をEUに提出した。

（2） EU加盟と世論調査

このような政治状況において、セルビアの国民はEU加盟をどのように考えているのだろうか。セルビアで実施されている最近の世論調査をもとにして検討してみる。2008年10月に、ベオグラードのストラテジック・マーケッティング社がコソヴォを除くセルビア全土の約1000人を対象として実施した世論調査によると、「最も重要な問題、最も関心のある問題は何か」の質問に対して、第1位は失業で56％、第2位は低水準（低賃金、低い年金など）で37％、第3位は汚職・腐敗で24％、第4位はコソヴォ問題で18％、第5位は組織犯罪で16％、第6位は経済で14％、第7位は医療で9％、第8位は定年で9％、第9位は農業（村部に対する無関心）で8％であり、EU加盟は第10位で6％にすぎない。セルビア国民にとって、最大の関心事は経済問題に集中している。この傾向は、同社が06年2月から、ほぼ毎月実施している同じ質問の世論調査結果を見ても変わらない。

EUがセルビア国民にどれほど信頼されているのかについては、同社の5月に実施された世論調査に「EU、NATO、アメリカ、ロシア」に対する信頼度の質問が見られる。この調査時期は、コソヴォの独立宣言が出されたあとだったため、ロシアに対する信頼度が最も高く42％、EUが39％、アメリカが11％、NATOが

9％と続いている。同じ質問ではないが，2003年6月にベオグラードの社会科学研究所附属「政治学調査と世論のためのセンター」が実施した世論調査には国際機関の信頼度が示されている。信頼できる国際機関としてはEU，平和のためのパートナーシップ（PfP），国連，欧州安全保障協力機構（OSCE）の順であり，EUの信頼度は38％であった。異なる調査結果を無条件に比較することはできないが，概して言えることは，EUは国際機関の中では最も信頼されているが，圧倒的に信頼されているわけでもないことだろう。

　一方，EU加盟の賛否についての質問に対しては，圧倒的に賛成という結果が出ている。10月の世論調査の結果は賛成が75％，反対は11％である。この比率はこのところほとんど変化していない。同調査には，コソヴォの独立問題と絡めた興味深い質問が見られる。「EU加盟のためにはコソヴォ独立を承認するか」という質問であり，これには賛否がまったく同じで39％ずつ，答えたくないが15％，わからないが7％である。EUをそれほど信頼しているわけではないが，加盟には賛成するというセルビア国民の意識のなかには，焦燥感と現実主義が垣間見られると同時に，EU加盟にコソヴォの独立承認問題が絡まざるをえない現実に対する微妙な感情が示されているように思われる。

（3） EU加盟を阻む要因

　セルビアのEU加盟交渉において，EU諸国からつねに突きつけられてきた条件は旧ユーゴ国際戦犯法廷への協力問題である。最近では，ボスニア内戦の責任者であるカラジッチとムラディチの逮捕協力がその条件とされた。両者ともセルビアに潜伏している可能性が強いとして，2人の逮捕協力がセルビア政府に課された。2008年7月に，もともと精神科医だったカラジッチがひげを蓄え髪型を変えて，自然療法の専門医としてベオグラードで暮らしているところを逮捕され，ハーグに送検された。残るは元ボスニアのセルビア軍将軍のムラディチの逮捕だけになった。

　先にふれたように，2008年4月にセルビア政府がEUとのあいだで「貿易に関する暫定協定」を結んだ時，協定実施の主要な条件とされたのが2人の逮捕であったため，セルビア政府は10月に，ムラディチ逮捕に強い姿勢で臨むことを改めてアピールしたのである。この直後に実施されたベオグラード・ポリティクム社の「旧ユーゴ国際戦犯法廷への協力」に関する世論調査は，最近のセルビア国

民の意識を知るうえで興味深い。旧ユーゴ国際戦犯法廷がきわめて政治的であるとして，この法廷に対するセルビア国民の信頼度は高くなかった。しかし，この調査では「セルビアは旧ユーゴ国際戦犯法廷に協力すべきか」という質問に対して，協力すべきが45％で，協力すべきではない40％を上回った。

　もっとも，「旧ユーゴ国際戦犯法廷への市民の送検を支持するか」という質問に対しては，「強く支持する」が24％，「支持する」が14％，「支持しない」が16％，「まったく支持しない」が33％である。このところ，「強く支持する」の比率は高まっているものの，依然として「支持しない」の比率におよばない。「ムラディチを旧ユーゴ国際戦犯法廷に送検すべきか」との質問に対しても，「送検すべき」が37％，「送検すべきでない」が44％で，市民の送検に関する質問とほぼ同様の結果となっている。

　こうした結果が出る背景には，セルビア国民のあいだにNATO軍による空爆の犠牲者意識がなお強く残っており，なぜセルビアあるいはセルビア人だけが執拗にユーゴ紛争の責任を問われなければならないのかという疑問を捨てきれないでいることがある。旧ユーゴ国際戦犯法廷の政治性は否定できないが，ミロシェヴィチ政権のもとで行われた直接的，間接的な加害を，容易には自らのものとして内在化できない国民の意識も深刻である。

　EUとの関係を考える際，旧ユーゴ国際戦犯法廷への協力問題と並んで，セルビアの政治に深く突き刺さった棘ともいえるのがコソヴォ問題である。セルビア政府はEU加盟交渉をコソヴォ問題と切り離して推進するとの立場をとっている。しかし，コソヴォが独立を宣言し，コソヴォの国際監視がUNMIKからEUREX（EU法の支配ミッション）に移行する現状において，両者は関連せざるをえない。セルビアは安保理決議1244に基づき，国連を舞台にコソヴォ独立の違法性を訴えている。2008年10月9日の国連総会では，セルビアによる「コソヴォの地位問題について国際司法裁判所（ICJ）に勧告的意見を求める」提案が採択された。ICJの審議は遅れぎみであり，2009年12月に約30カ国の代表団が賛否両論の口頭弁論を展開した。10年7月，ようやくICJの勧告的意見が出された。この判断はコソヴォの独立は国際法に違反しないとしたが，コソヴォが国家か否かの「地位」の問題には踏み込まなかった。もっとも，EU加盟を目指すセルビアにとって，この勧告的意見の大勢は織り込み済みのことであり，今後，コソヴォ北部のセルビア人地域の位置づけや飛び地のセルビア人の保護が課題となる。

（4） 今後の可能性

　セルビアのEU加盟交渉が円滑に進むと同時に，コソヴォ独立承認問題も解決の方向に向かう可能性はないのだろうか。前述した2008年10月の世論調査に見られるように，セルビア国民にとってコソヴォ独立は最重要問題とは考えられておらず，生活に密着した経済問題に強い関心が示される。これは，コソヴォにおいても同様である。コソヴォで活動を続けている国連開発計画（UNDP）が1300人（アルバニア人とセルビア人）を対象として2008年5月に行った面接調査の報告書によると，「コソヴォが直面する主要な問題」に対する結果は，第1位は失業で32％，第2位は貧困で23％，第3位は電力供給で10％，第4位は物価で7％と続き，第5位が治安で6％，第6位にコソヴォの最終的地位に関する不安と民族間関係がそれぞれ4％になっていて，経済問題に関心が集中していることがわかる。この傾向はセルビアにおいても，コソヴォにおいても近年変化していない。

　こうした共通面を考慮すると，一つの可能性がないわけではない。それは経済状況の改善である。EU加盟交渉を通じて，セルビア国民の最大関心事である経済状況が大きく改善されるなら，EUへの信頼度はさらに高まる。その意味で，2009年11月末にセルビアがようやく，2007年のクロアチア，マケドニア，2008年のトルコ，モンテネグロ，アルバニアに続いて，中小企業の育成と起業活動の促進を目的とする「EU起業活動とイノヴェーションのプログラム（EIP）」に調印することができ，360万ユーロの予算が組まれている「EU競争とイノヴェーションのプログラム（CIP）」に加われることになったのは重要である。これは，EUによる政治的な内政干渉がつねに先立ち，「EU効果」が実感できなかったセルビア国民の意識を変える契機になりうる。この意味では，2009年12月にEUが，セルビア，モンテネグロ，マケドニアの3国に対し，12月にシェンゲン協定国への3カ月のビザなし渡航を実施したことも重要であろう。世論の変化を背景にして初めて，セルビア政府はコソヴォ独立に対する現実的な政治決着の方策を打ちだすことができる。セルビア政府の妥協なしに，コソヴォ独立問題の解決はありえないのであり，潜在能力の高いセルビアの安定はEUにとっても，大きな意味をもっているのである。

●参考文献

岩田昌征（1994）『ユーゴスラヴィア――衝突する歴史と抗争する文明』NTT出版。
柴宜弘（1996）『ユーゴスラヴィア現代史』岩波書店。
―――・中井和夫・林忠行（1998）『連邦解体の比較研究――ソ連・ユーゴ・チェコ』多賀出版。
月村太郎（2006）『ユーゴ内戦――政治リーダーと民族主義』東京大学出版会。
Bideleux, Robert and Ian Jeffries (2007) *The Balkans: A Post-Communist History*, London and N.Y.
Jović, Dejan (2003) *Jugoslavija -Država koja je odumrla: Uspon, kriza i pad Četvrte Jugoslavije*（ユーゴスラヴィア・消滅した国家――繁栄，危機，そして第4のニーゴスラヴィアの崩壊），Zagreb i Beograd. 英語版は Dejan Jović (2008) *Yugoslavia: A State that Withered Away*, Purdue University Press.
Milošević, Slobodan (2008) *Prilog istoriji dvadesetog veka*（20世紀史への貢献），Beograd.
Pavlović, Dušan i Slobodan Antonić (2007) *Konsolidacija demokratskih ustanova u Srbiji posle 2000. godine*（2000年以後のセルビアにおける民主主義諸制度の統合），Beograd.
Perritt, Henrry H. (2008) *Kosovo Liberation Army: The Inside Story of an Insurgency*, University of Illinois Press.
Ramet, Sabrina P. (ed.) (2010) *Central and Southeast European Politics since 1989*, Cambridge University Press.
Vladisavljević, Nebojša (2008) *Serbia's Antiburocratic Revolution: Miloševic, the Fall of Communism and Nationalist Mobilization*, London.
このほか，ベオグラードで発行されている週刊誌 *NIN*, *Vreme*, 日刊紙 *Politika* インターネット版を参照。

第11章

EU 第5次拡大と環境政策

市川　顕

要　約

　本章は，「環境政策分野から EU の第5次拡大をみたとき，それはどのような現象であったのか」という設問を立て，EU のエクスターナル・ガバナンスに関する議論をもとに分析を行う。EU 第5次拡大を環境政策分野から整理すると，コンディショナリティ戦略による合理的手法であったことが理解できる。しかし他方で，並行的に開催され欧州各国の環境政策の発展・収斂に寄与した，汎欧州環境閣僚会議の EfE プロセスを鑑みると，審議と合意に基づく「社会学習モデル」による EU 拡大のすがたも指摘できる。ゆえに本章は結論として，EU の第5次拡大を環境政策分野から見た場合，「外部インセンティブ・モデル」と「社会学習モデル」のハイブリッドな形態であったことを指摘し，さらに今後の EU 域内外の環境政治研究における課題として，EfE プロセスの今後の動向，EU の境界を挟んだ環境問題，加盟後の中東欧諸国と欧州委員会との関係，の3点を指摘する。

1　EU のエクスターナル・ガバナンス

　シメルフェニッヒとセデルマイヤーは，EU のエクスターナル・ガバナンス（EU 域外の地域に対して EU が影響力を与える方法）として，以下の3タイプを提示する（Schimmelfennig and Sedelmeier, 2004, pp. 663-668）。

　第1は，「外部インセンティブ・モデル」である。このモデルによると，加盟候補国を含む非加盟国は，EU による支援を受け取るために，EU が政策・ルールを提示するコンディショナリティを満たさなければならない。ここで，非加盟諸国は，EU による支援が政策・ルールの国内における受容コストを上回る場合

に，EUの政策・ルールを受容する。また，EUは非加盟諸国政府が，EUの課すコンディショナリティを満たした場合に支援を行い，そうでない場合には支援しない。

第2は，「社会学習モデル」である。「外部インセンティブ・モデル」とは対照的に，ここでは「適応性の論理」が強調される。この「適応性の論理」によれば，非加盟諸国政府は，内部化されたアイデンティティ・価値・規範によって政策・ルールの受容を動機づけられる。つまり，コンディショナリティと支援に関する交渉というよりは政策・ルールの正当性，強制と威圧というよりは説得，単なる移転ではなく複合的学習を，EUの政策・ルールの受容の際の動機とする。この際，EUの政策・ルールの受容の正当性は，その政策・ルールが公式的で，非加盟諸国がそれを好意的に受け止め，政策・ルール移転のプロセスが基礎的な審議の基準を満たし，EUの政策・ルールが他の国際機関によってシェアされている場合に増加する。

第3は，「教訓引出モデル」である。ここでは，非加盟諸国がEUのインセンティヴおよび説得なしに，EUのルールを受容する。「教訓引出モデル」は，現状に対する国内の不満への対応として生じ，政策決定者は他国における政策やルールを評価し，その受容可能性を判断する。つまり，「教訓引出モデル」では，「EUの政策が国内の政策問題を効果的に解決すると期待される場合に，EUのルールが受容される」ということになる。

また，シメルフェニッヒらは，「社会学習モデル」と「教訓引出モデル」において，EUのルールを促進するエピステミック・コミュニティの存在が（十分条件ではないにせよ）重要な条件であることを指摘する。つまり，非加盟諸国とEUとの間のアクター間の相互関係が深まることで，社会学習が促進されるという（Ibid., 2004, pp. 673-674）。

2　EU第5次拡大と環境政策

（1）　第5次拡大と環境政策

ECは，1989年7月のアルシュ・サミットで，ポーランド・ハンガリー両国への民主化・市場経済化支援を決定する。いわゆるPHAREプログラムである。当プログラムは1990年代に入ると，他の中東欧諸国，バルト三国へと順次拡大す

る。

　旧社会主義・共産主義体制から，市場経済体制・民主主義体制へと移行期に入った中東欧諸国は，1990年代初頭，「民主主義の証明書」（来栖，2000，131頁）とも呼ばれる欧州審議会への加入を果たす。もちろん欧州審議会は，EUとは別個の機構ではあるが，欧州審議会への加盟を果たすことなく，EUの加盟国になった国は存在しない。つまり，欧州審議会加盟は，「欧州諸機関加盟への暗黙のコンディショナリティ」（来栖，2000，132頁）なのだ。

　欧州審議会への加盟と前後して，中東欧諸国とEUは「欧州協定」に調印した。この協定の目的は，新たに民主化した諸国と欧州統合に向けて連携することであり，非対称なEU市場の開放，技術的・経済的協力および法の近接，といった内容を含んでいた。

　さて，欧州協定締結で，EUおよび中東欧諸国の思惑の違いが明確に現れた。中東欧諸国が欧州協定の前文に将来のEU加盟を確約するとの文言を挿入すべきと求めたのに対し，EU側は，欧州協定はEU加盟の第一歩であることを確認するものではないと，これを拒否したのだ。結局，EU加盟が「目標」である旨が欧州協定前文に明記されたものの，この件は加盟に対するEUと中東欧諸国の温度差を印象づけた。

　このような加盟に関する曖昧な状況を打開したのは，1993年6月に開催されたコペンハーゲン欧州理事会である。当理事会では，中東欧諸国が必要な条件を満たし加盟国としての義務を果たすことが可能となった段階で，すみやかに加盟を承認することを宣言した。ここで，満たすべき条件として明示されたのが，コペンハーゲン・クライテリアであり，小久保（1998，19-20頁）のまとめによれば，①民主主義が定着しているのか，②市場経済が十分に機能しているのか，③アキ・コミュノテールをはじめとして加盟国としてのその他の義務を受け入れる能力があるか，を意味する。

　中東欧諸国側としては，当理事会で加盟の時期が明記されなかった点に不満は残ったが，以後焦点はEU加盟条件をいかにして満たすかという問題に絞られた。

　1994年12月のエッセン欧州理事会では，中東欧の連合諸国の加盟を準備するための戦略が策定された。当戦略ではEU法への近接は加盟候補国自身で行うよう強調され，それぞれの加盟申請国は自国の経済，政治，社会状況に見合った優

先プログラムおよびタイムテーブルを策定する必要があるとされた。また，環境政策に関しては，環境保護基準が一様でなければ，競争は歪められ，コストの低いところに経済活動が移るリスクが生じることから，高いレベルの共通環境保護基準の実施が不可欠であるとした (Klarer and Francis, 1997, p. 39)。

1997年7月，欧州委員会はアジェンダ2000を発表した。ここでは，②経済基準および，③アキ・コミュノテールの受け入れは十分とはいえないが，ハンガリー，ポーランド，エストニア，チェコ，スロヴェニアとの加盟交渉の開始を勧告した。その後1998年3月31日より加盟交渉が開始され，加盟候補国は31章8万5000ページにも及ぶEUアキ・コミュノテールを国内法に移入する作業に入った。

この環境政策に関する章の移入作業は困難を極めた。その最大の要因は環境アキ・コミュノテール移入にともなうコストの問題である，EUの環境アキ・コミュノテールとよばれる約300の指令および規則を中東欧諸国10カ国が移入するのに必要な費用は1200億ユーロである，と欧州委員会は1997年に見積もっている。その多くは，廃棄物，廃水，エネルギー，IPPCに関する環境アキ・コミュノテールの実施に必要とされるインフラストラクチュアの設置・改善のために必要であるとされた (Inglis, 2004, p. 136)。

上述したような，環境アキ・コミュノテールの移入作業におけるコストの問題のみならず，欧州委員会による加盟候補国に対する厳しい注文も，この時期盛んに行われた。2000年10月9日，当時の欧州委員会環境委員マルゴット・ヴァルストロムは，2001年から大規模プロジェクトの環境影響評価を義務づける主要な指令を国内法に適用しなければ，EUからの資金提供を失うことになるだろう，と加盟候補国環境相に警告した。また同女史は，「今年（2000年）は失望を抑えて発言することが難しい。大半の加盟候補国が予定より遅れている事実は遺憾だ」とも語った。

このような欧州委員会との31章にわたるアキ・コミュノテールに関する交渉の中で，加盟候補国の国民も徐々にEU加盟への道のりの厳しさを感じ始めていた。表11-1はポーランドのEU加盟に対する国民の意識調査の結果である。加盟交渉が開始された1998年から徐々に「とても遠い」との回答が増加している。この傾向はハンガリーでも同様で，このことは表11-2でも確認できる。

このような雰囲気は，国民の加盟交渉における意見にも現れている。たとえば，ポーランドにおける2002年の世論調査では，EUの加盟交渉において64％の国民

表11-1 ポーランドのEU加盟の道のりは……

(％)

	1994年6月	1996年5月	1998年12月	1999年5月	2000年5月
とても遠い	16	7	10	11	13
どちらかといえば遠い	25	15	18	25	22
道半ば	45	59	51	47	49
どちらかといえば近い	8	12	15	11	11
近い	1	3	3	3	3
どちらともいえない	5	4	3	3	2

出所：CBOS (Centrum Badania Opinii Prołecznej) (1999) *Polacy, Czesi i Węgrzy o Integracji z Unią Europejską* (Warsaw, CBOS), p. 7 および CBOS (2000a) *Polacy, Węgrzy, Czesi, Litwini i Ukraińcy o Integracji z Unią Europejską* (Warsaw, CBOS), p. 7 より筆者作成。

表11-2 EU加盟の道のりは……

(各国比較：％)

	チェコ		ハンガリー		ポーランド	
	1999年5月	2000年5月	1999年5月	2000年5月	1999年5月	2000年5月
とても遠い	15	13	7	12	11	13
どちらかといえば遠い	21	19	11	14	25	22
道半ば	40	39	43	42	47	49
どちらかといえば近い	8	15	16	15	11	11
近い	2	2	4	2	3	3
どちらともいえない	14	12	19	15	3	2

出所：CBOS (1999) *Polacy, Czesi i Węgrzy o Integracji z Unią Europejską* (Warsaw, CBOS), p. 11, CBOS (1999) *Na Drodze do Unii Europejskiej* (Warsaw, CBOS), p. 7, および CBOS (2000) *Polacy, Węgrzy, Czesi, Litwini i Ukraińcy o Integracji z Unią Europejską* (Warsaw, CBOS), p. 11 より筆者作成。

が「ポーランドの利益は守られていない」と回答しており，「ポーランドの利益は守られている」と回答した国民は10％のみであった[3]。

　EUと中東欧加盟候補諸国との加盟交渉は，環境に関する章についてはブルガリアとルーマニアを除いては，2001年中に条件付き完結に至った。条件付き完結とは，環境アキ・コミュノテール移入および実施のスケジュールが明確となったことを意味する。よって，加盟候補国は行政能力のさらなる強化を図り，指定された猶予期間までにすべての環境アキ・コミュノテールの移入と実施を図らなければならない。

　その後も，2003年1月に前出のヴァルストロムが「(加盟候補国は) EU環境法

表 11-3 EU 加盟交渉の結果についてどう思いますか（2003年1月）

（国際比較：％）

	ポーランド	チェコ	ハンガリー
期待していたよりもよい	20	6	11
期待していたよりも悪い	18	37	17
期待していない	32	35	32
どちらともいえない	30	21	40

出所：CBOS (2003) *Poparcie dla Integracji Europejskiej w Polsce, Czechach i na Węgrzech po Szczycie w Kopenhadze* (Warsaw, CBOS), p. 3.

の国内法への移行からその法律の施行に焦点を移すべき」「法律を書類に記載するだけでは十分ではない。法律は実際に施行しなければならない」と述べたり，また同日，加盟候補国が正式に加盟する6カ月前には，EU環境法の施行状況についての評価報告を行い，場合によっては法的措置も行う旨を発表したりといった，欧州委員会による厳しい監督は正式加盟まで続いた。このような状況は，加盟交渉の結果に関する国民の失望を導くこととなった（表11-3）。

（2） EUのアキ・コンディショナリティの問題点

前項で概観したように，EUの第5次拡大を環境政策の観点からみれば，EU環境アキ・コミュノテールの受容と実施が，EU加盟前支援および加盟の厳格なコンディショナリティとなっていたことがわかる。EU側は拡大に関しての優先順位が低かったのに対して，中東欧諸国のEU加盟の優先順位はきわめて高かったこと，加盟候補国を加盟させるかどうかに関する決定はEU側の特権であったことといった「本質的な非対称」を背景として，EUは「外部インセンティブ・モデル」によるコンディショナリティ戦略を採用した。

では，この「外部インセンティブ・モデル」により，中東欧諸国はどのような困難に直面したのであろうか。最大の問題は，これにより加盟候補国の民主的機能が減殺したことである。加盟候補国では社会経済問題に関して，選挙や政党間競争による「内容の選択」は不可能であった。アキ・コミュノテールの中身を変更することが不可能だったからである。よって国会の立法活動は，そのほとんどが，EUアキ・コミュノテールの移入と加盟プロセスのスケジュールの決定に費やされた。加えて，アキ・コンディショナリティは，多くの規制機関を加盟候補国内に設立させ，民主的機関の上位に官僚的規制機関が設置された。このように

EUは，アキ・コンディショナリティを中東欧の加盟候補国に課すことで，民主主義に関して相反する影響を与えたのである。

3 「社会学習モデル」としての「欧州のための環境プロセス」

（1）「欧州のための環境プロセス」

前節では「外部インセンティブ・モデル」によるコンディショナリティを中心としたEU第5次拡大のすがたを提示した。しかし他方で「欧州のための環境プロセス」（以下，EfEプロセス）を整理・分析すると，「社会学習モデル」のEU拡大の側面も並行して存在していたことがわかる。

EfEプロセスは，1991年6月21～23日に当時チェコスロヴァキアの首都プラハ近郊のドブリス城にて，34カ国の欧州諸国およびアメリカ，ブラジル，日本の代表，欧州委員会環境DGの代表，国連機関，非政府機関が参加して始まった。ここで，汎欧州のより緊密な環境協力の必要性，中東欧諸国の経済移行過程における環境配慮の導入，財政的・経済的支援による環境配慮の促進，健康に影響を及ぼす環境状況の改善，地球環境問題への取り組み，という5つの方針が表明された。このように，ドブリス会合では，共産主義時代の負の遺産として激しい環境汚染を抱えていた中東欧の体制移行国の環境改善を汎欧州レベルで推進することを目的とした。

第2回会合は，1993年4月28～30日にスイスのルツェルンにて開催された。45カ国の欧州諸国，カナダ，イスラエル，日本，アメリカの代表およびEU環境DGの代表，多数の国際機関，非政府機関が参加した。この会議では，中東欧諸国の環境改善に寄与するための組織として国家環境行動計画（以下，EAP）作業部会を設置した。この作業部会は，全中東欧諸国がEAPを策定するための支援，官僚に対する訓練プログラムの実施，私的部門の包摂，優先環境分野における管理手法の改善の4点を目的とした。また，環境支援資金不足を背景として，中東欧諸国の環境保護分野への投資を希望する国際金融機関とドナー国間の，環境投資の調整を目的として，プロジェクト準備委員会（PPC）の設立が決定した。さらに，第2回会合からNISがEfEプロセスに参加し，その地理的枠組みが拡大した。これにより，当会合の宣言では，ユーラシア大陸における環境政策および環境の改善のみならず，平和・安定・持続可能な発展もその目的として提示され

た。

　第3回会合は，1995年10月23～25日にブルガリアのソフィアにて開催された。参加国は欧州・北米・中央アジア諸国合わせて49カ国，およびオーストラリア，日本，メキシコに拡大した。当会合に先立ち，中東欧諸国の環境相は協議を行い，中東欧諸国の環境保護のさらなる発展を加速させるための奨励されるべき6分野を提示した（ソフィア・イニシアティヴ）。その6分野とは，①環境影響評価，②経済的手法，③プロジェクト準備能力，④無鉛燃料の促進を含む有害大気汚染物質排出削減，⑤SO_x排出削減，⑥生物多様性，である。ソフィア・イニシアティヴはソフィア会合で歓迎・支持された。さて当会合では，ユーラシア空間における持続可能な発展を推進するため，環境政策統合，生物多様性，核問題，民衆参加，経済的手法の利用といった，より具体的な政策手法が提示された。そして，すべての参加国がシナジーを創造し，努力の重複を避けるために，十分かつ等しく役割を果たし，汎欧州レベルで協調することを確認した。

　第4回会合は，1998年6月23～25日にデンマークのオーフスにて開催された。参加国は欧州だけで52カ国に拡大した。オーフス会合では，EEAから『欧州の環境——第2次アセスメント』が提出された。ここで，EfEプロセスが開始された1991年から，欧州全体で環境の質が改善されていないことが判明し，種々の環境規制だけでは環境改善には不十分であるとの認識に至った。同会合ではまた，環境問題に関する意思決定過程への民衆参加と情報へのアクセスを保証するためのオーフス条約を採択し，32カ国と欧州委員会によって調印された。このことは，コフィ・アナンが「環境民主主義分野における最も野心的な試み」と述べたように，これまでの規制中心の階層的な環境管理から，リオ宣言原則10に基づく，多アクターの参加による環境ガバナンスへの転換としてとらえられよう。

　第1回から第4回に至るまで，環境政策・手法の開発・作成，および新たな環境理念の導入に大きな役割を果たしてきたEfEプロセスは，第5回会合の3カ月前の2003年2月，今後の行方を左右する出来事に直面する。欧州委員会が今後のEfEプロセスの縮小を予告したのである。これは，EfEプロセス内で単なる一参加者であったEUの役割を拡大し，汎欧州地域で最も有力な政策形成主体へと変容させようとする欧州委員会の意図の現れであった。欧州委員会は，EfEプロセスについて，すでに新しい政策の開発・作成を行うという当初のビジョンにはそぐわないとし，今後はすでに合意に至った政策の実施を推進することに力

を注ぐべきであるとした。

　このような状況下開催された第5回会合は，2003年5月21～23日にウクライナのキエフで開催された。キエフ会合では，EfE プロセスが欧州地域における環境保護および持続可能な発展を促進するツールとして重要であることを確認し，より幅広い安全保障に貢献することを目指すことで合意した。また，数あるアジェンダのなかで，当会合では環境政策統合に焦点があてられた。会合2日目の22日には，環境閣僚と環境市民団体との間で環境政策統合に関する特別会合が開催され，環境配慮型市場の形成，農業分野における環境政策統合，環境政策統合を妨げる制度上の問題点の克服といった3点について具体的な議論が展開された。

　関係者は，政策立案に重点をおいたEfEプロセスは今回が最後となるかもしれないとの感想を述べた。欧州委員会は今後，ロシア・旧ソ連諸国との政府間援助にEUルールの採用を条件づけ，水枠組み指令に基づく原則および実務を輸出しようという強い意図を持っている。したがって，今後のEfEプロセスは，これまでのように新たな環境政策・手法を作成・開発するのではなく，汎欧州諸国の環境政策・条約・協定の実施状況を確認する機会へと変容し始めた。

　このことは，第6回会合が開催される4カ月前の欧州委員会の声明でも明らかである。欧州委員会は，EfEプロセスは今後，中東欧，コーカサス，中央アジア諸国が国連環境条約を実施するのを支援することに，活動の対象を絞るべきであるとの見解を示した。

　第6回会合は2007年10月10～12日にセルビアのベオグラードで開催された。まず，当会合では欧州環境庁（EEA）が，EUおよび旧ソ連の中央アジア諸国の環境相らに対して，環境関連の国際協定や地域合意の実施を急ぐよう強い要請を行った。また，EU南東部と中央アジアにおける温室効果ガスの排出量増大と，汎欧州全体における生物多様性の減少が特に問題として提起された。12日に発表された宣言書の中で，環境相らは，生物多様性，水質および公衆衛生の分野における環境条約の履行に関する問題を認め，状況改善のために他諸国，NGO および民間企業との提携を求めていくことで合意した。

（2）　EfE プロセスの意義

　前項で概観した EfE プロセスは，この15年超の期間に多様なアクターの汎欧州における巨大なプラットフォームに成長した。また，対象とする地理的範囲を

拡大させ，環境改善のための資金・経験・知識が不足している旧共産圏諸国に対して自助を促すとともに，環境と経済の双方にとって win-win である環境政策の実施手法を練りあげた。このことは，欧州レベルにおける環境政策の発展および収斂としてとらえることができ，持続可能な発展という規範のもと，環境政策における経済的手法の活用，民衆参加による環境ガバナンスの確立，環境政策統合という方向性が示された。また，中東欧諸国と，旧ソ連諸国や南東欧諸国の間で経験の伝播が促進された。

ここで EfE プロセスは，「ある特定領域において公に認められた専門的知識あるいは技術と権能を有し，その領域あるいは問題領域内での政策に関連した公式の権限を有する専門家ネットワーク」であるエピステミック・コミュニティとして把握できる。官僚，テクノクラート，科学者および専門家を主要なメンバーとするエピステミック・コミュニティが各国政府によって当該問題に対処するために権威を付与され，また政策決定過程で重要な地位を占めれば占めるほど，彼らは国内において政策手段や目的などを刷新する。さらに，エピステミック・コミュニティのメンバーが国連機関や他の国際機関と緊密な関係にあり，国内と国際的コミュニティが連動するなら各国の政策は収斂し，やがて国際政策協調が実現する（太田，1997，7頁）という。地域の環境問題の解決をはかる際に重要な点が，「いち早く重要な変化を察知している人々の知見を短い時間で政策に結びつける仕組み」（佐藤，2002，787頁）であるとすれば，エピステミック・コミュニティとしての EfE が環境政策の発展，収斂および伝播に果たした役割は大きいと評価できる。

（3） EfE プロセスと加盟候補国——ポーランドの例

一例として，EfE プロセスにおけるポーランドの役割と EfE プロセスによるポーランドにおける影響について考察する。ポーランドは比較的先進的な環境政策を移行直後から採用したことにより，当初から中東欧諸国および旧ソ連諸国における環境政策の改善手法のモデルとなっている。1993年ルツェルン会合で提唱された EAP に関しては，すでに1990年に第1次国家環境政策を定めており，1995年ソフィア会合で推奨された経済的手法に関しては，移行直後から環境基金制度を軸とした環境使用料・課徴金制度が機能していた。しかし一方で，1998年のオーフス条約については，EfE プロセスにおける議論がポーランド国内の環

境法制度の改善の契機となったと評価することができる。そもそも、ポーランドには、情報公開の伝統が存在してこなかったことから、ポーランドの公務員は情報公開を仕事量・負担の増大の危惧としてとらえる傾向にあった。しかし、1998年のオーフス会合において採択され、2001年に発効したオーフス条約に参加するポーランドは、2000年11月9日「環境およびその保護に関する情報、および環境影響評価に関する情報のアクセスに関する法律」が議会によって制定された（2001年1月1日施行）。また、2001年4月27日の環境保護法改正時に情報に対するアクセスの権利が定められるなど、環境政策における民衆参加の側面が法的に整備された。このことは、EfE プロセスからの規範・政策の受容として確認することができる。

また、2003年のキエフ会合にてポーランドは旧ソ連諸国や南東欧諸国に対して、自国の経験を積極的に伝播する方針を示し、旧共産圏諸国の環境改善におけるリーダーとしての役割を自認するにいたっている。

(4)「社会学習モデル」としての EfE プロセス

第2節で述べたように、EU と加盟候補国との間の加盟のためのコンディショナリティとしての環境アキ・コミュノテールの受容については、「外部インセンティブ・モデル」があてはまろう。

しかし他方で、EfE プロセスを鑑みると、「社会学習モデル」による政策・ルールの受容が並行して生じていたことが理解できよう。EfE プロセスにおいては、中東欧諸国の環境改善のための政策・投資のあり方が議論され、その教訓は当プロセスに参加したエピステミック・コミュニティの構成員によって NIS 諸国および南東欧諸国へと伝播した。また、汎欧州における環境政策については、政府のみならず多様なアクターによって審議されてきた。さらに、「民衆参加」や「環境政策統合」に関する議論は、持続可能な発展を求めた1992年のリオ地球サミットや、2002年のヨハネスブルグ持続可能な開発に関する世界サミットの議論を具現化するための挑戦である。このように、EfE プロセスによる議論により、加盟候補国は収斂されたアイデンティティ・価値・規範による政策・ルールの受容という積極的な政策受容を行うことが可能となった。いうなれば、EfE プロセスは、EU 加盟プロセスにおけるオルタナティヴのない強制的な環境アキ・コミュノテールの受容という「民主主義を減損させる効果を有する」側面に、

汎欧州の環境政策のあり方について審議し，環境改善のための政策・ノウハウを相互学習するという「参加民主主義的」な政策受容の側面を付与したといえる。

4　環境政策分野から見た第5次拡大と環境政策の展望

（1）環境政策分野から見た第5次拡大

本章の目的は，一方で，「環境政策分野からEUの第5次拡大をみたとき，それはどのような現象であったのか」という設問に対して一定の解答を提示することであった。第2節および第3節における議論から，環境政策分野からみた第5次拡大は，アキ・コンディショナリティの強制的受容という「外部インセンティヴ・モデル」による統合と，EfEプロセスを通じて環境規範・政策・手法について審議し相互学習をはかる「社会学習モデル」による統合の，ハイブリッドな形態であったと結論づけることができる。合理的な加盟交渉過程と並行して，規範的な環境政策に関するネットワークが形成されていたことが，環境政策分野から見た第5次拡大の特徴である。

（2）環境政策をめぐる今後の展望

他方，EU域内外の環境政治に関する今後の研究については，筆者は以下の3点を注視すべきと考える。第1に，今後のEfEプロセスの動向である（(3)）。第2に，EUの境界を挟んだ環境問題が問題となるケースが多く見られ，この傾向は今後も続くだろうと思われることである（(4)）。そして，第3に，EUに加盟した後の中東欧諸国と欧州委員会とが対立するケースが目立つことである（(5)）。

（3）今後のEfEプロセスの動向

拡大EUの境界線をめぐっては，境界線地域を「分断」の象徴とするのではなく，民主化と共存の地域へと転換させようとする「ワイダー・ヨーロッパ」構想が，すでに2002年から議論されている（羽場，2005）。2002年12月のコペンハーゲン欧州理事会のコミュニケでは，EU近隣諸国との政治的経済的相互依存関係はすでに現実のものであり，これら諸国との地理的近接は，拡大EUと新たな近隣諸国が貿易や投資の越境移動を促進するだけでなく，テロリズムから大気汚

染にいたるあらゆる越境脅威に共に取り組む重要な関心を共有していることを意味している，とした。その後のテッサロニキ欧州理事会では，ワイダー・ヨーロッパ構想のもとでの新たな政策の発展によって，価値の共有と共通の利益の促進を強化すべき，と述べられている。このように，ワイダー・ヨーロッパ構想は，EU の域外における近隣諸国との間で，「加盟なき同盟」という関係の構築可能性を開こうとするものである。

ここで EU は，これら近隣諸国がアキ・コミュノテールとの法的調整を合む，価値の共有と政治・経済・機構改革を効果的に実施することを期待している。つまり，蓮見が指摘するように，ワイダー・ヨーロッパ構想は，新たな分断の固定化を避け，安定と繁栄の共有のために，EU が創出した地域的国際公共財を徐々に条件を整えながら近隣諸国に「輸出」していくという EU の意図を示しているのである（蓮見，2004，131頁）。

このような EU の意図はいかにして達成可能であろうか。筆者は EfE プロセス第 4 回会合までのような，汎欧州地域におけるエピステミック・コミュニティ内の議論を通じた「社会学習モデル」と「教訓引出モデル」が，ユーラシア空間における環境政策の伝播・収斂に大きな役割を果たすと考える。EfE プロセスの各回会合のみならず，その準備過程における多様なアクターによるコミュニケーションにより，規範・政策・手法が収斂していく可能性がある。しかしながら，2003年以降の欧州委員会の EfE プロセスに対する態度は，このような政策刷新の機能を EfE プロセスから切り離し，EfE プロセスを相互学習の場としてではなく，一方的な EU の政策の押し付けに利用しようという意図が見え隠れしている。このような「加盟なき同盟」における「外部インセンティヴ・モデル」の適用には，近隣諸国の反発が予測され，今後の動向を注視すべきである。

（4） EU の境界を挟む環境問題

EU 第 5 次拡大の加盟交渉期間には，EU 加盟国と加盟候補国との間で環境問題に関する争いが加盟の是非に関する論争に発展したケースも見受けられる。

その最たるものがチェコのテメリン原子力発電所の発電開始を巡るオーストリアとチェコの争いである。チェコ政府は，1980年代半ばにソ連の設計によって建設され，共産党政権崩壊後中断していたテメリン原子力発電所を，最終的にはアメリカのウェスティングハウス社によって完成させ，2000年秋の発電開始を計画

した。これに対し同年8月29日には，オーストリア政府はテメリン原発の操業を認めない旨発表し，オーストリアのウォルフガング・シュッセル首相は，チェコのEU加盟を阻止するとまで発言した。この事態に，欧州議会はテメリン原子力発電所運転開始前に環境影響評価を行うよう求めることで，両国の仲裁に入り，同年12月13日，チェコのゼマン首相とオーストリアのシュッセル首相は首脳会談において環境影響評価を行うことで合意した（メルク合意）。その後，オーストリアは2001年11月29日，チェコの加盟拒否を取り下げた。

　EUの境界を挟む環境問題は，第5次拡大第1陣のハンガリーと，第2陣のルーマニアの間でも発生した。2000年1月，ルーマニアで発生したバイア・マレ鉱山からのシアン化物漏出事故は，ルーマニアおよびハンガリーの諸河川を数百kmにわたって汚染し大きな環境被害を生み出した。特に，ティサ川では数百万匹の魚が被害を受けた。この事故に対してはEUも動きが早く，事故調査のためのタスク・フォースが組まれ，より厳格な鉱山廃棄物規制を促した結果，2004年10月には鉱業廃棄物指令が強化された。他方，本章にとって重要なのは，2005年5月17日に，ハンガリーの裁判所が2000年の事故責任を追及するなかで，ルーマニアの金鉱採掘事業に対し85％の生産削減を命じたことである。ハンガリー政府が提訴したこの裁判結果に対し，ルーマニアの金鉱採掘授業者は，ハンガリーの裁判所にはルーマニアでの事業に対する裁判権はないと反論したが，ハンガリー政府側弁護士は2007年1月1日のルーマニアのEU加盟について言及し，EUに対して「加盟国の裁判所の判決が，加盟候補国で尊重されるか否かを，EUは見届けてほしい」と述べた。

　上記の2つの事例は，EUの境界を挟む環境問題がEU加盟に緊張を与えた事例であった。しかしながら，第5次拡大が完了した現在，EUと「加盟が日程にのぼっていない諸国」との間での環境問題が生じ始めている。

　たとえば，ルーマニアは，2006年からウクライナのドナウ・デルタ水路（ビストロエ運河）建設をめぐり，ルーマニアの野生生物に甚大な被害を及ぼす可能性があると，激しい非難を行っている。UNECEも，この運河の建設はルーマニア国内の種および生息環境に，大規模，長期的かつ累積的な影響が出ると予測している。2008年6月には，EU加盟各国政府がこの件に関してウクライナに警告を発しており，今後EUの境界を挟む環境問題として発展しかねない。

　今後，EUは「外部インセンティヴ・モデル」のみでこのような問題に対処す

るのだろうか。今後の動向を注視する必要がある。

（5） 加盟後の中東欧諸国と欧州委員会との対立

2004年5月1日の第5次加盟後，環境問題に関して欧州委員会と最も激しく対立したのは，ポーランドのヤロスワフ・カティンスキ首相だったといってよい。

2006年欧州委員会は，きわめて貴重な自然の保護区域のネットワークであるナチュラ2000に対する取組みが不十分な国として，ポーランドを名指しした。これに対して，ポーランドのカティンスキ首相は同年8月4日，ナチュラ2000はあまりに拡大されすぎており，実質的に投資がまったく不可能となっているとして，保護区拡大に対して抵抗するかまえを示した。これに対して同年8月25日には，ディマスEU環境委員は，ナチュラ2000の保護区域の指定が不十分である場合には，欧州司法裁判所に提訴する考えがある意向を示した。

一方のロスプダ谷の道路建設の経緯は以下の通りである。2007年2月28日，欧州委員会はポーランドで議論を呼んでいるロスプダ谷のバイパス道路建設について，中止するか欧州司法裁判所における訴訟を行うかの選択をポーランド政府に迫った。同年3月欧州委員会はポーランドを欧州司法裁判所に提訴したが，ポーランド側は同年7月中旬，突如道路建設事業の開始を発表したため，欧州委員会は同年7月30日にポーランド当局に道路建設の中止をさせるための緊急命令を下すよう，欧州司法裁判所に求めた。これに対してカティンスキ首相は7月31日に，ロスプダ谷部分の道路建設を訴訟が終わるまで見送る姿勢を示したが，欧州委員会の行動は，早計であると批判した。この動きに欧州議会も同年9月，ロスプダ谷の道路建設について，ルートを変更するようポーランドに対し要求した。

2007年10月のポーランド国政選挙の結果，市民プラットフォームのトゥスクが政権をとったため，これら2つの問題はその後沈静化した。トゥスク政権の環境大臣であるノヴィツキは，ナチュラ2000について欧州委員会との対立姿勢を示してはおらず，またロスプダ谷の道路建設計画の撤回を明らかにした。しかし，新規加盟国の「固有のニーズ」を守るべきとの要求は2005年6月および2006年5月のヴィシェグラード諸国環境閣僚会議でも表明されており，今後も加盟後の中東欧諸国と欧州委員会との環境政策をめぐる対立は注視する必要があろう。

●注

(1) ハンガリー（1990年11月），ポーランド（1991年11月），ブルガリア（1992年5月），エストニア，リトアニア，スロヴェニア（1993年5月），チェコ，スロヴァキア（1993年6月），ルーマニア（1993年10月），ラトヴィア（1995年2月）。
(2) 欧州協定調印は以下の通り。ハンガリー，ポーランド（1991年12月），ルーマニア（1993年2月），ブルガリア（1993年3月），チェコ，スロヴァキア（1993年10月），エストニア，ラトヴィア，リトアニア（1995年6月），スロヴェニア（1996年6月）。
(3) CBOS (Centrum Badania Opinii Prołecznej) (2002) *Opinie o Negocjacjach Polski z Unią Europejską,* Warsaw, CBOS.

●参考文献

家本博一（2004）『中欧の体制移行と EU 加盟（下）——ポーランド』三恵社。
市川顕（2007）『政策ネットワークによる環境ガバナンスの形成と変容に関する研究——ポーランドの環境政策の変遷を事例として』慶應義塾大学大学院政策・メディア研究科平成19年度博士論文。
太田宏（1997）「地球温暖化をめぐる国際政治経済——『国連気候変動枠組み条約』議定書交渉の背景」『外交時報』第1343号。
来栖薫子（2000）「欧州における人権・民主主義レジームと紛争予防」吉川元編『予防外交』三嶺書房。
小久保康之（1998）「EU の東方拡大と『アジェンダ二〇〇〇』」『外交時報』第1346号。
佐藤仁（2002）「資源・環境問題はなぜ放置されるのか——問題認識と行動の政治的距離」『科学』Vol. 72, No. 8, 8月。
蓮見雄（2004）「拡大 EU の中のロシア——カリーニングラード問題」『日本 EU 学会年報』第24号。
羽場久美子（2005）「新しいヨーロッパ——拡大 EU の諸相」『国際政治』第142号。
Inglis, Kirstyn (2004) "Enlargement and the Environment Acquis", *Review of European Community & International Environmental Law,* Vol. 13, No. 2.
Klarer, Jurg and Patrick Francis (1997) "Regional Overview", in Jurg Klarer and Moldan Bedrich (eds.) *The Environmental Challenge for Central European Economies in Transition,* New York, John Wiley.

Schimmelfennig, Frank and Ulrich Sedelmeier (2004) "Governance by Conditionality: EU Rule Transfer to the Candidate Countries of Central and Eastern Europe", *Journal of European Public Policy,* Vol. 11, No. 4.

エコロジー・エクスプレス（邦語環境関連データベース）
    http://www.ecologyexpress.com/
欧州委員会環境DG
    http://ec.europe.eu/environment/index_en.htm
CBOS（ポーランド世論調査センター）
    http://www.cbos.pl/
UNECEのEfEプロセスに関するウェブサイト
    http://www.unece.org/env/efe/welcom.html

第Ⅲ部

ワイダー・ヨーロッパの行方
──EU・NATOの周辺

第12章

EUとコーカサス・中央アジア

廣瀬陽子

要　約

　EUは特にエネルギー安全保障と地域の安定のために，コーカサス，中央アジアに対する関心を強め，また，民主化，人権状況の改善などを重視し「価値の外交」を推進している。ソ連解体直後には，EUの両地域に対する政策は同じ枠組みで進められていたが，EU拡大と各諸国の状況の変化により，2005年からコーカサスに対してはENPを適用し，また2009年からは「東方パートナーシップ」も開始し，より積極的な外交を進めるようになった。また，エネルギー安全保障をさらに強化したいEU側の事情と中央アジア諸国のEUに対する姿勢の緩和により，EUは2007年から対中央アジア政策も積極化しはじめた。しかし，ロシアの存在はEUの両地域に対する政策の促進要因にも障害にもなっており，旧ソ連諸国にとっても，ロシアの脅威は対EU政策を積極化できない最大の理由となっている。「価値の外交」の難しさもあり，障害は多いが，EUは柔軟に政策を改善しつつ，両地域との関係を今後深めていくと考えられる。

1　EUとコーカサス・中央アジアの関係

（1）　地図上の定義

　日本では，コーカサスや中央アジアに関する地理的概念が未だ確立しておらず，両地域が混同されていることも多い。確かに両地域は，ソ連を構成していたという過去を共有し，とりわけコーカサスに属するアゼルバイジャンと中央アジア諸国はイスラーム教を信仰しているという共通点も持つ（ただし，アゼルバイジャンとタジキスタンではシーア派が優勢なのに対し，その他の諸国ではスンニ派が主流である）。

　しかし，両地域の認識を誤れば，正しい地域情勢の理解は不可能であるし，ま

してやEUやロシアとの当該地域の関係を分析する上では大きなミスリーディングとなる可能性も高い。

　コーカサスとは，コーカサス山脈を中心に南北に広がる地域である。その北方はロシア連邦に属する北コーカサスであり，ロシア内のいくつかの共和国および地方によって構成されている。その南方は南コーカサスと呼ばれ，ソ連解体後に独立したアゼルバイジャン，アルメニア，グルジアの3カ国から成る。

　他方，中央アジアの定義については画一的なものがないといってよい。旧ソ連から独立した5カ国，すなわち，ウズベキスタン，カザフスタン，キルギス，タジキスタン，トルクメニスタンが含まれるということについてはほぼ異論がないと思われるが，もっと広範な地域を指すとする場合もある。たとえば，アゼルバイジャン，アフガニスタン，イラン北東部，パキスタン北部まで中央アジアに含まれる場合もあるし，まれにインドのジャム・カシミール，ロシアのシベリア南部，中国の新疆ウイグル自治区，モンゴル地域（モンゴル国，内蒙古自治区など），チベット地域（チベット自治区，青海省など）などまでもが含まれることもある。

　このように両地域，とりわけ中央アジアについては，領域区分を明確にし難いが，本章では，コーカサスとしては南コーカサス3カ国，中央アジアとしては旧ソ連から独立した5カ国を対象とし，それら地域に対するEUの政策，またEUに対するそれら地域の姿勢を明らかにしていく。

（2）　EUの対コーカサス・中央アジア政策の性格

　中央アジアとコーカサスの区別が一般的には曖昧にされることも多い一方，近年のEUの両地域に対する政策を考えると，その明らかな違いから両地域間に明確な線引きをすることができる。

　EUは拡大を進め，2007年の第6次拡大では，EUの東端はブルガリアやルーマニアに達した。それにより，黒海を挟んでコーカサスはまさにEUの隣国となった。そのため，EUはコーカサスに対し，隣国としての政策を採るようになる。それが2004年にEUが近隣諸国に対する政策として開始し，コーカサスには2005年に適用されたENP（European Neighbourhood Policy：欧州近隣諸国政策）である。また，コーカサスを含む旧ソ連ヨーロッパ部の6カ国に対しては，2008年5月に設置が決定された東方パートナーシップ（EU Eastern Partnership）も適用されている。ただし，後述のとおり，それらはEU加盟の登竜門ではない。

他方，中央アジアはENP対象国ではなく，またEUは民主化をはじめとした旧ソ連諸国の「ヨーロッパ・スタンダード」化についても，中央アジア諸国に対しては少なくとも近年まではあまり高い期待をしてこなかったと考えられる（後述のように，少しずつ変化が見られる）。国政選挙を欧米諸国や国際組織が監視しても，国際水準から乖離しているという結果が報告されることが多く，民主化状況の惨状を受けて，選挙監視そのものが中止されることも少なくなかった。そして，中央アジア諸国は時期によって差異があるが，基本的にはロシア寄りの外交を取ってきたといってよく，その傾向は安全保障や経済協力の側面でより強く見て取れる。具体的には後述するが，安全保障分野ではCIS安全保障条約機構，上海協力機構などに親ロシア的国家が参加しており，経済協力分野ではユーラシア経済共同体（EurAsEC）(1)などがあげられる。

（3）　旧ソ連・東欧地域の外交志向

ちなみに，旧ソ連・東欧地域の外交志向は「親ロシア」か「親ヨーロッパ（ないし，親欧米）」かによって性格づけられる傾向がある。そして，その性格をより複雑にしているのがロシアの外交カードである。ロシアがエネルギーを恫喝外交の道具にしていることは特に2005年から2006年にかけてのロシア・ウクライナガス戦争以後，世界に広く知られるようになった。その影響は欧州のエネルギー市場にも強く及ぶため，欧州諸国もロシアに配慮した政策を採らざるを得なくなる。

たとえば，グルジアやウクライナがNATO（北大西洋条約機構）の加盟プロセスはロシアに妨害され続けているが，2008年4月のNATOブカレスト・サミットでは両国にMAP（加盟行動計画）が適用される可能性がきわめて高かったにもかかわらず，ロシアの反対に加え，ドイツとフランスがロシアに配慮して反対したことによりMAP適用の議論は同年12月に持ち越されることになった（結局，後述のようにグルジア紛争の余波に加え，民主化や経済・軍事改革などのNATO加盟条件を満たしていないという認識が一致したため，両国へのMAP適用は見送られ，両国とNATOとの直接協議の枠組みを強化して改革努力を支援することとなった）。

このように，ロシアのエネルギーカードの影響力はかなり大きいと考えられるが，ロシアは旧ソ連諸国に対しては，エネルギーカードに加え，政治，経済，民族紛争という外交カードを行使することにより，ロシアに対して敵対的な諸国に対しては，より厳しく強圧的な政策を採ってきた（ロシアの外交カードについては，

廣瀬（2008b）を参照されたい）。他方，ロシアに追従していては，欧米が望むような国際的スタンダードを備え，国際社会で独り立ちしていくことは難しくなる。こうして，暗黙の了解の下，旧ソ連諸国は基本路線として「親ロシア」で行くのか，欧米に接近するのかという二者択一を迫られているのである。

　時期によりレベルの濃淡はあるものの，各旧ソ連諸国の外交的傾向を色づけることは可能であると思われる（表12-1）。

　これらの旧ソ連諸国のなかでもとりわけ親欧米とされる諸国，つまりグルジア，ウクライナ，アゼルバイジャン，モルドヴァがそれぞれの頭文字をとってGUAM（1999～2005年にウズベキスタンが加盟していたときは，GUUAMだった）を1997年10月に結成している。

　GUAM諸国は自らを経済的・政治的な地域協力グループだと自己規定して出発したが，GUAM諸国はロシアとの深刻な問題を抱えている傾向があり，ロシアが主導するCIS安全保障条約にも未加盟ないし脱退したことから，また親欧米路線をとっている場合が多いため，反ロシア的かつ軍事的性格を帯びたグループ（後に機構）と見なされ，ロシアからは警戒される一方，欧米諸国からは支持を集めてきた。とりわけ，加盟国の多くが「凍結された紛争」を抱えていることは興味深い。

　「凍結された紛争」は，旧ソ連に4つ存在する。グルジアの「アブハジア紛争」および「南オセチア紛争」，アゼルバイジャンとアルメニアの「ナゴルノ・カラバフ紛争」，モルドヴァの「トランスニストリア（沿ドニエストル）紛争」である。それらはアブハジア，南アセチア，ナゴルノ・カラバフ，トランスニストリアという各地域が本国からの独立を要求したことにより，ソ連末期からソ連解体後にかけて紛争化したものだが，ロシアが各地域を支援したため，軍事的には本国が全て敗北した。そして，本国がロシアから突きつけられた諸条件と引き換えに停戦が合意され，本日に至っている。それら地域は，停戦後もロシアの支援を受け続け（ナゴルノ・カラバフは若干性格が異なり，ロシアとの関係は弱い），国家の体制を整えて，独立国家であることを主張しているが，国際的な承認を得られていないため，「未承認国家」と呼ばれている（ただし，後述のように，アブハジアと南オセチアは2008年のグルジア紛争を機に，ロシア等4カ国から国家承認を得ている）。

　なお，GUAMは何度か活動継続の危機を迎え，「GUA」と呼ばれた時代や，グループの活動そのものが停滞した時期もあったが，グルジアの「バラ革命」

第12章　EUとコーカサス・中央アジア

表12-1　現・元CIS加盟国の主要なCIS内組織動向とロシアとの緊密度

ロシアとの緊密度（2010年年始段階）	CIS構成諸国国名(1)（CIS創設協定・アルマアタ宣言への署名国）	ロシアとの国家連合条約	統合深化条約	CIS憲章	CSTO（CIS集団安全保障条約機構）	EAEC(2)（ユーラシア経済共同体）	SCO(3)（上海協力機構）	GUAM	CDC(4)（民主的選択共同体）	今後の対ロシア関係
↑高	ロシア	○	○	○	○	○	○			
	ベラルーシ	○	○	○	○	○				↓?
	カザフスタン		○	○	○	○	○			↑?
	アルメニア			○	○					↑?
	ウズベキスタン				○(7)	○(8)	○	(9)		―
	タジキスタン		○	○	○	○	○			―
	キルギス		○	○	○	○	○			
	トルクメニスタン(5)	中立を宣言		中立を宣言						↑?
	アゼルバイジャン							○		↑?
	モルドヴァ							○	○	↓?
↓低	ウクライナ							○	○	↑?
	グルジア(6)							○	○	↓?

注：(1) CIS加盟には各国の状況が反映されてきた。2004年までの状況については田畑・末澤（2004）を参照されたい。
(2) EAECは公的には経済協力機構を自称するGUAMに対抗して創設されたといわれる。
(3) CIS諸国のほか，中国も加盟。
(4) CIS諸国のほか，エストニア，リトアニア，ラトヴィア，マケドニア，ルーマニア，スロヴェニアも加盟，さらに，アゼルバイジャン，ブルガリア，チェコ，ハンガリー，ポーランド，米国，EU，OECEがオブザーバーになる。
(5) 「積極的中立」を表明し，2005年に「準加盟国」となる。
(6) 2008年8月の「グルジア紛争」を機に脱退を表明し，2009年8月に脱退。
(7) 一度脱退し，2006年6月に再加盟。再加盟に先立ち，2005年11月，米軍の撤退が完了する一方，ロシアと同盟関係条約を締結。
(8) 2006年1月に加盟。
(9) 一時加盟していたが，脱退。
　CISのサブグループの構成を見ることで，ロシアとの緊密度を測ることも可能であろう。表12-1では，サブグループの加盟状況とその他の現状を加味して，ロシアとの緊密度を筆者なりに分析してみた。ただし，ロシアの緊密度については時の指導者や状勢にかなり影響を受けるので可変であり，かつ順序については優劣をつけがたいものも多い。
出所：廣瀬（2008a，270頁）を2010年年始段階の状況に修正。

(2003年) やウクライナの「オレンジ革命」(2004年) の後に活動を盛り返し，2006年には「民主主義・経済発展のための機構 GUAM (ODED・GUAM)」と GUAM を国際機構に改組し，活動を積極化し始めた。

なお，それと並行し，ウクライナとグルジアが主導する形で，GUAM を源流とする「民主的選択共同体 (CDC)」も打ち立てられた。GUAM が源流と言っても，CDC にアゼルバイジャンは入っておらず（オブザーバーとしては参加），ウクライナ，グルジア，マケドニア，モルドヴァ，スロヴェニア，ルーマニア，バルト三国が加盟している。ただし，欧米の諸国や組織が多くオブザーバー参加していることから，GUAM よりさらに国際的な活動が期待されたものの実際には活発な動きは見られない。

このように親欧米路線と見られている GUAM にコーカサス三国のうち2カ国，つまりアゼルバイジャンとグルジアが含まれている。とりわけ，グルジアとロシアの関係は常に緊張してきたし，2008年8月にはグルジア・南オセチアの間の軍事衝突を契機についに戦争にまで発展し（GUAM ないし GUUAM，さらにグルジア・ロシア関係などについての詳細は，廣瀬 (2005a, 2008a, 2008b) などを参照されたい），政府間関係は2010年段階でも厳しい状態が続いている（ただし，グルジアのサアカシュヴィリ大統領の支持率が下がる一方の中で，ロシアとグルジア野党政治家の一部が関係を深化させていることなどからも，今後の動向については注意深く追う必要がある）。

そして，中央アジア諸国にとっては，ロシア，イラン，米国などと比較してEU との関係は相対的に重要ではなく，逆に EU にとっても中央アジアの重要性はそれほど高くなく，コーカサス諸国の重要性のほうがずっと高いということにはまず異論はないだろう。そのため，おのずと EU にとっては対コーカサス政策のほうが，対中央アジア政策よりもプライオリティが高くなるといえる。

(4) EU のソ連解体直後の対コーカサス・中央アジア政策

しかし，EU の対コーカサス政策と対中央アジア政策には温度差があると前述したものの，その温度差は，ソ連解体直後においてはもっと少なかったといえる。具体的には，TACIS (Technical Aid to the Commonwealth of Independent States)[2]，INOGATE (Interstate Oil and Gas Transport to Europe) プログラム[3]，TRACECA (TRAnsport Corridor Europe-Caucasus-Asia) プロジェクト[4]など，EU がソ連解体直

後に開始した主要なプロジェクトは中央アジア・コーカサス両地域を一括して支援の対象とし，技術支援やインフラ整備を進めることによって両地域と欧州を「ロシアを迂回する形で」結び，エネルギー協力を含む輸送・通商の活性化を進めることを目的としていた。

EU諸国にとってエネルギー供給源の多角化は肝要であり，カスピ海の石油，天然ガスを供給源として確保することは大変重要であった。そのため，ロシアを迂回する形でカスピ海地域のパイプラインを建設することを常に目指してきた。こうして，アゼルバイジャンのバクー，グルジアのトビリシ，トルコのジェイハンを通るBTC石油パイプラインやバクー，トビリシ，トルコのエルズルムを通るBTEガスパイプラインを建設するなど，エネルギーの多角化をコーカサス，中央アジアとの協力によって進めてきたのである。

このように，EUは，ソ連解体直後には，中央アジアとコーカサスへの政策を同じベクトルで考えていたが，次第にEU拡大によりEUの状況が変化していったとともに，政策のプライオリティの置き方も変わってきたこと，さらに中央アジア・コーカサス各国の様々な差異に注目するようになったことから，画一的な政策に限界を感じるようになったと考えられる。そして，各国ごとに綿密な調査を行い，政策の差別化を行って，それぞれに最適な政策を立案するようになった。そのためEUの対旧ソ連諸国の政策は非常に細やかであり，またバイラテラルとなる傾向が強いのである。

2　欧州の安定拠点としてのコーカサス——EUの東方政策を中心に

（1）　ENPと南コーカサス

EUは南コーカサスに対し，ソ連解体直後から様々な政策をとってきたが，近年，その中核をなしているのは，ENP（欧州近隣諸国政策）や東方パートナーシップである。それらを中心に，EUの対南コーカサス政策を考えていこう。

ENPの源流は，EUの地中海諸国政策，いわゆるバルセロナ・プロセスにある。1995年11月にバルセロナで行われたEU・地中海諸国外相会議で，EU15カ国と地中海11カ国・1自治政府（アルジェリア，エジプト，イスラエル，ヨルダン，レバノン，モロッコ，パレスチナ自治政府，シリア，チュニジア，トルコ，キプロス，マルタ）が新しいパートナーシップを構築すること，特に2010年にEU・地中海諸

国自由貿易圏を創設することが合意されたが、その後のEUと地中海諸国の関係にかかる過程はバルセロナ・プロセスと呼ばれている。

　バルセロナ・プロセスは大きな経済効果を南岸諸国にもたらしたが、それは援助依存構造に基づくものであったために限界があった。また、EU非加盟の地中海諸国に加え、より多くのEUの近隣諸国にも政策を拡大していく必要が出てきた。そのためEUは2003年3月から計画を進め、2004年5月12日にバルセロナ・プロセスに替わる新しい枠組みとして、近隣諸国の安定性、民主化、人権尊重や経済発展を促すことを目的にENPの大綱を策定し、ENPを開始したのである。ENP対象国は、アルジェリア、エジプト、イスラエル、ヨルダン、レバノン、リビア、モロッコ、パレスチナ、シリア、チュニジアなどに加え、ウクライナ、ベラルーシ、モルドヴァ、コーカサス三国という旧ソ連諸国で、長期的にもEU加盟の見通しが立っていない国々であるが、当該諸国の民主化・市場経済化などを支援し（価値の外交）、そのうえで政治・経済（貿易）関係を強化し、また、エネルギー網や交通網を整備する他、移民・テロ対策分野における司法・内政協力を深化していく必要性が強く認識されている。これらの目標は、協定を締結し、共同計画を立ち上げることを通じて実施されることになるが、いかに早く実現しうるかは、EUと対象国とがどれほど多くの価値観を共通にしているか否かにかかっているとされている。

　南コーカサス三国は「EU加盟を目指すトルコと接する」という地理的理由から、他の対象国に少し遅れて2005年にENP対象国に加えられたが、2006年中に「行動計画（アクション・プラン）」が策定され、計画はほぼ順調に進んできた。

　ENP対象国に対しては、EUの援助はENPを通じて行われるようになり、また、ENP対象国はEUが優先順位を置く分野に優先的に取り組むことを求められる。特に、治安分野での協力や国境管理能力の強化は重要視されており、不法移民の阻止や組織犯罪やテロの防止が目指されている。

　ENPの政治面については、バルセロナ・プロセスの反省を踏まえたアプローチが進められている。バルセロナ・プロセスにおいては、中東の紛争の沈静化についても、イスラエルの地中海地域への統合の鍵となる近隣諸国との国交正常化についても目標を達成できず、アメリカの偏った政策によって問題がより深刻化したため、EUはEUがもっと主体的に動かねばならないという意思を強くした。

　南コーカサスの場合も懸念される「凍結された紛争」の解決が重視されている

が，それはきわめて困難であり，2008年8月には，グルジアの「凍結された紛争」の1つである南オセチア紛争が再燃し，ロシアが南オセチア側に立って参戦したことで，ロシアとグルジアの間の「グルジア紛争」に発展した。それまでも「凍結された紛争」は完全に凍結されていたわけではなく，しばしば小規模な衝突はどの紛争においても起きていたが，このグルジア紛争は，「凍結された紛争」の状況がいかに脆弱であるかを証明することとなった。同紛争は，当時のEU議長国であったフランスのサルコジ大統領の仲介により5日間で停戦を迎えることができたが，多くの問題を残すこととなった。

　紙幅の関係でグルジア紛争については詳述できないが（グルジア紛争については，廣瀬〔2009a，2009b，2009c〕などを参照されたい），停戦の仲介はもとより，グルジア紛争におけるEUの役割はこれまでも，おそらく今後もきわめて大きいといえる。停戦後，グルジアがより多くの主体による停戦監視を求める一方，ロシアはそれらすべてに対し難色を示し，その任務や範囲に多くの制限を設けたが，それでもEU，OSCE（欧州安保協力機構），国連が連携する形でグルジアの停戦監視を行ってきた。だが，1993年から活動していた国連監視団はロシアが「2008年8月にグルジアが南オセチアに侵攻したことで，国連監視団は無効となったため，延長は受け入れられない」として，国連安全保障理事会で拒否権を行使したため，2009年6月16日にグルジアから撤退し，OSCEの監視団も2009年6月末にロシアの反対で延長が認められず，グルジアから撤退した。EUの停戦監視も2009年9月末に撤退期限を迎えるはずであったが，ロシアの動向を恐れるグルジアの強い要望でEUは監視団の1年延長を2度に亘り決定し（現在のマンデートは2011年9月14日まで），当面，EUのみがグルジアの安定化を担うこととなった。

　また，紛争の結果，「未承認国家」と呼ばれていたグルジア国内のアブハジアと南オセチアをロシアが国家承認し（ただし，ロシアに追従して国家承認したのは，ニカラグア，ベネズエラ，ナウルの3カ国にすぎない），EUの監視団の規模や期限に厳しい制限を加えたこと，またロシアとEUが対話を凍結するなど，一時，EUとロシアの関係が緊張した。しかし，ロシアはエネルギー供給源として，EUのいくつかのメンバー国にとってきわめて重要な存在であり，EUは最終的にロシアへの制裁を見送り，2009年6月にはロシアとの対話も再開した。逆に，グルジアについていえば，紛争の直接の引き金がグルジアの南オセチアに対する先制攻撃だったことをサアカシュヴィリ大統領が認め，また民主化の遅れと内政の混乱，

人権侵害なども露呈されたことで，欧米からの評価を著しく下げることとなり，EU 加盟と NATO 加盟という長年の夢も遠のいた。これらのことから，グルジア紛争は，EU の南コーカサスへのアプローチをそれ以前にも増して難しくしたともいえよう。

（2）南コーカサス三国に対する ENP の特徴と南コーカサスの和平問題

グルジアのサアカシュヴィリ大統領は ENP の「行動計画」が出されたとき，グルジアの EU 加盟はもう目前であると発言した。しかし，ENP は EU 加盟をとりわけ強く志向するグルジアが楽観的に考えるような「EUの登竜門」では決してなく，逆にいえば，少なくとも現状では，EU と非 EU の境界線を明確にするものだと位置づけられる。EU 側はバルト三国を例外として，旧ソ連と東欧諸国の間の境界が EU の「東の果て」になるという見解を共有している。そもそも ENP は，EU の「外側」の安定を確保することで，EU の安定をより確実なものとするために着手されたのである。

EU の旧社会主義圏への拡大が，拡大以前からの EU 加盟諸国に与えた衝撃は大きかったという。EU は拡大により，多様な経済レベルの諸国を抱合することになった。旧社会主義国の経済水準は旧来からの EU 諸国に比べ大変低く，EU の経済に大きなダメージを与えただけでなく，EU 拡大で国境がなくなったことにより，経済水準の低い旧社会主義国からいわゆる西欧諸国に大勢の出稼ぎ労働者や移民が流れ込んだ。それにより，EU の治安や経済，社会状況が顕著に悪化し，西欧諸国の人々は，EU 拡大を恐れるようになったのである。

このように，ENP は EU と南コーカサス諸国の関係強化に役立つ一方，EU と「外部」の境界を画定する性格も有する。既述のように，EU は黒海に面するルーマニアやブルガリアにまで拡大し，コーカサスは黒海を挟んでまさに EU の隣国になったが，それが故に厳格な境界が必要となったのだ。たとえば，筆者がインタビューを行った EU の ENP 担当者も，ENP を「EU を外部から守るための，EU にとって利己的な政策」と特徴づけていた。

それでは，ENP の実質的な活動である「行動計画」はどのようなものだろうか。各国に対する「行動計画」は，EU の担当者が各国をきわめて綿密に調査し，各国と議論した上で策定している。そのため，それぞれの「行動計画」は非常に重厚であり，大部であるので，ここでは特徴的なことだけを紹介したい（各国の

「行動計画」はEUのホームページで公開されている）。

　南コーカサス三国の「行動計画」では，概して紛争解決，民主化や安定化，人権保護，安全保障問題などが重視されている。

　そのうえで，アルメニアの場合は，制度的・法的・行政的改善および市民社会の成熟を含む移行プロセスへの支援に加え，食糧安全保障プログラムや古い原子力発電所の閉鎖問題などが特記されている。

　アゼルバイジャンの場合は，経済・社会発展，人権保護状況の改善，民主化，法治システム，地域協力などへの支援に加え，情報化と通信技術の改善，通商・観光の促進，報道の自由化などを推進していくとともに，EUのエネルギー安全保障への協力を確固たるものにすることなどが掲げられている。

　なお，ナゴルノ・カラバフの平和的解決については，両国の「行動計画」に盛り込まれているが，アルメニアの場合は後半に書かれているにもかかわらず，アゼルバイジャンの場合は第1番目にそれが記載されている。ENP担当者によれば，項目の順序により，優先順位や重要性が異なるわけではない（重要性はすべて同列）のだが，アゼルバイジャンは，ナゴルノ・カラバフ問題を最初に書くことをEU側に強要し，やむなくEU側が折れて最初に持ってきたのだそうだ。ENP「行動計画」にも政治的思惑が大きく影響することがわかる。

　最後に，グルジアの場合は，「バラ革命」後の改善計画を支援し，近代的な市場経済を備えた国家への転身を促進し，民主的制度の定着，法治システムの強化，教育システムの改善などに高い優先順位を置きつつ，さらに紛争解決や紛争地のインフラ改善・信頼醸成などへの支援にも力点を置いている。EUとの協力関係の強化が最も強調されているのもグルジアである。

　なお，その他の欧州諸国による南コーカサスの平和のための貢献についても記しておきたい。既述のように，2008年のグルジア紛争の和平やグルジアの安定化におけるEUの役割は大きいが，それに加え，2008年10月以降，グルジア和平を担った当時のEU議長・フランスのサルコジ大統領とロシアのメドヴェージェフ大統領の合意に基づいて「ジュネーブ会合」が開催されるようになった。「ジュネーブ会合」は，EU，OSCE，国連が主導しているもので，ENPの枠組みではないのだが，グルジアの紛争のみならず南コーカサス全体の安全保障について議論が重ねられている。とはいえ目下中心となっているのは，グルジア，南オセチア，アブハジア，ロシアの間での和平を目指す交渉である。会合は，現在

機能している唯一の公式の交渉であるということ，また率直な意見交換がなされているということでは意義が大きいが，その議論は毎回かなり厳しいものであるという。しかも，2009年5月にアブハジアが「ジュネーブ会合」からの撤退を表明するなど，グルジア問題の議論は進展しておらず，ナゴルノ・カラバフ問題の和平プロセスも，結局頓挫したが，2008年から2010年に動きがあったトルコとアルメニアの和平問題（廣瀬，2010）によって悪影響を受けたこともあって停滞しており，「ジュネーブ会合」の成果はいまだに出ていないのが実情である。

（3） 東方ディメンション重視政策——ENPプラスと東方パートナーシップ

ENPの対象国は旧ソ連諸国のみならず，北アフリカや中東にも及んでいるが，ENP対象国のなかでも旧ソ連諸国，すなわちEUの東方ディメンション（東方諸国）に対する政策を特に重視する国もある。EUは2006年12月にENPの強化を決定しているが，そのなかでも特に，ドイツ，スウェーデン，ポーランド，ルーマニアなどは旧ソ連諸国に対する政策にとりわけ熱心である。

ドイツは，2006年に東方に対するENP政策をより積極化すべきだという提案をいわゆる「ENPプラス」という形で行った。ENPプラスとは，①二国間・地域・多国間の政策のバランス，②より発展的な提携，③制度的連結，④加盟の展望についての問題，⑤民主化の促進，⑥二国間の深い自由貿易の進展，⑦多国間の基本的自由貿易の進展，⑧エネルギー・輸送の多国間ネットワーク，⑨人々の移動，⑩共通の外交・安全保障政策での連携，⑪危機管理ミッション，⑫黒海地域政策の強化，⑬困難な国家・未承認主体に対する「簡易版ENP」モデルの提案，⑭予算措置の拡充と技術や教育支援などの拡大，⑮世界銀行をはじめとした国際経済機関との協調，という重点領域とされる15点に留意してENPの計画を進めていくという新しい試みである。

ドイツがいうところの東方には，ロシアや中央アジアも含まれており，「凍結された紛争」への対応の強化についても言及がなされている。さらに，2007年4月には，ドイツは「新オストポリテーク」政策に着手し，中央アジアおよびコーカサスに対する政策を強化している。

しかし，ヨーロッパの多くの国は後述のようにロシアにエネルギーを依存しており，ある意味弱みを握られている。そのため，ドイツやフランスはロシアに配慮する外交をせざるを得なくなり，前述のようにウクライナやグルジアの

NATO 加盟問題でもロシアに与するなど，コーカサス政策にも限界がつきまとってきた。NATO 拡大問題は既述のグルジア紛争の直接の原因の1つでもあり，同紛争後，NATO 加盟問題は旧ソ連諸国と欧米の外交関係において，ますます大きな障害となっただけでなく，グルジアとウクライナの政治的混乱という理由もあって，それら諸国の EU 加盟もさらに非現実的になった。

このような対コーカサス外交における後退を埋めるかのように，ポーランドとスウェーデンは2008年5月に「東方パートナーシップ（European Union-Eastern Partnership）」というペーパーを共同で作成し，EU と EU の東方諸国，具体的には，EU とアルメニア，アゼルバイジャン，グルジア，モルドヴァ，ウクライナ，ベラルーシとの間での連合協定を結び，二国間および多国間の各方面での協力深化を進めていくことを呼びかけた。また，スウェーデンは，ドイツなどと比べて小規模な国家であることを活かし，東方政策の監視役を担うことや「黒海シナジー」をはじめとした地域レベルの協力を利用する形で，友好の輪を構築していくことも提案した。

そして，2008年5月6日にブリュッセルで行われた総務・対外関係理事会において「東方パートナーシップ」の設置が採択され，翌2009年5月7日にプラハで開催された首脳会議でその設置が決定された。2009年前半の欧州連合理事会議長国であるチェコが，東方への EU の統合深化を優先課題としていたことも追い風となったと思われる。東方パートナーシップの手法は ENP のそれと重複する部分も多い。EU 側が最も推進したいのは，対象国の政治・経済の改革とその連携であり，関税や査証の撤廃も同時に目指している。EU は具体的には，2013年までに計6億ユーロを拠出し，エネルギー，通商などの分野で協力を促進する方針であり，将来的には双方の査証免除なども想定している。当面は，毎年1回の外相会合と隔年1回の首脳会合の開催が予定されている。

なお，提唱国のポーランドは「東方政策」においては，ルーマニアとも協力関係にある。EU の東方は，両国にとってはまさに隣国であり，共産党時代は類似した境遇にあった。とりわけ，ルーマニアにとっては，ENP 対象国の一つであるモルドヴァは自国の一部という意識があり，より一層大きな意味を持つ。またルーマニアは，近隣外交に力を入れており，第1に黒海地域，第2にバルト地域に対する政策を強化している。ルーマニアは，EU の一員として，しかし，「東方諸国」についての歴史的なノウハウを利用し，東方政策において特別な役割を

果たしていきたいと考えているのである。

　東方パートナーシップは，2008年に中東，北アフリカ諸国など南地中海諸国との関係強化を目指してEUが開始した「地中海のための連合」とは異なり，対象国には潜在的な加盟候補国が含まれるとされるが，ENPと同様に，暗にEUの境界設定を行う性格を有し，また加盟国の諸問題やロシアとの関係など様々な政治的な問題もはらむ。既述の2009年のプラハにおける首脳会談でも，グルジア問題やウクライナ経由のガス供給停止問題などでEUとの関係が緊張してきたロシアに配慮して，一部の首脳が出席を見合わせた。実際，ロシアは東方パートナーシップを「新たな東西分断線となる」として不快感を表明しており，今後の協力推進の難しさも危惧されている。

　このように，関係強化には諸々の障害があるとはいえ，ENPのなかでも南コーカサス諸国を含む東方地域は，非常に重視されているといえよう。

（4）　南コーカサス側の対EU外交における積極性の濃淡

　EU内で対南コーカサス政策に温度差が見られる一方，南コーカサス側にも対EU政策への積極性に濃淡がみられる。筆者によるENP担当者へのインタヴューによれば，グルジアの熱心さは群を抜いており，逆に既述のようにEUは現状ではグルジアを将来のEU加盟国として考えていないので，EU側が困惑しているという。他方，資源を背景に独立独行的な外交路線をとるアゼルバイジャンは極めて消極的で，行動計画策定のための交渉などが遅々として進まなかったということだ。そしてアルメニアは，分をわきまえており，EU加盟などについては一切触れない一方，ENPの枠組みで非常に積極的かつ適切な対応を続けており，ENP担当者としては最も付き合いやすいパートナーであるという。

　また，ベルギーの欧州政策研究センター（CEPS）は，ENP開始から2年を経た2007年に既述の「ENPプラス」についての詳細な報告書を出しており，その中で，ENP対象国を熱心な国，消極的な国に分類している。紙幅の制約からすべてを紹介することはできないが，南コーカサス諸国については，グルジアとアルメニアが熱心なパートナーに，アゼルバイジャンが消極的なパートナーに分類されている。ただし，アルメニアについてはロシアへの配慮からその熱心さは「限定的」だとされており，アゼルバイジャンが消極的な背景には石油収入があると分析されている。

そしてグルジアの対EU政策の積極性はとりわけ顕著であり，EUから最も熱心なパートナーであると位置づけられている。しかし，グルジアはEU加盟が一向に現実的にならないのみならず，ロシアによる再三の制裁的政策に苦しんでいるにもかかわらず，EUがロシア問題に積極的に関与してくれないことに常に落胆してきた。しかし，EUにもロシアに配慮しなければならない事情があり，またEUはグルジアを将来のEU加盟国とは現状では考えておらず，EUとグルジアの間に大きな温度差があることは否めない。

このようにENPをめぐっては，EU内でもコーカサス諸国との間でも温度差がある。そのため，二国間関係の政策と多国間関係の政策のバランスを取りながら関係各国が歩み寄り，協力していくことが求められよう。

3　EUのエネルギー拠点としての中央アジア

（1）　EUと中央アジアの関係の変化

エネルギー供給源の多角化を図りたいEU諸国にとって，中央アジアとの関係構築は戦略的に非常に重要である一方，中央アジア諸国は，親ロシア的かつ堅固な権威主義体制を採っている場合が多く，国際水準に基づく外交関係の樹立が困難だった。2005年に「チューリップ革命」を達成したキルギスですら，その後，「民主化」が進むどころか，以前より後退し，バキエフ大統領一族が権力と富を独占して汚職も深刻化する一方，国民の生活が悪化の一途を辿ったため，2010年4月には反政府暴動が発生して政権が崩壊するに至った（その後，暫定政権が政権を掌握し，6月に南部で民族衝突があったものの，国民投票で新憲法案が可決されオトゥンバエワ移行期大統領の2011年末までの信任が得られた）。EUのアシュトン外相はキルギスに緊急援助を提供することを表明し，法・秩序の早期回復を求めたが，政変の背後にロシアがいるという見解も強く持たれており，今後の民主化や国際水準を備えた国家建設の展望は不透明である。このように，中央アジア諸国の政情は不安定かつロシアの影響も強く受けており，中央アジア諸国は国際的にも「付き合いにくい」というイメージが共有されてきたように思われる。

しかし，近年の中央アジアには明らかに変化が見られる。

エネルギー保有国も「ロシア一辺倒」の状況から脱却し，欧米諸国との関係を強化し始めた。なかでも特筆すべきなのは，2008年4月にトルクメニスタンが

EUとエネルギー領域での協力についての覚書に署名したことだろう。これにより，トルクメニスタンの天然ガスもこれから建設される予定であるナブッコ・パイプライン[5]を通じて欧州に輸送されることが決まった。トルクメニスタンは，中央アジアのなかでも最も権威主義体制が顕著な国として知られてきた。「中央アジアの（北朝鮮の）金正日（総書記）」と称された独裁的なサパルムラト・ニヤゾフ前大統領の時代は，外交も「永世中立」を掲げ，きわめて限定的なものだったが，ニヤゾフが2006年12月に死去し，グルバングル・ベルディムハメドフが後継者となってからはトルクメニスタンの内政，外交も少しずつ改善が見られている。既述の覚書もその果実の一つである。

　また，一時は GUAM にも加盟し，9・11事件後に米軍に基地を貸与するなど親欧米的とみられていたウズベキスタンが，2005年5月のアンディジャン事件後に米軍基地を閉鎖し，権威主義体制および親ロシア的傾向を強めたため，欧米も距離を置いていたが，事件から3年が経過すると，欧米の対ウズベキスタン感情も和らいでくるとともに，ウズベキスタンの対欧米姿勢も友好的になってきた。

　カザフスタンも BTC パイプラインやナブッコ・パイプラインに石油や天然ガスを供給することに合意している。また，カザフスタンが2010年に OSCE の議長国になったことも特筆すべきである。カザフスタンは議長国として，地域内および国際的な安全保障の強化，特に，旧ソ連諸国内の「冷戦状態」の解決とアフガニスタンにおける OSCE の役割の強化に従事すると表明した。しかし，実際には，カザフスタンがロシアと関係が良好であることもあり，グルジアの紛争をはじめとした旧ソ連の諸問題へ貢献することは極めて限定的だと考えられている。加えて，カザフスタンの民主化状況が未成熟で，権威主義体制が継続していることにより，国際的な批判を浴びてきたことも懸念されてきた。だが，ナザルバエフ大統領は，OSCE 議長国としてのモットー「4つのT（Trust, Traditions, Transperancy, Tolerance）」，すなわち「信頼，伝統，透明性，寛容」（「信頼」は加盟国の相互信頼，「伝統」は OSCE の基本的理念・価値の遵守，「透明性」は国際関係を透明化し，安全保障の脅威に対し協力関係を築き，維持すること，「寛容」は文化間・民族間の対話の強化だという）を発表するなど，カザフスタンは少なくとも表面的には「ヨーロッパ・スタンダード」に内政・外交を近づける努力をしているように見受けられる。そして，そのことは EU の中央アジア政策にも好影響をもたらすと期待されている。

中央アジア諸国はロシアとの絆がとりわけ深く、それがEUとの関係の障壁となってきたが、以上述べてきたように、中央アジア諸国の目は近年、明らかにEUの方向に向き始めたといえるだろう。

（2） EUの対中央アジア政策の強化

このような中央アジア諸国の外交スタンスの変化やエネルギー問題の深刻化も含む国際情勢の動きを受けて、EUは近年、中央アジアに対する政策を強化している。ロシアに石油の約4分の1、天然ガスの約4割を依存するEUが、中央アジアへの関心を強めた最大の理由がエネルギー安全保障の観点であり、やはりEUに利己的な背景があるとはいえ、EUが中央アジアへの政策を積極化しているのはゆるぎない事実である。またEU諸国の中央アジアの民主化への期待もとみに高まっており、民主化を推進するのは「今しかない」であるという見解が共有されているようで、各国がそれぞれの思惑で中央アジアへのアプローチを積極的に進めている。EUとの二国間関係に特に熱心なのは、ドイツ、フランス、イギリス、チェコ共和国、エストニアなどである。

EU諸国の対中央アジア外交は二国間レベルにとどまらない。その顕著な動きが2007年6月に欧州評議会によって採択された「EUと中央アジア：新しいパートナーシップのための戦略」である。これは、EUと中央アジアの外相たちの間の定例会議を含むEUと中央アジアの政治対話の強化を通じ、全領域の協力関係を強化していく戦略である。

その最初の果実が、2008年6月に採択された「実施進行報告」である。この戦略は主に、二国間、および地域レベルで機能する、「パートナーシップ・協力合意」および「中間合意」、「EC地域支援戦略報告書2007-2013」、「指標的プログラム2007-2013」などの既存の枠組みを通じて実行されている。これら報告書や計画はすべてEUのホームページに掲載されている。

2007年からのEUの支援は、主に「発展協力計画」に基づいて行われているが、その計画は5つの主要テーマに対する支援を想定している。それらは、第1に人的および社会発展、第2に環境と天然資源の持続的マネジメント、第3に非国家アクターや地方当局、第4に食料安全保障、第5に移民や亡命の問題、である。

また、特に2009年後半からは、人権状況の改善、民主化の推進、中央アジア諸

国と EU 諸国の間での研究・教育ネットワーク構築と中央アジアの教育システムの強化，法システムの改善，環境や水問題での地域協力の促進，麻薬や国境管理での協力体制の構築，などの改善が目標とされている。

これらの対策は，既述のように2010年にカザフスタンが OSCE 議長国となったことで，カザフスタンによる「内側からの」働きかけとも相俟って，少しずつではあるが進展を見せているようである。

（3） EU の対中央アジア政策の今後

以上のように2007年から積極化し，様々な分野で推進されてきた EU の対中央アジア政策であるが，中央アジア諸国全体に見られる報道統制や人権抑圧などの問題の改善はほとんど見られず，また大統領の交代によってかなり改善したとはいえトルクメニスタンの権威主義状況はいまだに深刻であるほか，他の中央アジア諸国の民主化も概して非常に停滞しており，中央アジア政策には懸念材料が多い。特に，EU が最も重視しているのが，民主化や法体制の確立，人権状況の改善などに代表される部門であり，そのために「価値の外交」が必要となってくる。だが，中央アジアにとって最も受け入れることが困難なことが「ヨーロッパ・スタンダード」であることもまた事実であり，EU と中央アジアの間で目指す方向性に大きな乖離も見られる。

しかし，子供の教育や人々の生活の質の改善など，小手先の援助ではなく，長期的に中央アジア諸国が民主国家として発展・自立できる道筋をつけるために EU 諸国は努力を続けている。EU としては，後述のようにロシアの存在が中央アジアとの関係強化の大きな障害になることを念頭に置きつつ，臨機応変な姿勢で中央アジアとの関係をいい形で構築していきたいと考えている。そのため，長期計画や中期計画などを設定しつつも，常に細やかな調査や観察，そして首脳陣との会談などを行い，適宜，政策に変更や改善を施している。

4　EU と中央アジア・コーカサスの関係の展望

（1） 両地域の EU にとっての重要性

これまで述べてきたように，EU は現状では，中央アジア，およびコーカサスを将来の加盟国としてはまったく想定していないといってよい。しかし，EU の

多面的な安全保障のために，両地域はEUにとって非常に大きな意味を持っている。その背景として，特に以下の2点を指摘できる。

第1に，EUの周辺地域を安定させなければ，EUの安全保障が脅かされるという危惧があることがあげられる。そのために，「EUにとって利己主義な政策」であるENPが推進されているのである。

第2に，エネルギー安全保障の観点から，エネルギー供給源の多角化を図るため，カスピ海の石油・ガスを「ロシアを介さない」形で確保しておくことの重要性がある。

（2） EUの対中央アジア・コーカサス外交の障壁

とはいえ，EUが中央アジアやコーカサスに対する外交には様々な障壁がある。特に大きな障壁は以下2つのジレンマに集約できるだろう。

第1に，当該地域があらゆる面での「ヨーロッパ・スタンダード」を備えていないことから生じるジレンマである。EUとしては，そのような国と通商関係を持つことは困難であるし，非民主的状況に目をつぶっていることもできない。しかし，EUがそれらの国の法制度の国際水準化や民主化を進めようとすれば，権威主義的な国であればあるほど，それを内政干渉としてEUから距離を置こうとする可能性が高まるのだ。

第2に，ロシア・ファクターから生じるジレンマである。ロシアはまさにEUの隣国であり，たとえばロシアがバルト三国などに対して，政治的，経済的，最悪の場合は軍事的な行動に出れば，EUも大きな影響を被る。また，EUにとって，ロシアがエネルギー価格や供給をコントロールしてEUを混乱させうる外交カードを持っていることは大きな脅威である。このようにロシアはEUにとって，大きな潜在的脅威なのだが，それを少しでも軽減するために，つまり，エネルギー供給源を多角化するために中央アジアやコーカサスに対する政策を強化しようというインセンティブが強まるのである。

しかし，ここでEU諸国はジレンマに陥る。エネルギー安全保障のためにロシア以外のエネルギー供給源を求める一方，できればロシアを刺激せず，良好な関係を維持して，ロシアから安定したエネルギー供給を受けるというのも一つの理想的な選択肢だからである。このような事情があるからこそ，既述のように，ドイツとフランスはロシアに配慮して2008年5月に，当然視されていたウクライ

ナとグルジアへのNATOの「加盟行動計画」適用に反対，阻止したのである。

　他方，同様のことが中央アジア，コーカサス諸国にも言える。既述のようにEUへの極端な接近はロシアを刺激し，ロシアによる制裁的な政策を受ける可能性を高めてしまうことになるため，それら諸国は，国益を慮れば安易にEUに接近することができないのである。2009年には，一時，NATOが戦略的重要性の故にアゼルバイジャンの加盟促進を企図していると報じられたが，全方位外交の路線を貫き，ロシアにもきめ細やかな配慮を怠らないアゼルバイジャンはそのような報道を明確に否定した。このように，ロシアの存在はEUに対しても，中央アジア，コーカサス諸国に対しても，EUと両地域の間の接近を促進する要素にも，阻害する要素にもなるのである。

（3）　EU関係の今後

　現状を鑑みるに，南コーカサスや中央アジアがEUに加盟することは当面はまずありえない。しかし，中央アジア，コーカサス諸国も国によって濃淡があるとはいえ，ロシアのくびきから脱し，国際社会における自立を果たすこと，欧米社会の仲間入りをすること，経済発展など自国の発展を目指すこと，そしてナショナリズムを体現することなどのために，多かれ少なかれEUとの良好な関係を目指していくはずである。

　また，両地域はEUにとってエネルギー供給の問題を含むロシアの脅威に対する「緩衝地帯」的な位置づけをなされていること，さらにEUの周辺地域を安定させることによりEUの安定を守るという，EUにとって自己中心的な理由に基づいて，EUの両地域への政策が決定されていることなどを考えれば，ある一定レベルの限界はあるだろうが，今後もEUは両地域へのコミットメントを続け，少しずつでも成果を出していくと思われる。

●注
（1）　前身は関税同盟だが，あくまでも名目的で実体がなかったため，2000年10月に関税同盟を解消して，ロシア，ベラルーシ，カザフスタン，タジキスタン，キルギスによって創設された。中央アジア4カ国が2002年に設立し，2005年10月には，ロシ

アも参加していた中央アジア協力機構と統合し，さらに2006年にはウズベキスタンが加盟した。
（2） 1991年にEC（当時）が着手したプログラムで旧ソ連12諸国とモンゴル（モンゴルは2003年まで）などを対象に行われたグラント供与の技術支援プロジェクト。2000～06年の同プログラムの総額は31億3800万ユーロに上った。
（3） EUがTACIS地域協力プログラムの一環で，技術支援をしつつ，新しいエネルギーインフラ整備の発展と欧州市場への展開，およびそれらインフラを通じた地域協力を支援するプロジェクトであり，主に旧ソ連・東欧地域をカバー。旧ソ連諸国では，南コーカサス3カ国と中央アジア5カ国に加え，ウクライナ，モルドヴァ，ベラルーシ，ラトヴィアが参加。
（4） 1993年にEUが出資し，南コーカサス3カ国と中央アジア5カ国によって着手された。中央アジアと欧州を，コーカサス経由で連結する東西の輸送回廊を確立する計画で，特に，関係国の政治的・経済的独立の支援，欧州諸国や世界市場にアクセスするための基盤の強化，地域協力の活性化を重視している。一方，ロシアはこの回廊から締め出され，アルメニアはアゼルバイジャンとの関係で微妙な状況に置かれている。
（5） 天然ガスのロシアに対する依存を減らすために，EUが中心となって計画しているロシアを迂回する形のガスの輸送パイプライン。トルコのエルズルムからバルカン，中欧諸国を経由して，オーストリアまでを結ぶ，総工費80億ユーロ，全長3300kmのパイプラインとなる予定。本計画には当初からロシアが強く反発し，それに対抗する「サウスストリーム」・パイプラインを計画して，周辺国に揺さぶりをかけるなどし，また，ガスの供給源が確保できず，ナブッコ・パイプラインの計画は何度も危機に瀕してきた。特にグルジア紛争がナブッコ・パイプラインの計画に与えたダメージは甚大だったが，それでもEU加盟4カ国（オーストリア，ハンガリー，ルーマニア，ブルガリア）とトルコは2009年7月13日，アンカラでナブッコ・ガスパイプラインに関する政府間基本合意書に調印した。これはナブッコ・パイプライン計画の大きな前進であるが，主要なガス供給源と見なされているアゼルバイジャンがロシアへの傾斜を強めるなど，ガスの供給源については未だ不安定要因が多い。中央アジア諸国やイラン，イラクも供給源として候補にあげられ，特にイランは熱心に参入しようとしているが，アメリカの反対により，欧州サイドも及び腰となっている。現状では2011年に建設開始，2013年にトルコ・オーストリア間のパイプラインを完成させ，その後，アゼルバイジャンなどのガス供給国に延長し，2014年ごろから稼働開始の予定だというが，未だ展開は不確定である。

●参考文献

宇山智彦編（2006）『中央アジアを知るための60章』明石書店。
北川誠一・前田弘毅・廣瀬陽子・吉村貴之編（2006）『コーカサスを知るための60章』明石書店。
小松久男・宇山智彦・堀川徹・梅村坦・帯谷知可編（2005）『中央ユーラシアを知る事典』平凡社。
田畑伸一郎編（2008）『石油・ガスとロシア経済』北海道大学出版会。
────・末澤恵美編（2004）『CIS・旧ソ連空間の再構成』国際書院。
廣瀬陽子（2005a）『旧ソ連地域と紛争──石油・民族・テロをめぐる地政学』慶應義塾大学出版会。
────（2005b）「未承認国家と地域の安定化の課題──ナゴルノ・カラバフ紛争を事例に」『国際法外交雑誌』104巻2号。
────（2006）「BTCパイプラインがもたらす南コーカサス地域への政治・経済的影響」『国際開発研究フォーラム』31号。
────（2008a）『強権と不安の超大国・ロシア──旧ソ連諸国から見た「光と影」』光文社。
────（2008b）『コーカサス──国際関係の十字路』集英社。
────（2009a）「『新冷戦』議論と米ロ関係改善の展望──グルジア紛争にみる両国の対立と国内要因」「焦点：オバマ政権の危機対応戦略」『国際問題』3月号。
────（2009b）「グルジア紛争をどう捉えるか──旧ソ連地域における未承認国家の問題」『外交フォーラム』1月号（No. 246）。
────（2009c）「コーカサス地域の視点から捉えるグルジア紛争とその影響」「特集：ロシア・グルジア紛争の検証」『ロシア・ユーラシア経済』3月号。
────（2010）「グルジア紛争後の動向──新たな動きと変わらない現実」『国際情勢紀要』No. 80。
ロワ、オリヴィエ（2007）『現代中央アジア──イスラム，ナショナリズム，石油資源』斎藤かぐみ訳，白水社。
Jafarova, Esmira (2008) *EU and South Caucasus: Prospects and Implications*, Germany: Verlag Dr. Müller.

第13章

広域黒海地域の国際政治

六鹿茂夫

要約

　広域黒海地域は，近年，欧州，ユーラシア，中東三地域のハブとして，また広域ヨーロッパ国際政治における1つのフォーカル・ポイントとして重要性を増してきた。その結果，広域黒海地域をめぐる欧米とロシアの綱引きが，広域ヨーロッパ国際政治における構造的特徴の1つとなった。そして，広域黒海地域の国際政治構造は，この広域ヨーロッパ国際政治構造に規定されて，国家の次元のみならず，下位国家，国家，広域黒海地域，広域ヨーロッパを横断するトランスナショナルな次元においても，修正主義対現状維持の二極構造をその基本的特徴とするに至った。このように，広域黒海地域と広域ヨーロッパの国際政治は多次元にわたって相互連関性を有しているため，広域黒海地域の政治的事象は広く広域ヨーロッパの枠組みにおいて多次元的にとらえることが肝要であるし，同時にそれが広域ヨーロッパ，ひいてはグローバルな国際政治に少なからぬ影響を及ぼすものであることに留意する必要がある。

1　広域黒海地域の位置づけ

（1）　広域黒海地域とは？

　2008年夏に起きたグルジア-ロシア戦争に象徴されるように，近年黒海地域をめぐる国際政治の動きが慌ただしい。なぜ，黒海地域が広域ヨーロッパ国際政治における1つの焦点として，にわかに浮上してきたのであろうか。また，黒海地域の国際政治構造とは如何なる特徴を有しているのであろうか。本章は同問題を中心に黒海地域の国際政治について概観しようとするものであるが，本題に入る前に，黒海地域とは具体的にどこを指すのか，そもそも黒海地域なるものは存在

するのか，といった基本的な問題について明らかにする必要がある。

　黒海地域がどの国から成るのか定説があるわけではないが，ここでは，同地域最初の包括的機構である「黒海経済協力機構（BSEC）」加盟国からなる地域としよう。そうすると，黒海地域は，6つの黒海沿岸国——ロシア，ウクライナ，グルジア，ルーマニア，ブルガリア，トルコ——と，6つの周辺国——アゼルバイジャン，アルメニア，モルドヴァ，ギリシャ，アルバニア，セルビア——からなる地域ということになる。このように黒海地域は沿岸国のみならず黒海周辺一帯を指すことから，一般に「広域黒海地域（Wider Black Sea Area）」と呼ばれる。

　広域黒海地域をこのように確定すると，同地域はロシア，西部新独立国家（WNIS），南コーカサス，バルカンという複数の文化圏からなる地域ということになる。ここから，広域黒海地域を一つの固有の地域としてとらえることが果たして妥当なのかどうかという，素朴ではあるが，しかしきわめて本質的な疑問に逢着する。

　確かに，広域黒海地域は，歴史的，経済的，政治的に強固に結びついた1つの固有の地域とは言い難い。まず，広域黒海地域は多様性に富んでいる。領土および人口は大国のロシア，ウクライナ，トルコから小国のグルジアやモルドヴァまでまちまちである。宗教も多様で，ギリシャ，スラヴ諸国，ルーマニア，グルジアは正教，トルコとアゼルバイジャンはイスラム教，アルメニアは独自のアルメニア教会を主に信仰する。域内の経済的結びつきも希薄であるし，後述するように，外部アクターに対して域内諸国がまとまって行動しようとの共通認識もない。

（2）　周辺からハブへ

　このように，広域黒海地域は1つの固有の地域を構成しているとは言い難い。しかし，それでも上記諸国からなる地域を広域黒海地域としてとらえることは可能であるし，また意義もある。それは，第1に，広域黒海地域が冷戦時代の分断状況を克服して，地域協力を推進し始めたからである。冷戦時代，広域黒海地域は，ワルシャワ条約機構加盟国のソ連邦，ルーマニア，ブルガリアと，NATO加盟国のトルコとギリシャが対峙する東西対立の最前線であった。ところが，冷戦が終焉して広域黒海地域を分断していた「鉄のカーテン」が引き上げられ，1991年末にソ連邦が崩壊すると，翌年BSECが創設されて広域黒海地域協力が始動したのである。

第2は，欧州，ユーラシア，中東3地域の周辺部分に位置するが故に，1990年代はほとんど注目されることのなかった広域黒海地域が，21世紀になるとEU/NATO拡大など広域ヨーロッパの地政学的変動を受けてにわかに戦略的重要性を増し，これら3地域の周辺からハブ（中心軸）へと変貌を遂げたことである。2004年春のNATO/EU東方拡大の結果，NATOとEUはきわめて不安定なWNISおよび南コーカサスと国境を接するに至り，欧米諸国は自らの安全保障確保のために否が応でも同地域に関心を払わざるを得なくなった。と同時に，EU/NATO拡大は，同機構に新たに加盟した所謂「新しい欧州」諸国の東方外交を勢いづけた（六鹿，2006b，233-250頁）。バルト諸国，ポーランド，ルーマニアは，かつてドイツがEU/NATO拡大の牽引車であったように，自国の安全保障を確固たるものにすべく，WNISや南コーカサスに向け東方外交を展開し始めたのである。

　他方，WNISや南コーカサスは，ロシア帝国および旧ソ連邦下に長年置かれていたため，地政学的次元のみならず，政治，経済，社会，アイデンティティなどあらゆる次元においてロシアとのつながりが強固であった。ところが，EU/NATOが実際に東方へと拡大し同諸国と国境を共有するに至ると，WNISと南コーカサスではEU/NATO加盟を主張する声が高まり，欧米かロシアか，EU/NATO加盟かCIS/ロシアとの関係強化か，さらには改革か現状維持かの二者択一をめぐって国内議論が激しさを増していき，それが不正選挙をきっかけにバラ革命やオレンジ革命へとつながっていった。その結果，欧米諸国は広域黒海地域の民主化に期待を寄せ始めた。当初欧州近隣諸国政策（ENP）（六鹿，2005，95-112頁）の対象国に含まれていなかった南コーカサスが，突如2004年6月にその対象国に含まれたのはまさにその証左である。また，イラク戦争の正統性問題で揺れる第2期ブッシュ政権は，バラ革命とオレンジ革命を中東民主化への梃子ととらえた。ブッシュ大統領は2005年5月にラトヴィアとグルジアに赴いて民主化ドミノを賞賛し，拡大中東への民主主義の輸出に期待を表明したのである。

　これらEU/NATO拡大に伴う諸要因に加え，2001年9月11日の同時多発テロと，その後のアフガニスタンおよびイラク戦争が，広域黒海地域の戦略的重要性を一層高めた。1つは，同戦争によって，NATOが対テロ戦略を展開する地中海〜バルカン〜アフガニスタンへと至る地域の戦略的重要性が高まり，その要衝に位置する広域黒海地域の地政学的・戦略的重要性が認識されるに至ったからで

ある。もう1つは，イラク戦争の勃発により，欧米諸国がエネルギーの中東依存を軽減する必要性に迫られ，またロシアが2006年はじめにウクライナなどに対するガス輸送を一時停止したことから，西欧諸国のエネルギー安全保障の脆弱性が改めて浮き彫りにされた。その結果，カスピ海から黒海を経由して欧州へと至るエネルギー輸送ルートが，これまで以上に注目され始めたのである。

(3) 「狭間の地政学」とフォーカル・ポイント

広域黒海地域を1つのまとまりある地域として扱うべき第3の理由は，同地域が広域ヨーロッパ国際政治におけるフォーカル・ポイントとして注目されるようになったことである。かつて東欧は「もう1つのヨーロッパ」と呼ばれ，日本のみならず欧米においてさえあまり重視されてこなかったが，常に国際政治のフォーカル・ポイントであり続けた。第1次世界大戦，第2次世界大戦，冷戦のすべてが東欧・バルカンをめぐる諸大国の権力政治の結果生じたのであり，冷戦の終焉も1989年の東欧革命によってもたらされたのである。

これは，東欧が諸大国の「狭間の地政学」に位置することに帰因する。「狭間の地政学」をめぐって諸大国が権力政治を展開する結果，諸大国の狭間に位置する地域はしばしば国際政治のフォーカル・ポイントになるからである。その際，「狭間の地政学」をめぐる諸大国の権力闘争は4つのパターンをとる。①如何なる大国の支配下にもない「力の真空」状態，②この「力の真空」をめぐって諸大国が抗争を繰り広げる状態，③諸大国が同地域を分割支配することで諸大国間の平和が保たれる状態，④一大国が排他的に地域を支配下に置く状態である。

冷戦終焉後，バルト海から黒海へと至る「狭間の地域」は，東欧革命とソ連邦の崩壊によって，ソ連邦が支配する上記第4のパターンから第1の「力の真空」状態に移ったが，やがて第2のパターンへと移行していき，NATO/EUとロシアが「力の真空」をめぐって綱引きを開始した。その結果，2004年春のEU/NATO東方拡大によってバルトおよび中東欧がEU/NATOに加盟すると，今度はその東に位置する旧ソ連地域，すなわちWNISおよび南コーカサスの「力の真空」地帯をめぐって，欧米とロシアが綱引きを始めたのである。モルドヴァのロシアへの恒常的従属化をねらったコザック・メモランダムとそれをめぐる欧米とロシアの激しいつばぜりあい（2003年11月）（六鹿，2004, 68-75頁），ウクライナのオレンジ革命（2004年末）（北海道大学スラブ研究センター，2006；『海外事情』，

2005），ロシアとウクライナの"エネルギー戦争"（2005年末～今日），リュブリアナOSCE外相会議におけるロシアのOSCE選挙監視団非難と，欧米によるグルジアおよびモルドヴァからのロシア軍撤退要求（2005年12月），米軍のルーマニアおよびブルガリア軍事基地使用合意（2005年末～2006年春），中欧への防衛ミサイル配備問題（六鹿，2010a，46-51頁），ロシアによる欧州通常戦力条約（CFE）の一時凍結（2007年12月），ウクライナとグルジアのNATO加盟をめぐるアメリカ・NATO対ロシアの対立，「4つの空間」のうち第2と第3にあたる人権および「凍結された紛争」をめぐるEUとロシアの対立などはすべて，この新たな「力の真空」をめぐる欧米とロシアの綱引きのなかで生じたのである。

2　広域ヨーロッパの国際政治構造

　以上で，広域黒海地域を1つの地域としてとらえる必然性について理解できたと思われるが，次に留意すべきは，同地域が広域ヨーロッパの下位地域（sub-region）の1つを構成している点である。したがって，広域黒海地域の国際政治は，広域ヨーロッパの国際政治構造によって規定されることとなる。そこで，本節では，広域ヨーロッパの国際政治構造，なかんずく広域ヨーロッパの主要アクターが広域黒海地域をめぐって展開する国際政治に注目してみよう（六鹿，2006a，49-72頁；六鹿，2007，1-50頁；Report, 2005, 2007, 2010）。

　広域ヨーロッパの主要アクターであるEU，NATO，OSCE，アメリカのなかで，広域黒海地域の国際政治に早くから関与したのはOSCEであった。それは，1994年12月のOSCEブダペストサミットまでに，NATOとOSCEの間で安全保障に関する分業体制が出来上がり，NATOが集団防衛を，OSCEが協調的安全保障を担っていくことで了解が得られたためである。以来，EUが域内統合と中東欧への拡大，NATOが「変容（transformation）」と東方拡大に忙殺されるなか，OSCEは中東欧やバルカンのみならず旧ソ連地域，ひいては広域黒海地域の予防外交に活路を見いだしていった（吉川，2000）。

　しかし，EUおよびNATOも，2002～03年あたりから次第に広域黒海地域の安全保障にかかわりを持ち始めた。コソヴォ紛争後の2000年11月に，西バルカンの将来的なEU加盟を念頭に置いた安定連合プロセス（SAP）に着手したEUは，東方拡大を控えた2003年3月にEU加盟を前提としない「新近隣諸国政策」

(NNP) を打ち出し，新たに近隣諸国となる WNIS や南コーカサスとの関係強化に乗り出した。他方，バルカン，中東欧，バルトを中心に「変容と拡大」戦略を進めていた NATO は，2001年9月の同時多発テロ直後に地中海で「アクティヴ・エンデヴァー (Active Endevour) 作戦」を開始し，2003年8月には国際治安支援部隊 (ISAF) をアフガニスタンで展開し始めた。そして，2002年11月のプラハサミットで，NATO は個別パートナーシップ行動計画 (IPAP)，対テロパートナーシップ行動計画 (PAP-T)，国防機関創設パートナーシップ行動計画 (PAP-DIB) を採択して，広域黒海地域における対テロ活動に着手した。また，2004年6月の NATO イスタンブール・サミットで初めて黒海地域の戦略的重要性に言及するとともに，地中海対話のパートナーシップへの格上げやイスタンブール協力イニシアチブの中東への拡大を謳って，地中海から黒海および中東を経て中央アジアへと至る地域に寄せる，NATO の戦略的関心の高さを鮮明にした。

そして，2004年春の同時東方拡大によってバルトから黒海へと至る「力の真空」地帯を埋めた EU および NATO は，新たに国境を接することとなった WNIS や南コーカサスの安定化を図ることで自らの安全を確保しようと，ENP や IPAP を開始した。ところが，かかる政策は，その意図がたとえどのようなものであれ，EU や NATO が旧ロシア帝国領および旧ソ連邦諸国において，民主化，市場化，NATO 軍との共同演習や相互運用性 (interoperability) を推進していくことを意味する。したがって，ENP や IPAP に代表される EU や NATO の東方政策が，広域黒海地域を自国の勢力圏内に留めようとするロシアの「近い外国」政策と相容れないものであることは明白であった。それ故，広域黒海地域，なかんずく黒海北岸および東岸に生じた「力の真空」地帯をめぐる欧米とロシアの対立は，以後益々激しさを増していくこととなる。

3 国家間レベルの二極構造

(1) 地域諸国の多様性

それでは，広域黒海地域の国際政治構造は如何なるものであろうか。1つの特徴は，地域諸国の EU および NATO との関係の多様性である。ギリシャ，ブルガリア，ルーマニアは EU/NATO 双方の加盟国であり，トルコは NATO 加盟

国であるが EU に関しては加盟候補国に留まっている。他方，西バルカンには EU/NATO 加盟を前提とする SAP や MAP が適用され，その内アルバニアとクロアチアは 2009 年 4 月に NATO に加盟した。これに対し，ウクライナ，モルドヴァ，グルジア，アルメニア，アゼルバイジャンは EU 加盟が想定されない ENP の対象国とされ，モルドヴァ，アルメニア，アゼルバイジャンは「平和のためのパートナーシップ（PfP）」および IPAP の段階に留まっている。

　他方，NATO 加盟を切望するウクライナとグルジアは，2005 年 4 月と 2006 年 9 月に各々 NATO 加盟に向けた「対話の強化」段階に入った。そして，2008 年 4 月のブカレストサミットは両国の将来の NATO 加盟について合意し，同年 12 月の NATO 外相会議で MAP 資格の供与について再検討することを取り決めた。ところが，同年夏のロシア―グルジア戦争や両国の内政の不安定化などが災いして，同外相会議および翌年 4 月の NATO サミットは両国への MAP 資格の付与を見送った。とはいえ，両国の NATO 加盟準備は，それ以後 NATO―ウクライナ委員会（NUC），および NATO―グルジア委員会（NGC）において作成される年次国家計画を通じて引きつづき進められていくこととなった。ところが，2010 年 2 月にウクライナ大統領に就任したヤヌコーヴィチは，ロシア黒海艦隊のセヴァストーポリ駐留を 25 年延期するロシアとの条約に署名したばかりか，NATO 加盟を国家目標から除外したのである。これに対し，EU は，失速した NATO 東方拡大とは対照的に，2009 年 5 月に議長国の首都プラハで「東方パートナーシップ」首脳会議を開催し，ベラルーシを含む WNIS と南コーカサス 6 カ国に対し，将来の EU 加盟を見据えた新たな支援強化策を打ち出した。

　他方，ロシアは，EU とは 2005 年に採択された「4 つの空間」ロードマップを介して，また NATO とは 2002 年に創設された NATO―ロシア評議会を通じて各々関係を進めてきた。

（2）修正主義

　このように一様ではない広域黒海諸国であるが，同諸国は第 2 節で概観した広域ヨーロッパ国際政治構造に呼応して 2 つの潮流に収斂していった。EU/NATO/アメリカとの関係強化を通じて，広域黒海地域を外部に開かれた地域にしようとする修正主義と，同地域を閉鎖的な地域に留め置くことで現在の勢力関係を保とうとする現状維持である。

修正主義勢力の筆頭は，EU/NATO との関係強化を図ろうとするグルジア，ウクライナ，アゼルバイジャン，モルドヴァからなる GUAM であった。これら4カ国は独立以来各々アブハジアと南オセチア（グルジア），ナゴルノ・カラバフ（アゼルバイジャン），トランスニストリア（モルドヴァ），クリミア（ウクライナ）という分離主義問題を抱え，エネルギー面では極端な対ロシア依存状況にあった。そこでこれら4カ国は，欧州通常戦力条約（CFE）見直し交渉において，「凍結された紛争」地域に駐留する外国軍の撤退を共同で求めるため，また CIS 統合に向けたロシアの圧力をはねのけ，エネルギー面での自立を目指すとともに相互の経済協力関係を強化する目的で，1997年に GUAM を結成した。GUAM は結成後まもなく停滞したが，バラ革命，オレンジ革命，コザック・メモランダムによってグルジア，ウクライナ，モルドヴァが一斉に親欧米志向に向かったことから再活性化されるに至った。2005年4月の GUAM キシナウサミットは，EU/NATO 加盟に向けて同機構を再強化する方針を打ち出し，「凍結された紛争」の解決にも積極的に取り組んでいく姿勢を鮮明にした。そして翌年春のキエフサミットで憲章を採択し，名称を「民主主義と経済発展のための組織—GUAM」（ODED-GUAM）に改名して，民主主義およびエネルギー面での協力と自由貿易圏の創設を目標として掲げた。また2007年にはバクーおよびヴィルニスで，2008年にはバトゥミ（グルジア）でサミットを開催し，エネルギー・ルートや分離主義問題について協議を続けた。

しかしながら，GUAM 加盟諸国の間には EU/NATO 加盟をめぐって温度差があり，時折協力関係に陰りが見られるが，それは偏に分割統治を試みるロシアへの対応の差によって生じるのである。たとえば，モルドヴァのヴォローニン政権は，トランスニストリア問題の解決や選挙支援を期待して2006年夏頃から親露政策へと再転換したし，アゼルバイジャンはすべての近隣諸国を意識した多角外交を展開している。GUAM 加盟諸国間に見られるこのような温度差は，ロシア―グルジア戦争の際にも明確に現れた。とはいえ，メンバー間の深刻な対立故に協力関係が思うように進まない BSEC（後述）と比較すれば，GUAM がより明確な共通目標を有した政治組織であることに相違ない。

それはともかく，もう1つ，親欧米志向の組織がウクライナとグルジアの音頭で2005年12月に誕生した。バルト海から黒海およびカスピ海にかけた地域で，民主主義，人権，市民社会の育成を目的とする，民主的選択共同体（CDC: Community of Democratic Choice）である。そして，これら GUAM と CDC を支援するのが，所謂「新しいヨーロッパ」と呼ばれるバルト諸国および中東欧諸国である。たとえば，2008年春以降グルジア－ロシア関係が緊張を増していくなかで，同諸国はグルジアの領土保全を明確に支持し続け，戦争後も，ロシアとの良好な関係の必要性を説く諸大国をしり目に，EU や NATO 内において精力的に同国支援を展開した。また，同諸国は，「黒海 NGO フォーラム」や「東方パートナーシップ市民社会フォーラム」を通じて，民主化支援を行ってきた。他方，2006年11月に「自由と繁栄の弧」政策を打ち出した日本も，2007年以来 GUAM と定期協議を継続してきた。

（3） 現状維持

現状維持勢力の筆頭はロシアであるが，トルコも，NATO 加盟国でありかつ EU 加盟候補国であるにもかかわらず，基本的には現状維持国家である。ロシアが，冷戦の終焉とソ連邦の崩壊を受けて激変する広域黒海地域の国際環境を，自国の国益に即して再編しようと試みてきたことはすでに述べた。しかし，トルコも，広域黒海地域の地政学的大変動が欧米戦略に占める自国の戦略的重要性の低下を招くのではないかと恐れ，外交・安全保障戦略の見直しを迫られた。その結果，両国は，広域黒海地域の「力の真空」を埋めようとする NATO，EU，アメリカの動向に神経を尖らせ，黒海を両国の内海に留めようと1990年代後半から協力関係を構築していった。

たとえば，地中海で NATO が展開する「アクティヴ・エンデヴァー作戦（Operation 'Active Endeavour'）」を黒海まで延長しようとのルーマニアなどの提案に対し，トルコはロシアの孤立化とモントルー条約を盾に反対した。そして，トルコは2001年に黒海海洋協力タスクグループ（Blackseafor）を組織し，安全保障関連情報を交換することで NATO と妥協を図った。また，トルコは2004年にアクティヴ・エンデヴァー作戦の黒海版である「黒海ハーモニー作戦（Operation 'Black Sea Harmoney'）」を開始して，NATO 軍の黒海への侵入阻止に成功した。さらに，トルコとロシアは経済・安全保障面でも協力を深め，両国は1997年12月には黒海海底を通るブルーストリーム・ガスパイプライン建設で合意，2002年には戦略的ユーラシア行動計画を締結した。

トルコが欧米の黒海参入に反対する1つの理由として，欧米の到来が黒海地域

の勢力均衡を崩し，ひいては欧米とロシアとの対立が高じて地域の不安定化をもたらすと指摘する向きがある。しかし，トルコにとってそれ以上に深刻な問題は，欧米の黒海地域への参入が，黒海地域におけるトルコのリーダーシップを危険に晒す可能性を孕んでいることにある。また，地政学的に見た場合，トルコは欧州，中東，コーカサスおよび中央アジアの接点に位置するが故に，欧米にのみ傾斜することなく，これら諸地域すべてを視野に入れた多角外交を展開する必要性があるし，またその可能性をも秘めている。

そして，多角外交は，トルコの死活的利益をめぐる欧米諸国との齟齬によって，ほとんど避けがたいものとなった。アメリカのイラクへの介入は一歩誤ればクルド独立国家の誕生へとつながりかねず，それはひいてはトルコの領土保全を危険に晒すことになる。また，キプロス問題やアルメニア人ジェノサイド問題に関する欧米との乖離は，欧米との一枚岩的同盟の危険性をトルコ人に想起させるに十分であり，同認識はすでに1960年代半ば以降トルコ人政治エリートの間で共有されてきた。さらに，欧米が主張する民主化に関しても，トルコの現状にそぐわない点が少なからず存在する。このようなことから，トルコは，アメリカやNATOの同盟国であり，またEU加盟を標榜しているにもかかわらず，同時に自主独立した多角外交，ひいては広域黒海地域における現状維持政策に固執するのである。この点が，アメリカとの同盟政策に固執して東方外交を展開する，中東欧・バルト諸国と対照的である（六鹿，2006b，233-250頁）。

4　トランスナショナルな二極構造

（1）　下位国家アクターの二極構造

前節で検討した，広域黒海地域の国家次元における修正主義対現状維持の二極構造は，下位国家次元においても見られる。主な下位国家アクターとしては，政治エリート，民族組織，宗教団体，軍事組織，民主化NGO，企業，テロ組織，マフィア，地方などが考えられるが，これら下位国家アクターは各々の利益を追求していく過程で，修正主義対現状維持の二極構造へと収斂していく。

たとえば，反民主主義志向の政治エリートや，年金生活者およびロシア系少数民族を政治基盤とする政治エリートは，反改革という点で現状維持に固執するであろう。逆に，民主化志向の強い政治エリートや若い世代を政治基盤とする政治

エリートは，改革志向の修正主義へと向かっていく。また，同じ民族でもアイデンティティの相違によって，親ブリュッセル志向と親モスクワ志向に分かれ，ひいては修正主義対現状維持へと分極化していく。たとえば，同じモルドヴァ人でも，自らをルーマニア人と見なす人々はルーマニア経由でEU/NATO加盟を目指すが，反ルーマニア志向の強いグループはロシアとの紐帯を求めて現状維持志向が強くなる。他方，同じ正教会でも，モルドヴァの「キシナウおよび全モルドヴァ司教区」はロシア正教会とのつながりを求め，「ベッサラビア司教区」はルーマニア正教会との一体性を志向する。さらに，経済的にロシアとつながりの深い企業，エネルギー関連企業，権威主義体制下で不透明な経済活動を介して利益を得てきたオリガキー等は，ロシアとのつながりを求めて体制の維持を図ろうとするであろう。他方，透明なビジネス環境において経済利益を得ようとする中小企業家などは，市場経済を求めてEU/NATO加盟支持へと向かう。さらに，地域によっても政治的志向が明瞭に分かれる場合がある。ウクライナ東部やクリミア半島は親ロシア的傾向が顕著であるが，西部はEU/NATO加盟を求める傾向が強い。

　問題は，このような下位国家次元に見られる二極構造が，水平的には広域黒海地域を越えて広域ヨーロッパへと拡大し，垂直的には，下位国家，国家，広域黒海地域，広域ヨーロッパという4次元を交差する脱国家的（trans-national）な現象へと広がりを見せていることである。このような構造は，広域黒海地域に特有なイシュー——エネルギー，民主化，「凍結された紛争」——において顕著である。

（2）　エネルギー輸送ルートをめぐる二極構造

　たとえば，エネルギー輸送ルートをめぐって，欧米の政治家や石油・ガス会社，広域黒海地域の諸国家，政治家，石油・ガス会社と，ロシアの政府，政治家，国営会社ガスプロムが競争を繰り広げてきた。ロシアはトルクメニスタン，カザフスタン，ウズベキスタンに埋蔵される石油およびガスを押さえ，それらをロシア経由で欧州に輸送する独占ルートの確保に努めてきた。石油パイプラインに関しては，従来のウクライナおよびベラルーシルートの「ドルージュバ（友好）」パイプラインに加え，バルトパイプラインを2006年に完成（着工は1997年）させ，2007年1月のベラルーシとの石油論争を経て2008年5月にはバルトパイプライン

2の建設を決定した。また，ロシアは1996年にカザフスタンのテンギス（Tengiz）から黒海沿岸のノヴォロシースクへと至るCPC（カスピ海コンソーシアム）パイプライン建設に着工し，2004年に開通させた。さらに，ロシアは，ガス供給の自立化を目的にウクライナが建設したオデッサーブロディパイプラインを逆流させることにも成功した。これに対し，欧米はアゼルバイジャンのバクーからトビリシを経てトルコのジェイハンへと至るBTCパイプラインを2005年5月に開通させた。これによって，ロシアおよびイランを迂回した，カスピ海石油の輸送ルートが確保された。

他方，ガスパイプラインに関しては，ロシアは黒海海底を通じてトルコと結ぶブルーストリーム・パイプラインを2003年に開通させ，2005年11月には，バルト海海底を通じてドイツへと至るノルドストリーム・パイプライン建設でドイツと合意した。また，ロシアはトルクメニスタンやカザフスタンとガスパイプライン契約を締結するなどして，同諸国のガスをロシア経由で欧州に供給するルートの確保に努めてきた。

これに対し，欧米側は，アゼルバイジャンのシャフ・デニズガス田からトビリシ経由でトルコのエルズルムへと至る南コーカサス・パイプラインを建設し，2006年12月にガス輸送を開始した。また，欧州は，トルコからブルガリア，ルーマニア，ハンガリー経由でオーストリアへと至るナブッコ・パイプライン，およびトルコからギリシャ経由でイタリアへと至るガスパイプラインを建設する方向で進めている。そして，上記南コーカサス・パイプラインにトルクメニスタン，さらにはカザフスタンを参加させることで，豊富なカスピ海ガスを欧州へ輸送するルートの開発に努めている。これに対し，ロシアは自国ルートの独占的権益を高めるため，ナブッコ・パイプライン建設の阻止に努めてきた。ロシアはブルガリア，セルビア，ハンガリー経由でイタリアへと至るサウスストリーム・パイプライン構想を掲げて，関係諸国の政治家や石油・ガス会社に精力的に働きかけている（田畑，2008）。

（3） 民主化をめぐる二極構造

また，民主化をめぐっても，権威主義体制を維持しようとする現状維持勢力と，同体制を打破して民主化を推進しようとする修正主義勢力が対立してきた。広域ヨーロッパの次元では，EU，NATO，欧米諸国，「新しいヨーロッパ」諸国の

政府や NGO が，ウクライナ，グルジア，モルドヴァ，アゼルバイジャンにおける民主化，経済発展，軍の近代化と民主化を支援し，現地 NGO の発展，ひいては市民社会の育成に取り組んできた。その結果，グルジアやウクライナでは，現地 NGO，野党勢力，中小企業経営者，青年達が先頭に立って民主化革命を成就させた。そして，同革命の落とし子であるサアカシュヴィリ政権およびユーシチェンコ政権は，既述した如く GUAM の活性化や CDC を組織するなど，「新しいヨーロッパ」諸国と共にバルト海～黒海～カスピ海地域の民主化に乗り出した。[5]これに対し，ロシアは「主権民主主義」概念を持ち出し，欧米とは異なるロシア独自の民主化モデルを掲げながら，内においては権威主義体制の強化，CIS 諸国に対しては親露的リーダーや政党への選挙支援を行ってきた。

(4) 「凍結された紛争」をめぐる二極構造

　修正主義と現状維持の二極構造は，広域黒海地域に特有なもう１つのイシューである「凍結された紛争」においても見られる。紛争の凍結を解除しようとする修正主義勢力の一角を占めるのは，領土保全の回復を試みる多民族国家グルジア，モルドヴァ，アゼルバイジャンであり，もう一つは同諸国からの分離独立をめざすグルジアのオセット人やアブハズ人，ナゴルノ・カラバフ（アゼルバイジャン）のアルメニア人，モルドヴァのトランスニストリア住民である。また，同紛争の解決を試みてきた OSCE，国連，EU，米国も，修正主義勢力の範疇に入る。

　他方，紛争を未解決のまま凍結しようとする現状維持勢力は，同紛争から諸々の利益を享受してきた地域の諸勢力であり，またロシア国家（政府，議会，軍部，安全保障機関）および同国内の下位国家アクター（民族派勢力，ガスプロム，一部企業，組織犯罪グループなど）である。ロシアは，公式には領土保全政策を支持しつつ非公式には分離主義勢力を支援することで紛争を凍結してきたので，現状維持勢力と位置づけられる。ロシアは，かかる二元外交を展開することで，前述の対立する２つの修正主義勢力がロシアに依存せざるを得ない状況を醸成し，紛争地域における自国の影響力の温存と，グルジアやモルドヴァの中立すなわちNATO 加盟阻止を図ってきたのである。

　とはいえ，ロシアは必ずしも紛争の凍結に固執してきたわけではない。モルドヴァのヴォローニン政権のように，大幅な譲歩をしてまで紛争解決を図ろうとする政権が出現すれば，ロシアはその求めに応じて紛争解決に乗り出すこともあっ

た。ただし，その場合，ロシアの目的はあくまでも同国のロシア依存を永続化することであり，また同国の中立化を介して NATO 加盟を恒久的に阻止することにあった。その好例は，2003年11月にロシア大統領府副長官ドミトリー・コザック氏がトランスニストリア問題解決のために提示した，所謂「コザック・メモランダム」である。同メモランダムは，連邦制のなかでトランスニストリアに大幅な自治を与えることで，モルドヴァのロシアへの従属と中立（すなわち NATO 加盟阻止）を未来永劫確保することを目的としていた。

しかし，これとは逆に，現ロシア政権の最優先目標である NATO 拡大阻止が危険に晒されるような事態が生じれば，ロシアは第1段階の上記二元外交から次の段階へと移行することに躊躇いはなかった。すでに2005年からモルドヴァおよびグルジアに対し経済制裁を課してきたロシアであるが，2008年4月の NATO ブカレストサミットがウクライナとグルジアの将来の NATO 加盟で原則合意し，MAP 資格付与のための審査を同年12月に行うことを決定すると，ロシアは分離主義勢力への公然たる支持を表明してグルジアの領土保全支持を撤回したのである。そして，経済制裁に加えて軍事的威嚇や挑発に踏み切り，同国の NATO 加盟阻止に乗り出すのであった。

このようにロシアが軍事制裁に踏み切ったのは，次の3つのシナリオを想定してのことであったと思われる。第1は，グルジアがロシアの圧力に屈して第1段階の「領土保全＋中立」へと回帰するシナリオである。しかし，このように事が運ばず，グルジアがあくまでも強硬路線を貫いた場合，第2のシナリオへと進んでいく。そこでは対露関係が危険なまでに悪化し，南オセチアおよびアブハジアの分離独立問題が先鋭化する結果，グルジアの NATO 加盟を見送ろうとする雰囲気が NATO 内で醸成されていくことになる。そして，第3は，グルジアが軍事力を行使して領土保全の回復へと向かうシナリオで，この場合ロシアとの戦争が避けられないため，対露関係を重視する NATO 加盟諸国の間でグルジア評が悪化し，同国の NATO 加盟が一層遠のくこととなる。

2008年春以降の国際情勢は，第1のシナリオへとは向かわず第2のシナリオへと進んでいき，8月初めに第3のシナリオに到達した。この期間，ロシアはグルジアを軍事的に挑発し続け，他方，グルジアの一部政治軍事エリートはアブハジアを攻撃して同地南部を占領支配する計画を練っていた[6]。

首都トビリシ陥落を見据えたロシアの大規模な軍事攻撃から判断する限り，同

国の戦争目的はサーカシヴィリ政権を打倒し，親露政権とはいわないまでもより現実的な政権を樹立することで第1段階の「領土保全＋中立」の状態を回復し，グルジアのNATO加盟に歯止めを掛けることにあったと想定される。ところが，欧米諸国の抗議とEU議長国フランスの仲介によって戦争の継続が困難となり，同目的の達成が難しくなると，ロシアはアブハジアと南オセチアの独立承認という挙に出た。しかし，同政策は，グルジアをコントロールするための重要な手段をロシアが喪失することを意味したし，ロシア国内に抱える分離独立運動に油をそそぎかねない危険性も孕んでいた。また，それは欧米諸国との関係悪化，ひいてはロシアの国際的孤立を招きかねなかったし，さらには，グルジア国内の現実主義勢力がサアカシュヴィリ政権を打倒し，ロシアとの関係改善を介して凍結された紛争の解決を図ろうとする可能性まで葬り去ろうとするものであった。

　しかし，それにもかかわらず，ロシアが南オセチアとアブハジアの独立承認に踏み切ったのは，政治エリート間の権力闘争など国内要因に負うところも少なくないが，同時に，グルジアを窮地に追い込み，ひいては上記戦争目的を達成できる可能性が開けてくるからでもあった。すなわち，国内の安定や善隣友好がNATO加盟条件となっていることから，グルジアがあくまでもNATO加盟に固執するのであれば，同国は南オセチアとアブハジアを放棄せざるをえなくなる（もっとも，まずNATO加盟を果たし，その後NATO同盟国の支援を背景に領土保全の回復に乗り出すべきだと主張する勢力が国内外に少なからず存在することも確かであるが，対露関係を最優先する諸国がNATO内に複数存在することを勘案すれば，同シナリオはいかにも非現実的である）。ところが，モルドヴァ政治エリートの態度が示唆するように，たとえEU/NATO加盟という大義名分があったとしても，自国領土の一部を自ら進んで放棄することは政治家にとって至難の業である。

　したがって，グルジアが再び戦争に訴えて勝利を収めない限り，またロシアが世界経済危機の煽りを受けてアブハジアおよび南オセチアの放棄を余儀なくされない限り，グルジアは失地回復のためにロシアと交渉する以外他に道は残されていないのである。ロシアは，グルジアが抱えるこの深刻な矛盾を熟知するが故に，2つの分離独立地域の国家承認に踏み切ったものと考えられる。両地域の喪失が現実味を帯びるや，グルジア国内でサアカシュヴィリ政権の戦争責任を追及する声が高まり，やがてそれは同政権打倒運動へとつながっていくであろう。その結果，同政権に代わって親露とはいわないまでもより現実的な政権が誕生すれば，

同政権はまず失地回復に向けてロシアとの交渉を再開することとなろう。その際，ロシアが南オセチアとアブハジアの独立をすでに承認している現状を勘案すれば，グルジアが領土保全を回復できる可能性は国家連合という形しか残されていない。ところが，国家連合では，きわめて大きな権限が２つの分離独立地域に与えられることになるため，コザック・メモランダムで明らかにされたように，グルジアは外交戦略上大きな足枷をはめられることとなり，NATO加盟のみならず，アメリカとの同盟継続さえ難しくなっていくのである。ロシアの狙いはおそらくこの辺りにあるものと考えられる。

5　広域黒海地域協力

　以上，広域黒海地域と広域ヨーロッパにおける修正主義と現状維持の二極構造を概観してきたが，広域黒海地域には対立のみならず地域協力に向けた動きも存在する。それは，主に，1992年にトルコ主導で組織されたBSECを介して進められてきた。BSECは当初緩やかな国際会議形式の組織として出発したが，1999年に憲章を採択して黒海経済協力機構と名称を変更し，国連憲章第8章下の正式な国際地域機構となった。組織も漸次整備されていき，議長国，閣僚評議会，上級委員会，書記局，部門別委員会，ワーキング・グループ，法的アドヴァイザー，行政アドヴァイザー，タスクフォースなどで構成される。議長国は半年毎の輪番制で，政策決定過程はワーキング・グループに始まり，上級委員会の決定を経て，閣僚評議会決定へと至る。

　ところが，このように機構は整備されてきたが，実際の成果は乏しい。それは，第1に，BSEC加盟諸国の間に深刻な対立が存在するからである。キプロスをめぐるギリシャとトルコ，ナゴルノ・カラバフをめぐるアルメニアとアゼルバイジャン，ジェノサイド問題をめぐるトルコとアルメニア，アブハジアや南オセチアをめぐるロシアとグルジアの対立などはその典型である。また，セヴァストーポリの黒海艦隊問題，ケルチ海峡やクリミア問題がロシアーウクライナ関係に影を落としてきたし，大陸棚問題やブストラ運河問題がウクライナールーマニア関係を損ねてきた。

　これら深刻な国家間対立に加え，①コンセンサス方式による決定のため小回りがきかないこと，②資金不足，③EUへの関心が黒海協力を上回ること，なども

地域協力を阻害してきた。そこで，このような課題を克服するため，ルーマニアが2006年6月に「官僚的でない，小回りのきく」（ルーマニア外務省政策計画局長）黒海フォーラム・サミットを開催したり，EUが2007年5月に「黒海シネルジー」という多角的協力政策を採択した。ところが，黒海フォーラムは，すべての黒海諸国に歓迎されたわけではなかった。GUAM加盟諸国やアルメニアからは大統領がサミットに出席したが，ブルガリアは副首相兼外務大臣，トルコは外務次官を送るに留まり，ロシアに至っては駐ブカレスト大使がオブザーバー資格で出席したのみで，最終文書への署名さえ拒否したのである。また，2008年2月のEU-BSEC共同コミュニケがBSEC以外のアクターも黒海シネルジーの対象に含めたのに対し，BSEC宣言はBSECとEUの排他的関係に執着した。この背景には，書記局第一次官ポストや次官ポストを掌握してBSECの主導権を握るトルコおよびロシアと，それに対抗して黒海における自国の影響力の増大を図ろうとするルーマニアなどの確執がある。また，BSECが経済協力機構に留まるべきか，それとも政治問題の解決にも踏み込むべきかをめぐっても，加盟諸国間に対立がある。

　それ故，ソフトセキュリティーや非政治的次元での地域協力は比較的進めやすいが，ハードセキュリティーやガス・石油パイプラインなど各国の国益にかかわる問題となると，地域協力は容易に達成できそうもない。

6　広域黒海地域と広域ヨーロッパの連動性

　以上，広域黒海地域の国際政治について概観してきたが，本章では以下の4点が確認できた。①広域黒海地域が，欧州，ユーラシア，中東3地域のハブとして，また広域ヨーロッパ国際政治における1つのフォーカル・ポイントとして重要性を増してきたこと，②その結果，広域黒海地域をめぐる欧米対ロシアの綱引きが，広域ヨーロッパ国際政治における1つの重要な構造的特徴となったこと，③広域黒海地域の国際政治構造は，広域ヨーロッパの国際政治構造に触発されて，地域国家の次元，および広域黒海地域の下位国家，国家，広域黒海地域，広域ヨーロッパを横断するトランスナショナルな次元において，修正主義対現状維持の二極構造を基本的特徴とするに至ったこと，④広域黒海地域の地域協力も，この多次元に及ぶ修正主義対現状維持の二極構造によって制約を受けざるを得ないことで

ある。

　このように，広域黒海地域と広域ヨーロッパの国際政治は多次元にわたって相互連関性を有しているため，たとえ広域黒海地域の一国家内の事象であっても，広く広域ヨーロッパの枠組みにおいて多次元的に分析することが肝要である。たとえば，2008年夏にグルジア国内で起きた軍事衝突は，グルジア国内（グルジア国家 vs. アブハジア／南オセチア），およびグルジア対ロシアの二国間関係はもとより，広域黒海地域の国際政治構造，さらには広域ヨーロッパの国際政治構造の枠組みの中で多次元的に捉えていく必要がある。

　と同時に，もう1点留意すべきは，広域黒海地域の出来事は，たとえそれが一国内の出来事であっても，広域ヨーロッパ全体の国際政治に少なからず影響を及ぼすという点である。小国グルジアの国民国家のあり方をめぐる対立が，究極的にはアメリカ，EU，NATOとロシアの関係に深刻な陰を落としてきたことは我々の記憶に新しい（Mutsushika, 2010, pp. 19-28）。この意味で，広域黒海地域の国際政治は，広域ヨーロッパ，ひいてはグローバルな国際政治を規定する重要な要因になりつつあると言えよう。

●注

（1）　本章では，広域ヨーロッパを，OSCE加盟諸国からなる地域ではなく，欧州審議会（Council of Europe）加盟諸国からなる地域，すなわち，中央アジア地域を除外しコーカサス地域を含む地域としてとらえることとする。
（2）　WNISは，ベラルーシ，ウクライナ，モルドヴァを指す。
（3）　GUAMは4加盟国の頭文字をとって作られたグループ名である。
（4）　ただし，モルトヴァは中立主義を貫徹し，公式にNATO加盟を表明したことは一度もない。
（5）　ただし，国内外において，サアカシュヴィリ政権の権威主義的体質に警鐘が鳴らされてきた。
（6）　サアカシュヴィリ大統領は，2008年6月にメドヴェージェフ大統領と会談した際，南オセチアのグルジア帰属とアブハジアのロシアとの分割案を持ちかけたといわれる。

●参考文献

「革命に揺れる CIS」(2005)『海外事情』拓殖大学海外事情研究所，5月号。
田畑伸一郎編 (2008)『石油・ガスとロシア経済』北海道大学出版会。
北海道大学スラブ研究センター (2006)『「民主化革命」とは何だったのか──グルジア，ウクライナ，クルグスタン』研究報告書，16巻。
六鹿茂夫 (2004)「拡大後の EU が抱えるもう一つの難題──広域欧州における『欧州近隣諸国』vs.『近い外国』」『外交フォーラム』7月号。
─── (2005)「欧州近隣諸国政策と西部新独立国家」『国際政治』142号。
─── (2006a)「黒海地域の安全保障」『国際安全保障』34巻，3号。
─── (2006b)「ルーマニアの東方外交」羽場久美子・小森田秋夫・田中素香編『ヨーロッパの東方拡大』岩波書店。
─── (2007)『政策提言 黒海協力──日本の対黒海政策』日本国際問題研究所 (www2.jiia.or.jp/pdf/report/h18_BSEC.pdf)。
─── (2009)「ヨーロッパの東方政策とロシア問題」『外交フォーラム』6月号。
─── (2010)「黒海地域をめぐる米露軍事競争」『ユーラシア研究』42号。
吉川元編 (2000)『予防外交』三峯書房。
King, Charles (2004) *The Black Sea: A History*, Oxford University Press.
Mutsushika, Shigeo (2010) "Transformation of Relations among the Big Powers over the Black Sea Region after Georgian War", *Report of the Third Japan Wider Black Sea Area Dialogue*.
Report of the First Japan-Wider Black Sea Area Dialogue (2005) *Peace and Prosperity in the Wider Black Sea Area and the Role of Japan*, The Global Forum of Japan.
Report of the Second Japan-Wider Black Sea Area Dialogue (2007) *Japan and Black Sea Area in the Rapidly Changing World*, The Global Forum of Japan.
Report of the Third Japan-Wider Black Sea Area Dialogue (2010) *Prospects of Changing Black Sea Area and Role of Japan*, The Global Forum and BSEC.

第14章

EU・NATO とウクライナ政治

藤森信吉

要　約

　ウクライナの対ヨーロッパ政策は，①国際環境，②有権者たるウクライナ国内世論，③国内エリート諸集団，の影響を受けている。EU・NATO が推し進める東方拡大政策とロシア脅威論に立つ民族主義エリートは，ウクライナのヨーロッパ統合政策の促進要因となっており，その結果，ウクライナの対ヨーロッパ政策は，独立当初の EC（EU）加盟を目指しつつ軍事的中立維持（NATO非加盟）という「バランス外交」から，EU・NATO 両加盟を目指す「ヨーロッパ・欧州北大西洋統合政策」へと発展してきた。一方で，経済エリートは最大の貿易相手国ロシアとの関係が損なわれない限り，政府のヨーロッパ政策を支持してきた。そして世論は生活に直結しないヨーロッパ政策には概して無関心であった。1993年，2006年のロシアによる天然ガス価格の引き上げは，外交が経済・日常生活に直結する事例となり，世論と経済エリートの影響により，ウクライナ政府の対ヨーロッパ政策は一時的な停滞を見ることになった。

1　ウクライナの対ヨーロッパ外交の3要因

　ウクライナは，旧ソ連共和国のなかでバルト三国，ベラルーシ，モルドヴァとともに地理的に最もヨーロッパ寄りに位置している。ソ連崩壊から20年近くが経過した今日，バルト三国は，欧州連合（EU）・北大西洋条約機構（NATO）加盟を果たし，ベラルーシは94年から続くルカシェンコ大統領の指導によりNATO・EU 加盟から背を向けた外交路線を採用している。モルドヴァは経済が低調で，領内に分離派地域を抱える不安定な状態にある。その意味では，ウクライナは，現時点で旧ソ連共和国のなかで EU・NATO 加盟の可能性が最も高い

国であり，その外交政策が大いに注目されているのである。

　ウクライナのヨーロッパ外交を見るうえで，3つの要因が重要である。第1は，そのヨーロッパ・ロシアに挟まれた地理的要因である。ウクライナは国土面積60万km^2，人口4600万人（2009年現在）を抱える「大国」である一方で，より強大なロシアと拡大ヨーロッパに挟まれた「小国」でもある。たとえば，ウクライナの経済規模は，EUの1％，ロシアの10％にすぎない。国民1人当たりの国内総生産（GDP）はEU・NATOの新加盟国たるポーランドと比べて4分の1以下である。他方で，ロシアから見ると，ウクライナは単なる経済的小国にとどまらない。両国はともに9世紀から13世紀にかけてキエフ・ルーシを自らの民族発祥の起源としており，その後，帝政ロシア，ソ連を通じて共通の歴史を歩んできた。そのため，ロシアの政治家，一般大衆にはウクライナをロシアと不可分なスラブ兄弟民族国と見なす意識がある。ソ連崩壊後も，ロシア黒海艦隊の駐留地，あるいはロシアのエネルギー輸出のヨーロッパ向け基幹パイプライン保有国としてロシアから見たウクライナの重要性は減じていない。一方で，アメリカは，こうしたロシアの影響力拡大を防ぐため，ウクライナをNATOをはじめとしたヨーロッパ国際機関と結びつけようとしてきた。EUはアメリカに比べると慎重であり，ウクライナの民主主義・市場経済進展に応じた関係拡大を志向してきた。このような欧米・ロシアを中心とした地政学的環境の中，小国ウクライナは受動的にならざるを得ず，その外交は，ロシアとアメリカ・EUそれぞれの意向に配慮したバランス外交とならざるを得ない。

　第2の要因はウクライナ国民の世論である。今日のウクライナは，複雑な領土変遷を経てソ連期に初めて国家が形成・拡大したため，地域ごとに異なる意識を持っている。単純化すると，ウクライナ東部・南部はウクライナ国家成立以前から帝政ロシアの植民地として発展したため，正教徒，ロシア語話者の比率が高く，現在のロシア政府，ロシア国民に対する親近感が強い。またロシア帝国・ソ連を通じてロシアと経済的につながりが深い重工業が発達しており，対ロ関係の維持に強い利害を有している。また，1955年にロシアから譲られたクリミア半島は，最も親ロシア意識が強い地域である。一方で，ハプスブルク帝国，ポーランド領を経て第2次世界大戦後にウクライナに編入されたハリチナ地方（今日のウクライナ西部）はカトリック教徒，ウクライナ語話者の比率が大きく，ヨーロッパ意識と反ロシア感情が強いと見なされている（中井，1998，175-250頁）。これら諸地

域は各々が独自の民族主義観を有しており、その意味では、ウクライナにはすべての地域で共有される民族主義観がない。こうした意識の違いは、選挙等を通じてウクライナ政府の政策決定過程に反映される。なお、一般に東西ウクライナで二分される印象を与えるが、ウクライナの人口分布は東部・南部に偏っており、上記のような明確なヨーロッパ志向を示す「西部」人口は少数である。また、対EU・NATOに代表されるヨーロッパ関係とロシア関係は必ずしも二項対立とはならない。何故なら、経済的つながりが深い対ロシア関係は日々の生活に直結する問題であるのに対し、EU・NATO関係は、将来的な外交課題であったからである。そのため、一般国民は対ロシア関係に関心を持つが、EU/NATOへは概して無関心であった（Chudowsky, 2001, pp. 312-317）。

　第3の要因は、エリートの動向である。一般に、国民の多数は対外政策に関心・知識がなく、逆にこうした分野に知識と意見を持つエリートと呼ばれる少数が、政治へのアクセスを通じて、外交政策の形成過程に影響を与える（ラセット／スター／キンセラ、2002, 194-201頁）。ウクライナの場合、エリート集団として民族主義エリートと経済エリートの存在が設定可能である。ウクライナ西部地域の民族意識に立脚する民族主義エリートは、彼らの歴史認識からロシアを自国に対する脅威と見なし、EU・NATO加盟に象徴されるヨーロッパとの統合により安全保障を確保しようと考える。逆に対ロ経済依存はロシアの影響力行使を許すことになる。そのため、たとえ一時的な経済的不利益を蒙ろうともロシアとの経済関係を可能な限り減らし、ヨーロッパ市場に参入することが国益からみて重要となる。経済エリートは、ウクライナ経済の利益および彼らのビジネス利益を重視する。ソ連の一部として発展したウクライナ経済は、重工業偏重でロシアを中心とするソ連共和国との相互依存と輸入エネルギーの大量消費を前提としていた。国営企業を中心とした「産業企業家同盟」やウクライナ貿易輸出額の4割を叩き出すと同時に国内最大のガス消費産業となっている鉄鋼産業が典型として挙げられる。現在でも、ウクライナはエネルギーを中心とした経済の対ロ依存が高く、結果としてロシアは貿易相手国の第1位を占め続けている。経済エリートにとってはロシアとの安定的な経済関係が最優先であり、ロシアを刺激するような外交政策は抑制されねばならない。ただし、グローバリズムの進展による貿易構造の変化や経済改革に伴う産業構造の変化により、経済エリートの利害も変化・多元化する。いずれにせよ、民族主義エリートと経済エリートが考える「国益」は一致するこ

ともあればズレることもあり，ウクライナ世論同様に統一されたものではない。
　以下，上記の3つの要因から，ウクライナの対ヨーロッパ政策の変遷を概観してみる。

2　独立と民族主義化

（1）　ソ連邦からの独立

　ソ連末期の1990年3月に行われたウクライナ議会選挙では，ポーランド，チェコ，ハンガリーのような共産党敗北という現象は起こらず，共産党系勢力とウクライナ西部・首都キエフで台頭してきた民族主義勢力とが拮抗する選挙結果となった。そのため，急激な共産党支配の崩壊や急進的な民主化・経済改革は生じなかった。一方で，1990年7月にウクライナ議会は共和国主権宣言を採択し，外交面では軍事ブロックに加わらない中立を宣言したが，直ちにソ連から離脱するという意図はなく，連邦枠内で共和国側の権限を強める立場に止まっていた。ウクライナは，1991年3月にソ連内で行われた「新連邦条約の是非を問う」国民投票にも参加し，ウクライナ全土で70％を超える賛成票を得た。しかし，それ以降の急激な国際情勢の変化に直面すると，クラフチュク議会議長（当時）を中心とするウクライナ共産党の一部はソ連邦崩壊が不可避と見て，民族主義勢力を懐柔するために民族主義的主張を取り入れはじめた。さらにモスクワで保守派による「91年8月クー・デタ」が失敗に終わると，クラフチュクは連邦離脱に路線を転じ，12月1日に独立を問う国民投票および大統領選挙を実施した。クラフチュクは「全体主義体制はウクライナに破滅をもたらした，もはや全体主義を導く中央はいらない，独立によって自らの利益を守ることができる」と民族主義的な主張で独立を正当化し，全土で90％以上の独立賛成票と60％以上の大統領選得票率を得て，ウクライナ独立と初代ウクライナ大統領の座を共に得ることに成功した。僅か9カ月間でウクライナ国民が連邦維持から独立へと移行した事実は，当時のウクライナ世論が操作・動員されやすかったことを示している。
　ウクライナの独立と連邦離脱に慌てたエリツィン・ロシア共和国大統領（当時）は，12月8日にロシア，ベラルーシ，ウクライナ三首脳のベロヴェージ会談を開催し，ウクライナをつなぎとめるため独立国家共同体（CIS）を創設することとなった。クラフチュクは当初，国民投票における圧倒的支持を背景として如何な

る共同体の創設も拒否していたが、最大の隣国ロシアからの独立承認、旧ソ連解体に伴い生じる諸問題を協議する場の必要性、そして経済的結びつき維持のため、最終的に妥協して創設条約に調印し、ウクライナはCIS原加盟国となった。

（2） 民族主義的な外交政策

独立直後のウクライナの体制エリートは、大別するとペレストロイカ末期に台頭し、議会や行政府に浸透していた民族主義者とソ連時代のウクライナの政治的・経済的支配者だった旧体制エリートとの混成であった。この両者にとってウクライナの独立は利となるものであった。民族主義エリートにとって、ソ連支配からの独立はウクライナ民族の悲願であり、如何なる犠牲を払っても維持しなければならないものであった。一方、旧体制のエリートにとっても、独立は、ソ連時代の人事・経済のモスクワ支配から脱却し、権限を自らの手中に収め、真のウクライナの主人となる絶好の機会であった。ソ連時代、ウクライナ領にあった企業の多くは、ソ連邦の省庁に従属していたが、ソ連崩壊により、連邦からウクライナ政府へ管理・所有権が移った。政府、議会にはこうした旧体制の経済エリートが残存するため、国営企業の民営化は行われず、彼らの地位・特権はそのまま維持された。その限りにおいて、旧体制エリートもウクライナ指導部の独立政策を支持していた。一方、国民の多くは、ウクライナは元来豊かな国であるがソ連体制のもとでウクライナは搾取されていたという指導部の言葉を信じ、連邦離脱による豊かな生活実現のために独立を支持していたのであった。

こうした国民およびエリートの支持のもと、ウクライナ政府の外交政策は民族主義の色彩を強く帯びた。すなわち、経済面、安全保障面でのロシア離れである。まず、「ロシアの経済支配を逃れるため」として1992年11月に独自通貨を導入し、ソ連崩壊後も旧ソ連諸国を経済的に結びつけていたルーブル通貨圏から離脱した (Abdelal, 2005, pp. 103-126)。また、ウクライナはCIS内での軍事的統合に反対し、旧ソ連の資産継承、特にウクライナ領上に存在する戦略核兵器や黒海艦隊基地の帰属をめぐってロシアとの対立を深めたため、欧米を中心とする国際社会からの安全保障を強く求めるようになった。1992年5月、訪米したクラフチュクは、「軍事大国ロシアを北隣に持つウクライナには安全保障上の問題があり、国際社会はウクライナに対する脅威の可能性が生じた場合、ウクライナへ安全保障を提供すべきだ」と述べた程であった。ただし、中立政策を越えるようなNATO加

表14-1 ウクライナの軍事・政治ブロック路線に対する世論の支持率

	支持率
軍事ブロック外中立	41%
独自の判断でNATO加盟	20%
CIS諸国とともにNATO加盟	20%
NATOの代わりにCIS軍事同盟に加盟	13%
その他	6%

出所：Politychnyi portret Ukrainy, Vol. 5, 1993, table 5.

盟を表明することはなかった。こうした外交政策は，1993年7月にウクライナ議会が採択した「外交基本方針に関する決議」に結実した。そのなかで，ウクライナは，自己を「ヨーロッパ国」と規定し，EC（当時）加盟を国家目標に掲げた。その一方で，NATO加盟には踏み込まず，中立に積極的・能動的価値を見いだし，ロシア・ヨーロッパ間の架け橋となって両者の対立と緊張を緩和し，広く欧州の安全保障に貢献する意向を示した。国民の間では，ウクライナ政府の教化により，浅い歴史しか持たない中立政策がNATO加盟，CIS軍事同盟を上回る支持を得ていた（表14-1）。

（3） 民族主義的外交の破綻

しかし，こうした民族主義的な政策は，経済危機とNATOの東方拡大開始によって修正を余儀なくされた。ウクライナ経済は社会主義時代にロシアを中心とする他のソ連共和国との分業体制に組み込まれており，市場およびエネルギー供給源の面でロシアに強く依存していた。そのため，ルーブル通貨圏からの離脱によってロシアとの貿易が停滞し，さらに1993年からのロシアのエネルギー輸出価格が国際水準へ引き上げられると，ウクライナはGDPのマイナス成長と物価高騰に歯止めがかからない経済危機に陥った。ロシアに対するエネルギー債務累積によりエネルギー輸入が減り，ウクライナ全土で企業操業率が低下し，ハイパーインフレーションと停電，暖房カットのなかで社会不安が醸成された。国民の独立熱は退潮し，ウクライナ全土でロシアとの経済統合が唯一の政策済危機からの脱出策であるとの認識が広がりはじめた。1993年に行われた世論調査によれば，「ウクライナの経済同盟への加盟が危機脱出のための最優先課題である」と見なすウクライナ国民は69％に達しており，不支持は僅かに15％であった。西部のガ

リツィア3州においてのみ，経済同盟に対する不支持（70%）が支持（19%）を上回った。

　一方で国際社会は，ロシアとの対立を深めるウクライナの中立政策を顧みなかった。ウクライナ政府の中立圏構想は1994年1月にNATOが採択した「平和のためのパートナーシップ（PfP）」構想によって，完全に潰えてしまった。このように，1994年初めまでには，民族主義的な外交・経済政策の破綻はウクライナ内外で明白なものとなっていた。経済エリートは，現職クラフチュクを見限り，ロシアとの経済統合を強く主張する国営企業長出身のクチマ前首相（当時）へ支持を移しつつあった。一方で，民族主義者が期待するヨーロッパとの統合は遅々として進まなかった。先のPfPへウクライナは参加を表明したものの，中立を維持していたためNATO加盟は表明できなかった。一方で，1994年6月に調印された「EC・ウクライナ提携・パートナーシップと協力協定（PCA）」は，ウクライナ政府によれば「EC加盟への第一歩」であったが，崩壊寸前のウクライナ経済の助けとならなかった。この時点では，EU（EC）加盟は依然として遠い将来の国家目標，シンボルにとどまっていた。

3　ヨーロッパとの統合・ロシアとの経済協力拡大

（1）　1994年ウクライナ大統領選挙

　1994年夏の大統領選挙は，クチマ前首相（当時）と現職クラフチュクとの実質的な一騎打ちとなった。クチマは，ウクライナを「ユーラシア国」と再定義し，成果が上がらないクラフチュクの外交政策を批判し，ロシアとの経済統合による経済復興策を全面に打ち出した。クラフチュクも選挙綱領ではロシアとの経済統合の重要性に触れていたが，争点は選挙キャンペーンにより著しく単純化され，国民世論が東西で二分された。エリートも分裂した。経済エリートは，「ロシアとの経済統合による経済回復」を掲げるクチマに鞍替えし，民族主義者はクチマのロシア寄りの姿勢に危機感を抱き「ウクライナ国家の護持」をクラフチュクに託した。結果的に投票結果は，単純化された争点と両陣営による動員によって東西地域で顕著な分裂傾向をみた（ハンチントン，1998，249-253頁）。得票率は拮抗したものの，人口密度が高い東部・南部の有権者からの支持を集めたクチマが1994年7月，第2代ウクライナ大統領に就任した。

しかし，政権交代は対ヨーロッパ外交の変更をもたらさなかった。対外的な理由としては，アメリカ・クリントン政権の対ウクライナ政策が挙げられる。アメリカ政府は，ウクライナの「ロシアとの経済統合」がもたらすロシアの膨張を阻止しようと考え，国際通貨基金（IMF）に働きかけを行った（ブレジンスキー，1994）。1994年秋，ウクライナが経済改革を開始することを条件（コンディショナリティ）として，IMFの信用供与が開始され，ウクライナの対ロ・エネルギー対外債務の支払いに充当された。これにより，ロシア・エネルギーの安定供給が回復し，ウクライナは経済危機から脱した。クチマは選挙公約としたロシアとの経済統合を無実化し，自国を「中・東欧国」と定義し直し，前政権の外交路線を踏襲・発展させる「ヨーロッパとの統合・ロシアとの経済協力拡大」路線を採った（藤森，2000）。ウクライナの「戦略的な」国家目標はEU加盟を最終目標とする「ヨーロッパとの統合」にあり，経済的関係が深いロシアとの「経済的な」協力拡大は，ウクライナの経済発展に寄与するための「戦術的な」目標と位置付けられたのである。

1994年末から激化したチェチェン紛争におけるロシアの武力行使も，ウクライナのヨーロッパ統合政策の追い風となった。欧米およびウクライナ政権内で，ロシア脅威論が強まり，ウクライナ・欧米関係の接近に寄与した。ウクライナがEU加盟への前段階と見なす欧州評議会への加盟は，ロシアに先んじて95年11月に実現した。また，ウクライナはPfP枠内で，国内外で実施されるNATO軍との共同演習に部隊を積極的に参加させた。とはいえ，ウクライナ政府は中立堅持を名目にNATO加盟の意思を公式に示さなかったため，ロシアとの関係も阻害されることはなかった。このような「バランス外交」，あるいは「多方位外交」と呼ばれる外交政策は，ウクライナ国内のエリートを満足させるものであった。民族主義エリートは，ロシアとの経済統合を棚上げしヨーロッパ統合を推進するクチマ支持に転じた。また経済エリートは安価な輸入エネルギーこそ実現しなかったものの，安定的なエネルギー供給源と欧州・ロシア両市場を同時に確保できるものとしてヨーロッパ・ロシア間のバランス政策を評価した。

（2）　バランス外交の進展

1997年に締結された「ウクライナ・ロシア友好・協力・パートナーシップ条約」（5月）と「ウクライナ・NATO特別パートナーシップ憲章」（6月）は，ロ

シアとの関係悪化を避けつつヨーロッパ統合を進めるバランス外交の象徴ともいえる出来事であった（田畑・末澤，2004，174頁）。これにより，ウクライナはロシア黒海艦隊のウクライナ領駐留（1997～2017年）を許すことになったが，一方でNATOからは非加盟ながら一定の安全保障を受けられることにもなった。

1997年以降も，「ヨーロッパ統合・ロシアとの経済協力」路線は発展を続けた。ウクライナの対外貿易に占めるEU加盟国の比率が高まる一方で，IMFコンディショナリティが課す市場経済化・民営化によって，これまでの国営企業主体とは異なる経済エリートが誕生し始めた。彼らの多くは，政府の一部と結託して自らに有利な経済政策を実現させ利益を貪るレントシーカーであり，一部は多数の企業を傘下に収める新興財閥（オリガルヒ）として大きな力を持つようになった。政府と近い関係にあったとはいえ，経済改革の進展により民間の経済セクターが拡大し，経済エリートが多元化しはじめた。対EU貿易が伸び始めると，彼らのなかには，伝統的なロシアとの経済関係ではなく，ヨーロッパ市場との関係に利害を見いだす者も出始め，ヨーロッパ統合政策の支持者となった。

1998年6月には，PCA発効により開催された第1回ウクライナ・EU協力会議の席上，ウクライナ代表団はEU側に正式に準加盟を求め，同月には社会政策やウクライナ法をEUスタンダードに適合させる「EUへの統合戦略に関する大統領令」が採択される等，ウクライナ政府は対EU外交を活発化させていった。こうしたウクライナ側の熱意に応じるように，EUは1999年11月に「対ウクライナ共通戦略」を採択した。また，NATO関係でも，ウクライナはコソヴォ紛争においてNATO軍指揮の下，アメリカ軍が統括する東部地域に治安維持部隊を派遣した。

一方で，一般国民にとって，ウクライナのEU・NATO加盟は依然として差し迫った外交課題でないうえに日常の経済生活に直結しないため，選挙争点とはならず，逆にマイナス成長が続く経済に政府への不満を強めていた。1998年議会選挙では，こうした批判を吸収した共産党の大躍進と大統領与党の惨敗を招いた。ウクライナ共産党は，「資本主義国」アメリカが指導するIMF，NATOを敵視し，ロシア，ベラルーシとの連邦復活や市場経済化の停止等，現体制そのものの否定を選挙で掲げていたため，民族主義エリートと経済エリートはクチマを支持するため団結を迫られた。翌1999年の大統領選挙では，クチマ大統領は彼らの資金力，地方行政への影響力を借りて一般国民の動員に成功し，僅か1年間で世論

を塗り替える再選劇を実現した（松里，2000）。

　この再選劇により「ヨーロッパ統合・ロシアとの協力拡大」路線の継続は磐石なものとなった。さらに2001年には「9・11同時多発テロ」後にNATO・ロシア関係が一時的に改善するという国際環境の変化が生じた。ウクライナはこの機会を逃さず，2002年5月に「ヨーロッパ選択」と題された議会向け大統領年次教書内で，EUおよびNATO両加盟を目指す「ヨーロッパ・欧州大西洋統合（European and Euro-Atlantic Integration）」政策の採択を宣言し，ついにEU・NATO両加盟の意思を正式に表明したのであった（田畑・末澤，2004）。そのなかで，クチマ大統領は，2011年までにEU加盟のための国内前提条件を整えるとの楽観的なシナリオを示した。2000年以降のウクライナ経済の高い成長率がEU早期加盟見通しの背後にあったことは言うまでもない。この時点で，エリート間ではNATO加盟を目指すことについては意見が割れていたものの，EU加盟については，ほぼコンセンサスになっていた。一方，ウクライナ世論は，99年のNATO軍コソボ空爆により対NATO観を悪化させていたが，政府の「ヨーロッパ選択路線」政策に影響を与えることはなかった。

（3）　ウクライナ・ヨーロッパ関係の停滞

　国際環境が変化する中，ウクライナ国内政治も変化しはじめていた。第1が99年大統領選挙で顕著になったクチマ大統領の非民主的な政治手法である。なりふり構わぬ選挙戦略で再選を決めたクチマは権威主義的な政治手法と汚職に手を染め，内外から批判を浴びていた。そして2000年12月，政府に批判的なジャーナリストの暗殺を大統領自身が示唆する盗聴テープが野党指導者により暴露されると，欧米は一気にクチマ政権批判に転じた。欧州評議会はウクライナの加盟資格停止を審議し，アメリカに至っては，クチマ大統領がイラク・フセイン政権にレーダー設備を密売したとの疑惑を提起し，ウクライナ・欧米関係は独立以来最悪の状態に陥った。対米関係はイラク戦争にウクライナ軍を派遣することによって改善したものの，対ヨーロッパ関係は民主化をめぐり停滞したままであった。この時期調印された「NATO・ウクライナ行動計画」（2002年11月）や交渉が進められていた「EU・ウクライナ行動計画」はともに，ウクライナの加盟を前提とするものではなかったものの，民主化をウクライナ側に厳しく課していた。欧米から疎外されたクチマを支えたのは，国内では政治と癒着したオリガルヒを中心とす

表14-2　NATO加盟に関する国民投票が行われた場合の地域別の反対率

(%)

	2002年6月	03年6月	04年6月	05年6月	06年7月	07年2月	08年8月	08年12月
西部	20.4	21.1	28.1	21.8	24.0	20.4	16.9	24.3
中部	27.9	39.5	50.5	55.1	61.2	54.1	44.2	50.2
南部	37.6	44.4	56.3	58.5	71.8	75.9	72.5	80.1
東部	40.6	48.7	56.8	72.7	84.0	78.9	71.1	67.3
全国	32.2	39.9	49.2	55.0	63.2	59.2	52.0	55.5

出所：Razumkov Centre (http://razumkov.org.ua).

表14-3　ウクライナのEU加盟に対する世論の支持率

(%)

	2002年11月	03年9月	04年11月	05年9月	06年12月	07年9月	07年12月	08年2月	08年4月	08年10月	08年12月
賛成	65.1	53.1	44.7	40.1	48.5	45.7	54.2	50.9	49.9	47.2	44.7
反対	12.9	26.4	28.6	36.1	32.0	36.1	29.5	29.2	30.7	30.2	35.2
回答困難	22.0	20.5	26.7	23.8	19.5	18.2	16.3	19.9	19.4	22.7	20.0

出所：Razumkov Centre (http://razumkov.org.ua).

る経済エリートであり，彼らが影響力を持つマスコミと行政機構を通じて政権批判を抑え込んだ。国外では，ウクライナ国内でも人気を高めつつあったプーチン・ロシア大統領がクチマを支援した。たとえば2000～02年，クチマとプーチンは実に18回も会談を重ねた。プーチンは，ウクライナに有利なエネルギー債務支払いに合意する一方で，ロシアが主導するCIS域内の経済統合に加わることで貿易収支を改善できると誘いをかけた。2003年2月，ウクライナ向けエネルギー付加価値税の撤廃を条件についにクチマが折れ，ロシア，ベラルーシ，カザフスタン，ウクライナによる統一経済圏創設が合意された。ウクライナ大統領選挙直前の2004年8月には，国際的にエネルギー価格が高騰しているにもかかわらず，ロシアは従来の割安なウクライナ向け天然ガス輸出価格体系を2009年まで延長する協定をウクライナと結び，ウクライナの現体制支持を内外に印象づけた。対欧米関係を悪化させロシア寄り外交へシフトしたクチマからは次第に民族主義エリートが離反しはじめ，折から内外で評価を高めつつあったユーシチェンコの下に結集した。ユーシチェンコは，1999年末に首相に就任し，数々の経済改革を実施しウクライナ経済を成長路線に乗せ，国内外で高い評価を受けていたが，その人気故に2001年4月に解任される。しかし，民族主義エリートと欧州から疎外さ

れることに不利益を感じる一部の経済エリートに担がれ，一大野党勢力「我らのウクライナ」の中心となったのである。

一方，2003年のイラク戦争，さらに親大統領政治勢力による「アメリカ政府支援によるユーシチェンコの政権奪取計画」なる中傷キャンペーンに影響され，世論の対米，対NATO感情は一層悪化し，それに釣られる形でEU加盟支持率も低下した（表14-2，表14-3）。

4　オレンジ革命と「ヨーロッパ・欧州大西洋統合政策」の動揺

（1）　オレンジ革命

2004年の大統領選挙は，このユーシチェンコと，ウクライナ東部ドネツク州知事から首相に上り詰めたヤヌコヴィッチによる事実上の一騎打ちとなった。ユーシチェンコ支持には，先の民族主義エリート・経済エリートが付いた。他方，クチマの後継者たるヤヌコヴィッチには，旧来の利権構造維持に加え安価な天然ガス輸入の継続に期待する経済エリートが支持に回わった。特にウクライナの輸出の4割を稼ぎ出す鉄鋼業は主にドネツク州に集中しているため，ヤヌコヴィッチにとって天然ガス価格は非常に敏感な問題であった。この時期，ウクライナの鉄鋼業界は安価な天然ガスを享受でき，低生産コストで輸出を伸ばしGDP成長の原動力となっていた。

こうしたエリート対立構造は1994年大統領選挙と近似するものであったが，10年前と異なり，ウクライナ経済は高い成長率を維持し，また貿易に占める対EU諸国の割合も大きくなっていた。このため，経済エリートの利害は一枚岩ではなかった。ユーシチェンコ人気に焦った体制側は大々的な選挙介入を行い，ついに2004年11月の決選投票における開票作業の改竄に対するユーシチェンコ側の首都キエフでの大規模な抗議封鎖・集会（「オレンジ革命」）が起きるまでに混乱した。結果的に3回目の投票でユーシチェンコが当選を決め，2005年1月，第3代ウクライナ大統領に就任し，オレンジ革命時にユーシチェンコを支持した政治勢力を中心としたティモシェンコ内閣が発足した。

このユーシチェンコ大統領・ティモシェンコ首相の下，ウクライナ外交は独立期に見られたような外交に再び振れはじめた。「革命」の勢いに乗り，ウクライナ政府は，「ヨーロッパ・大西洋統合政策」を全面に押して，EU，NATOの早

期加盟意志を改めて強調する一方，CIS脱退・黒海艦隊の駐留契約の見直し等を示唆しロシア離れ政策を打ち出した。NATO，EU側は「オレンジ革命」を民主的価値の発露として高く評価した。スケッフェルNATO事務総長は2005年だけで2度もキエフを訪問し，EUも2005年2月の「EU・ウクライナ行動計画」正式調印や，ウクライナ経済の好況を加味して，加盟の大前提となる市場経済国認定を2005年12月にウクライナに付与した。

（2）　2度の天然ガス戦争と金融危機

　内外の要因から盤石と思われた「ヨーロッパ・欧州大西洋統合政策」は，2度の天然ガス戦争と金融危機によって修正を迫られた。2006年1月，ロシアはウクライナに対しそれまでの料金体系からEU諸国向け価格への移行（実質的には大幅な値上げ）を断行，数日間にわたってウクライナやヨーロッパ諸国への供給が滞るという「天然ガス戦争」が発生すると，ウクライナ国内は再び動揺しはじめた。天然ガス値上げ幅は，ロシア産と安価な中央アジア産とを混合する妥協案により緩和されたが，それでも産業界のみならず一般住民にとっても一大問題であり，たちまち直後の2006年3月議会選挙の争点と化した。ウクライナ政府はロシア脅威論に立ち，「経済圧力と脅しによりウクライナ経済の不安定化を図るもの」（ウクライナ外務省声明）としてロシア政府を非難したものの，批判をかわしきれず大統領与党は惨敗した。逆にオレンジ革命で敗れたヤヌコヴィッチ率いる地域党は，ユーシチェンコら「オレンジ政権」による外交政策がロシアを刺激して天然ガスの値上げを招いたとし，ロシアが強く求める統一経済圏への積極的関与，NATO加盟に対する国民投票実施といったロシア寄りの外交政策を選挙綱領に掲げて選挙に臨み，第一党に踊り出た。世論調査では，ウクライナ全体のNATO加盟支持派は少数であったため「国民投票導入」は，事実上の「NATO加盟凍結」宣言を意味した（表14-2）。2006年8月，ヤヌコヴィッチを首班とする内閣が発足し，大統領と首相の所属勢力が異なる「コアビタシオン」がウクライナで成立した。ヤヌコヴィッチ内閣は政府行動計画内で「ヨーロッパ・欧州大西洋統合政策」をおろさなかったものの，NATOについて「最終的に国民投票で加盟の是非を決定する」意向を示した。その一方で，ヤヌコヴィッチはロシアに配慮した外交発言を繰り返し，結果的に2007年度の輸入天然ガスの値上げ幅圧縮に成功した（藤森，2008）。2007年9月に行われた議会選挙では，逆に「オレン

ジ勢力」が議席の過半を獲得し、ティモシェンコを首班とする内閣が再度形成された。しかし、2008年に入り、国際市況のエネルギー高騰とロシア・グルジアが軍事衝突した「南オセチア紛争」により、ウクライナ外交は一貫性を欠きはじめた。反ロシアの観点からグルジア支持を公式に打ち出したい大統領を中心とする勢力と、ロシアに配慮したい勢力とに割れ、ウクライナ政府、議会は公的な立場を明確にすることができなかった。また、南オセチア紛争を巡るNATO・ロシア間の緊張により、ウクライナが期待する「加盟のための行動計画（MAP）」調印は先送りされ、早期NATO加盟を困難なものとした。それに加えて、2008年秋に金融危機が生じ、2009年1月からロシアとの間で再び「天然ガス戦争」が起き、ウクライナ経済は90年代前半の経済危機に匹敵するマイナス成長を記録した。こうした中、2010年1月に行われた大統領選挙では政権批判票を吸収したヤフコヴィッチが当選を果たした。大統領に就任したヤヌコヴィッチは、過去の大統領同様に「ウクライナはヨーロッパ国である」として「ヨーロッパ統合路線」の継続を宣言する一方で、対ロシア関係の正常化にも乗り出し、ロシア黒海艦隊の25年間駐留延長と引き換えに、ロシア天然ガス価格の割引に成功した。ウクライナ政府は、この割引によりウクライナの2010年度GDP成長率を3.3ポイント上昇させる効果があるとしている。一方で「国内世論が支持しない」ことを口実に、新政権下でNATO加盟は政策課題から外され、事実上、ウクライナは2002年以前の対ヨーロッパ外交に回帰したのである。

5　何がウクライナの対ヨーロッパ政策を促進したのか

　本章では、これまで注目されてきた国民世論と国際情勢に加え、エリートの影響力を加味し、独立以降のウクライナの対EU・NATO政策を概観してみた。独立当初、ウクライナ国民の欧州共同体EC（当時）、NATOに対する関心は低かったにもかかわらず、ウクライナ政府は早い段階から自国をヨーロッパ国とみなして、EC加盟を目標とするヨーロッパ統合政策を掲げてきた。また、ウクライナ政府がNATO加盟の意志を公式に表明したのは、ウクライナ国民の対NATO感情が悪化した時期であった。ロシアとの経済統合に期待する国民の支持を受けて第2代大統領に就任したクチマは対EU・NATO関係を進展させ、最後には両加盟政策を採り、またウクライナ東部の州知事から首相、大統領まで

表14-4 ウクライナの対外貿易構造

(％)

年	対CIS諸国		対ロシア		対EU加盟国[(1)]	
	輸出	輸入	輸出	輸入	輸出	輸入
1991	87	81	na	na	na	na
1992	56	70	na	na	na	na
1993	59	72	na	na	na	na
1994	56	69	40	59	10	11
1995	54	65	43	53	11	15
1996	51	63	39	50	11	16
1997	39	58	26	46	12	20
1998	33	54	23	48	17	22
1999	28	57	21	48	18	20
2000	31	58	24	42	18	21
2001	29	56	23	37	18	22
2002	24	53	18	37	20	24
2003	26	50	19	38	20	25
2004	26	52	18	42	29	32
2005	31	47	22	36	27	33
2006	33	45	23	31	28	35
2007	38	42	26	28	28	37
2008	36	39	24	23	27	39
2009	34	43	21	30	24	36

注：(1) 1994年：12カ国，1995～2003年：15カ国，2004～2006年：25カ国，2007年：27カ国。
出所：ウクライナ統計年鑑各年度版より筆者作成。ただし，1991～93年の対CIS諸国貿易は，田畑・末澤（2004, 59頁）。

表14-5 どのウクライナ安全保障案を支持するか

ブロック外国家の立場維持	32.6％
ロシア・CIS諸国との軍事同盟に加盟	38.2％
NATO加盟	13.0％
回答困難	16.1％

注：2009年4月4～8日，ウクライナ全域で調査。
出所：Razumkov Centre (http://razumkov.org.ua).

上り詰めたヤヌコヴィッチは従来のEU加盟政策の継続を宣言し，準加盟交渉の開始をEU側に要求している。このように，世論や有権者の投票行動は対ヨーロッパ外交の決定要因とはなっていないことがわかる。これらウクライナ政府の対ヨーロッパ外交の推進は，決して世論の後押しではなく，国際環境とエリートの支持により可能となったものである。逆に，エリートの利害が割れた94年大統領選挙では，一時的に対ヨーロッパ政策の変更が模索され，また，天然ガス戦争では，ウクライナ政府の対ヨーロッパ（主としてNATO）政策は停滞を見た。

　2008年秋の金融危機とそれに続く2度目の天然ガス戦争によるウクライナ経済減速は，早期にヨーロッパの一員となることを期待していた政府とエリートの自信を揺るがせるものであった。一見すると1993〜94年時にロシアに傾斜したウクライナ外交の再現とも思える。確かにエネルギー供給・輸入ルートそのものに対するロシア依存は続いており，またウクライナ貿易輸出入に占める対ロシアの割合は国ベースでは依然として第1位を占めている。また，ウクライナ国民のNATO加盟支持率はきわめて低い。ヤヌコヴィッチ政権は目下，ロシア政府のエネルギー政策を受け，自らの支持基盤とウクライナ経済の利益を確保する政策を展開し，かつてのような「バランス外交」を志向している。一方で，ウクライナとEU圏との貿易は漸増しており，額で既にロシアを上回っているし，EU/NATOとウクライナ政府との関係は，1990年代と比較にならないほど進展している。また2000年から今日まで，ウクライナの対ヨーロッパ政策に停滞，棚上げこそあれ，協定不履行，破棄や交渉決裂といった「反対」方向に振れたことはない。NATO加盟を政策課題から外したとはいえ，政策変更が対EU関係にまで及ぶことはなく，「ヨーロッパとの統合」は今後もウクライナ政府が掲げ続ける外交目標となろう。

●参考文献
田畑伸一郎・末澤恵美編（2004）『CIS――旧ソ連空間の再構成』国際書院。
中井和夫（1998）『ウクライナ・ナショナリズム』東京大学出版会。
ハンチントン，サミュエル（1998）『文明の衝突』鈴木主税訳，集英社。

藤森信吉（2000）「NATOの東方拡大とウクライナ」『スラヴ研究』第47巻。
―――（2008）「ウクライナとロシア」田畑伸一郎編『石油・ガスとロシア経済』北海道大学出版会。
ブレジンスキー，ズビグニュー（1994）「ロシア帝国再編の危機」『中央公論』4月号。
松里公考（2000）「ウクライナにおける現代家産制と公式政党の形成――オデッサ，トランスカルパチア，ドネツク，ドニプロペトロスシク州」『ロシア・東欧学会年報』第29号。
ラセット，ブルース／ハーヴェイ・スター／デヴィッド・キンセラ（2002）『世界政治の分析手法』小野直樹・石川卓・高杉忠明訳，論創社。
Abdelal, Rawi (2005) *National Purpose In The World Economy: Post-Soviet States In Comparative Perspective,* Cornell University Press.
Chudowsky, Victor (2001) "Ukraine's Climate of Opinion and the Political Problem of the 'Western Vector'", *Journal of Ukranian Studies,* Vol. 26, No. 1-2.

終 章

ポスト市場移行と経済危機

溝端佐登史

要 約

　東欧，ロシアにおける市場経済移行は，公式の経済制度の構築と安定したパフォーマンスにおいて完了している。しかし，移行の結果，均質な市場が形成されたわけではなく，社会主義システムの遺産もまた大きい。この地域は新興市場経済と位置づけられ，概して世界経済危機は強く浸透した。国際市場との結びつきの強さが危機を増幅させている。世界経済危機は構造要因と循環性要因により生じ，移行国にも先進諸国にも金融市場規制は有効に働かなかった。特にEU域内では，政府債務の信認危機が生じ，総じてEUの統合基準を満たせない状況に至っている。その結果，国際関係はより多様性を強めると同時に，政策協調が重要性を高めている。危機後，移行諸国には共通のシステム像とともに，地肌に依拠する多様性が作用しており，資本主義多様性論は後者の作用をより鮮明にしている。体制転換（移行）は終わっても，経済制度における変化は引き続き進行する。

1　東欧の市場移行は終わったのか？

　「自由市場経済と民主主義」，それは1989年東欧革命，1991年ソ連崩壊に直面した国々にとって，社会主義から資本主義に転換することで得られる基盤となる価値観であり，急激な政治転換の結果，明日にも手にすることができると思えるものであった。世界は市場原理主義とネオ・リベラリズムの熱狂に席捲され，体制転換は経済政策的に，技術的に理解されたのである。自由化，安定化，急進的な民営化が経済政策の中核を構成した。しかし，現実は寛容ではなかったし，制度を作り出す過程は法的・文化的な過程であった。まさしく「法のルールの発展はイベントではなく，プロセスである」(Pejovich, 2009, p. 29)。総じていえば，厳

しい経済後退すなわち転換リセッションと不安定な政治・民族主義の台頭がその結果であった。

　この不安定さは2000年代に入る頃には大きく変化し始めた。1998年経済危機を経て，多くの欧州の市場移行諸国は経済回復を遂げたのであり，グローバル化が進行したのである。変化のひとつは，EU東方拡大であった。中東欧・バルト諸国はEUに新規加盟し（2004年），その周辺地域も欧州圏に深く組み込まれた。南東欧のEU加盟がそれに続き（2007年），ユーロ圏へもスロヴェニア（2007年），スロヴァキア（2009年）が加わり，2011年にエストニアがユーロを導入する。加盟はしていないが，ロシアもまた2005年にドルとユーロのバスケット通貨制を導入し，EUに接近している。むろんEU加盟には，先行統合といわれる欧州のルールへの適合過程とEU側からのチェックが前提条件になっていた。このことは，欧州のルールに立脚した市場・民主主義への制度移行が可能となったことを示しており，東欧圏は欧州域内の国際分業において新しい生産拠点の役割すら果たした。ハンガリーを筆頭に欧州における自動車，家電の新しい生産拠点が作り出された。東欧の多くの金融機関は外資に買い取られ，外資への依存度を著しく高めた。市場移行は，公式の経済制度とパフォーマンスいずれの側面からも終わったと見ることができよう。

　ただし，EU加盟を果たしたからといって，市場は均質になったわけではない。労働市場から見れば（表終-1），相対的に労働参加率はEU平均に比べて低く，逆に失業率は高くなっている。失業はEU平均を大きく上回るバルト諸国，スロヴァキアとそれ以外に分けられ，このことは若年労働者の失業率にも当てはまる。また，非正規雇用は総じて低く（日本は3分の1を超し，ドイツのパートタイム労働者の比率は25.4％），社会主義システムの遺産を感じさせよう。

　もうひとつの変化は，大国ロシアの経済成長であった。ロシアはエネルギーを武器に世界政治におけるスタンスを強めるとともに，経済は2000年代に着実な成長を示した。国際的なエネルギー価格の上昇がそれを後押しした。もっとも，そこでの経済制度にはロシアに独自のものが観察され，とくに政治面でソ連時代を想起させる介入する強い手を持つ国家はロシアに安定性をもたらすとともに，それはロシア資本主義の将来を展望するうえでの不透明要因になった。ロシアも含め，コーカサス・中央アジア圏もまたグローバル経済に強くリンクしたことと「新冷戦」を想起させるロシアとアメリカ・EUとの対立が生じたことは確かな

表終-1　EU新規加盟国の労働市場

(%)

	雇用率		失業率		若年失業率 (2010年3月)	非正規 (2009年)	
	2000年	2009年	2000年	2010年3月		パートタイム 雇用の比重	有期契約 従業員の比重
ブルガリア	50.4	62.6	16.4	9.5	23.1	2.1	4.7
チェコ	65.0	65.4	8.7	7.9	19.4	4.8	8.5
エストニア	60.4	63.5	13.6	19.0	39.8	9.4	2.5
ラトヴィア	57.5	60.9	13.7	20.0	39.7	8.4	4.3
リトアニア	59.1	60.1	16.4	17.3	34.4	8.0	2.2
ハンガリー	56.3	55.4	6.4	11.2	26.1	5.2	7.2
ポーランド	55.0	59.3	16.1	9.9	23.6	7.7	26.5
ルーマニア	63.0	58.6	7.3	7.4	20.9	8.5	1.0
スロヴェニア	62.8	67.5	6.7	6.9	12.8	9.5	16.4
スロヴァキア	56.8	60.2	18.8	14.7	33.9	3.4	4.4
EU27	62.2	64.6	8.7	10.0	20.6	18.1	13.5

注：若年は25歳以下。
出所：Eurostat, *Eurostatistics*, 07/2010 (http://epp.eurostat.ec.europa.eu, 2010年8月14日アクセス)。

結果であった。2008年ロシアのグルジア侵攻は旧ソ連圏の結びつきの難しさをあらわにしている。ロシア経済を国家資本主義と名付けようとも，世界経済に深くリンクし，資本主義としてその制度を構築していることは確かであろう。

2　成長から危機へ

　新興市場（エマージングマーケット）と名付けられたこの地域は成長のユーフォリアに酔いしれた。欧州の新しい相対的な低賃金地域は，外資を呼び込み経済成長を遂げ，消費と雇用は拡大し，さらにはバブルをもたらした。例えば，ハンガリーの直接投資残高は1990年から2009年に，5.7億ドルから2487億ドルへと436倍にも増加し，南東欧・CIS諸国でも900万ドルから4974億ドルにまで膨張している（UN, 2010）。東欧にとり最大の資金提供国は域内分業を構成したドイツであった。しかし，2008年9月投資銀行リーマン・ブラザーズの破綻を契機とする世界経済危機は新興市場諸国・市場移行諸国を簡単に飲み込んでしまい，その打撃はきわめて深刻なものとなった。2000年代の経済成長が危機の呼び水となったのである。ここには，欧州の銀行に依存するあるいは支配される国内金融制度とい

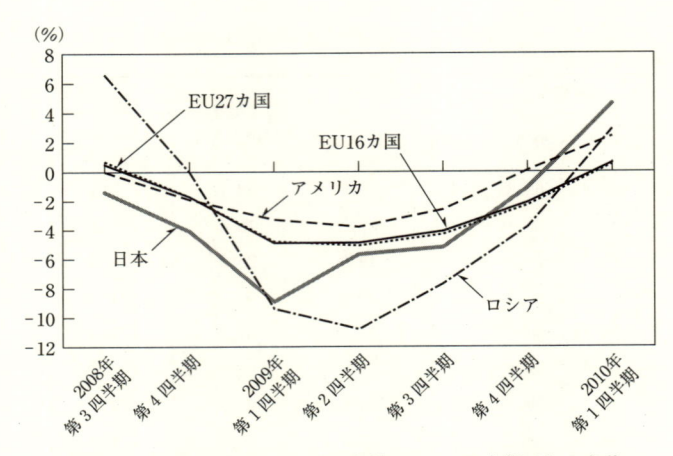

図終-1 主要地域・国における実質 GDP の四半期ごとの変動

注：対前年同期に対する変動率（％）。ロシアは2003年平均をベースにして算出している。EU16カ国はユーロ導入国（ベルギー，ドイツ，アイルランド，ギリシャ，スペイン，フランス，イタリア，キプロス，ルクセンブルグ，マルタ，オランダ，オーストリア，ポルトガル，スロヴェニア，スロヴァキア，フィンランド）。

出所：Eurostat, *newsrelease*, 125/2009, 2 September 2009, 101/2010, 7 July 2010, 内閣府（http://www.esri.cao.go.jp，2010年8月12日アクセス），Rosstat（http://www.gks.ru，2010年8月12日アクセス）。

う側面から信用収縮が危機を招いただけでなく，先進国での需要の縮小が輸出の縮小を招く形でも危機を伝播させた。さらに，資源保有国にとっては，その急激な値下がりと需要低下が貿易に打撃を与え，貿易収支の悪化は国家財政の赤字を伴って，成長政策の機能不全に導いた。世界的に過剰な資金が有利な投機・投資先を求めて移動する中で，新興市場経済への危機の影響は各段に大きいものであった。そして，世界経済危機は移行諸国全体が移植しようとした市場原理主義型の自由主義・市場思想への反駁でもあった。ディカップリング論は当てはまらなかった。

図終-1は世界経済危機以降の実質 GDP の変化を示しているが，新興市場，とくにロシアでの GDP の落ち込みが震源地のアメリカよりも大きくかつ長く，2002～07年の成長期に輸出依存度が高まった日本もロシアと同じ傾向を指し示している。EU 域内で最大の落ち込みを記録したのは，アイルランドを除けば新規加盟国のバルト諸国，ハンガリー，南東欧などであり，ポーランドだけが危機下で経済成長を持続させている（表終-2）。バブル経済の爪痕をうかがわせる。

東欧新興市場は1人当たり GDP の大きさではかると EU 平均の半分程度の経済力で，その成長は輸出入に依存している。EU 域内取引比率が EU27で64％，

表終-2 EU新規加盟移行国の経済成長

(実質GDP成長率, %)

	2000年	2004年	2005年	2006年	2007年	2008年	2009年	1人当たりGDP(ユーロ, 2007年)
ブルガリア	5.4	6.6	6.2	6.3	6.2	6.0	-5.0	3,800 (38)
チェコ	3.6	4.5	6.3	6.8	6.1	3.2	-4.1	12,400 (80)
エストニア	10.0	7.2	9.4	10.0	7.2	-3.6	-14.1	11,400 (69)
ラトヴィア	6.9	8.7	10.6	12.2	10.0	-4.2	-18.0	8,800 (56)
リトアニア	3.3	7.4	7.8	7.8	9.8	2.8	-14.8	8,300 (59)
ハンガリー	4.9	4.7	3.9	4.0	1.0	0.6	-6.3	10,100 (63)
ポーランド	4.3	5.3	3.6	6.2	6.8	5.0	1.7	8,100 (54)
ルーマニア	2.4	8.5	4.2	7.9	6.2	7.1	-7.1	5,600 (42)
スロヴェニア	4.4	4.3	4.3	5.9	6.8	3.5	-7.8	16,600 (89)
スロヴァキア	1.4	5.2	6.5	8.5	10.6	6.2	-4.7	10,200 (69)
EU27	3.9	2.5	2.0	3.2	2.9	0.7	-4.2	24,800(100)

注:1人当たりGDPの数値は名目で,括弧内は購買力平価による実質でのEU27平均に対する比率。
出所:Eurostat, *EU economic data pocketbook*, 1-2009, *Europe in figures*, 2009, Eurostat (http://ерр.eurostat.ec.europa.eu, 2010年8月10日アクセス).

新規加盟国で最大のエストニアが80%,最小のリトアニアで59%なので(Eurostat, 2009),貿易依存とは域内分業に組み込まれていることを指している。

2008年経済危機は世界的に伝播したが,とくに注目すべき点は,2008年頃まできわめて好調に経済成長を持続させた国に経済危機が伝播したことである。このことはロシアにも当てはまり,双子の黒字(貿易黒字と財政黒字)と高い経済成長率を記録した2000年代の成長経済に危機が襲った。否,成長が危機を招き込んだのである。いずれの国でも金融危機から実体経済部門は悪化し,失業率はアイルランド・バルト諸国で13〜20%(2010年3月)に悪化し,南欧諸国がそれに続き,ハンガリーでも11%を超している。

新興市場経済はEU中核経済と深く結び付いている。危機後,EU新規加盟国の経常収支は悪化した。2007年の外資流入規模の対GDP比は新規加盟国ではハンガリー27%,エストニア12%と大きく,それは圧倒的にEU域内の資金循環による。EUに近付けばそれだけ成長し,関係は密になり,経済的な恩恵を受けるが,それだけ格差が露呈し,労働コストの上昇をもたらす。2006〜09年に労働コスト(2006年に新規加盟国はEU平均の8〜35%)は40〜60%上昇している。そして,経済危機の洗礼を厳しく受ける。そうするとEU加盟は制度を接近させて

も，加盟国国民の意識，満足度まで変えるわけにはいかない。世界銀行は2006年の意識調査に基づいて，所得の成長と幸福観の間に相関関係があること，東欧では相対的に不満度が高いこと，満足度に開きがあること（高いスロヴェニアと低いグルジア）を導いている（Zaidi, et al., 2009）。とくに，雇用，信頼，不平等の3つが作用しており，非公式のコストを要する社会政策に対する不満足感は大きい。社会主義の福祉国家は，一挙に欧州の伝統的な福祉国家に変身できるわけではない。そのうえ，世界経済危機の伝播はEUの自己回復力を相対的に困難にしているように見える。リスボン条約の意義が高まる半面，各国の保護主義政策はEUの行動を制約するからである。転換コストも拡大コストも大きくなり，それはEUにとっても東欧諸国にとっても未知の経験なのである。

　CIS（独立国家共同体）諸国へも経済危機の影響はまだら模様であった。国際市場と結びつき，出稼ぎ労働者の海外送金が大きい地域で危機は深刻であった。2009年GDPは対前年比で，ウクライナ−15％，アルメニア−14.4％，モルドヴァ−6.5％などCIS全体として7％の落ち込みを示したが，CISのうちウズベキスタン8.1％，アゼルバイジャン9.3％など7カ国はプラス成長を示している（Interstate Statistical Committee of the CIS, 2010〔http://www.cisstat.com，2010年9月14日アクセス〕）。

3　危機の深化と連鎖

　経済危機は単なる循環性危機でも市場の失敗でもない。危機はベア・スターンズの2つのヘッジファンドが困難に陥る2007年6月に最初に表面化するのだが，その要因は次のように整理される（Daianu, 2009）。構造要因（金融仲介過程における資本市場の役割の急上昇，新しい金融商品（証券化）の利用，体制的リスクを高める不透明性，グローバル化の圧力と国際的取引の増加，過剰の貯蓄と富の再分配，時代遅れの規制の枠組みと制御の失敗など），循環性要因（異常に低い金利と過剰流動性，安価な信用のリスクなど）。後者の場合，ハイリターンの資本とローコストの資本の間の差額分が危機の芽になる。そのうえ，以下の点が現在の危機を特徴づける。①金融の規制を免れるシャドー銀行システム（ノンバンク）は仲介期間を長期化させ，リスクを核散させる。②金融市場に集中化が進んだ。③金融深化から危機が深刻化する。④大規模なレバレッジ（外部負債）がグローバル化で活性化し，外国為

終　章　ポスト市場移行と経済危機　309

替取引を不安定化させる。⑤格付け機関に失敗が生ずる。そのうえに，IMFだけでなく先進諸国（G8）の調整・危機回避機能はもはや作用しなくなっていた。とくに，潤沢なオイルマネー・資源マネーは外貨準備を高めただけではなく，政府系ファンド（SWF）を膨張させる。IMF（国際通貨基金）は流通資金の3分の1しか捕捉できず（小原，2009，71頁），不透明な資金の流れは金融規制を回避する「オフショア」に担われ，それはロシアの資本流出の経路にもなっている。1997年にアジアを襲った21世紀型危機は一段とスケールアップし，それに対して移行国だけでなく先進国金融市場規制は間に合わなかったのである。

　もっとも，循環性危機が初めて伝播した，景気の連動が形成され，危機を伝播させるに十分な市場の制度が整備されたという意味で，市場移行諸国全体に関して，1990年代初めから始まった「市場経済移行は終わった」と見ることができよう。

　世界経済危機に対し，世界全体として大規模な景気浮揚策が講じられた。日本での自動車買い替えの補助金やエコ減税がその代表である。その結果，2009年後半期に景気は回復傾向を指し示し，「出口戦略」（緩和的な財政金融政策の終了）が取り沙汰されたが，危機打開はそれほど生易しいものではなかった。2010年春ギリシャの財政危機が表面化し，それは政府債務の信認危機＝ソブリン（sovereign）・クライシスという「21世紀型のリスク」（みずほ総合研究所，2010，11頁）を招来した。危機という激震は，金融から，実体部門を経て，国家に到達したのである。

　ソブリン・リスクの実態を確認しておこう（図終-2）。EUにはマーストリヒト条約（1993年発効）において収束基準として，財政赤字を名目GDP3％以内にする，公的債務残高を同60％以内にする，インフレ率を抑える，為替レートを安定させるといった基準があり，アムステルダム条約（1999年発効）でも「安定成長協定」により健全財政と相互監視が定められた。しかし，安定性は失われており，ギリシャ危機はギリシャに固有の問題ではなかった。経済危機の結果，EUはもはや安定成長協定を維持できなくなっていたのである。ギリシャに限らず，ほとんどのEU加盟国は財政赤字も政府債務も増加させ，各国は図終-2にあるように，基準に相当する－3％と60％の枠を飛び出し，左上にシフトしている。ハンガリーは例外に見えるがそれでも両方の水準は収束基準を上回っている。EU域内で2009年末に10％を超す財政赤字悪化国はアイルランド，ギリシャ，イ

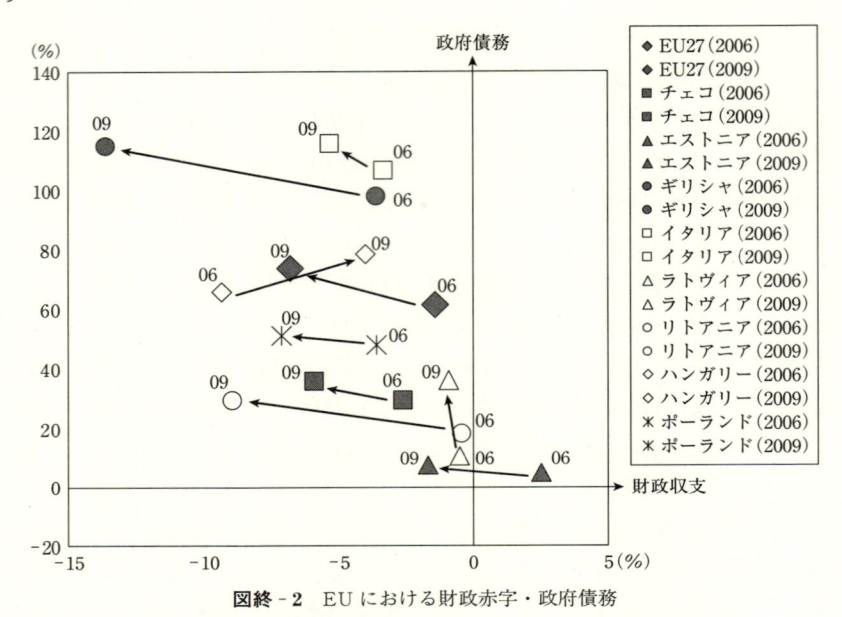

図終-2 EUにおける財政赤字・政府債務

出所：Eurostat, *newsrelease*, 55/2010, 22 April 2010.

ギリス，南欧で，115％を超す債務残高悪化国はイタリア，ギリシャであった。2009年に収束条件を満たしているのはルクセンブルグ，フィンランド，スウェーデン，デンマーク，エストニア5カ国に過ぎない。政府債務が150％を超す日本を含め，国債のクレジット・デフォルト・スワップの保険料（2010年7月初め）で世界を見れば，ベネズエラが世界でもっともリスクが高く，概して南米，南欧，東欧諸国が上位にある。

　危機においてEUという統合の在り方そのものが問い直されている。まず，統計データの粉飾と加盟における恣意性が問われた。欧州委員会は選挙に結びついたギリシャの独自性を強調し，ギリシャ政府の統計信頼性は継続的な課題であると見なしたが（「ギリシャ政府の赤字・債務統計についての報告書」2010），加盟において恣意性が作用していることは疑いなく，このことは中東欧にも当てはまる。それゆえ，収束条件は政治問題化しやすく，ポピュリスト政権ができればたえず弛緩する危険性が存在している。さらに，EU，ユーロの制度そのものが問題視された。安定成長協定の適用を緩和する例外規定と非救済条項の存在，統合化に伴う各国での景気浮揚策の制約，ECB（欧州中央銀行）の共通金融政策による不

安定性（インフレ率の低い国では引き締め圧力に，高い国では緩和圧力になる），労働市場の規制緩和の格差などがある（みずほ総合研究所，2010）。

世界経済危機は，EUという政治統合をも視野においた経済統合の壮大な試みの難しさ，通貨ユーロの不安定性と困難な基軸通貨化，さらに経済統合にとっての経済格差の負担，国民経済の成長・景気と統合の摩擦といった問題を提示している。

2008年世界経済危機後の世界に生み出された「ニューノーマル」とも呼ばれる新しい世界経済の構図（新しい低成長時代）はなお不透明に見える（「日経ヴェリタス」第126号，2010）。2010年8月時点で先進国はいずれも政策を平時に戻す「出口戦略」に向かっていない。世界的には，需要不足からデフレ，停滞が続く先進国と，インドや中国など旺盛な需要からインフレ，過熱に向かう新興市場が共存している。ところが，先進国は総じて財政面で悪化しており，緊縮政策は経済をさらに悪化させかねない。新興市場ロシア，東欧はまさにこの真っ只中にあり，経済政策はディカップリングなのかもしれない。

4 危機後の展望

危機後の調整機能において注目されたのは，IMFよりもむしろ，先進国と新興経済国の国際機関G20（20カ国財務大臣・中央銀行総裁会議：1999年に設立され，世界のGDPの90％を占める）であった。G20は2009年9月，IMF・世界銀行の改革を危機打開策と捉え，「必要な規模での財政刺激はG20諸国でうまく進行中であり，積極的に引き続き支援を行うべきで，世界経済には依然リスクが残る」という見方から，自己資本規制の強化，民間需要の不足から景気刺激策の持続を主張している。EUもアメリカも危機の中でその存在感を多少なりとも低下させており，本書に貫かれる多元的に国際関係を捉える視座は危機後世界を見る上でも欠かせない。

また，危機の中で，国際的な政策協調が注目され，多角的なものとしてウィーン・イニシアチブ（基軸的な公私の利害関係者による）の設立（2009年）がある。イニシアチブは責任と共同負担として，移行諸国での子会社の資本増強などをあげ，中東欧など新興移行諸国での金融危機回避を狙いとしている。さらに，欧州において，EMF（欧州通貨基金），ユーロ圏共同債市場の創設など，危機対応可能な

制度の模索も行われている。

　では，危機の中で，どのような社会経済システムが模索されるのか。体制転換は歴史的経路依存性に基づいて資本主義システムが多様であることを明らかにし，東欧圏と CIS 諸国との間には移行像に大きな開きが見られる。前者は EU をキャッチアップ・制度輸入の目標，「シェルター」と見なし，この動きはアジアの雁行モデルを想起させるものであった。実際に加盟し，そして危機の打撃が大きいが，制度構築は落ち着きを見せ，「形を整えつつある」（第 7 章）。ただし，労働コストは上昇し，競争力は低下している。後者の国々では，社会の地肌（伝統）が強く露出しているように見える。例えば，これまで移行経済の見方は権威主義から民主主義への転換を論じたが，中央アジアの経験から，権威主義への移行，民主主義の欠如が論じられる。「ソ連の遺産」の大きさ，非公式制度の大きさはその独自性を説明する（Collins, 2009）。とくに，ロシアは国家資本主義のスタンスを強めており，それは世界規模での危機政策（国有化や国家の資本注入など）と折り合いをつけている。少なくとも，「ラディカルな改革経路よりも漸進的な経路」（EBRD, 2010）に歩みを進め，また資源・エネルギー輸出により蓄積した外貨が世界経済危機に際してクッションの役割を果たす。

　危機下の資本主義経済システムはたとえ市場の回復を指向したとしても，国家介入・保護主義を下地にしているのである。グローバル化・経済統合と世界経済危機は，市場交換・法制度・政府の役割・政治的民主化の領域において模倣と適合行動による共通のシステム像と地肌に依拠する多様性のふたつの方向を指し示している。資本主義多様性論の見方からは，バルト諸国がリベラル市場経済指向の先端に，ユーゴスラヴィア自主管理社会主義の遺産を引くスロヴェニアが調整市場経済指向の先端にそれぞれ分類される。体制が揺らぐふたつの方向（統合と分散）はサブシステムを構成する制度と当該国に堆積する価値観に依存している。移行（transition）は終わっても，変化（transformation）はなお引き続き進行しているのである。

　本書は，モザイク模様に見える旧社会主義圏を，主に政治の分野から特徴づけている。資本主義化・一党独裁からの離脱にふたつと同じものはなく，その行方と国際関係の構築における多様性を各章は鮮明に描き出している。この経験は，資本主義の形成過程を指し示す歴史のお手本であり，かつ21世紀の国際関係の行方を考える貴重な教材になる。すなわち，ロシア，東欧諸国の変化と多様性は，

そのまま世界の多極化の行方を指す道しるべになるだろう。資本主義化の際に，どのような制度をはぐくむのか，どのような国際関係が組み立てられるのかが，当該諸国で過去の歴史と未来の展望のうえで模索されたからだ。危機後の社会は地球環境問題を筆頭にグローバル化，制度の収斂を進め，保護主義や国家の権威主義は長い目で見れば不安定要因にほかならない。ただし，保護主義・権威主義は決して市場型システムを拒否したり，社会主義の過去への回帰を求める方向には働いていない（EBRD, 2009, p. 127）。

　20世紀に，われわれは経済的自由と規制の間で振り子の揺れを経験しているが，その揺れの速度は高まり，かつ構造そのものが複雑でもとに戻らなくなっている（アリギ，2009）。世界経済危機は政府介入型の経済システムはもはや過去の保護主義，管理主義への回帰ではなく，多様性に基づく世界的な結び付きの再構成を求めると思われる。世界はそれほどに結びつきを強め，深化させているからだ。ロシア，東欧社会の揺れは，歴史の揺れを読み解く手がかりを与えてくれるだろう。

●参考文献

アリギ，G.（2009）『長い20世紀』土佐弘之監訳，作品社。
小原篤次（2009）『政府系ファンド』日本経済新聞社。
みずほ総合研究所（2010）『ソブリン・クライシス』日本経済新聞社。
Collins, K. (2009) *Clan politics and regime transition in Central Asia,* Cambridge.
Daianu, D. (2009) *Which way goes capitalism?* CEU Press.
EBRD (2009) *Transition report.*
Pejovich, S. (2009) "On liberalism, capitalism, the rule of law, and the rule of men, Centre for research into post-communist economies", *The rule of law in the market,* No. 25, July.
UN (2010) *World investment report.*
Zaidi, S., et al. (2009) *Satisfaction with the life and service delivery in Eastern Europe and the Former Soviet Union,* The World Bank.

資料編

表資 - 1 EU15カ国，10カ国＋ 4 カ国の基礎データ（2007年）

（1）EU 加盟15カ国のデータ（2007年）

国 名	面 積 (km²)	人 口 (100万人)	GDP (100万ドル)	1人当たり GDP/ドル	ユーロ圏参加国 自国通貨	シェンゲン 協定実施
アイルランド	70,237	4.3	260,869	60,655	＊	△
イギリス	242,900	60.8	2,771,504	45,607	ポンド	△
イタリア	301,336	58.9	2,101,437	35,692	＊	○
オーストリア	83,871	8.4	373,616	44,687	＊	○
オランダ	37,554	16.4	776,124	47,270	＊	○
ギリシャ	131,957	11.1	313,355	28,111	＊	○
スウェーデン	441,370	9.1	454,312	49,821	スウェーデン・クローナ	○
スペイン	505,992	44.3	1,436,895	32,451	＊	○
デンマーク	43,094	5.4	311,465	57,232	デンマーク・クローネ	○
ドイツ	357,114	82.6	3,323,561	40,237	＊	○
フィンランド	338,419	5.3	244,662	46,365	＊	○
フランス	551,500	61.6	2,556,601	41,471	＊	○
ベルギー	30,528	10.5	453,631	43,379	＊	○
ポルトガル	92,090	10.6	222,893	20,982	＊	○
ルクセンブルク	2,586	0.5	49,460	106,010	＊	○
EU15カ国 計・平均	3,230,348	389.8	15,650,385	40,151		

注：＊＝ユーロ圏参加国。
出所：国際貿易投資研究所，国際比較統計，http://www.iti.or.jp/ および総務省統計局「世界の統計2010」より試算。

（2）EU新規加盟10カ国＋4カ国のデータ（2007年）

国名	面積(km²)	首都	人口(100万人)	GDP(100万ドル)	1人当たりGDP/ドル	加盟申請年	国民投票日	通貨	シェンゲン協定実施
チェコ	78,867	プラハ	10.2	174,998	17,180	1996年	6月15〜16日	コルナ	○
ハンガリー	93,028	ブダペシュト	10.0	138,356	13,795	1994年	4月12日	フォリント	○
ポーランド	312,685	ワルシャワ	38.1	420,130	11,032	1994年	6月8日	ズウォチ	○
スロヴァキア	49,035	ブラチスラヴァ	5.4	74,955	13,906	1995年	5月16〜17日	＊	○
スロヴェニア	20,273	リュブリャナ	2.0	45,908	22,936	1996年	3月23日	＊	○
エストニア	45,227	タリン	1.3	21,275	15,932	1995年	9月14日	エストニア・クローン	○
ラトヴィア	64,559	リーガ	2.3	27,165	11,930	1995年	9月20日	ラット	○
リトアニア	65,300	ヴィリニュス	3.4	38,332	11,308	1995年	5月10〜11日	リタス	○
キプロス	9,251	ニコシア	0.9	21,276	24,893	1990年	議会批准のみ	＊	×
マルタ	316	ヴァレッタ	0.4	7,436	18,289	1990年	3月8日	＊	○
10カ国計/平均	738,541		74.0	（計）969,831	（平均）13,114				
ルーマニア	238,391	ブカレスト	21.5	121,901(2006年)	5,661(2006年)	1995年		レイ	×
ブルガリア	110,879	ソフィア	7.6	39,551	5,178	1995年		新レウ	×
EU27カ国平均	4,318,159(万km²)		492.8	（計）16,659,767	（平均）33,805				
トルコ	783,562	アンカラ	73.0	482,987	8,864	1987年		トルコ・リラ	
クロアチア	56,594	ザグレブ	4.4	44,437	13,225	2003年		クーナ	

出所：国際貿易投資研究所「国際比較統計（2010）」，総務省統計局「世界の統計2010」より試算。

表資-2 体制転換後の各国政権政党の変遷

年	ポーランド	チェコ	スロヴァキア	ハンガリー	スロヴェニア
89～92	89.6 市民議会クラブ(OKP)、ポーランド統一労働者党(PZPR)、統一農民党(ZSL)、民主党(SD)。タデウ・マゾヴィエツキ内閣、のちヤン・ビェレツキ内閣 91.10 中道連合(PC)、キリスト教国民連合(ZChN)ほか。ヤン・オルシェフスキ内閣、のちヴァルデマル・パヴラク内閣およびハンナ・スホツカ内閣	90.6 市民フォーラム、チェコスロヴァキア人民党、キリスト教民主連合。ペトル・ピトハルト内閣 92.6 市民民主党、市民民主同盟、キリスト教民主連合―チェコスロヴァキア人民党。ヴァーツラフ・クラウス内閣	90.6 選挙。暴力に反対する公衆(VPN)、キリスト教民主運動(KDH)、民主党(DS)。メチアル内閣 91.4 カーン・チカルノグルスキー内閣 92.6 選挙。民主スロヴァキア運動(HZDS)、スロヴァキア国民党(SNS)。メチアル内閣	90.4-5 ハンガリー民主フォーラム(MDF)、独立小農業者党(FKGP)、キリスト教民主国民党(KDNP)。アンタル、ヨージェフ内閣 93.12 ボロシュ・ペーテル内閣	90.4 民主野党連合。ロイゼ・ペテルレ内閣 92.5 ヤネス・ドルノウシェク内閣 92.12 スロヴェニア自由民主党、他5党の連立、92.12 下院選挙、自由民主党(LDS)、スロヴェニアキリスト教民主党(SKD)、社会民主統一リスト(2LSD)、スロヴェニア民主党(SDS)
93～96	93.9 民主左翼同盟(SLD)、ポーランド農民党(PSL)。ヴァルデマル・パヴラク内閣、のちユゼフ・オレクスィ内閣、ヴウォジミェシ・チモシェヴィチ内閣	96.5/6 同上	94.3 議会で内閣不信任案可決。民主連合(DÚ)、キリスト教民主運動(KDH)、民主左翼党(SDĽ)。モラウチーク内閣 94.9-10 選挙。民主スロヴァキア運動(HZDS)、スロヴァキア国民党(SNS)、スロヴァキア労働者連盟(ZRS)。メチアル内閣	94.4-5 ハンガリー社会党(MSZP)、自由民主連合(SZDSZ)。ホルン、ジュラ内閣	93.1 ドルノウシェク内閣 96.11 スロヴェニア自由民主党(連立)
97～98	97.9 連帯選挙行動(AWS)、自由同盟(UW)。イェジ・ブゼク内閣	98.1 ヨゼフ・トショフスキー内閣(官僚内閣) 98.6 チェコ社会民主党。ミロシュ・ゼマン内閣	98.9 選挙。スロヴァキア民主連立(SDK)、民主左翼党(SDĽ)、ハンガリー人連立党(SMK)、市民同意党(SOP)。ズリンダ内閣	98.4-5 フィデス・ハンガリー市民党(略称はFidesz-MPP)、独立小農業者党(FKGP)、ハンガリー民主フォーラム(MDF)。オルバーン、ヴィクトル内閣	97.2 自由民主党(LDS)、スロヴェニア人民党(SLS)、スロヴェニア年金生活者党(De SUS)。ドルノウシェク内閣
01～04	01.9 民主左翼同盟(SLD)、労働同盟(UP)、ポーランド農民党(PSL)。レシェク・ミルレル内閣、	02.6 チェコ社会民主党、キリスト教民主連合―チェコスロヴァキア人民党、自由連合。ヴラジーミル・シ	02.9 選挙。スロヴァキア民主キリスト教連合(SDKÚ)、ハンガリー人連立党(SMK)、キリ	02.4-5 ハンガリー社会党(MSZP)、自由民主連盟(SZDSZ)。メジェシ、ペーテル内閣、のちにジュルチャ	00.5 アンジュイ・バユク内閣 00.10 スロヴェニア自由民主党(LOS)、他4党の連立

資料　319

01〜04	のちマレク・ベルカ内閣	ユビドラ内閣，のちスタニスラフ・グロス内閣：連合構成は同じ	ト教民主運動（KDH），新市民連盟（ANO）。ズリンダ内閣	ーニ，フェレンツ内閣	00.12 ドルノウシェク内閣 02.12 マントン・ロップ内閣 04.10 スロヴェニア民主党（SDS），新スロヴェニア・キリスト教人民党（NSi），スロヴェニア人民党（SLS），スロヴェニア年金生活党（De SUS） 04.12 ヤネス・ヤンシャ内閣
05〜06	05.9 法と公正（PiS）。カジミェシ・マルチンキェヴィチ内閣（のち自衛・ポーランド家族連盟（LPR）と連立。ヤロスワフ・カティンスキ内閣）	イジー・パロウベク内閣：連合構成は同じ 06.6 下院選挙。市民民主党（ODS）キリスト教民主連立（SKD），スロヴァキア人民党（KDU-ČSL），緑の党（S2），のちミレク・トポラーネク内閣	06.6 総選挙。方向（Smer），人民党-民主スロヴァキア運動（LS-HZDS），スロヴァキア国民党（SNS）。フィツォ内閣	06.4-5 ハンガリー社会党（MSZP），自由民主連盟（SZDSZ）。ジュルチャーニ，フェレンツ内閣 09.4 バイナイ・ゴルドン内閣	
07〜	07.10 市民政綱（PO），ポーランド農民党（PSL）との連立。ドナルド・トゥスク内閣	09.5 フィシェル内閣 官僚内閣 10.5 下院選挙。社会民主党（CSSD），しかし第2党市民民主党（ODS）がTOP09と公共（VV）と連立。ペトル・ネチャス内閣	10.6 総選挙。スメル第1党なるも連立交渉失敗。スロヴァキア民主キリスト教連合（SDKÚ），自由と連帯（SaS），キリスト教民主運動（KDH），橋（Most-Hid）。ラディチョバー内閣	10.4 フィデス-ハンガリー市民連盟（Fidesz-MPSZ），キリスト教民主国民党（KDNP）。オルバーン，ヴィクトル内閣	08.9 スロヴェニア社会民主党（SD），ザレス（Zares），スロヴェニア年金生活者党（De SUS），自由民主党（LDS）。ボルト・パホル首相

注：ハンガリーの人名については姓，名の順とする。

年	リトアニア	ラトヴィア	エストニア	ルーマニア	ブルガリア
89〜93	90.3 サユーディス，リトアニア共産党他。カジミラD・プルンスキャネ内閣 91.1 サユーディス。アルベルタス・シメナス内閣。サユーディス。ゲディミナス・ヴァグノリウス内閣 92.7 サユーディス。アレクサンドラス・アビシャラ内閣 92.12 リトアニア民主労働党。プロニスロヴァス・ルビス内閣 93.3 リトアニア民主労働党。アドフファス・シュレジェヴィチウス内閣	90.5 ラトヴィア人民戦線。イヴァルス・ゴドマニス内閣（ラトヴィア人民戦線） 93.7 ラトヴィアの道，ラトヴィア農民連合。ヴァルディス・ビルカヴス内閣（ラトヴィアの道）	90.5 人民戦線。エトカル・サヴィサール内閣 92.1 人民戦線。ティート・ヴァヒ内閣 92.10「祖国」，穏健党，ERSP。マルト・ラール内閣	89.12 ロマン暫定内閣 90.5 選挙。救国戦線（FSN） 90.6 ロマン内閣 91.10 ストロジャン内閣 92.9 選挙。民主救国戦線（FDSN） 92.11 ヴァカロイウ内閣	90.2 ブルガリア共産党（4月，ブルガリア社会党に改称）。アンドレイ・ルカノフ内閣 90.6 選挙 90.12 ブルガリア社会党，民主勢力農民同盟。ディミクル・ポポフ内閣 91.10 選挙 91.11 民主勢力同盟。フィリプ・ディミトロフ内閣 92.12 リュベン・ベロフ内閣（無党派）
94〜96	96.2 リトアニア民主労働党。ラウリナス M.スタンケヴィチウス内閣 96.12 祖国連合，リトアニアキリスト教民主党他。ゲディミナス・ヴァグノリウス内閣	94.9 ラトヴィアの道，経済家政治連合。マーリス・ガイリス内閣（ラトヴィアの道） 95.12 民主党「サイムニャークス」，祖国と自由，ラトヴィアの道，ラトヴィア農民同盟，ラトヴィア統一党。アンドリス・シチェーレ内閣（無所属）	94.11 穏健党，「祖国」など多数。アンドレス・タラント内閣 95.4 中央党，連合党。ティート・ヴァヒ内閣 95.11 連合党，改革党。ティート・ヴァヒ内閣	96.11 選挙，ルーマニア民主会議（CDR），国民キリスト民主－農民党（PNT-cd）国民自由党（PNL）など；社会民主連盟（USD）；在ルーマニアハンガリー民主連盟（UDMR） 96.12 チョルベヤ内閣	94.10 レネタ・インジョヴァ内閣（選挙管理内閣） 94.12 選挙。民主左翼（アレクサンダル・スタンリースキ，エコグラスノスト），ブルガリア社会党，ブルガリア農民同盟 95.1 ジャン・ヴィデノフ内閣
97〜99	99.6 祖国連合，リトアニアキリスト教民主党。アンドリウス・クビリウス内閣 00.10 リトアニア自由連合，新連合。ロランダス・パクサス内閣 01.6 リトアニア社会民主党，新連合。アルギルダス・プラザウスカス内閣	97.2 ラトヴィアの道，祖国と自由連合，民主党「サイムニャークス」，ラトヴィアキリスト教民主連合／ラトヴィア農民連合。アンドリス・シチェーレ内閣（無所属） 97.8 ラトヴィアの道，祖国と自由連合，民主党「サ	97.3 連合党。マルト・シーマン内閣 99.3「祖国」，穏健党，改革党。マルト・ラール内閣	98.4 ヴァシレ内閣 99.12 イサレスク内閣	97.2 ステファン・ソフィヤンスキ内閣（選挙管理内閣） 97.4 選挙，統一民主党 97.5 統一民主勢力。イヴァン・コストフ内閣

		イムニァークス」，ラトヴィアキリスト教民主連合／ラトヴィア農民連合。グンタルス・クラスツ内閣（祖国と自由連合） 98.4 ラトヴィアの道，祖国と自由連合，民主党「サイムニァークス」，ラトヴィアキリスト教民主連合，ラトヴィア農民連合，ラトヴィア緑の党，ラトヴィア民族改革党，ラトヴィア国民改革党。グンタルス・クラスツ内閣（祖国と自由連合） 98.11 ラトヴィアの道，祖国と自由連合，新党，ラトヴィア社会民主党(99.2参加)。ヴィリス・クリシュトパンス内閣（ラトヴィアの道） 99.7 人民党，ラトヴィアの道，祖国と自由連合。アンドリス・シチェーレ内閣（人民党）			
00～05	04.12 労働党，祖国連合，リトアニア民主労働党ほか。アルギルダス・ブラザウスカス内閣	00.5 人民党，ラトヴィアの道，祖国と自由連合，新党。アンドリス・ベルジンシュ内閣（ラトヴィアの道） 02.11 新党，ラトヴィア第1党，緑と農民連合，祖国と自由連合。アイナルス・レプシェ内閣（新党） 04.3 新党，祖国と自由連合，緑と農民連合，ラトヴィア第1党。インドゥリス・エムシ	02.1 中央党，改革党。シームカッラス内閣 03.3 共和国党，改革党，国民同盟。ユハン・パルツ内閣 05.4 改革党，中央党，国民同盟。アンドルス・アンシップ内閣	00.11 選挙。ルーマニア民主社会党(PDSR) 00.12 ナスタセ内閣 03.6 ナスタセ内閣 04.3 ナスタセ内閣 04.11 選挙。DA連盟（国民自由党(PNL)＋民主党(PD)），在ルーマニア民主ハンガリー連盟(UDMR)（ルーマニアヒューマニスト党(PUR)→保守党	01.6 選挙 01.7 国民運動シメオン2世，権利と自由のための運動。シメオン・サクスコブルクゴツキ内閣 05.6 選挙 05.8 ブルガリアのための連合，国民運動シメオン2世，権利と自由のための運動の連立。セルゲイ・スタニシェフ内閣

00〜05		ス内閣（ラトヴィア緑の党）04.12 人民党，緑と農民連合，新党，ラトヴィア第1党。アイガルス・カルヴィーティス内閣（人民党）		に改称）04.12 タリチャヌ内閣	
06〜	08.10 総選挙。祖国同盟，国家復興党，リベラルムーブメント及び自由中央同盟。クビリウス首相	06.10 総選挙。「国民党」，「新時代」，「緑と農民連合」，「ラトヴィア第1党」，「祖国と自由」。第2次カルヴィーティス連立政権（07.12-ゴドマニス政権）09.2 ドンブロウスキス政権。「新時代」，「国民党」，「緑と農民連合」「ラトヴィア第1党・ラトヴィアの道」，「祖国と自由」10.10 総選挙	07.3 総選挙。改革党，祖国レス・ププリカ同盟。第2次アンシプ内閣	08.11 民主自由党，社民党，保守党。ボック内閣→社民党・保守党連立離脱 09.12 大統領選。民主自由党，ハンガリー人民主同盟。ボック内閣	09.7 総選挙。「ブルガリアの欧州における発展のための市民（GERB）」（右派）。ボリソフ政権

資料 323

年	クロアチア	セルビア	ボスニア・ヘルツェゴヴィナ	マケドニア	アルバニア
90〜93	90.5 クロアチア民主同盟（総選挙：スティェパン・メスィッチ内閣） 90.8 クロアチア民主同盟（改造：ヨシップ・マノリッチ内閣） 91.7 クロアチア民主同盟など8党による「民主統一政府」（改造：フラニョ・グレグリッチ内閣） 92.8 クロアチア民主同盟（総選挙：フルヴォイエ・シャリニッチ内閣） 93.4 クロアチア民主同盟（改造：ニキツァ・ヴァレンティッチ内閣）	90.12 セルビア社会党 92.6 セルビア社会党 92.7（連邦）パニッチ内閣 93.3（連邦）コンティッチ内閣	90.11 民主行動党，セルビア民主党，クロアチア民主同盟 90.12 ペリヴァン内閣 92.11 アクマジッチ内閣 93.10 シライジッチ内閣	90.11 内部マケドニア革命組織・マケドニア民族統一民主党，社会民主連盟 91.3 クリュシェフ内閣 92.9 ツルヴェンコフスキ内閣	91.2 ナノ内閣 91.4 アルバニア労働党（社会党） 91.6 ブフィ内閣 91.12 アフメティ内閣 92.3 アルバニア民主党 92.4 メクシ内閣
94〜96	95.11 クロアチア民主同盟（総選挙：ズラトコ・マテシャ内閣）		96.1 ムラドヴィッチ内閣 96.9 民主行動党，セルビア民主同盟，クロアチア民主同盟	94.10 マケドニア社会民主連盟などの「マケドニア同盟」 94.12 ツルヴェンコフスキ内閣	
97〜00	同上 00.1 クロアチア社会民主党など6党連立（総選挙：第1次イヴィツァ・ラチャン内閣）	97.7 セルビア社会党，セルビア急進党 97.11（連邦）コンティッチ内閣 98.5（連邦）ブラトヴィッチ内閣 00.11（連邦）シジッチ内閣 00.12 セルビア民主野党連合	97.1 シライジッチとボシッチの共同首相内閣 98.9 統一民主ボスニア・ヘルツェゴヴィナ連合 99.2 シライジッチとミハイロヴィッチの共同首相内閣 00.6 トゥゼヴリャク内閣 00.11 社会民主党を中心に非民族主義政権	98.10 内部マケドニア革命組織・マケドニア民族統一民主党 98.11 ゲオルギエフスキ内閣	97.6 アルバニア社会党 97.7 ナノ内閣 98.10 マイコ内閣 99.10 メタ内閣
01〜05	02.7 クロアチア社会民主党など5党連立（改造：第2次イヴィツァ・ラチャン内閣） 03.12 クロアチア民主同盟＋民主センター（総選挙：	01.1（セルビア）ジンジッチ内閣 01.7（連邦）ペシッチ内閣 03.3（セルビア）ジフコヴィッチ内閣 03.12 セルビア民	01.2 マティッチ内閣 01.7 ラグムジヤ内閣 02.5 ミケレヴィッチ内閣 02.10 民主行動党，セルビア民主党，	02.9 マケドニア社会民主連盟，統合のための民主同盟の連立 02.11 ツルヴェンコフスキ内閣 04.6 コストフ内閣	01.6 アルバニア社会党。メタ内閣 02.2 マイコ内閣 02.7 ナノ内閣 05.7 アルバニア民主党（共和党と連立） 05.9 ベリシャ内閣

01〜05	第1次イヴォ・サナデル内閣）	主党など少数与党連立 04.3（セルビア）コシュトゥニッツァ内閣	クロアチア民主同盟 03.1 テルジッチ内閣	04.12 ブチュコフスキ内閣	
06〜	07.11 総選挙。HDZ・HSS・HSLS連合。サナデル首相（09.7- ヤドランカコソル首相）			06.7 マケドニア社会民主連合（VMRO-DPMNE），DPA，新社会民主党（NSDP），マケドニアの民主的復興等（DOM），欧州的未来党（PEI）。グルエフスキー政権 08.6 統合のための民主同盟（VMRO-DPMNE, DUI）。グルエフスキ政権	09.6 民主党，「統合のための社会主義運動（SMI）」など。しかし野党社民党による議会ボイコット

資料 325

年	トルコ	ウクライナ	ロシア
90〜93	91.10 総選挙。正道党（DYP）・社会民主人民党（SHP）連立政権、首相：スレイマン・デミレル（DYP党首），タンス・チルレル（DYP党首：93.6-）	90.3 議会選挙，ウクライナ共産党（91年8月解党） 90.10 フォーキン内閣 91.12 クラフチュク大統領当選 92.10 クチマ内閣 93.9 ズヴァヒルスキー代行内閣	90 ソ連共産党 91.8 ソ連共産党解散 91.12 ソヴィエト社会主義共和国連邦解体 93.12 下院選挙。エリツィン大統領，ガイダールら「ロシアの選択」と「統一と合意」派（シャフライ）創設。チェルノムイルジン内閣
94〜97	95.12 総選挙。繁栄党（RP）・正道党（DYP）連立政権，首相：ネジメッティン・エルバカン（RP党首） 97.6 祖国党（ANAP）・民主左派党（DSP）・民主トルコ党（DTP）連立政権，首相：メスット・ユルマズ（ANAP党首）	94.3 議会選挙 94.6 マソール内閣（-95.4） 94.7 クチマ大統領当選 95.6 マルチュク内閣 96.5 ラザレンコ内閣 97.7 プストヴォイテンコ内閣（-99.12）	94「ロシアの民主的選択（ガイダール）」創設 95.12 下院選挙。「我々の家ロシア」（チェルノムイルジン）
98〜01	99.4 総選挙。民主左派党（DSP）・民族主義者行動党（MHP）・祖国党（ANAP）連立政権首相：ビュレント・エジェビット（DSP党首）	98.3 議会選挙，人民民主党など多数 99.11 クチマ大統領再選 99.12 ユーシチェンコ内閣，人民民主党，祖国党など 01.5 キナフ内閣（-02.12），人民民主党，地域党，社会民主合同党，労働ウクライナ党，産業企業家党	98.3 チェルノムイルジン首相解任，キリエンコ内閣成立 98.8 キリエンコ内閣総辞職，プリマコフ内閣（98.9） 99.5 ステパーシン内閣 99.8 プーチン内閣 99.12 下院選挙。「統一」，「祖国・全ロシア」。カシヤノフ内閣 01.12「統一ロシア」創設
02〜05	02.11 総選挙。公正発展党（AKP）政権，首相：アブドゥラー・ギュル（AKP副党首），レジェップ・タイップ・エルドアン（AKP党首：03.3-）	02.3 議会選挙 02.12 ヤヌコヴィッチ内閣，地域党，社会民主合同党，労働ウクライナ党，産業企業家党 04.12 ユーシチェンコ大統領当選 05.2 ティモシェンコ内閣，「我らのウクライナ」ブロック，「ティモシェンコ」ブロック，社会党，産業企業家同盟党 05.9 エハヌロヌ内閣，「我らのウクライナ」ブロック，社会党，産業企業家同盟党	03.12 下院選挙。「統一ロシア」 04.3 フラトコフ内閣
06〜	07.7 公正発展党（AKP）。第2次エルドアン内閣	06.3 議会選挙 06.7 ヤヌコヴィッチ内閣。「我らのウクライナ」ブロック，地域党，社会党，共産党 07.9 議会選挙。第2次ティモシェンコ内閣。「我らのウクライナ」ブロック，「ティモシェンコ」ブロック 10.1-2 大統領選挙。ヤヌコヴィッチ当選。アザーロフ内閣。地域党，共産党，「リトヴィン」ブロック	07.9 ズプコフ内閣 07.12 下院選挙。「統一ロシア」 08.3 メドヴェージェフ大統領当選 08.5 プーチン内閣

表資-3 ソ連／ロシアの政治経済年表

年	月	出来事
1985	3	チェルネンコ共産党書記長が死去。後任にゴルバチョフを選出。
	4	ソ連共産党中央委員会総会でゴルバチョフが経済発展の加速化を主張。
1986	2	第27回党大会において「新思考」が提唱され，綱領新稿・規約が採択される。
	4	チェルノブイリ原子力発電所事故。
	6	「ペレストロイカ」路線への転換。
	11	個人労働活動法を採択。
1987	1	合弁企業規定を採択。
	6	国有企業法を採択（1988年1月に施行）。国有企業に自主管理，自立性が付与される。
	12	米ソ首脳会談で中距離核戦力（INF）全廃条約が調印される。
1988	5	アフガニスタンからの撤兵開始（1988年2月に完了）。協同組合法が採択される。
	6	第19回全連邦党協議会開催（国家と党の機能を分離することなどが決定される）。
	12	ゴルバチョフが国連で通常兵力の一方的削減を表明。
1989	3	複数候補制による人民代議員選挙の実施。非党員，改革派などが選出された。5〜6月に第1回人民代議員大会が開催され，ゴルバチョフを最高会議議長に選出。
	5	ゴルバチョフ訪中。中ソ関係の正常化。
	8	バルト三国で独ソ不可侵条約・秘密議定書に抗議して「人間の鎖」が作られる。
	12	マルタで米ソ首脳会談が開催され，冷戦の終結と東欧の自主権尊重が確認される。
1990	2	党拡大中央委員会総会で党の指導性を放棄，複数候補制を容認。ラトヴィア最高会議が1940年のソ連併合を無効と宣言。
	3	所有法を採択。リトアニア最高会議が独立回復原則を採択。エストニアが独立を宣言。ゴルバチョフがソ連初代大統領に選出される。
	5	ラトビア最高会議が独立回復原則を採択。ルイシコフ首相が最高会議で市場経済への移行を報告（調整市場経済への移行構想）。ロシア共和国最高会議議長にエリツィンが選出される。
	6	ロシア，ウズベキスタン，モルドヴァなどの共和国が主権宣言。
	9	ソ連，韓国と国交を樹立。
	10	最高会議が市場経済への移行の基本方向を採択。
1991	1	ラトヴィア，リトアニアで軍事衝突が起こる（血の日曜日）。
	3	連邦制の維持を問う国民投票を実施（7共和国が不参加）。
	4	危機脱出のための共同行動プログラム（9＋1）を承認。
	6	エリツィンがロシア共和国大統領に就任。コメコン，総会で解散を決議。
	7	民営化法，外資法を採択。ロンドン・サミットにゴルバチョフが出席。ワルシャワ条約機構解体条約が調印される。
	8	保守派によるクー・デタ失敗に終わる。ソ連共産党が解散される。
	9	ソ連，バルト三国の独立を承認。三国は国連に加盟。12共和国の指導者が経済同盟条約の締結に合意。
	12	ウクライナで独立を問う国民投票を実施（90％以上の支持）。独立国家共同体（CIS）創設の議定書が調印される。ゴルバチョフ大統領辞任，ソ連消滅。

年	月	事項
1992	1	「ショック療法」型経済改革を開始，価格の自由化を実施。
	3	ロシア連邦条約の締結（チェチェン，タタールスタンを除く）。
	4	旧ソ連諸国がIMFおよび世界銀行に加盟。
	10	民営化小切手（バウチャー）の交付。
	12	第7回人民代議員大会で議会と政府・大統領が対立。
1993	3	第8，9回人民代議員大会，大統領不信任案否決。
	4	国民投票（投票率64％）の実施。投票の結果，大統領は信任され，経済政策も支持された。
	9	旧ソ連11共和国が経済同盟条約を調印（ウクライナは準加盟）。
	10	最高会議派と大統領派が衝突（軍が議会ビルを攻撃）。議会が解散され，憲法裁判所は機能停止に（11月事件）。土地の私有化を承認。
	12	連邦議会（上院）・国家議会（下院）選挙で急進改革派が過半数を取れず，自民党（ジリノフスキー党首），共産党などが台頭。国民投票で新憲法が採択（有効投票の58.4％）される。グルジアがCISに加盟。
1994	6	EUとの「パートナーシップ協力協定」に調印。
	10	ルーブルの暴落（暗黒の火曜日）。
	12	チェチェン共和国への武力進攻を開始。
1995	1	欧州安全保障協力機構（OSCE）が発足。
	7	ルーブルの対ドル相場を目標相場制にする。
	12	下院選挙（議席数450）で共産党が157議席を獲得，第一党に。
1996	3	ロシア，ベラルーシ，カザフスタン，キルギス4カ国が統合深化条約調印。
	4	ロシアとベラルーシが主権国家共同体条約を締結。パリクラブ債務でロシアの包括リスケに合意。
	6	ロシア，為替管理や資金移動の制限を撤廃し，IMF8条国に移行。
	7	大統領選挙でエリツィンが再選（第2次投票で53.8％の得票）。
1997	4	ロシア・ベラルーシ連合条約調印。
	5	ロシア・ベラルーシ連合憲章調印。ロシア・NATO基本文書調印。
1998	1	デノミネーションの実施。
	3	チェルノムイルジン内閣退陣。キリエンコ内閣成立。
	8	ロシア通貨金融危機。
	9	エリツィン大統領，プリマコフを首相に任命。
1999	9	第二次チェチェン紛争勃発。
	12	ロシア下院選挙実施。共産党が第一党（113議席）に。エリツィン大統領が辞任する。後継者にプーチン首相を指名。
2000	3	プーチン，第2代大統領に選出される。
	8	潜水艦クルスク難破，プーチン政権の対応に批判が続出。
2001	6	上海協力機構創設（中国，ロシア，カザフスタン，キルギス，タジキスタン，ウズベキスタンが参加）。
	秋	ロシア，アメリカによるアフガニスタンでの対タリバーン戦争に協力。
	12	アメリカ，ABM条約の脱退を宣言。
2002	10	モスクワで劇場占拠事件が発生。ロシア軍による救出作戦で120名が死亡。
	11	ブリュッセルでEU・ロシア首脳会議が開催。

年	月	事項
2003	3	第2次イラク戦争勃発。
	5	サンクト・ペテルブルクでEU・ロシア首脳会議開催。ロシア・EUの協力のための「4つの共通空間」を設定。
	10	ユコスCEOのホドルコフスキーが脱税等の容疑で逮捕される。
	11	グルジアで「バラ革命」が起きる。
	12	下院選挙実施。与党「統一ロシア」が全議席の68%を獲得し圧勝。
2004	2	プーチン，カシヤノフ首相を解任。
	3	連邦政府機構の改革，省庁の大幅な削減と再編が断行される。プーチン，大統領に再選（得票率71.2%）。フラトコフ内閣成立。
	5	プーチン政権2期目スタート。再度，連邦政府機構が改編される。
	9	北オセチア共和国ベスランでテロリストが学校を占拠する事件が発生。救出作戦で多数の犠牲者が出る。
	11〜12	ウクライナで「オレンジ革命」が起きる。ロシアとウクライナ指導部の関係が紛糾。
	12	地方首長の直接選挙を廃止し，大統領の任命制に。
2005	1	社会保障の「収益化」を目指す改革案に対する抗議デモが頻発。
	5	下院選挙制度の改革。比例代表・小選挙区制から比例代表制に移行。
2006	7	サンクト・ペテルブルクでG8首脳会談を開催。
2007	7	国際オリンピック委員会，2014年の冬季五輪の開催地をソチに決定。
	9	アジア太平洋経済協力（APEC）首脳会談で，2012年の同会談の開催地をウラジオストクに決定。フラトコフ内閣総辞職。ズブコフ内閣が成立。
	12	下院選挙実施。与党「統一ロシア」が3分の2を超える315議席を獲得。プーチン，メドヴェージェフ第一副首相を次期大統領候補として支持することを表明。ロシア，欧州通常戦力（CFE）条約の履行を停止。
2008	3	大統領選挙が実施され，メドヴェージェフが当選（得票率70.2%）。
	4	ソチで米ロ首脳会談。安全保障や経済分野での二国間協力を柱とする「戦略的枠組宣言」が採択される。
	5	メドヴェージェフ，第3代大統領に就任。プーチン内閣成立に合わせて，省庁再編が実施される。
	6	ウラル地方のハンティ・マンシイスクでEU・ロシア首脳会議開催。「パートナーシップと協力協定」に代わる「包括的枠組協定」についての交渉を開始する共同声明が発表される。
	7	ラブロフ外相が中国を訪問し，中ロ東部国境の画定に関する追加議定書に調印。
	8	グルジア領南オセチアでグルジア軍とロシア軍の武力衝突が発生。ロシア軍はグルジア領内に侵攻。26日にはメドヴェージェフ大統領が南オセチアとアブハジアの独立を承認。
	11	フランスのニースでEU・ロシア首脳会談開催。グルジア問題，欧州安全保障，国際金融危機などについて議論された。
2009	1	ガスプロム，ウクライナへのガス供給を停止。ロシア産ガスの欧州向け供給が約8割減少した。
	4	ロンドンでG20サミット開催。サミット前日に米ロ首脳会談が行われ，第一次戦略兵器削減条約（START1）に代わる核軍縮条約の締結に向けた交渉を開始することで合意。
	5	ハバロフスクでEU・ロシア首脳会議開催。日ロ原子力協定の締結。
	7	米ロ首脳会談開催。第一次戦略兵器削減条約（START1）に代わる新たな核軍縮条約の構想について合意。
	12	バチカンとの国交樹立。第一次戦略兵器削減条約（START1）失効。

2010	4	第一次戦略兵器削減条約（START 1）の後継条約に調印。 メドヴェージェフ大統領，ウクライナを訪問。ロシア黒海艦隊のウクライナ駐留の延長やウクライナ向け天然ガス供給価格の値下げについて合意。
	5～6	EU・ロシア首脳会談開催。エネルギー問題や査証制度の簡略化，WTO加盟などについて討議される。
	6	22日，ガスプロムはベラルーシ向けガス供給を停止。24日には再開。
	7	ロシア・ベラルーシ・カザフスタンの3カ国関税同盟が発足。
	8	プーチン首相，干ばつによりロシア産穀物の輸出を一時禁止することを発表。

表資-4 欧州統合，NATOと西欧・米関連年表

年	月	出来事
1946	3	チャーチル，「鉄のカーテン」演説。9月にチューリヒ大学での演説で「ヨーロッパ合衆国」を提唱。
1947	3	トルーマン・ドクトリン発表。
	6	マーシャル・プラン発表。
1948	3	ブリュッセル条約調印。
	4	欧州経済協力機構（OEEC）設立。
	5	ハーグ欧州会議。
	8	欧州審議会発足。
1949	1	ブリュッセル条約加盟5カ国とイタリア，アイルランド，デンマーク，ノルウェー，スウェーデンが欧州審議会憲章に調印（同8月欧州審議会発足）。
	4	北大西洋条約調印，NATO設立。
	5	西ドイツ（ドイツ連邦共和国）成立。
1950	5	シューマン・プラン発表。
	5	フランスのプレヴァン首相，欧州軍設置と欧州防衛共同体（EDC）を提唱。
1951	4	欧州石炭鉄鋼共同体（ECSC）を設立するパリ条約調印。
1952	5	欧州防衛共同体（EDC）条約調印。
	7	ECSC条約発効。
1954	8	フランス国民議会，EDC条約拒否（EDC構想の頓挫）。
1955	5	西ドイツ，NATOとWEUに加盟。
1957	3	欧州経済共同体（EEC）と欧州原子力共同体（EAEC）を設立するローマ条約調印。
1958	1	**ローマ条約発効。**
1959	11	欧州自由貿易連合協定（EFTA）調印。
1961	8	英国，デンマーク，アイルランド，EECに加盟申請。
1962	4	共通農業政策（CAP）の原則確立。
	5	ノルウェー，EC加盟申請。
1963	1	フランスのドゴール大統領，英国の加盟申請を拒否。
	7	ECとアフリカ18カ国との連合協定（ヤウンデ協定）署名。
	9	EC・トルコ連合協定（アンカラ協定）。
1965	4	機関合併条約（EEC・ECSC・EURATOM 単一の理事会と単一の委員会）調印。フランスによるEC意思決定へのボイコット開始。
1966	1	「ルクセンブルクの妥協」（重要案件については，理事会での全会一致を目指すという原則の確立）。
1967	5	英国，EEC加盟申請。
	7	機関合併条約の発効とECの誕生。
1968	7	関税同盟，農業市場を完成。
1969	12	ハーグ会議（70年代の欧州統合の目標を「完成」，「拡大」，「深化」，「政治協力」と定める）。

表資-5 拡大 EU，拡大 NATO と中・東欧関連年表

年	月	出来事
1944〜45	5	ソ連軍による中・東欧の開放と占領。
1945	2	ヤルタ会談で，米英ソ3大国，戦後処理に関する基本合意。
	11	ハンガリーで総選挙，小農業者党が第1党。
	12	ポーランド党大会。ゴムウカが「社会主義へのポーランドの道」を提唱。
1947	2	パリ講和会議。
	3	トルーマン・ドクトリン発表。
	6	マーシャル・プラン発表（ソ連の拒否により，チェコ，ポーランド，ハンガリー，マーシャル・プランの大会に不参加）。
1948	6	コミンフォルム，ユーゴスラヴィア除名を発表。
1949	1	経済相互連絡会議（コメコン）発足。
	10	東ドイツ（ドイツ民主共和国）成立。
1950	6	朝鮮戦争勃発。
1953	3	スターリン死去。
1954		東欧の諸改革。ワルシャワ条約機構成立。
1956	2	ソ連共産党第20回党大会，フルシチョフのスターリン批判。
	4	コミンフォルム解散。
	6	ポーランド，ポズナン暴動。
	10	ハンガリー・ブダペシュトで蜂起，ナジ復権，首相となる。ポーランド，ゴムウカ復権，ポーランド革命成功。
	11	ソ連軍ハンガリーに介入，カーダール政権樹立，ナジ逮捕（58.6 ナジ処刑）。
1960	4	中ソ対立の公然化。
1962	6	コメコン首脳会議，国際分業の基本原則を採択。
1963	3	ルーマニア党中央委員会，コメコン統合計画反対を決議。
	4	スロヴァキアでドプチェクが共産党スロヴァキア支部の第一書記に就任。
1964	10	ソ連でフルシチョフ第一書記解任，後任にブレジネフが就任。
1965	3	ルーマニアでチャウシェスク就任。
1968	1	チェコスロヴァキア共産党第一書記にドプチェクが就任。「プラハの春」の始まり。
	6	チェコスロヴァキアで検閲廃止，知識人らが「二千語宣言」発表。
	9	アルバニア，ワルシャワ条約機構から脱退。
	11	「ブレジネフ・ドクトリン」発表。ユーゴスラビアのコソヴォ自治州でアルバニア人の暴動。
1969	4	チェコスロヴァキアでドプチェク第一書記解任，後任にフサークが就任。
	8	ニクソン米大統領，ルーマニア訪問。
1970	12	西ドイツがポーランドのオーデル・ナイセ線を承認。
1972	9	ポーランド，ブルガリア，ハンガリー，西ドイツと正式に国交樹立。
	12	チェコスロヴァキア，西ドイツとの国交を正常化。

(表資-4 続き)

年	月	事項
1970	1	共通通商政策始動。
		このころ西ドイツのブラント政権による「東方政策」活発化。
	7	ルクセンブルク条約によりEC独自の財源確保(農業政策,関税および付加価値税の一部)。
1971	8	米,ドルと金の交換停止。
1972	1	英国,アイルランド,デンマーク,ノルウェー,EC加盟条約調印。
	4	欧州為替変動幅の縮小開始。
	9	ノルウェー国民投票,EC加盟批准を拒否。
	12	パリ首脳会議。
1973	1	**英国,デンマーク,アイルランドEC加盟(第一次拡大)。**
	3	EC共同フロート(域内固定・対外変動制)開始。
1974	12	第1回欧州理事会開催。
1975	2	第1次ロメ協定締結。
	3	経済通貨統合に関するマルジョラン報告公表。
		欧州地域開発基金の創設。
	4	ポルトガルでクーデター,ガエターノ独裁体制終焉(リスボンの春)。
	11	スペインで国家元首のフランコが死去。
1978	12	欧州通貨制度(EMS)設立。
1979	3	EMS発足,ECU導入。
	6	欧州議会第1回直接選挙。
	10	第2次ロメ協定締結。
1981	1	**ギリシャEC加盟(第二次拡大)。**
	10	EPC「ロンドン宣言」採択。
		欧州議会,「アルフェ報告」(「地域言語・文化と民族マイノリティの権利の憲章」)を採択。
1983	1	共通漁業政策始動。
	6	シュトットガルト欧州理事会,「厳粛なる宣言」を採択。
1984	2	欧州議会,欧州連合条約草案採択。
	6	フォンテンブロー欧州理事会,英国の対EC予算赤字問題解決。EC制度見直しのための委員会(ドゥーグ委員会)設置。
1985	1	ドロール欧州委員長が就任。
	6	『域内市場白書』(コーフィールド報告)採択。
		ミラノ欧州理事会,EEC条約改正のための政府間会議設置を決定。
	9	政府間会議招集。
1986	1	**スペイン,ポルトガルEC加盟(EC第三次拡大)。**
	2	単一欧州議定書調印。
1987	4	トルコ,ECに加盟申請。
		欧州地域議会創設。
1988	3	「チェッキーニ報告」公表。
1989	6	EC通貨同盟に関するドロール・レポート公表。
	7	「リングア計画」(EC域内の諸言語の教育を振興・保障)推進決定。
		オーストリアEC加盟申請。
	11	**ベルリンの壁崩壊。**

(表資 - 5 続き)

1974	2	ユーゴスラビアで新憲法制定。各共和国，自治州の権限を大幅拡大。
	5	ユーゴスラビアでチトーが終身大統領に就任。
	8	欧州安全保障協力会議（CSCE），ヘルシンキで最終文書に調印。
1977	1	チェコスロヴァキアでハヴェルら反対派知識人が「憲章77」を採択。
1978	10	ポーランドのクラクフ大司教ヴォイティワ，ローマ教皇ヨハネ・パウロ2世に選出。
1980	5	ユーゴスラビアのチトー大統領が死去。
	7	ポーランドでの肉類の値上げ，全土で労働者のスト。
	9	ポーランド独立自治労働組合「連帯」発足。
1981	3	**ユーゴスラビアのコソヴォ自治州でアルバニア人の暴動。非常事態令。**
	12	ポーランドに戒厳令（～83.7）。
1982	1	ハンガリー，小工業・サービス業に私営中小企業を認める法令施行。
1983	1	ソ連・東欧首脳会議，NATOとの武力不行使条約の締結を提案。
1984	12	ベルリンにて，ワルシャワ条約機構外相会議，核軍縮と宇宙の非軍事かをNATO諸国に訴えるコミュニケ採択。
1985	3	ソ連でゴルバチョフ大統領が新書記長に就任。
1987	4	チェコスロヴァキアと東ドイツ，中欧非核回廊設置を西ドイツに提案。
	6	ハンガリー，ECと貿易・経済協力協定へ向けた協議を開始。
1988	5	ハンガリーでカーダール書記長が死去，グロースが首相就任。
	6	EC・コメコン相互承認，共同宣言を採択。
	9	EC・ハンガリー通商経済協力協定調印。
	12	EC・チェコスロヴァキア通商経済協力協定調印。
1989	2	ポーランドで政府と「連帯」の円卓会議（同年4月まで）。
	6	ポーランドで総選挙，「連帯」が圧勝。
		ハンガリーで，1956年革命指導者ナジ・イムレの再埋葬式。多元化の改革推進。
	7	アルシュ・サミット，ポーランド・ハンガリー経済再建支援（PHARE）計画設立で合意。
	9	EC・ポーランド通商経済協力協定調印。
	11	**ベルリンの壁崩壊。**
		チェコスロヴァキアのプラハででも，「ビロード革命」始まる。
	12	**ルーマニアで救国戦線が政権掌握，チャウシェスク大統領夫妻を逮捕，処刑。**
		EC・ソ連通商協定調印。
1990	3～4	ハンガリーで総選挙，社会党が敗北，民主フォーラム連立政権成立。
	5	EC・チェコスロヴァキア経済通商協定調印。
		欧州復興開発銀行（EBRD）設立協定調印。
		ルーマニア総選挙で救国戦線が圧勝，イリエスクが大統領に。
	6	チェコスロヴァキアで総選挙，市民フォーラム（チェコ）が圧勝，スロヴァキアでメチアルが首相に就任。
	7	ソ連のゴルバチョフ書記長，ブレジネフ・ドクトリンを否定，「欧州共通の家」を強調。
		中・東欧諸国，ワルシャワ条約機構からの脱退の交渉開始。
		ロンドン宣言：NATO，同盟の見直し，中・東欧諸国との共同発展。
	11	NATOとワルシャワ条約機構の国々，欧州通常兵器条約（CFE）調印。
		NATO国と，6ワルシャワ条約機構国が，互いに敵と見なさない宣言に調印。
		NATO議会（NAA）で，中欧諸国は連合国（アソシエイト）となる。
	12	チェコスロヴァキア連邦議会，ハヴェルを大統領に選出。

(表資-4 続き)

年	月	事項
1990	6	難民に関するダブリン条約採択。 フランス，ドイツ，ベネルクス，シェンゲン補足条約署名。 ダブリン欧州理事会，EC条約改正のための政府間会議開催決定。
	7	経済通貨同盟（EMU）第1段階，資本の域内自由移動開始。 キプロスEC加盟申請。 NATO首脳会議，ロンドン宣言採択。 マルタ加盟申請。
	10	ドイツ統一。
	11	全欧安全保障協力会議（CSCE）パリ首脳会議，欧州通常戦力（CFE）条約調印，パリ憲章採択。 米・EC共同宣言（「新大西洋宣言」）調印。
	12	運輸・電気通信・エネルギー分野のインフラ整備に関する欧州横断ネットワーク（TENs）計画策定。 政府間会議招集。
1991	7	スウェーデンEC加盟申請。
	10	マドリッドでNATO議会（次回1995年はブダペシュトにて）。
	11	NATOローマ首脳会議，同盟の新戦略概念（「ローマ宣言」）採択。 北大西洋協力会議（NACC）創設。
	12	**EUがハンガリー，ポーランド，チェコスロヴァキアとの間で連合協定（欧州協定）調印。** 北大西洋協力会議（NACC），ブリュッセルで開催。16 NATO諸国，9中・東欧諸国が参加。
1992	1	ECがクロアチア，スロヴェニア両共和国の独立を承認。
	2	マーストリヒト条約調印。
	3	フィンランドEC加盟申請。 NACC会議。NATO新戦略概念を含むNATOの新構想。 NATOと中東欧の共同軍事委員会の最初の会合。
	4	EFTAとECとの間で欧州経済地域（EEA）条約締結。
	5	スイスEC加盟申請。 デンマーク国民投票でマーストリヒト条約批准拒否。
	6	欧州通常兵器条約（CFE：1990.11.19調印）発効。
	7	ノルウェーEC加盟申請。
1993	1	域内市場完成。
	2	オーストリア，スウェーデン，フィンランドEC加盟交渉開始。
	4	ノルウェーEC加盟交渉開始。
	5	デンマーク，再度の国民投票実施，マーストリヒト条約を批准。
	6	コペンハーゲン欧州理事会，欧州協定締結諸国のEC加盟基準（「コペンハーゲン基準」）について合意。
	10	チェコ共和国，スロバキア共和国とそれぞれ欧州協定締結。
	11	**マーストリヒト条約発効，EUの誕生。**
1994	1	EMU第2段階開始，欧州通貨機関（EMI）設立。 欧州経済地域（EEA）条約発効。 NATOのブリュッセル・サミット。平和のためのパートナーシップ（PfP）開始。
	8	ヴェルナー事務総長逝去。バァランツィノが事務総長代行。（9月よりクラエス事務総長）。

(表資-5 続き)

1991	2	ハンガリー，ポーランド，チェコスロヴァキアがヴィシェグラード三国協力を結成。 ワルシャワ条約機構 6 ヵ国代表，ブダペシュトで，ワルシャワ条約機構解体宣言。
	6	ユーゴスラヴィアのスロヴェニアとクロアチアが独立を宣言。 ソ連軍の中・東欧からの撤退。 **コメコンの解体**。
	7	NATO との技術協力開始についての話し合い。 **ワルシャワ条約機構（WTO）解散**。
	8	ソ連で「8月クー・デタ」未遂。
	9	ユーゴスラビアで内戦激化。
	10	ヴィシュグラード 3 国（ハンガリー，チェコスロヴァキア，ポーランド）の外務大臣，クラクフにて，NATO の活動への参加を望む共同宣言採択。
	11	NATO ローマ首脳会議，同盟の新戦略概念（「ローマ宣言」）採択。 北大西洋協力会議（NACC）創設。 マケドニア独立。
	12	**EU がハンガリー，ポーランド，チェコスロヴァキアとの間で連合協定（欧州協定）調印**。 **北大西洋協力会議（NACC），ブリュッセルで開催**。16 NATO 諸国，9 中・東欧諸国参加。 **CIS 設立条約調印，ソ連の解体**。
1992	1	EC がクロアチア，スロヴェニア両共和国の独立を承認。
	3	ボスニア・ヘルツェゴヴィナが独立を宣言，内戦へ，4月 EC が独立を承認。 NACC 会議。 NATO 新戦略概念を含む NATO の新構想。
	4	NATO と中・東欧の共同軍事委員会の最初の会合。
	7	欧州通常兵器条約（CFE：1990.11.19 調印）発効。
	12	セルビアでミロシェヴィチ大統領再選。
1993	1	チェコスロヴァキアが解体，チェコとスロヴァキア共和国が成立。
	2	ルーマニア，3月ブルガリアが欧州協定調印。
	3	「NATO の安全は，他のヨーロッパ諸国の安全と密接に結びつく」（ヴェルナー NATO 事務総長よりハンガリー首相アンタル宛の手紙）。
	10	ウィシェグラード諸国と NATO との関係強化要請。
1994	1	**NATO ブリュッセル首脳会議，東方拡大を再確認。平和のためのパートナーシップ（PfP）協定提案**。
	2	EU とハンガリー，ポーランドとの間で欧州協定発効。
	3	ハンガリー EU 加盟申請。
	4	ポーランド EU 加盟申請。
	5	ハンガリーで総選挙，社会党が議席の過半数を得て圧勝。
	6	EU とウクライナの間でパートナーシップと協力協定調印。 EU とロシアの間でパートナーシップと協力協定調印。
	10	NATO と中・東欧諸国との最初の共同訓練，オランダにて。
	12	**CSCE ブダペシュト首脳会議，全欧安全保障協力機構（OSCE）へと改組**。 **エッセン欧州理事会，欧州委員会が提案した中・東欧諸国の「加盟前戦略」に合意**。

(表資 - 4 続き)

1995	1	**オーストリア，スウェーデン，フィンランドEU加盟。**
	3	シェンゲン協定の実施。
	5	NATOとPfP諸国との会談。26カ国の参加。 NATO議会（NAA）本会議。
	9	NACCの会合で，NATO拡大問題に関する検討，解禁。
	11	EUと地中海諸国との間で，第一回閣僚級会議（バルセロナ会議）。
	12	米・EC行動計画・大西洋アジェンダ調印。 ボスニアに，NATOの平和履行軍（IFOR）。
1996	3	アムステルダム条約策定のための政府間会議招集。 アジアとヨーロッパの対話（ASEM）初の会合をタイのバンコクにて。
	6	アメリカ，6000千万ドルの支援金を，中欧3カ国（ハンガリー，ポーランド，チェコ）のNATO加盟準備金として提供(10.1に各国に渡される)。 ブリュッセルのNATO核計画委員会において，NATOの拡大の際にも，新メンバー国の間には核配備の必要はないことを確認。 ブリュッセルにてNACCの国防大臣会議。NATOとPfP26カ国の国防大臣が参加。
	10	米大統領クリントンのNATO東方拡大演説（デトロイト）。
1997	5	欧州大西洋パートナーシップ理事会（EAPC）開催。
	6	アムステルダム欧州理事会，安定成長協定調印，条約改正基本合意。 アメリカの国防長官，米は中欧3カ国を第1ラウンドの話し合いのため，公式にNATOに招待することを提案。
	7	マドリードにて，NATOサミット。中欧3カ国（ハンガリー，ポーランド，チェコ）のNATO加盟提案。
	10	アムステルダム条約調印。
	11	ルクセンブルク雇用サミット。
1998	5	北大西洋理事会（NAC）のルクセンブルクの会合に中欧3カ国の外務大臣招聘。翌年のワシントン首脳会議で正式メンバーとなることが確定。
	6	欧州中央銀行（ECB）設立。
	11	NAA本会議，エディンバラにて。NATO16カ国，中・東欧16カ国の代表が参加。
	12	ウィーン欧州理事会，共通欧州安全保障・防衛政策について協議。
1999	1	ソラナから中欧3カ国に正式加盟の通知。3月初めにワシントンで批准。
	3	サンテール委員会，総辞職を発表。 ハンガリー，チェコ，ポーランド，NATOに加盟。ミズーリにて。 NATOによるコソヴォ空爆開始。 ベルリン欧州理事会「アジェンダ2000」による新たなEU財政枠組みで合意。
	4	**NATO50周年記念式典。21世紀の新戦略概念，政治宣言採択。NATOとWEUの共同，PfP強化，NATO拡大第二陣グループ（9）の実質的指名。**
	5	**アムステルダム条約発効。**
	6	コソヴォ空爆終結，NATO軍入城。 ケルン欧州理事会，2000年末までにEUがWEUを包含することで合意。また，CFSP上級代表にソラナ元NATO事務総長を選出，機構改革のための政府間会議（IGC）招集で正式に合意。
	9	プロディ委員会発足。
2000	2	機構改革のための政府間会議（IGC）招集。
	4	第1回アフリカ・欧州首脳会議。
	12	ニース欧州理事会，ニース条約を採択。EU意思決定方法の改善で合意。「EU基本権憲章」を採択。

(表資 - 5 続き)

年	月	事項
1995	1	EU・バルト三国自由貿易協定発効。
	2	EUとルーマニア，ブルガリア，チェコ，スロヴァキアの各国，6月バルト三国との間で，欧州協定発効。
	3	NATO技術委員会のブダペシュトでの会合。旧ワルシャワ条約軍の軍事機構をいかに市場経済下の文民組織に変えるか（最初の旧ワルシャワ条約機構国との会合）。
	5	NATOとPfP諸国との会談。26ヵ国の参加。
	6	NATOの軍事演習，ハンガリーにて（PfPの枠内で）。 ルーマニア，スロヴァキア，10月ラトヴィア，11月エストニア，EU加盟申請。
	11	ポーランド大統領選挙，旧共産党改革派クワシニエフスキが勝利。 ボスニア紛争に関するデイトン和平合意成立。 ハンガリーとスロヴァキア，善隣友好条約調印。
	12	リトアニア，ブルガリア，EU加盟申請。
1996	1	チェコ，6月スロヴェニア，EU加盟申請。
	6	EU・スロヴェニア欧州協定調印。
	11	ルーマニアで民主会議のコンスタンチネスクが新大統領に就任。
	12	ハンガリー，ルーマニアとの友好善隣条約を批准。
1997	1	アルバニアでネズミ講の破綻による政情不安。
	5	NATO・ロシア基本文書調印。
	6	クロアチア大統領，トゥジマンが就任。 アルバニア総選挙，社会党が勝利。
	7.8	NATOマドリード首脳会議，ポーランド，ハンガリー，チェコの招請決定。
	7.15	新ユーゴスラヴィアで，ミロシェヴィチが大統領に。
	7.16	**欧州委員会，「アジェンダ2000」を発表，欧州協定締結諸国のEU加盟交渉開始のための準備状況評価を示す。**
	9	NATO拡大第1ラウンドの話し合いのため，中欧代表がブリュッセルへ。
	9～11	ポーランド総選挙，連帯選挙行動（AWS）が第1党に。ブセク連立政権成立。
	10	中欧NATO加盟候補国，NATO加盟分担金として，NATO年度予算の0.65%を負担。また防衛予算を毎年GDPの0.1%まで上げていくことを確認。
	11	NATO拡大コストの見積もり，ブリュッセルで。中欧3国，追加コストとして，続く10年間に，15億ドルを要求。
	12	**ルクセンブルク欧州理事会，「アジェンダ2000」の採択，ポーランド，チェコ，ハンガリー，スロヴェニア，エストニア，キプロス6カ国（「ルクセンブルク・グループ」）との加盟交渉開始を決定。**
1998	1	中欧3カ国，NATOの会合に諮問権を持って参加する権利を与えられる。
	2	EUとバルト三国との間で欧州協定発効。 コソヴォでアルバニア人とセルビア人が衝突。
	3	EUと「ルクセンブルク・グループ」との間で加盟交渉開始。 欧州協議会（ロンドン会議），EUと全ての加盟申請国（トルコ除く）との間で初会合。
	5	ハンガリーで総選挙，社会党が敗北し，青年民主連合・市民党が逆転勝利へ。
	6	チェコで下院選挙，社会民主党が第1党となる。
	9～10	スロヴァキアで議会選挙，メチアル率いる与党敗北，ズリンダ民主連立内閣成立。

(表資 - 4 続き)

年	月	事項
2001	6	イェーテボリ欧州理事会，加盟交渉を2002年末に終了目標。
	9.11	アメリカで同時多発テロ。ブッシュ大統領，対テロ国際協力網形成を呼びかけ。
	10	アフガニスタン空爆開始。NATO 参加せず。
	12	ラーケン欧州理事会，欧州の将来に冠するコンベンション発足の決定。
2002	10	ブリュッセル欧州理事会，中・東欧と地中海の10カ国が12月に加盟交渉を完了することを決定。
	11	NATO プラハ首脳会議。中・東欧7カ国への拡大を決定。04年5月に加盟予定。イラクへの戦争を示唆。
	12	コペンハーゲン欧州理事会，10カ国が04年5月に EU に加盟することを正式決定。
2003	1～3	イラク戦争開始に対して，仏独の慎重論，米欧の軋轢。
	3.20	イラク戦争開始。アメリカ，英・スペインなど有志連合終結。NATO 参加せず。
	5.1	ブッシュ大統領，イラク戦争大規模戦闘終結宣言。
	5	レイキャビク，およびローマの NATO 首脳会議にて NATO・ロシア理事会の創設。
	12	欧州安全保障戦略「よりよい世界におけるゆるぎないヨーロッパ」（ソラナ・ペーパー）欧州理事会にて，2004～06年の25カ国欧州3カ年計画発表。
2004	3	中・東欧7カ国，NATO 加盟（26カ国）。
	5.1	中・東欧と地中海10カ国，EU に正式加盟（25カ国）。
	6	欧州議会議員選挙（732名選出）。欧州理事会，欧州憲法条約採択。
	12	ブルガリア，ルーマニア加盟交渉終了，トルコの加盟交渉開始か否かを決定。
2005	5	フランス，国民投票で欧州憲法条約批准否決。
	6	オランダ，国民投票で欧州憲法条約否決。
	10	クロアチア，トルコとの加盟交渉開始。
2006	3	欧州理事会，「新リスボン戦略」採択。
	6	EU，アルバニアとの安定化・連合協定調印。リガでの NATO 首脳会議で，アルバニア，クロアチア，マケドニアの NATO 加盟努力を歓迎。
2007	1	ブルガリア，ルーマニア，EU に加盟（27カ国）。
	6	EU・ASEAN 閣僚会議「ニューレンベルク宣言」採択。
	10	欧州理事会，リスボン条約採択。モンテネグロとの安定化・連合協定調印。
2008	2	ウクライナとの FTA 締結交渉開始。英国，ドイツ，フランス，イタリアなどの EU 加盟国がコソヴォ独立を承認。
	4	ブカレストでの NATO 首脳会議で，アルバニア，クロアチアの NATO 加盟承認合意。マケドニアの加盟には，ギリシャが国名問題で反対。
	6	アイルランド，国民投票でリスボン条約批准否決。ボスニア・ヘルツェゴヴィナとの安定化・連合協定調印。EU，ロシアとの新パートナーシップ協力協定締結交渉開始。（8月の南オセチア紛争で凍結，2009.5 再開）
2009	12	リスボン条約発効。
2010	5～6	EU ロシア首脳会議で，パートナーシップ協力協定締結。
	6	欧州理事会，新成長戦略「欧州2020」採択。欧州理事会，アイスランドの加盟交渉開始承認。
2011～12		クロアチア，EU 加盟予定。
2015～		西バルカン諸国，EU に加盟予定（03年6月，テッサロニキ欧州理事会で提案）。

(表資-5 続き)

1999	2	EU・スロヴェニア欧州協定発効。
	3	ハンガリー,チェコ,ポーランド,NATO加盟。ミズーリにて。 NATOによるコソヴォ空爆開始。
	4	NATO創立50周年特別首脳会議,NATO新規加盟対象9カ国を発表。
	10	欧州委員会の「拡大に関する年次報告」,ラトヴィア,リトアニア,マルタ,スロヴァキア,ルーマニア,ブルガリアとも加盟交渉を開始するよう勧告。
	12	**ヘルシンキ欧州理事会,ラトヴィア,リトアニア,ルーマニア,ブルガリア,マルタ6カ国(「ヘルシンキ・グループ」)との加盟交渉開始を決定。**
2000	2	「ヘルシンキ・グループ」を加えた拡大交渉開始。
	10	ユーゴスラヴィア大統領選挙,ミロシェヴィチ敗北,コシュトニツァ大統領就任。
	11	ルーマニア大統領選挙,社会党党首のイリエスクが勝利。
2001	1~2	マケドニアでのアルバニア人武装勢力の攻撃激化,3月マケドニア政府の反撃。
	4~5	在外ハンガリー系住民の地位に関する法案をめぐりハンガリーとルーマニアの対立。
	9	テロ後,NATOロバートソン事務総長,NATOとロシアのテロリズムとの戦いを強調。
	11	英ブレア首相,NATO・ロシア理事会を提案。チェコ大統領ハヴェル,警戒の言。
2002	5	レイキャビク,およびローマNATO首脳会議にて,NATO・ロシア理事会創設。
	11	NATOプラハ首脳会議で,中・東欧7カ国への拡大を決定。
	12	中・東欧と地中海の10カ国,EUのコペンハーゲン欧州理事会で,EU加盟を決定。
2003	1.30	欧州8カ国,アメリカの対イラク戦争を支持する声明。
	2.4	**中・東欧10カ国(ヴィリニュス10カ国),アメリカの対イラク戦争を支持する声明。**
	3~9	加盟10カ国の国民投票,賛成多数で加盟承認。
	6	テッサロニキ欧州理事会にて,西バルカン諸国,EU加盟目標設定(2013-15)。
	9~	ポーランド軍,9200名(のち増加),21カ国の多国籍軍を率い,イラク進攻。
2004	5	**中・東欧と地中海10カ国,EU正式加盟。中・東欧7カ国,NATO正式加盟。**
2005	10	クロアチア,トルコのEU加盟交渉開始。
	12	マケドニア,EU加盟候補国として認定。
2006	4	EU,中・東欧8カ国からの労働者流入規制を各国2+3+2計7年まで延長許可。
	6	EU,アルバニアとの安定化・連合協定調印。
2007	1	**ブルガリア,ルーマニア,EU正式加盟。** スロヴェニア,ユーロ導入。
	12	ポーランド,チェコ,ハンガリーなど,キプロスを除く新加盟9カ国,シェンゲン協定に加盟・実施。
2008	2	コソヴォ,独立を宣言。
	7	ポーランド・チェコ,アメリカとMD配備協定調印。
2009	1	スロヴァキア,ユーロ導入。
2010	4	**クロアチア,アルバニアのNATO加盟。**
	10	ポーランド,リスボン条約批准。
	11	チェコ,リスボン条約批准(最終国),12月1日,リスボン条約発効。
	11	**リスボンのNATO首脳会議,欧州MD計画にロシアの協力をメドヴェージェフ大統領に要請。**
2015~		セルビア,モンテネグロなど西バルカン諸国,EU加盟目標設定。

人名索引

[ア 行]

アシュトン，キャサリン　257
アダモバ，ヴァレリヤ　73
アッティラ，アーグ　102
アナン，コフィ　230
アハティサーリ，マルッティ　213, 214
アリソフ，ウラジミル　73
イゼトベゴヴィチ，アリヤ　215
イワノフ，アントン　73
イワノフ，セルゲイ　68
イワノフ，ビクトル　67
ヴァンス，サイラス　193
ウィルソン，ウッドロウ　80
ヴォイティワ，カロル　132
ウシャコフ，ユーリ（ヨハネ・パウロ2世）　71
エリツィン，ボリス　7, 27, 28, 47, 49, 53-55, 61, 64-66, 75, 86-90, 175, 288
オサマ＝ビンラディン　91
オトゥンバエワ，ローザ　257
オバマ，バラク・フセイン　19, 127
オプラトカ，アンドラーシュ　9
オルバーン，ヴィクトル　118
オルブライト，マデレーン　119, 178

[カ 行]

カシヤノフ，ミハイル　67, 75
カストロ，フィデル　82
カティンスキ，ヤロスワフ　113, 115, 147, 237
カティンスキ，レフ　17, 113, 140, 147
カラジッチ，ラドヴァン　216, 217
カルドア，メアリー　102
カルデリ，エドヴァルド　206
カルニァテ，サンドラ　178
ギェレク，エドヴァルト　130
金正日　258
キリエンコ，セルゲイ　65
グシンスキー，ウラジーミル・A．　64, 66
クチマ，レオニード　291, 294
クドリン，アレクセイ　67
クファシニェフスキ，アレクサンデル　140
クラウス，ヴァーツラフ　111, 115, 160, 161, 165, 166
グラニッチ，マテ　191
クラフチュク，レオニード　288, 289, 291
クリントン，ビル　88, 90, 117, 119, 179
グロムイコ，アンドレイ　85
ゲンツ，アールパード　118
コーズィレフ，アンドレイ　87, 88
コール，ヘルムート　9, 10
コザック，ドミトリー　272, 278
コシュトニツァ，ヴォイスラヴ　116, 209-211, 213
ゴトヴィナ，アンテ　198, 200
ゴドマニス，イヴァルス　186
コノバロイフ，アレクサンドル　76
ゴムウカ，ウワディスワフ　130
コモロフスキ，タデウシュ　115, 147, 148
ゴルバチョフ，ミハイル　5, 7, 8, 12, 47, 49, 61, 63, 84-87, 107, 134, 148
コンラード，ジェルジ　118

[サ 行]

サアカシュヴィリ，ミハイル　53-55, 94, 279
サダム＝フセイン　86, 294

サチ, ハシム　214
サックス, ジェフリー　106
ザトレルス, ヴァルディス　186
サナデル, イーヴォ　195, 201, 202
サルコジ, ニコラ　60
サルトーリ, ジョヴァンニ　144, 154
ジヴコヴィチ, ミハイロ　212
シェシェリ, ヴォイスラヴ　212
シェフツォワ, リリヤ　75
ジエロンカ, ヤン　18
シェワルナゼ, エドゥアルド　47, 54, 55, 86
シメルフェニッヒ, フランク　224
シャイミエフ, ミンティメル　65
シャブロフ, オレグ　49
シャボウスキ, ギュンター　10
ジュガノフ, ゲンナジー　64, 90
シュシャク, ゴイコ　191
シュッセル, ウォルフガング　236
シュミット, カール　101
ジュルチャーニ, フェレンツ　113, 114
シュレーダー, ゲアハルト　13
シュワロフ, イーゴリ　75, 76
ジョスパン, リオネル　13
シラク, ジャック　15, 120
ジンジッチ, ゾラン　209, 210, 212
スターリン, ヨシフ　113, 175
ステパーシン, セルゲイ　65
ズプコフ, ビクトル　69, 70, 74
ズラビシビリ, サロメ　56
ズリンダ, ミクラーシュ　111, 115, 146, 163
スルコフ, ウラジスラフ　72
セーチン, イーゴリ　67, 76
セベスチェン, ビクター　10
ゼマン, ミロシュ　111, 236
ソプチャーク, アナトリー　71

[タ 行]

タディチ, ボリス　213, 216
チェルノムイルジン, ヴィクトル　64, 89
チトー, ヨシップ・ブロズ　189, 207
チャアダエフ, ピョートル　49
チャウシェスク, ニコラエ　11, 108
チュイチェンコ, コンスタンチン　73
チュメゾフ, セルゲイ　69
チュルカ, イシュトヴァーン　16, 111
チョシッチ, ドブリツァ　207
ツヴェトコヴィチ, ミルコ　217
ティモシェンコ, ユーリヤ　296, 298
トゥジマン, フラニョ　16, 111, 191-193, 196, 215
トゥスク, ドナルド　140, 147, 237
ドゥプチェク, アレキサンデル　161
ドゥラーク, ペトル　102
トドル, ジフコフ　112
ドボルコビッチ, アナトーリー　73
トルーマン, ハリー・S.　81
トレーニン, ドミトリー　48
トレチャコフ, ヴィタリー　59
ドンブロフスキス, ヴァルディス　186

[ナ 行]

ナザルバエフ, ヌルスルタン　258
ナビウリナ, エリヴィラ　73
ナルイシキン, セルゲイ　76
ニコリッチ, トミスラヴ　212, 217
ニヤゾフ, サパルムラト　258
ネーメト, ミクローシュ　8, 9
ノヴィツキ, マチェイ　237

[ハ 行]

ハヴェル, ヴァーツラフ　14, 118

バキエフ，クルマンベク　257
パトルーシェフ，ニコライ　67, 76
ハプスブルク，ヴァルブルガ・ドゥグラス　9
ハプスブルク，オットー・フォン　9
パブリクス，アルティス　180, 183
バルチェロヴィチ，レシェク　138
バローゾ，ジョゼ・マヌエル・ドゥラン　200
バログ，アンドラーシュ　101
ヒトラー，アドルフ　175
ビボー，イシュトヴァーン　103
ファデーエフ，ヴァレリー　75
フィツォ，ロベルト　169
プーチン，ウラジーミル　7, 15, 27, 28, 34, 47, 48, 50, 63, 65, 90, 91, 95, 119, 295
ブッシュ，ジョージ・ウォーカー　15, 68, 89-91, 120, 182
プリギン，ウラジーミル　75
プリマコフ，エフゲニー　65, 66, 88, 89, 91
フルシチョフ，ニキータ　82
ブレア，トニー　13, 119, 120
ブレジネフ，レオニード　49
ベルルスコーニ，シルヴィオ　112
ベレゾフスキー，ボリス　64-66
ベレンド，イヴァーン　1-3
ボクロシュ，ラヨシュ　110, 111
ボゴモロフ，オレグ　8
ポジュガイ，イムレ　9
ボスクレセンスキー，スタニスラフ　73
ポターニン，ウラジーミル　65
ホドルコフスキー，ミハイル　35, 66
ボペトコ，ヤンコ　198
ホルン，ジュラ　8
ボローシン，アレクサンドル　75
ボロトニコフ，ピョートル　76
ポンテ，デル　199, 200

[マ 行]

マゾヴィエツキ，タデウシ　138, 141

マノリッチ，ヨシップ　191, 193
マルクス，カール　83, 84
マン，ミヒャエル　126
ミフニク，アダム　138
ミロシェヴィチ，スロボダン　16, 109, 190, 205-208, 210, 209, 212
ミロノフ，セルゲイ　58
ムラディチ，ラトコ　216, 218
メスィッチ，スティエパン　191, 193, 215
メチアル，ヴラジミール　17, 111, 112, 115, 163, 160
メドヴェージェフ，ドミートリー　34, 51, 60, 70
モック，アロイス　8

[ヤ・ラ・ワ行]

ヤーシン，モハマッド・サデキ　75
ヤヌコヴィチ，ヴィクトル　296, 297
ヤブリンスキー，グリゴリー　70
ヤルゼルスキ，ヴォイチェフ　134, 135
ユーシチェンコ，ヴィクトル　68, 295, 296
ユルゲンス，イーゴリ　76
ヨヴィチ，イヴォ・ミロ　206
ヨシポヴィチ，イヴォ　215
ラチャン，イヴィツァ　195, 198
ラブロフ，セルゲイ　56, 59
ラムズフェルド，ドナルド　15
ルカシェンコ，アレクサンドル　285
ルゴヴァ，イブラヒム　211
ルシコフ，ユーリ　65, 76
ルペン，ジャン＝マリー　112
レーガン，ロナルド　85
レーニン，ウラジーミル　80, 83, 84
レーン，オッリ　200
レッペル，アンジェイ　17, 112, 113
ワレサ（ヴァウェンサ），レフ　10, 14, 118, 132, 137, 140, 141

事項索引

［ア 行］

アイルランドの国民投票　125
アキ・コミュノテール　99, 107, 195, 226, 235
アキ・コンディショナリティ　228
アジアNIEs　11
アジア通貨危機　28
アジェンダ2000　226
アジャリア　54
アゼルバイジャン　244
新しい戦争　208
新しいヨーロッパ　15, 121, 273
アフガニスタンからのソ連軍の撤退　85
アフガニスタン空爆　119
アブハジア　50-54, 94, 246, 251, 279
アムステルダム条約　309
アメリカとの「パートナーシップ憲章」　179
アルメニア　244
安定化基金　32, 33
安定成長協定　309, 310
安保ただ乗り（Free Rider）　119
安保理決議1244　213, 214
域外派兵　118
異議申し立て政党　157
イストリア民主会議　192
イラク戦争　15-17, 102, 119, 120, 296
イラクへの派兵　120, 121
ウィーン・イニシアチブ　311
ヴィシェグラード諸国環境閣僚会議　237
ヴィシェグラード地域協力　116
ヴィリニュス9　184
ヴィリニュス10カ国（ヴィリニュス・グループ）　120, 174

ヴォイヴォディナ　190, 207
ウズベキスタン　244
右翼急進主義　112
エア・アブロード政策　177
エクスターナル・ガバナンス　223
エスノ・ポリティクス　155, 156, 168, 170
エピステミック・コミュニティ　232, 235
　――の経済政策　87
エルドゥト合意　197
円卓会議　136, 138, 139
オイルマネー　47
欧州懐疑主義（欧州現実主義）　162, 165, 166, 170
欧州共同の家　47
欧州憲法条約　100, 123, 124
欧州大西洋統合政策　297
欧州のための環境プロセス　229
オスタルジー　13
オフショア　35, 38
オランダ病　25, 32
オリガルヒ（新興財閥）　27, 35, 36, 55, 64, 66, 90
オレンジ革命　49, 91, 100, 122, 248, 268, 296, 297
穏健な多党制　154

［カ 行］

外部インセンティブ・モデル　223
格差拡大　18
カザフスタン　244
価値の外交　243, 260
カティンの森事件　115, 147
カラー革命　68

カリスマ的指導者　162, 170
環境アキ・コミュテール　226-228
環バルト海下位地域協力（1993年設立）　181
環バルト海地域　184
官僚内閣　167
キエフ　286, 288
　──・ルーシ　286
危機管理　14
キプロス問題　274
救国戦線評議会　109
旧ソ連構成諸国　→独立国家共同体（CIS）
9・11同時多発テロ（事件）　15, 91, 119, 179, 211
キューバ危機　82
旧ビザンチン帝国　188
教訓引出モデル　224
共産主義　1, 2, 82
協調的安全保障　268
極右急進主義（極右ナショナリズム）　16, 19
キルギス　244
クー・デタ（1991年）　63, 86, 87, 288
クーポン私有化（バウチャー私有化）　160, 161
グダンスク協定　132, 133
クライナ・セルビア人共和国（クライナ・スルプスカ共和国）　193
クリミア　280
グルジア　50, 244-249, 251-257, 266, 271
　──紛争（グルジア─ロシア戦争）　41, 47, 49, 251, 265
クルド　274
クロアチア
　──憲法改正　198
　──社会自由党　191, 199
　──小農党　192
　──民主同盟　111, 116, 191, 199
　2007年総選挙　116
　社会民主党　191
グローバリズム　287

グローバリゼーション（グローバル化）　4, 5, 7, 11, 18-20, 25, 37, 106, 304, 308, 312, 313
　──・スタンダード　110
迎撃ミサイル　16
経済危機（1998年）　304
経路依存性　101
憲法条約　124
憲法法廷　142
コアビタシオン　140
広域黒海地域　265, 266
　──協力　280
広域ヨーロッパ　→ワイダー・ヨーロッパ
行動計画（アクション・プラン）　250, 252
合法主義　71
コーカサス　243
国営企業　69
国益　100, 102, 111
　──と市民益　126
国際戦犯法廷　216
国際対テロ包囲網　119
国民カトリック　145
国民党　163, 169
国民投票（レフェレンダム）　135
国連スラヴォニア・バラニャ・西スレム暫定統治機構　197
コザック・メモランダム　268, 278
コソヴォ　89, 187, 190, 206, 208
　──空爆（セルビアへの）　13-15, 111, 117, 118, 120, 121
　──独立　125, 205, 208, 214, 220
　──紛争　89, 208
　──民主党　214
　──民主同盟　214
「コソヴォの最終的地位のための包括的提案」　213
黒海NGOフォーラム　273
黒海艦隊　280
黒海シネルジー　281
黒海フォーラム　281

国家資本主義　72
コペンハーゲン基準（クライテリア）　99,
　　107, 112, 195, 215, 225, 195, 215, 225
コミンテルン　80
コンディショナリティ　223, 225, 228

[サ 行]

債権担保　64
三国議員会議　184
自衛　112, 113
シェンゲン協定　125, 220
自決権　59
市場原理主義　303
市民益　102, 104
市民議会クラブ　141
市民社会形成（シチズンシップ）　123
市民フォーラム　13, 106, 108, 109, 158
社会院　75
社会学習モデル　224
社会契約　132, 134
社会主義
　　——共同体　130
　　——政党へのノスタルジー　19
　　——ノスタルジー　12, 109, 110
　　——連邦国家の解体　8
社会的公正　149, 151
社会的ヨーロッパ（Social Europe）　13
社会民主主義　145, 146
11月4日クラブ　75
私有化　158
従属理論　11
集団防衛　269
自由と繁栄の弧　273
自由な労働組合　132
十二月事件　130, 131
住民交換　129
主権確保　127
主権民主主義　72, 277

ジュネーブ会合　253
ショック療法　27, 106, 130, 138
　　——の中・東欧批判　121
シロビキ　55, 67, 69, 73, 75
新オストポリティーク　254
人権　215
新興経済国　311
新興市場　305-307, 311
新思考外交　47
新自由主義　162
新戦略概念　118
人道的介入　14, 116, 208
人民戦線　175
垂直的統制　66
スクルンダ　176
スターリン批判　130
スロヴァキア
　　——運動　116
　　——のハンガリー系住民　156
　　——民主キリスト教連合　111
スメル　116, 168
スメル＝社会民主（SMER-SD）　157
スメルと民主キリスト教連合　170
スロヴェニア
　　——2008年9月の総選挙　116
正常化体制　156, 160
青年民主連合　114
世界銀行　308, 311
世界経済・金融危機（2008年）　25, 28, 32, 36,
　　37, 125, 300, 303-308, 310, 312
世俗リベラル　145
ゼノフォビア（よそ者嫌い，ゼノフォビック）
　　3, 19, 99, 112, 116, 125, 127
セルビア
　　——社会党連合　216
　　——悪玉論　206
　　——急進党　216
　　——社会党（共産主義者同盟）　207
　　——人共和国（スルプスカ共和国）軍　194

――民主革命　210
　　――民主党―新セルビア連合　216
　　――民主野党連合（DOS）　209
　　大――　212
選挙権威主義　206
選挙民主主義　212
戦争犯罪　196
全体主義　81
全ロシア　65
相互確証破壊の理論　83
双頭制（双頭政治）　63, 70
ソヴィエト連邦
　　――・東欧ブロックの「弱い環」　130
　　――解体（崩壊）　64, 158, 159

[タ　行]

第三の道　107
大国主義　48, 55
体制選択の自由　8, 107
対テロ　15
　　――・レーダーの配備計画　16
第二次世界大戦　129
第二次冷戦　83, 85
第四共和国　148
大量破壊兵器疑惑　15
大ルーマニア党　112
タジキスタン　244
ダブルスタンダード　107, 112, 121
誰が誰を？　74
タンデムクラシー　→双頭制
弾道弾迎撃ミサイル（ABM）制限条約　83
地域主義　156
チェコ
　　――社会民主党（CSSD）　115, 157
　　――市民民主党（ODS）　114, 115, 160, 157, 162
　　――自由連合　165
チェコスロヴァキア共産党（KSC）　156
チェチェン　52, 65

　　――紛争　292
近い外国　270
治者と被治者同一化　110
地中海のための連合　256
　　――主義者　206
血の日曜日事件　176
中央アジア　243
中距離核ミサイル全廃条約　85
チューリップ革命　123, 257
朝鮮戦争　82
地理的位置　174
ティサ川　236
デイトン合意　194, 196, 208
鉄のカーテン　6, 8, 9, 11, 19, 103, 107, 256
テメリン原子力発電所　235
天安門　6
転換不況　27
転換リセッション　304
天然ガス　285, 287, 295, 298
統一ロシア　66
東欧革命　268
　　――のドミノ現象（東欧ドミノ革命）　10, 11, 107
凍結された紛争　246, 275, 277
東方外交　267
東方政策　255
東方ディメンション　254
東方パートナーシップ　243, 244, 249, 254, 255, 271
　　――市民社会フォーラム　273
特殊権益圏　49
独立自治労働組合「連帯」　132
ドナウ・デルタ水路　236
トランスニストリア　272
　　――（沿ドニエストル）紛争　246
トルクメニスタン　244
「トロイの木馬」　15

[ナ 行]

ナゴルノ・カラバフ問題　253
ナショナリズム　3, 17, 19, 99, 107, 110, 111, 116, 124, 156, 163, 166, 207-209
　反──　206
ナショナル（ナショナリスト）　114, 126
ナチス・ドイツ　103
ナチズム　1, 2
ナチュラ2000　237
74年憲法体制　206, 207
ニース条約　124, 202
二元外交　277
西バルカン　215
二束二元のヨーロッパ　17
ネオ・ナショナリズム　19, 116
ネオ・リベラル　106, 303
　──な市場化　111
ネオナチ的　107
農業補助金　123
ノーメンクラツーラ　4

[ハ 行]

ハイダー自由党　112
パイプライン
　オデッサーブロディ──　276
　カスピ海コンソーシアム（CPC）・──　276
　サウスストリーム・──　263, 276
　サウスストリーム・──民主同盟　113
　天然ガス──　182
　ドルージュバ（友好）──　41, 275
　ナブッコ（NABUCCO）・──　44, 92, 258, 263, 276
　ノルドストリーム・──　276
　バルト──　275
　BTC──　258, 276
　ブルーストリーム・──　276
　南コーカサス・──　276
バウチャー民営化　27
狭間の地政学　268
パターナリズム（温情主義）　126
ハプスブルク帝国　3, 11, 17, 103, 286
バラ革命　49, 53, 91, 100, 123, 253
バルカンからヨーロッパへ　197
バルセロナ・プロセス　123, 249, 250
バルト
　──協商　175
　──憲章　179
　──三国議員会議　185
　──三国の連帯　181
　──の道（人間の鎖）　184
ハンガリー
　──系少数派　156
　──社会党（MSZP）　111, 113, 114
　──1956年革命　113
　──動乱　8
　──のスロヴァキア系住民　156
　自由民主連合（SZDSZ）　9
　正義と生活党（MIÉP）　111
　フィデス（FIDESZ：青年民主連合・市民党）　111, 113-115, 121
　ヨッピク（よりよい人々）　17, 114, 115
　MIEP（正義と生活党）　16
反西欧主義　163
反メチアル連合　166
反ユダヤ　112
　──主義　114
反ロマ政策　114
非5条任務　14
ビロード革命　108
貧困ライン　108
プーチンのミュンヘン演説　93
フォーラム系　108
フォルタイン　112
フォルッツア・イタリア　112

事項索引　349

プラハの春　4, 8, 153, 156, 160, 161
ブリオニ協定　192
ブルガリアの民主化　123
ブレジネフ・ドクトリン（制限主権論）　49
ヘゲモニー政党制　144
ベネルクス議員会議　185
ベラルーシ　285, 288
ヘルシンキ最終文書　131
ヘルツェグ・ボスナ・クロアチア人共和国　194
ヘルツェゴヴィナ・ロビー　191
ベルリンの壁　6, 8-11, 19, 85
ペレストロイカ　5, 11, 47, 84, 134
「貿易に関する暫定協定」　216
法の支配　215
ポーランド
　──家族同盟　17, 112, 113
　──統一労働者党　129
　──農民党（PSL）　147
　──の民主化　6
　──連帯運動　5, 6
　　法と公正（PiS）　113, 115, 142, 147
　　民主左翼同盟　113, 144
北欧諸国との協力「5 + 3」　184
ボクロシュ・パッケージ　110
保護主義　107
保守リベラル　145
ボスニア・ヘルツェゴヴィナ　187
ポピュリズム　162, 167
ボリシェヴィキ党　80
ボリシェヴィズム　1, 2

[マ　行]

マーシャル・プラン　81, 118
マーストリヒト条約　309
マイノリティ　14, 107, 114, 118, 126, 180, 215
マケドニア　187

マドリード基準　195
マドリード・サミット　174
マルタにおける米ソ会談　5, 11, 107
マルチラテラル（多国間協調的）　15
ミサイルの配備計画　16
ミサイル防衛（MD）配備問題　269
短い20世紀（短かった20世紀）　2, 3
南オセチア　50, 94, 246, 251, 279
　──の独立承認　94
民主化　99, 101-103, 107, 112, 117-119, 122, 126, 127, 138
　──効果　100
　──の波　123
　──の発露　108
民主主義　2, 3, 8, 90, 101, 112, 215
　──の赤字（欠損）　100, 123, 124
『民主主義の暗部』　126
民主スロヴァキア運動　17, 111, 157, 160-163, 166, 169
民主的反対派　131
民主的法治国家　129, 139, 143
民主フォーラム　9, 106, 107-109, 111
民族的プロジェクト　69
ムスリム系移民　18
モスト゠ヒード　169
モルドヴァ　285
モンテネグロ　187
モントルー条約　81, 273

[ヤ　行]

ヤブロコ党　70
ヤルタ協定　133
ユーゴ空爆　208
ユーゴスラヴィア社会主義連邦共和国（旧ユーゴ）　189
ユーゴ連邦　195
ユーラシア主義　19
ユーロ

──・バロメーター　122
──共通通貨圏　167
──圏　125
──ペシミズム　18
ユコス事件　67
ヨーロッパ
　──化　39
　──回帰　1, 12, 14, 16, 99, 103, 106, 110, 176
　──懐疑主義　112
　──・スタンダード　245, 258, 261
　──の危険地帯　19
　──の協会　100
　──復興計画（マーシャル・プラン）　81
予防外交　117

[ラ・ワ行]

ラトヴィアの安全保障　179
リーヴ人　180
リース本条約　124
リーマン・ショック　19, 125
リオ宣言原則10　230
リスボン条約　3, 17, 18, 100, 115, 123-125, 202
リスボン新体制　115
リベラリスト　110
リベラル　69, 114, 144
領土保全　59
ルーブル　289, 290
ルーマニアの民主化　123
冷戦（Cord War）　4, 6, 81
冷戦終焉（冷戦体制の終焉）　1, 5-7, 87
歴史の「if」　7
連帯　106, 108, 109, 111, 130, 135-137, 143, 144
労組複数主義　133
ロシア
　──＝グルジア戦争　93

──金融危機　28
──語系住民の人権問題　180
──大統領選挙（1996年）　90
──との国境条約　178
──に対する脅威　177
──の民主化　89
ロスプダ谷の道路建設　237
ワイダー・ヨーロッパ　40, 123, 234, 265
ワシントン協定　194
ワルシャワ条約機構　14, 117
湾岸戦争　86

[A to Z]

BRICs（ブラジル，ロシア，インド，中国）　28, 29
BSEC（黒海経済協力機構）　266, 281
CDC（民主的選択共同体）　248, 272
CFE（欧州通常戦力条約）　269
CFSP（共通外交安全保障政策）　124
CIS（独立国家共同体）　26, 35, 38, 41, 44, 174, 288-270, 308, 312
　──安全保障条約機構　245
　──平和維持軍　52
CSCE（全欧安保協力会議）　117
ECB（欧州中央銀行）　310
EfEプロセス　230-235
ENP（欧州近隣諸国政策）　123, 244, 249, 250, 252, 267
　──プラス　254
EPP（欧州人民党）　163
EU（欧州連合）
　──・ウクライナ行動計画　297
　──益　100
　──憲法条約　124, 202
　──・地中海諸国自由貿易圏　249
　──と中央アジア：新しいパートナーシップのための戦略　259
EUREX（EU法の支配ミッション）　219

事項索引 351

G7（主要経済先進国） 91
G8（主要国首脳会議） 26, 309
G20（20カ国財務大臣・中央銀行総裁会議） 311
GUAM（グルジア，ウクライナ，アゼルバイジャン，モルドヴァ） 185, 246, 248, 272, 281
HSD-SMS（自治民主運動＝モラヴィア・シレジア協会） 155
ICJ（国際司法裁判所） 219
ICTY（旧ユーゴ国際戦犯法廷） 195, 205, 211, 217
IMF（国際通貨基金） 27, 292, 293, 309, 311
INOGATE（ヨーロッパへの石油輸送） 248
IPAP（個別パートナーシップ行動計画） 270
ISAF（国際治安支援部隊） 270
KOR（労働者擁護委員会） 131
LS-HZDS（人民党＝民主スロヴァキア運動） 163
MAP（加盟のための行動計画） 118, 196, 245, 271, 298
MD（ミサイル防衛）システム 49, 50
NATO（北大西洋条約機構） 12, 14, 48, 106, 117-120, 195, 217, 245
──加盟凍結 297
──50周年記念 118
──加盟 13, 15
──主体の国際部隊（KFOR） 210
──ブカレスト・サミット 278
──リーガ・サミット 182
──・ロシア理事会 119
OEDE（経済発展のための機構） 248
OSCE（欧州安全保障協力機構） 218, 251
──サミット 176
PCA（パートナーシップと協力協定） 25, 39-41
PES（欧州社会党） 169
PfP（平和のためのパートナーシップ） 117, 196, 218, 271, 291, 292
PHAREプログラム 224
PO（市民政綱） 147
PO（市民プラットフォーム） 113, 115, 237
PDL'（民主左翼党） 157, 169
SAA（安定化・連合協定） 195, 215, 216
SAP（安定連合プロセス） 269
SCO（上海協力機構） 245
SPR-RSC（共和国連盟＝チェコスロヴァキア共和党） 155
TACIS（CISへの技術支援） 248
TRACECA（欧州・コーカサス・アジア輸送回廊） 248
UNDP（国連開発計画） 220
UNMIK（国連コソヴォ暫定行政支援団） 210
WTO（世界貿易機関） 40
WTO（ワルシャワ条約機構） 14, 117

執筆者紹介（所属，執筆分担，執筆順，＊は編著）

＊羽場 久美子（青山学院大学国際政治経済学部教授，序章・第5章）

＊溝端 佐登史（京都大学経済研究所教授，第1章・終章）

袴田 茂樹（青山学院大学国際政治経済学部教授，第2章）

下斗米 伸夫（法政大学法学部教授，第3章）

横手 慎二（慶應義塾大学法学部教授，第4章）

小森田 秋夫（神奈川大学法学部教授，第6章）

林 忠行（京都女子大学現代社会学部教授，第7章）

志摩 園子（昭和女子大学人間社会学部教授，第8章）

月村 太郎（同志社大学政策学部教授，第9章）

柴 宜弘（東京大学名誉教授，第10章）

市川 顕（東京工業大学大学院社会理工学研究科産官学連携研究員，第11章）

廣瀬 陽子（慶應義塾大学総合政策学部准教授，第12章）

六鹿 茂夫（静岡県立大学大学院国際関係学研究科教授，第13章）

藤森 信吉（北海道大学スラブ研究センター博士研究員，第14章）

《編著者紹介》

羽場　久美子（はば・くみこ）

1952年　神戸市生まれ。
1981年　津田塾大学大学院国際関係学研究科博士課程修了。
1987年　学術博士（国際関係学）。
　　　　法政大学助教授，教授を経て
現　在　青山学院大学国際政治経済学部教授。
主　著　『拡大ヨーロッパの挑戦――アメリカに並ぶ多元的パワーとなるか』中央公論新社，2004年。
　　　　『ヨーロッパの東方拡大』（共編著）岩波書店，2006年。
　　　　Globalization, Regionalization and the History of International Relations（共著），Victoria, Australia, 2005.
　　　　The End of the Cold War and the Regional Integration in Europe and Asia（共編著），Aoyama Gakuin University, 2010.

溝端　佐登史（みぞばた・さとし）

1955年　大阪府生まれ。
1987年　京都大学大学院経済学研究科博士後期課程退学。
1997年　京都大学経済学博士。
現　在　京都大学経済研究所教授。
主　著　『ロシア経済・経営システム研究――ソ連邦・ロシア企業・産業分析』法律文化社，1996年。
　　　　Melting Boundaries: Institutional Transformation in the Wider Europe（共編著），Kyoto University Press, 2008.
　　　　State and Society in Post-Socialist Economies（共著），Palgrave-Macmillan, 2008.

　　　　　　　　　世界政治叢書　第4巻
　　　　　　　　　ロシア・拡大EU

2011年4月30日　初版第1刷発行　　　　　　　　検印廃止

　　　　　　　　　　　　　　　　　　　　　定価はカバーに
　　　　　　　　　　　　　　　　　　　　　表示しています

　　　　　　　　　　　　羽　場　久美子
　　編　著　者
　　　　　　　　　　　　溝　端　佐登史
　　発　行　者　　　　　杉　田　啓　三
　　印　刷　者　　　　　中　村　知　史

　　発行所　株式会社　ミネルヴァ書房
　　　　607-8494　京都市山科区日ノ岡堤谷町1
　　　　　　　　　電話代表（075）581-5191番
　　　　　　　　　振替口座　01020-0-8076番

　　　　　Ⓒ 羽場久美子・溝端佐登史，2011　　　中村印刷・藤沢製本

　　　　　　　　ISBN978-4-623-05988-1
　　　　　　　　　Printed in Japan

世界政治叢書

全10巻

（Ａ５判　美装カバー　各巻平均300頁）

＊第１巻	アメリカ・カナダ	畠山圭一・加藤普章 編著
第２巻	ＥＵ・西欧	押村　高・小久保康之 編著
第３巻	北欧・南欧・ベネルクス	津田由美子・吉武信彦 編著
＊第４巻	ロシア・拡大ＥＵ	羽場久美子・溝端佐登史 編著
第５巻	アフリカ・中東	遠藤　貢・小杉　泰 編著
第６巻	ラテンアメリカ・オセアニア	菊池　努・畑　恵子 編著
第７巻	南部アジア	山影　進・広瀬崇子 編著
＊第８巻	中国・台湾	天児　慧・浅野　亮 編著
＊第９巻	日本・韓国	新川敏光・大西　裕 編著
第10巻	世界政治を読み解く	押村　高・中山俊宏 編著

——— ミネルヴァ書房 ———

http://www.minervashobo.co.jp/

（＊は既刊）